高等学校体育

总主审　王崇喜　林克明

YUNDONGXUNLIANXUE

主　编　肖　涛　孔祥宁　王晨宇

审　稿　石　岩

重庆大学出版社

图书在版编目（CIP）数据

运动训练学 / 肖涛，孔祥宁，王晨宇主编. — 重庆：重庆大学出版社，2016.11（2024.6重印）
高等学校体育学类本科专业系列教材
ISBN 978-7-5689-0267-0

Ⅰ.①运…　Ⅱ.①肖…②孔…③王…　Ⅲ.①运动训练—高等学校—教材　Ⅳ.①G808.1

中国版本图书馆CIP数据核字（2016）第277670号

运动训练学

主　编：肖　涛　孔祥宁　王晨宇
策划编辑：唐启秀

责任编辑：杨　敬　戴倩倩　　版式设计：唐启秀
责任校对：关德强　　　　　　责任印制：张　策

*

重庆大学出版社出版发行
出版人：陈晓阳
社址：重庆市沙坪坝区大学城西路21号
邮编：401331
电话：（023）88617190　88617185（中小学）
传真：（023）88617186　88617166
网址：http://www.cqup.com.cn
邮箱：fxk@cqup.com.cn（营销中心）
全国新华书店经销
POD：重庆新生代彩印技术有限公司

*

开本：787mm×1092mm　1/16　印张：19.25　字数：455千
2016年12月第1版　2024年6月第4次印刷
ISBN 978-7-5689-0267-0　定价：48.00元

2016 年 8 月 26 日，全国卫生与健康大会以及会议通过的《健康中国 2030 规划纲要》体现了党和政府对人民群众健康权益和促进人全面发展的高度重视，反映了我国由体育大国向体育强国迈进的国家意志。"十三五"期间，全面建成小康社会为体育发展开辟了新空间，经济发展新常态和供给侧结构性改革也对体育发展提出了新要求，建设健康中国更是为体育发展提供了新机遇。然而，当前我国体育人才发展水平同体育事业的发展需求仍有差距，存在着体育人才总量相对不足、体育人才培养质量不高、各类体育人才发展不均衡、高层次创新型人才短缺等现象，还不能满足体育强国建设的需求，难以发挥体育人才在体育事业发展、体育强国建设中的基础性、战略性、决定性的作用。特别是在体育专业人才培养质量方面，受招生规模不断扩大、生源质量水平参差不齐、培养单位软硬件等诸多因素的影响，培养质量并未达到预期的目标。究其体育教学本质原因，学校体育教学目标、教师、学生、内容、方法、过程、环境、评价等都难以免责，但是，作为教学内容的载体——教材质量的高度无疑是决定着人才培养质量的水平。尽管体育学科教育改革在不断深化推进，但教学内容方面的创新改革力度仍显不足。目前，体育学类本科专业的教材内容仍以传授知识为中心，教材编写一直存在高度抽象化、纯粹理论化、逻辑不清晰、结构混乱、叙述晦涩、实例奇缺，充斥着抄袭来的公式和陈词滥调的顽疾。国际上最新的研究成果和理论较少能在教材中得到更新，缺乏内容丰富、结构合理、描述生动，并有大量生动实例的教材。整体上，体育学类本科专业教材存在建设滞后、缺乏个性化、内容更新周期缓慢、编写水平不高和装印质量低下等问题。导致的结果就是出现教师"教不会""教不清"和学生"学不会""用不上"的窘况，教学质量难以保证，更无从谈起提高教学质量。因此，如何紧跟经济社会的发展变化，编写出能反映体育学科专业的最新研究成果，更好地适应教法更新和学法创新，激发现代大学生的学习兴趣，在教材内容、逻辑结构和形式编排等不断彰显优秀经验传承与创新的教材将是编写者亟待关注的核心问题，也是提高教材编写水平和提高教学质量的重要保证。

"高等学校体育学类本科专业系列教材"是依据"健康第一"的教育理念和《高等学校体育学类本科专业类教学质量国家标准》（修订稿）（以下简称"标准"）规定的专业课程体系要求，由编委会组织了多位任课资深教师尤其是优势和特色专业学科带头人、知名学者教授，在具备深厚学术研究背景、长期教学实践和教材编撰研究经验的基础上，编写出了体现体育学科研究成果的高质量系列教材。按照《标准》规定的专业必修课课程要求，编写了专业类基础课程（体育学类本科专业均须开设的课程），包括《体育概论》《运动解剖学》《体育心理学》《运动生理学》《体育社会学》《健康教育学》《体育科学研究方法》等 7 门专业类基础课程。并按照专业方向课程开设采用 3+X 的模式要求，编写了《学校体育学》《运动训练学》《体育竞赛学》;《体育市场营销》;《中国武术导论》等专业方向课程以及《运动生物化学》《运动生物力学》《体育管理学》《乒乓球》《排球》《武术》《体操》《篮球》《健美操》《羽毛球》等模块选修课程。该系列教材既可以作为体育学类本科专业学生的教材使用，也可以作为各级各类体育教师和教练员的一本参考用书。

本系列教材的特色有以下几点：一是力求体育学科理论知识阐述和论证适可而止，避免机械地理论叠加或过度地引用、借用观点。力争避免高度抽象化和纯理论化，使教学内容丰富，更加贴近现代体育专业本科生的学习兴趣需求，体现新课程体系下的新的课程内容，注重提高学生的实践能力，培养学生的创新能力。

二是立足于理论联系实际的观点，突出学以致用的目标。在编写体例强化了篇章节之间的逻辑关系清晰、结构合理，在案例、材料的选择上更加突出新意。根据知识的脉络和授课的逻辑，设计了思考、讨论或动手探索、操作的环节，提升书稿的互动性。同时，根据篇幅及教学情况，以知识拓展、阅读和实践引导、趣味阅读等形式，适当增加拓展性知识。力争使教师"教得会""教得清"，学生"学得懂""用得上"。

三是力求做到简洁、明晰。在大纲设计、内容取舍上，坚持逻辑清晰、行文简洁，注意填补新兴学科、交叉学科等教材的空白以及相关教材体系的配套，避免了大而全又面面俱到的写作。力图使教材具有基础性、实用性、可读性以及可教性，最大程度地避免言不切实、空泛议论的素材堆积。

本系列教材编委均是各个专业研究领域的专家，大都具有博士学位，对各自的研究领域非常熟悉，他们所撰写的内容均是各自潜心研究并取得的成果，有很深的研究与很高的学术造诣。如何编写好体育学类本科专业学生系列教材，全体编写人员在科学性、实用性、可读性、针对性和先进性方面做了初步的尝试。但由于编写时间仓促、交流和讨论实践不够，书中难免存在不足和错误，欢迎读者不吝赐教与批评指正，修订时将作进一步充实与完善。

虽然编委会按照《标准》的要求，有规划地对系列教材进行系统地组织、开发和编写，但由于对教材质量和水平的高规格要求，一部分重要的课程并未被列入此次教材编写的名目，编委会将在后续编写中逐步增补。本系列教材的编写，得到了重庆大学出版社领导的大力支持与帮助。同时，原全国高等学校体育教学指导委员会技术学科组副组长王崇喜教授，全国高等学校体育教学指导委员会、河南省高校体协主席林克明教授等专家也给予了许多的鼓励、建议与指导，编写时大量参考了诸多专家、学者的前沿研究成果，在此一并表示衷心的感谢！

高等学校体育学类本科专业系列教材编委会

2016 年 10 月

前　言

　　竞技体育是指为了战胜对手，取得优异的运动成绩，最大限度地发挥和提高个人、集体在体格、体能、心理及运动能力等方面的潜力所进行的系统训练和比赛。竞技体育精彩、激烈，让我们感到了青春、力量、友谊、和平。它所迸发的奥林匹克精神超越不同的国家、民族、肤色而连接着世界和平、友谊进步和发展，以其独特的魅力影响着一切。

　　运动训练是指运动员在教练员的指导下有组织、有计划地开展活动的过程，其目的是提高运动员训练水平，为取得优异的运动成绩奠定基础。

　　我国现代运动训练学理论体系始建于1983年，随着我国竞技运动水平的训练研究成果的不断涌现，为运动训练教材的编写提供了重要的理论参考与实践基础。

　　本教材分为三篇，第一篇为理论基础篇，包括运动训练学概述、运动训练学的理论体系、运动训练原则、运动训练方法，该篇吸收了最新的运动训练理论，经过综合整理而成；第二篇为运动训练实践篇，包括竞技能力5个方面子能力的具体训练方法，该篇吸收了国家河南省运动队及郑州大学高水平运动员的训练经验，针对比赛时经常出现的问题分析编写而成；第三篇为运动训练过程及设计篇，根据运动训练活动的特点，按照时间维度，对长期的全程性训练到具体的训练课训练计划进行了全面规划，并根据各篇章特点添加了延伸阅读内容。

　　本教材理论体系完整，更加贴近实践，可作为高校体育教材，也可供中学体育教师、初级教练员、运动员及业余训练爱好者参考。

　　本教材由肖涛、孔祥宁、王晨宇担任主编，乐严严、南秋红、刘玲、董小儒、任志超、李菲、韩盼星等任副主编，参加编写的成员及其分工：肖涛、王超（第一章），孔祥宁、曹学伟（第二章），王晨宇、韩盼星（第三章），李菲（第四章），南秋红（第五章），张天扬（第六章），董小儒（第七章），乐严严（第八章），李盼盼（第九章），母威力（第十章），张嵘（第十一章），吴俊盼（第十二章），刘玲（第十三章），任志超（第十四章）。初稿完成后，由肖涛、孔祥宁、王晨宇对全书进行串稿和统稿。

　　在本书编写过程中，深受我的恩师，即我国现代运动训练理论的创始人田麦久先生严谨细致治学态度的影响，书中随处可以发现导师勤勉耕耘的影子。我也想通过编写本书，让所有阅读者形成对运动训练的全新理念，让体育成为一种情感，一种信仰，一种生活方式。我们正在践行。

肖涛

目 录

第一篇 理论基础篇

第一章
运动训练学概述

第二章
项群训练理论

第三章
运动训练原则

第四章
运动训练方法

第二篇 运动训练实践篇

第五章
运动员体能与训练

第六章
运动员技术能力与训练

第七章
运动员战术能力与训练

第八章
运动员心理能力与训练

第九章
运动员智能与训练

第十章
运动训练过程调控

第十一章
运动员多年训练计划的制订与实施

第十二章
年度训练计划

第十三章
周训练计划的制订与实施

第十四章
训练课计划

参考文献

第一篇
理论基础篇

第一章
运动训练学概述

【学习任务】

通过本章的学习，使学生基本掌握竞技体育的构成，掌握运动训练在竞技体育中的重要地位，了解运动训练的基本内涵，知道运动训练系统组成。通过本章内容的学习，初步了解运动训练学的研究任务及其理论体系。

【学习目标】

1. 掌握运动训练学理论发展的四个阶段。
2. 理解运动训练在竞技体育中的地位。
3. 掌握运动训练的定义。
4. 掌握近代竞技体育发展的主要表现。

运动训练学作为一门系统的综合性的应用学科，发展至今已有半个多世纪。在其发展过程中，受竞技体育世界化、商业化、职业化潮流的影响，广大学者对于学科本身的研究越来越深入，对于运动训练实践的指导作用发挥得越来越明显，这极大地推动了竞技运动水平的不断提高。运动训练学作为一门独立的学科，世界各国的运动训练学专家对构建较为完整的运动训练体系都作出过巨大的贡献。几十年来，在田麦久领衔的一大批学者的努力下，通过探索和创新，已初步形成自己的特色，并且也影响和带动了一大批年轻学者投身其中。

运动训练学发展简述

运动训练理论植根于运动训练实践，全球性竞技体育水平的不断提高，大大促进了运动训练实践的发展，运动训练理论也从最初一些零散的理论研究向系统化、集成化的方向不断前进。

一、运动训练理论研究的起源及形成

在古代奥林匹克运动兴起的初期，运动训练处于一种无组织的自发训练阶段，参加古奥运会的运动员，平时不进行系统训练，只在参加比赛前才短暂训练，当时根本没有训练理论上的研究。运动训练学理论研究的起源可追溯19世纪末，当时英、德、美等国许多教授根据实践的要求，逐渐开始探讨运动训练的理论，相继出现"运动员的基本训练""田径"等零散的论文。此时期研究工作的基本特征是将田径领域积累的经验和理论知识，逐渐运用到专项领域的实践中。1916年，著名体育专家阿·科托夫发表的《奥林匹克运动》一书中，提到运动训练分期的思想。其后，芬兰等国专家所研究的训练分期、训练过程和训练计划等都涉及训练学的内容。值得一提的是，1930年德国学者吕梅尔首次将组织学、生理学、医学、体质学等理论与训练理论综合在一起，完成《运动员手册》一书，这标志着专项训练学的诞生。

第二次世界大战后，历经20世纪五六十年代的发展，世界竞技体育的结构发生了快速的变化。其中，最为典型的是竞技体育职业化和商业化。国际赛场上的竞争日趋激烈，体育科学对于竞争的意义突出地表现出来。国际运动训练在经历了自然发展、新技术和大运动量训练的发展阶段后，进入了科学训练阶段。这一阶段突出的特征就是"运用科学理论、方法以及先进技术组织实施并有效地控制运动训练全过程"。科学训练需要在训练理论、训练思想、训练观念和训练方法方面不断创新，对新理论、新思想、新观念和新方法的需求，推动了运动训练研究，使运动训练理论发展到了一个与运动训练实践需求相适应的阶段，最直接的体现就是训练学学科的建立。当时，体育科学理论包括训练学理论，首先在苏联得到系统的发展，德国的霍尔曼、迈勒罗维奇、阿因德尔等也开始介入系统的训练学研究工作。1961年，由苏联教育学硕士卡列金和吉雅契柯夫主编《运动训练问题》一书；奥地利的戴施卡写了《运动训练的理论及其组织》一文。1962年11月，在莫斯科举行社会主义国家"运动训练问题国际科学方法讨论会"，会上作了包括训练内容、训练计划、训练方法等方面的76篇专题报告，这是世界上第一次大规模地举行运动训练学专题报告会。1964年，马特维耶夫《运动训练分期问题》一书出版，在世界范围内引起强烈反响。人们习惯上将这一时期称为运动训练学理论研究的萌芽阶段。

1969年，哈雷及其同事正式出版《训练学》一书，标志着作为一门独立的学科，运动训练学得到承认。20世纪70年代中期至80年代初期以来，训练学进入体系构建的深化阶段。一大批造诣极深的学者，逐步完善了运动训练的科学体系，推动了竞技体育的飞速发展和运动训练理论在世界范围内的广泛传播。

在这种思想影响下，德国、苏联等国家也相继出版一些训练学专著，如德国的麦勒罗维兹与梅勒合著的《训练》于1972年出版，巴尔艾希与库洛夫共同研究的《训练科学》于1975年发表，苏联的马特维耶夫的《运动训练原理》和吉雅契柯夫的《运动过程的控制与最优化》分别于1971年和1972年发表。同期，我国体育工作者也开始超越专项的局限，去探索训练中的某些共同规律，相继出现了一些训练学研究成果，如唐礼等《优秀运动员多年训练规律的研究》和步润生《周期性运动项目训练负荷与运动成绩的关系》等，是我国最早的训练学论著。这一阶段的研究主要围绕专项训练的理论和方法展开，并且以引进和借鉴苏联的训练理论和实践研究成果为主。

二、运动训练理论研究的缓慢发展时期

"文化大革命"不仅影响了中国社会的发展，也对中国体育事业的发展产生了巨大的影响，运动训练学研究几乎陷入了停滞不前的境地。这一时期我国对运动训练学的理论研究成果其少。田麦久在1979年撰写的《中长跑翼项系数理论及其应用》一文在北京体育学院学报发表，他根据翼项系数分析运动员各种跑的能力的发展水平，确定各跑段所应达到的最高强度，同时还提出对竞技状态水平评定的方法。这是国内对中长跑项目训练有直接影响的理论研究成果。同期，其他国家对运动训练理论的研究却非常火热，研究最活跃的首推德国，1977年德国的马丁所写的《训练学基础》一文，标志德国的运动训练学理论研究已居世界先进水平。在1979年，德国的科隆体育大学成立"一般训练学与体育教学法研究所"。并于1980年改为"一般训练学研究所"，德国的威标克出版的《最优化训练》极大地丰富了运动训练的理论。同期，苏联的马特维耶夫和普拉托诺夫相继出版《运动训练基础》和《现代运动训练》，从而使这两个国家在运动训练学研究上处于领跑地位。

"文化大革命"结束以后，伴随着十一届三中全会的召开，我们开始选派优秀人才出国深造。在体育领域，我国第一个运动训练理论研究人员田麦久，于1979年赴德国科隆体育大学学习先进的运动训练理论，三年后成为我国第一个体育学博士，归国后，带动并掀起国内对运动训练学理论研究的热潮。

三、运动训练理论的发展和完善

1983年，由中国体育科学学会运动训练学会组编写的我国第一本《运动训练学》的出版，标志着我国运动训练学理论进入系统研究阶段。随后，1986年由过家兴等编写的《运动训练学》专业教材出版。1988年，田麦久、武福全主编的《运动训练科学化探索》一书出版。同期，范玲嶙和徐本力分别研究竞技运动训练的科学化以及运动训练的控制模型等问题；茅鹏对小周期和体力波关系的研究，认为小周期在训练安排中的地位已经超过了大周期的作用，他认为按照体力波的波动规律安排训练形式的小周期模式应在训练中大力提倡；延锋从空间角度出发研

究全年训练各阶段的任务和负荷，认为在训练的不同阶段负荷具有一定的规律性。通过对新中国成立后我国一批优秀运动员训练过程的纵向研究，田麦久从时间角度研究优秀运动员多年训练过程的类型特点，否定了自然发展式的多年训练过程安排，同时提出较为合理、科学的多年训练过程结构理论。

20 世纪 80 年代末到 90 年代初，田麦久等在一般训练学和专项训练学之间加入一个新的理论层次——项群训练理论，从而使运动训练学的学科理论更加丰富，标志着我国训练学研究进入一个崭新的发展阶段，带动和影响一大批知名学者加入运动训练学理论研究领域。1994 年，北京体育学院获得运动训练学博士学位授予权，此后，一大批优秀的运动训练学中青年人才脱颖而出，使运动训练学的理论研究呈现出百花齐放的崭新局面。

▌▌四、运动训练学理论的蓬勃发展

20 世纪 90 年代，运动训练学理论研究所涉及的内容更加广泛，如池建对男子篮球赛前训练负荷强度和比赛负荷强度对比研究，认为应减少间歇总时间，以短时间多次数的间歇形式安排赛前训练；曹守和对新中国竞技体育训练理论的发展与创新研究；张路对训练大周期与小周期理论的对立统一的研究等。

同时，不少的专家对以前运动训练的基本问题提出自己的看法，最激烈的莫过于对周期训练的关注。人们在新的竞赛条件下，开始重新审视马氏周期理论。如陈小平、李庆和许琦等分别从不同的角度对传统的马特维耶夫周期理论进行质疑，马氏周期理论对准备期和竞赛期的负荷量和强度规定过死，有碍于运动员更好地、更多次地出现竞技状态高峰，而且准备期和竞赛期训练内容和方法的安排有碍于运动员成绩的提高。相反，更多的学者却在重新解读马特维耶夫周期理论的原始文本时，认为马氏从哲学高度已经预见到了除体能项目之外的其他项目会有不同的周期特征，而且多次解释竞技状态的概念。如姚颂平对马氏运动训练理论进行了仔细研究，他说，近几年，在安排年度周期或训练大周期方面出现一些不同的意见。从表面上看，好像分歧出现在训练过程的分期和训练负荷的安排上，但经过系统分析后，就会发现分歧出现在竞技状态理论上，主要在于如何理解和如何确定竞技状态概念。对概念内涵的理解不同，导致学术观点争论。姚颂平认为，传统的一年单周期和双周期的安排模式在当今体能类项目中仍然适宜，因为某些项目的竞技能力的显著性提高需要较长的时间，即使在当前商业性比赛较频繁的条件下，运动员也应该有选择地参加适宜次数的重要比赛，只有这样才能在比赛中创造出较好的成绩。

田麦久和郑晓鸿对马氏周期理论也进行了系统分析，他们认为竞技运动的发展，需要理论上对一些新的分期形式与年度训练安排作出合乎规律的解释，这是非常正常的。也正因为如此，才有了上述这些对传统训练分期理论所提出的质疑与理论上的新发展。但遗憾的是，多年以来，无论是传统的周期理论，还是新的周期理论，其研究的主要范围始终局限在体能类项目中。无论是马特维也夫还是普拉托诺夫，无论是博伊科还是维尔霍山斯基，他们的研究对象及研究素材大都来源于田径、游泳和举重等这些体能类项目，始终没有摆脱对体能类项目这一研究范围的局限。关于这一点，马特维也夫教授早在其《运动训练分期问题》一书的结束部分作出说明。

他认为，自己在运动训练分期方面的研究工作远没有解决训练分期的所有问题，如对不同运动项目训练分期特点的问题就有进一步研究的必要，并指出对不同运动项目训练分期特点研究应集中在以下几个方面：第一，不同运动项目训练分期特点应在一般训练与专项训练、身体训练与技术训练、技术训练与战术训练等方面的相互关系上表现出不同的特点；第二，不同项目训练分期特点的不同应表现在竞赛期的结构特点上；第三，不同项目训练分期的特点可能在训练分期以及整个训练周期持续时间长短上存在区别。虽然，马特维也夫教授很早就对运动训练分期问题的进一步研究提供理论假设和指明研究方向，但遗憾的是，在随后的年代中，人们对运动训练分期理论应用的热情，远远超过对理论进一步研究与发展的热情，就连马特维也夫教授本人在其随后的著作中也没有对运动训练分期的其他问题，特别是不同项目运动训练分期特征问题进行系统研究。因此，传统运动训练分期理论和新的周期理论在对其他运动项目，特别是对对抗性运动项目的指导上，就显得力不从心。这也是众多专家、学者及教练员在面对对抗性运动项目特别是球类运动项目的训练分期安排时，显得无所适从的主要原因之一。田麦久认为，训练大周期的划分是否恰当的一个重要标准，就是看能不能使运动员竞技状态的周期性变化适应于特定日程重大比赛的参赛需要。不同项群运动员竞技状态的主要表现特征是不同的，显然，其训练大周期的划分也应该有着明显的区别。而经典的马待维耶夫的周期学说的主体内容，是在体能主导类项目的训练实践的基础上建立的，很少顾及技能、技心能、技战能主导类项目的运动员竞技状态的变化和表现的特点。

此间，具有标志性意义的项群理论在运动训练和体育战略研究中得到充分的运用和发展，运动训练学理论研究进入快速发展阶段。同项群的潜优势项目得到快速发展，在国家体育总局和各省、市体育局制定体育发展的战略规划时，都离不开项群理论的指导，2004 年雅典奥运会的成功就是典型的范例。

第二节 运动训练与竞技体育

一、运动训练释义

自从有了运动训练活动，出现了零散的运动训练理论，对运动训练本质的认识就一刻没有停止过。随着人们对运动训练实践活动认识水平的深入，运动训练的内涵得到了充分的挖掘。国内外众多体育专家和学者都尝试着从不同角度出发对运动训练这一实践活动进行界定，给出了具有不同侧重点的定义，对运动训练实践起了很大的促进作用。通过总结前人的研究成果，我们认为运动训练是竞技体育活动的重要组成部分，是在运动训练团队成员的积极参与下，为提高运动员的竞技能力和运动成绩，专门组织的有计划的体育活动。

运动训练活动都是围绕着提高运动员的竞技能力和运动成绩进行的。运动训练的直接目的是提高运动员的竞技能力，继而通过参加运动竞赛，将其已获得的竞技能力转化为运动成绩。

教练员和运动员是运动训练活动的主体，教练员是运动训练计划的制订者及运动训练活动的组织者与指导者。运动员既要在教练员的指导下从事训练实践，也要积极配合教练员，与教练员一起设计、组织自己的训练活动，并参与对这一训练过程的有效控制。同时，训练管理工作者、科学家、医生等也都是运动训练活动的积极参与者。

运动员的竞技能力和运动成绩的提高有着客观的规律，只有遵循训练规律，科学地制订并认真地执行运动训练计划，才能取得运动训练活动的成功。

二、竞技体育释义

竞技体育是体育的重要组成成分，以体育竞赛为基本特征，在体育竞赛中把创造优异运动成绩、夺取比赛胜利作为主要目标的体育活动。

（一）竞技体育的起源

竞技体育是体育的重要组成部分，是以体育竞赛为主要特征，以创造优异运动成绩、夺取比赛优胜为主要目标的体育活动。体育运动是在人类发展的过程中逐步形成与发展起来的，竞技体育也是一样。原始人类为了能够在赖以生存的狩猎活动中，更快地、更长时间地追逐，为了能够在猎取野兽的搏斗中，更容易获胜，开始采取跑、跳、投等多种形式的身体活动，有意识地对自己的运动能力进行培养，逐渐形成了初级的身体练习活动。随着社会的发展，各种身体活动形式被人类不断地加以分类、提炼和总结，并相互比较，渐渐演化出了区分胜负的竞技活动。另一方面，在原始社会末期，由于部落间频繁发生武装冲突，为了增强部落成员的作战能力，也逐渐在备战以及宗教活动中，加入竞技运动的内容。史料表明，人类在旧石器时代晚期已经有了初步的分胜负的比赛意识和一定的体育竞赛形式。随着人类社会文明的发展，人们的价值取向逐渐由单纯的生存需要转为包括休闲、愉悦、观赏在内的多元需要，人们出于强身健体的目的而参加竞技活动的现象越来越普遍，竞技运动的审美观念也逐渐形成。随着价值观的演化，竞技运动与宗教、军事和生产活动的联系逐渐减弱，成为一种更具相对独立性的社会活动。

综上可见，竞技体育形成和发展的基本动因是多元的。一是生物学因素，即人们为了更好地提高自身活动能力而创立和发展了竞技体育活动；二是心理学因素，人的"取胜和对抗的本能"及"追求胜过对手"的动机推进了竞技运动的形成；三是社会学因素，人们已全面地认识到竞技体育在推进经济和社会发展进程中的重要价值，参与和观赏竞技体育已经成为人类社会生活不可缺少的组成部分，从而有力地推动了竞技体育的发展。

（二）现代竞技体育的发展

通常人们把 1896 年第 1 届奥林匹克运动会的召开，视作现代竞技体育的发端。120 年来，现代竞技体育作为体育这一具有重大影响的社会活动的基本组成部分，获得了蓬勃的发展。

1. 竞技体育在世界范围广泛开展

19 世纪后半期，现代竞技体育首先在欧美工业发达国家开展起来。而随着经济、文化、科学技术的全球性发展，亚非拉众多国家加快了现代化的进程，竞技体育也得到了广泛的开展。世界各地的无数青少年积极参与运动训练和竞技比赛；对各个地域、各种肤色、各个阶层的人们来说，观赏竞技体育都已成为人们生活中不可缺少的重要组成部分。不发达国家的竞技运动水平也得到迅速的提高。亚洲的乒乓球、羽毛球、体操、柔道，非洲的中长跑，拉丁美洲的足球、排球与短跑等项目的竞技水平都位居世界前列，成为欧洲与北美国家在世界赛场上的有力对手。

2. 建立了相对完整的管理体制

竞技体育百年发展的同时，也建立了相对完整的管理体制。现代世界竞技体育活动是以国际奥委会及各单项联合会为核心组织进行的。另外，还有不同人群的国际体育组织（如国际大学生体育联合会、国际军人体育联合会、国际残疾人体育联合会等）分别组织自己领域内的竞技体育活动。在各大洲、各个国家及地区，也都相应地建立了奥委会和单项联合会（或协会），肩负着同样的使命。这些体育组织确定规则，组织比赛，筹集资金，进行培训，构成了全球性的管理网络。应该看到，由于历史的原因，上述国际体育组织所制订的章程、规则以及所组织的比赛中都或多或少地存在着对亚非拉不发达国家和运动员的歧视问题。在 21 世纪，随着亚非拉国家的发展与竞技运动水平的提高，其在国际体育组织和国际体育活动中的合法权益的斗争也必将会取得新的进展。

3. 运动竞赛活动日益活跃

运动竞赛是竞技体育领域最有代表性、最有活力的组成部分。运动选手们在竞赛中显示本领，较量实力，决战胜负；观众在竞赛中欣赏技艺，观战搏击，并会亲聚友，进行社会交流；竞赛的组织举办者则开展广泛的文化及商业活动，树立并宣传举办国或城市的发展形象，亦谋求可观的经济效益。百年来，各种类型、各种规模的运动竞赛在世界各地日益活跃地开展了起来。奥运会、单项锦标赛、世界杯赛及系列大奖赛是最有代表性的世界性比赛，已经形成了完整的赛事体系。与其相对应的各洲、各国、各地区、各省市、各协会组织的比赛，以及不同职业、不同年龄等不同人群的比赛为现代社会生活增添了绚丽的色彩。产生于希腊的古代奥林匹克运动会自公元前 776—公元 393 年，举办了 293 届运动会。1888 年，法国人皮埃尔·德·顾拜旦 (1863—1937 年) 首先倡议恢复奥运会。第 1 届现代夏季奥林匹克运动会于 1896 年在希腊雅典举行。至 2008 年，102 年中举行了 26 届夏季奥运会及 20 届冬季奥运会。今日的奥运会已成为世界性的盛大节日，是规模最大的世界性民众聚会，是高水平竞技体育的世界赛事。中国人最早表达举办奥运会的愿望是在 1908 年，100 年后梦想实现。2008 年北京奥运会获得了巨大的成功，中国政府和人民遵循 "绿色奥运、科技奥运、人文奥运" 三大理念，以一届 "有特色、高水平" 的奥运会和残运会赢得了 "无与伦比" 的称誉，为世界竞技体育和国际奥林匹克运动的健康发展作出了卓越的贡献。

4. 竞技运动水平及运动训练科学化水平不断提高

现代竞技体育发展百年来，各国优秀选手们的竞技运动水平明显提高。如男子田径世界纪录提高了 8% ~ 55%；网球运动员发球的球速已高达 230 千米 / 小时；体操、跳水、蹦床以及自由式滑雪空中技巧运动员在空中同时沿着身体的纵轴和横轴做出了令人眼花缭乱的旋转；举重运动员把 3 倍于体重的杠铃举过了头顶；篮球选手飞身空中，由上而下把篮球扣入篮筐；花样滑冰选手则在冰上跳起旋转 1 440°。

三、运动训练与竞技体育

无论从活动的时间、活动的容量，还是从人们投入的力度来看，在竞技体育的多种构建中，运动训练都是最主要的。理想的运动员选材是为运动员训练提供优质的素材，运动竞赛则是对训练成效的检验。运动员的竞技能力来自遗传效应、生活效应及训练效应等多元途径，其中，训练效应是运动员获得竞技能力最重要、最有效的途径。只有通过长期、系统、科学的训练，运动员的竞技能力才能达到较高的水平，才能在复杂多变的比赛中取得优异的运动成绩。

四、运动训练与运动员选材的关系

运动员的竞技能力包括有先天遗传性竞技能力和后天训练获得性竞技能力两个部分。科学的选材选出了具有优越的先天遗传性竞技能力的可造之材，还必须在此基础上通过科学的训练才能有效地发挥运动员的竞技能力，并使得运动员先天遗传性的竞技能力得到充分的展现。选材为成功的训练准备了重要的前提条件，但如果没有科学的训练，再好的素材也不可能成为优秀的选手。

五、运动训练与运动竞赛的关系

成功地参加竞赛是运动员训练的最终目的。运动训练的内容和安排应力求符合各个运动项目的特点和竞赛规则的要求，最终求得在比赛中充分表现出已经具备的竞技能力。同时运动竞赛的特定条件和气氛，为创造高水平运动成绩提供了平时训练中难以具备的良好条件，而运动成绩也只有在专门组织的比赛中表现出来，才能得到社会的承认。运动员的比赛成绩正是对其训练效果的最好检验。

运动训练学（sports training theory）是研究与运动训练有关的规律的一门学科，运动训练学是连接体育基础学科和运动训练实践的重要桥梁。运动训练学一方面将运动生理学、运动心理学和运动生物力学、人文社会科学等学科的理论整合并应用到训练实践之中，另一方面将运动训练的实践经验经过整合升华为理论。运动训练学包括"一般训练学""项群训练学""专项训练学"三个层次。

一般训练学是以阐明运动训练基本理论和训练过程中带有共性及普遍性规律的理论体系；项群训练学是以研究项目本质相关度较高的项目群组共性的规律的理论；专项训练学是以研究一个项目本质特征、训练控制规律和参赛行为的理论。在这三个层次的运动训练理论研究中已经形成了一个较为完整的体系，其中一般训练学源于专项训练理论，是以专项训练理论为基础，从各个专项训练理论中总结出带有广泛适用性的共性规律，并使其上升为对不同项目的运动训练活动具有普遍指导意义的理论。因此，运动训练学研究的主要目的是揭示运动训练活动的普遍规律，指导各专项运动训练实践，使各专项的训练活动建立在科学的训练理论基础之上，努力提高训练的科学化水平。

从现代运动训练学发展趋势来看，运动训练学研究的主要任务概括为：

①研究现代竞赛制度下，各个项目本质特征变化的总体趋势。

②深入探索负荷刺激产生的生物适应性变化规律。

③广泛吸纳现代科技成果和多学科的前言理论，提高训练、参赛过程的科技含量，探索训练方法手段的原始性创新。

④研究多种竞赛体系对运动训练过程和参赛过程的普遍影响。

⑤系统研究训练过程的质量控制规律，提高现代运动训练的绩效。

运动训练学的研究方法如下：

理论与实践相结合是运动训练学方法理论研究最基本的方法。运动训练学方法理论是一种具有非常鲜明实践性特征的方法理论。它的研究必须依托于实践。实践既是理论研究的基础，同时实践和理论紧密结合也是运动训练方法研究的极其重要的方法之一。理论研究的目的在于解决问题，运动训练学方法理论研究的问题则是来自运动训练的实践，而理论研究的结论和成果又必须回到运动训练的实践中去接受检验，由此才可以形成具有科学性和权威性的理论，并真正达到服务于运动训练实践的目的。所以，从实践到理论，再从理论到实践是运动训练方法理论研究的基本方法。

在运动训练学方法理论的研究中，同样也遵循着其他理论研究的共同规律，在自然科学和社会科学研究中所运用的研究方法也同样体现在运动训练学方法的理论研究过程中，比如：观察法、实验法、模拟法等。同时作为理论研究还必须要运用科学的抽象和概括的方法，因为对于观察、实验或模拟的研究过程中所获得的经验材料，还要进行理性的加工，才能把客观事物和客观现象运动的本质抽象出来，通过科学的抽象才能对观察、实验和模拟的结果进行科学的说明，在此基础上也才能实现理论上的真正创新。其次，在运动训练方法理论的研究中，还要运用到一些基本的逻辑方法。比如：比较和分类、类比、归纳和演绎、分析和综合、证明和反驳等，这些逻辑方法的运用，可以将观察、实验和模拟方法中获得的经验材料上升为能够真正反映客观事物和现象的本质特征和内在规律的科学严谨的理论。同样要将现代先进的信息理论、信息技术以及计算机技术和网络技术，融入运动训练方法理论研究的方法体系之内，使研究工作的方法体系更具科学性和严谨性。

运动训练学的未来发展趋势如下。

一、运动训练理论体系在严峻的挑战中将得到进一步发展

从 20 世纪 50 年代起，随着系统、不间断训练的开展，运动训练理论得到完善，形成了完整的体系，并始终支配着其后几十年的训练实践。从 20 世纪 70 年代末起，当竞技体育进入商业化、职业化进程时，这一理论体系就逐渐受到了严峻的挑战，争论纷起。迄今为止，因各项赛制均产生重大改变，训练界、学术界的质疑、辩论、探讨虽然已进行了 30 多年，但依然热烈。争论的焦点突出表现在有关训练过程控制的理论原理方面。

不可否认，建立在较低成绩水平上的训练理论体系，面对当前高水平的成绩与新的赛制，肯定有其不适应的地方。但是，在探讨问题时必须分清：是该理论体系的核心原理不适用，还是操作步骤不适用？是因操作者理解有异而产生的失误，还是原理本身存在着荒谬？

近 20 多年来，我国对传统训练理论体系也进行了多次深入讨论，绝大多数学者与教练员认为传统理论体系的核心原理基本揭示了运动员训练的客观规律，这是无可非议的。我国优势项目的训练实践也证实，如乒乓球、跳水、体操等项目，核心原理并不因赛制的改革与比赛次数的增多而改变，在现实中并没有失去其运用的价值。

不过，商业化、职业化进程毕竟对运动训练有着极为深刻的影响，极高的成绩水平确已使训练的具体操作过程今非昔比。传统理论中有关操作的内容应在新的形势下得到改变，这已是势在必行。传统理论体系的奠基人、俄罗斯学者马特维耶夫教授并没有故步自封，针对近些年的变化已提出了新的操作方案，并在 21 世纪初又出版了多部理论新著。不久的将来，随着商业化、职业化进程的深化，新的思维、新的研究成果必将出现，将进一步充实与丰富训练理论宝库。特别是运动训练过程的控制理论，将得到更新。

二、运动员体能训练的基本手段与方法将得到重新审视和发展

在奥林匹克运动百年的发展中，各项目的运动成绩均达到了前所未有的高水平。从近几十年的比赛看，除以动作技巧作为胜负判别标准的项目外，相当一部分项目的技术已近乎完善，以新异动作出奇制胜的可能性已极小。同时，近些年各单项联合会已对不以运动员自身因素发

挥而由高科技无限制地渗透，或背离本项目宗旨的动作形式和做法来提高运动成绩的行为引起一定的重视或予以限制。如国际自行车联合会已规定车的结构和部件标准限制车辆的研制。加之反兴奋剂的措施与力度加大，就使运动员自身体能在创造优异成绩过程中的重要性达到了前所未有的程度。

历年来运动员的基本体力能力的训练手段与方法，如力量、速度、耐力、柔韧等素质的训练手段与方法，在较为成熟的生物学科原理支撑下，均已得到较为深刻的研究与实施，已趋于成熟。这方面的突破将有赖于这些学科的深入发展及新的发现。

高水平的专项运动成绩将要求运动员在专项活动中把它们更为和谐地融合在一起，更为协调地相互配合，独立地对它们的训练将不再与成绩提高的要求相吻合。在相对较长的时期内生物学原理不会有大的变化的前提下，人们必然将对它们相互间的影响与协同开展新的研究，进行新的思考与探索。未来的训练手段与方法将紧密结合这方面内容而产生，并得到完善。

三、训练理论的研究重点将围绕揭示各个运动专项的特点展开

现代运动训练的特点之一是训练负荷的量与强度均处于极限的水平。在目前量与强度再也无法增加的情况下，训练的科学性将突出地表现为如何施加有效的训练负荷，减少无谓的、盲目的、无效的训练。提高训练的有效性，关键在于全面、准确地理解"专项"，把握专项特点，这才能使训练有针对性地、合理和科学地进行。

可以认为，现有训练理论和有关的生物学科最大的不足，在于把各个运动项目的特点作为"专项"的特点对待，而没有把"专项"看作是一个相对的概念、是与运动员训练水平相符的比赛本身。现代运动训练的原则之一就是必须进行"专项训练"，达到优异运动成绩的唯一途径只能是"专项训练"。也正是由于缺乏对各个专项特点的研究，缺乏对专项特点的揭示，才使许多训练变成无效的劳动。

从目前训练理论的研究动向看，上述问题已被许多学者、教练员有意或无意地认识和思考，并正在进行一些有益的工作，但是尚未得到广泛、全面的展开，尚未有深入的成果。因此可以预见，在实践需要的驱使下，训练理论的研究将在这方面得到新发展。

四、运用现成的高科技成果使训练更为理性化的工作将有所为

信息化、系统化是当前各个产业发展的方向。近30年来，相当一部分学者和科研人员在力图运用高科技的成果使运动训练向这个方向发展，以使训练有控制地进行，并做了大量的、有益的，甚至是十分艰苦的尝试。然而，迄今为止，这方面的成果仅表现为对个别或局部问题的统计、归纳，或对结果的监测，仅处于对表面现象的解释的低层次阶段，离建立起依托于高科技，能有效指挥训练运作的完整体系尚远，其原因在于：生物学科研究工作的滞后，基础学科还没有完全揭示训练中生物学变化的根本规律；研究人员缺乏对"专项"特点的正确理解；运动员创造运动成绩是其训练水平诸因素动态的结合，而不是一种静态的表现，高水平成绩的产生并不存在"客观的模式"。组成训练水平的诸因素均是变量，而寻求影响各个变量之间动态结合的"点"，其面之广难以想象，以至于难度极大；运动员的成长是一个庞大的系统工程，

既有生物学的内容，也有社会学的内涵；既有可控的因素，也有不可预见的变化；既有可量化的指标，也存在着不可估测的因素。对那些非可控、无法量化的东西予以计量，尚需时日；没有形成群体合作研究。每个科研人员囿于自身学识的狭隘，不可能对影响运动员训练水平的所有因素都有透彻的认识，因此必须形成研究的合作群体才能有所作为。

鉴于当前运用高科技成果使训练更为理性化的工作非常缺乏，随着教练员与科研人员素质的提高，训练中各方面客观规律的进一步揭示，训练理论未来在这方面的研究将会得到一定的发展，相信一定会有所作为。

本章小结 　　运动训练的最终目标是创造优异的运动成绩，对运动训练的特点和运动训练学的内容做了深入的探讨，以便用科学的运动训练理论指导运动训练实践。同时详述运动训练学各个时期发展状况，能够系统地了解运动训练学的发展过程。最后，对运动训练学的各个层面理论体系作了简单说明，以便能够对运动训练学这一复杂体系有更清晰、更全面的认识。

思考题 　　1.试述运动训练的定义和基本特点。
　　2.试述运动训练学的研究内容及任务。
　　3.试述运动训练理论的三个层次结构以及各层次理论研究的主要内容。
　　4.竞技体育的发展。

案例分析

★要想保持优异的运动成绩，科技是保障

　　新华社上海11月19日电　明年1月，上海掷重金投资的低氧研究中心、体能训练基地等一系列高科技含量的体育场所和机构将纷纷投入使用，体育科研专家也将跟踪重点项目、重点运动员进行各项体育指标检测，为科学训练提供理论依据……体育与医疗、科研相结合，体育向"科技"要成绩，将成为上海体育未来发展的一大趋势。

　　19日，在上海市体育训练队冬训动员大会上，上海市副市长杨晓渡分析道："刘翔之所以能在雅典奥运会上创造中国田径的'神话'，除了刘翔自身的努力外，有一点必须重视——体育背后，科研的作用力不容忽视。刘翔现象，将加快上海未来体育发展，要在科技上做文章。"

　　"要想保持优异的运动成绩，科技是保障。"一身黑色运动服，掩盖不了刘翔活力四射的光芒。他在冬训动员大会上作为运动员代表发言说，他将更好地配合教练，在今后训练中保持良好的运动状态，取得更好的成绩。

　　刘翔的成功，科研力量不可小视。早在两年前，国家体育总局和上海市体育局各有一支体育科研队伍为刘翔"服务"，他们对刘翔的日常训练以及国内外比赛跟踪拍摄，找到肉眼不易发现的细小问题并及时向教练员反映，使其能对症下药。体育科研专

家表示，科技人员与教练员紧密配合，运用多种手段随时随地对运动员身体机能、运动能力、技战术特点、健康水平以及训练方法的有效性监控和评定，并采取有效措施加以应对，是运动员出成绩的重要因素之一。体育科研在"造就"刘翔的同时，也"造就"了一大批体育明星：张怡宁睡眠浅、入睡晚、易醒，科研人员提供的安睡枕为她解决睡眠之忧；劳丽诗注意力不集中的情况被蓝牙生物反馈系统发现，科研人员随即为她定造的心理调节音乐有效地发挥了作用……杨晓渡表示，为在2005年江苏举行的第十届全国运动会、2008年北京奥运会上取得更优异的成绩，上海体育在今后的几年内，将组成专门的体育科研团队，保证重点项目由科研专人负责，并由科研人员跟踪队员训练，进行体能、生理测试等指标的测试，为运动员科学训练提供理论依据。"为将科研效果落到实处，保障体育成绩的稳步进步，科研人员的待遇将与运动员的成绩直接挂钩。此外，对教练员也将采取许多鼓励机制，鼓励其科技创新，让更多的刘翔不断在国内外赛场涌现。"杨晓渡说。

相关历史事件

★女排精神

女排精神是中国女排的历史遗产，是20世纪80年代中国女排夺得五连冠之后的经验总结。女排精神的基本内涵可概括为：无私奉献精神，团结协作精神，艰苦创业精神，自强不息精神。女排精神很好地诠释了"为国争光、无私奉献、科学求实、遵纪守法、团结友好、坚强拼搏"的中华体育精神。

女排精神曾被运动员视为刻苦奋斗的标杆和座右铭，鼓舞着他们的士气和热情。更关键的是，它因契合时代需要，不仅成为体育领域的品牌意志，更被强烈地升华为民族面貌的代名词，演化成指代社会文化的一种符号。它一直与女排的得失、沉浮紧紧联系在一起，并成为评价中国女排最难以割舍的标准。

女排精神之所以备受推崇，最重要的是那种足以流芳百世的不畏强敌、奋力拼搏的精神，远远比"五连冠"本身更加能鼓舞国人。排球世界杯赛、世界排球锦标赛和奥运会中的排球赛是代表世界最高水平的3个大型排球比赛。1979年底，在中国恢复国际奥委会席位仅一个月之后，中国女排就夺得亚锦赛冠军，成为中国"三大球"中第一个冲出亚洲的项目。

1981年，中国女排以亚洲冠军的身份参加在日本举行的第三届世界杯排球赛。经过7轮28场激烈的争夺，11月16日，中国队以7战全胜的成绩首次夺得世界杯赛冠军。袁伟民获"最佳教练奖"，孙晋芳获"最佳运动员奖""最佳二传手奖""优秀运动员奖"，郎平获"优秀运动员奖"。随后，在1982年秘鲁世锦赛上中国女排再度夺冠。紧接着，在1984年的第23届奥运会上，中国女排实现三连冠的梦想。中国女排并未就此止步，在1985年的第四届世界杯和1986年的第十届世界女排锦标赛上，中国女排连续两次夺冠。于是，从1981年到1986年，中国女排创下的世界排球史上第一个"五连冠"，写下我国大球翻身的新篇章。

1981年11月，中国女排首次夺得世界冠军后，《人民日报》曾报道，截至1981年12月4日，中国女排收到贺信、贺电和各种纪念品达3万多件。北京商标一厂、无锡钟表厂等生产单位的职工在信中表示，要"学习女排精神，保证完成和超额完成生产任务。"受"女排精神"鼓舞的北大学子则喊出"团结起来，振兴中华"的时代最强音。

女排夺得五连冠后，各种媒体更是加大对女排精神的宣传力度。诸如，有媒体报道，"某工厂女工看了女排的事迹之后，每天早来晚走，精心操作，班产量天天超额完成计划"；"某煤矿工人看完女排比赛之后，自觉加义务班，日日超产"等。《人民日报》还开辟"学女排，见行动"的专栏。

更多的中国人则通过女排精神，真实地体会到一种从未有过的自豪感。"学习女排、振兴中华"成为口号，在全社会掀起一股学习中国女排的热潮。女排精神简而言之，就是拼搏精神。这种精神在当时的中国，被大力提倡，有着深刻的时代背景。社会学家、中国社科院社会学研究所研究员王春光指出，"改革开放早期阶段，国人猛地意识到与世界的差距，而变得有些失落和彷徨。因此在这一背景下，'女排精神'广为传颂，其实就是在向国人和全世界庄严宣告中华民族崛起的信心和能力。"实际上，女排精神从一开始就超出体育竞技范围，而对各行各业的劳动者起到激励、感召和促进作用。在此背景下，国务院以及国家体委、共青团中央、全国青联、全国学联、全国妇联号召全国人民学习"女排精神"，为民族腾飞和社会主义建设而努力奋斗。

第二章
项群训练理论

【学习任务】

通过本章的学习，了解项群训练理论的建立及科学意义，学会项群训练理论在实践中的应用。

【学习目标】

1. 了解项群运动训练理论分类体系。
2. 理解项群训练的构成及特点。
3. 掌握项群训练理论的发展历程及应用价值。

将一组具有相似竞技特征及训练要求的竞技项目称为一个项群，将揭示不同项群竞技规律与训练规律的理论称为项群训练理论。项群训练理论是位于一般训练理论与专项训练理论之间的一个理论层次，是连接一般训练理论和专项训练理论的一座桥梁，项群训练理论的创立使得运动训练理论体系更加完整。三十年来，体育界高度重视项群训练理论，经过诸多学者的努力，该理论得到进一步的发展和完善。

项群训练理论总论

一、项群训练理论的建立及其科学意义

（一）项群训练理论的构思与命名

运动训练的理论源于运动训练的实践。通常认为，自 1964 年前民主德国哈雷博士等人的《训练学》(Training Slehre) 一书作为莱比锡体育学院函授教材问世以来，运动训练的理论体系即由一般训练学和专项训练学两个层次所构成。一般和专项这两个层次的训练理论各有着自己的研究领域和适用范畴。一般训练理论研究普遍适用于众多运动项目的共同规律，是在高层次上指导运动训练实践活动的理论体系；专项训练理论密切结合专项训练实践，研究适用于专项训练活动需要的指导性的理论问题以及具体的可应用的训练方法。但随着运动训练实践的发展，这一体系已日益表现出其明显的不足，即一般训练学在力求概括适宜于所有项目的共同规律时遇到巨大的困难；同时专项训练学受到视野的局限而难脱狭窄并难以深化和提高；以及这两个层次中间所出现的明显断裂。田麦久和他的同事将运动项目的类属聚合命名为"项群"，揭示项群训练基本规律的理论命名为"项群训练理论"。

（二）项群训练理论的基本内容

运动训练理论的研究主要针对"为何练、练什么、练多少、怎样练"，即训练目标、训练内容、负荷量度及训练的组织这样四个问题而进行。不同层次的训练理论都担负着在各自层次上回答上述问题的任务。除此之外，各项群的形成与发展也应作为项群训练理论研究的内容。因此，可以把项群训练理论的基本内容概括为以下四个方面：

—— 各项群的形成与发展；

—— 各项群竞技能力决定因素的系统分析；

—— 各项群运动成绩决定因素的系统分析；

—— 各项群训练的基本特点 (负荷内容与量度，训练的组织与控制)。

1. 各项群的形成与发展

各个项群内部所包含的许多竞技项目都有着密切的亲缘关系。在一些古老的基础运动项目的发展及演变中不断地衍生出一批新的运动项目。例如，1880 年英国的体育用品制造商为适应贵族生活的需要，把网球搬到室内桌子上打，便出现了乒乓球。1860 年，一批英国足球迷在足球赛后带着足球下水游泳嬉戏，这就是水球的起源。从古老的德国古典体操中衍生出了现代竞技体操、艺术体操、技巧、蹦床等运动项目。现代铁人三项则把长距离游泳、长距离自行车骑行和马拉松跑这三个看来似乎截然不同的耐力性运动项目连在一起进行竞赛，展示出这些

体能主导类周期性耐力项目的同群性特点。

2. 各项群竞技能力决定因素的系统分析

任何一个运动项目运动员竞技能力的高低，都是由运动员的心、技、体、战、智五个方面的能力所决定的。其中，体能又包含形态、机能及素质三个方面的状况。

3. 各项群运动成绩决定因素的系统分析

不同项群对于运动成绩有着不同的理解和表述。在速度滑冰、田径、举重等可测量类的运动项目中，人们习惯于把运动成绩理解为可以定量表达的时间、距离、质量、环数等指标的具体数值；而各对抗性项目则直接理解为比赛的胜负。考虑不同运动项目的特点，应该给予运动成绩这一概念更为广义的解释。

4. 各项群训练的基本特点

运动训练的基本任务在于发展运动员的竞技能力，并通过运动竞赛，将已获得的竞技能力充分地表现出来，创造出理想的运动成绩。这就是竞技体育活动的两个主要的构成部分。如前所述，不同项群运动员竞技能力和运动成绩的决定因素都有着不同的特点，从而，也就导致不同项群的训练活动各自表现出不同的特点。这里，既包括训练的内容、方法和手段，也包括负荷的量度及恢复的措施。

（三）竞技运动项目的主要分类体系

竞技运动项目多方面的属性为我们提供了多个可供选择的分类标准，并构成了不同的分类体系。

1. 各项群竞技能力决定因素的系统分析

同一种竞技能力对运动员整体竞技能力的作用也依项群的不同而有明显区别。例如：运动技术的好坏对每一个项目运动员发展高度的竞技能力多有着不可忽视的重要意义。但对于不同的项群，其作用程度的不同仍然表现出明显的差异 (见表 2-1)。

表 2-1　运动技术在不同项群中的作用

项 群		作 用	特 征
体能主导类	快速力量性	重要作用	集中快速发挥力量
	速度性	重要作用	短时间内有效地发挥体能
	耐力性	重要作用	经济省力时效，推迟疲劳出现
技能主导类	表现难美性	决定性作用	充分显示运动员的技艺与美感
	表现准确性	主导作用	正确稳定的瞄准与击发（撒放）
	隔网对抗性	决定性作用	战术的基础，突破防守而得分
	同场对抗性	主导作用	战术的基础，突破防守而命中得分
	格斗对抗性	主导作用	战术的技术，突破防守而制胜或得分

2. 运动项目的三个各自独立而又紧密联系的分类体系

（1）以运动项目所需运动能力的主导因素，可将所有的运动项目首先分为体能主导类和技能主导类两大类。继而以各项目体能的主要表现形式或特征作为二级分类标准，把体能主导类项目分为快速力量性、速度性及耐力性三个亚类，把技能主导类项目分为表现准确性、表现难美性、隔网对抗性、同场对抗性及格斗对抗性五个亚类（见表2-2）。

表2-2　按竞技能力的主导因素对竞技项目的分类

大类	亚类		主要项目
体能主导类	快速力量性		跳跃、投掷、举重
	速度性		短距离跑（100、200、400米） 短游（50、100米） 短距离速度滑冰（500米） 短距离赛场自行车（200、1 000米）
	耐力性		中长超长距离走、跑、滑冰 中长超长距离游泳、越野滑雪 中长超长距离公路自行车、划船
技能主导类	表现	准确性	射击、射箭、弓弩
		难美性	体操、艺术体操、技巧、跳水、花样滑冰、花样游泳、冰舞、武术（套路）、自由式滑雪、滑水
	对抗	隔网	乒乓球、羽毛球、网球、排球
		同场	足球、手球、冰球、水球、曲棍球、篮球
		格斗	摔跤、柔道、拳击、击剑、武术（散打）

（2）以运动项目的动作结构分类，把所有项目划分为单一动作结构、多元动作结构及多项组合结构三大类（见表2-3）。

表2-3　按动作结构对竞技项目的分类

大类	亚类	主要项目
单一动作结构	周期性	跑、竞走、游泳、自行车、射击、射箭、速度滑雪、速度滑冰、划船
	非周期性	铁饼、铅球、链球、举重
	混合性	跳高、跳远、标枪、三级跳远、撑杆跳高
多元动作结构	固定组合	体操单项、武术套路单项、艺术体操单项、技巧、花样滑冰、马术、自由式滑雪
	变异组合	篮球、手球、足球、水球、曲棍球、冰球、乒乓球、羽毛球、网球、排球、拳击、摔跤、柔道、跆拳道
多项组合结构	同属多项组合	田径男十项和女七项全能、速滑全能、体操全能、艺术体操全能、武术全能
	异属多项组合	现代五项、冬季两项、铁人三项

（3）依运动成绩的评定方法分类，可以把运动项目分为测量类、评分类、命中类、制胜类及得分类五大类（见表 2-4）。

表 2-4　按运动成绩的评定方法对竞技项目的分类

类　别	主要项目
测量类	田径、游泳、速度滑冰、滑雪、自行车、划船、举重、射击、射箭
评分类	艺术体操、体操、技巧、跳水、花样滑冰、花样游泳、武术、马术
命中类	篮球、足球、手球、水球、曲棍球、冰球、击剑
得分类	乒乓球、羽毛球、网球、排球、棒球、垒球
制胜类	摔跤、拳击、柔道

（四）项群训练理论的科学意义

1. 鲜明地概括了同一项群不同项目的共同规律

以项群为基本单位去认识和概括同类属竞技项目的共同特点，既能够获得远远大于一个单项运动实践的视野，在一个较高的层次上去把握几个或几十个运动单项共同的训练规律，又不会因受到其他类属项目不同特点的约束，而使得一个项群的共有规律无法显现出来。在各个项群的专题研究及综合的理论研究中，都在不同项群的构成、竞赛及训练等多个方面揭示了单个项群独有的许多基本特点。例如，集体组队并排成特定阵形参赛是同场对抗性项群的共同特点。对 6 个同场对抗性项目常用参赛阵形的比较，可以给人们以有益的启发。

2. 加强了运动训练理论与实践的联系

运动训练学理论具有鲜明的应用性，它的任务之一就是把众多基础理论学科的科学知识综合起来指导运动训练的实践。而一般训练学理论由于需要反映所有运动项目的共同规律，必须高度地抽象和概括，同时也就加大了其与单个运动项目训练实践之间的距离。项群训练理论的提出与建立，在一定程度上有助于这一距离的缩短。理论概括覆盖面的收缩和覆盖项目的相似，必然使得抽象出来的理论更能准确地反映同项群项目训练实践的内在规律，并且更便于对训练实践实施有效的指导。

3. 实现了训练学理论原有两个层次之间的有机过渡

在几十个独立的竞技运动项目的专项训练理论与以研究所有运动项目共同规律为内容的一般训练理论之间有着一段明显的距离。翻开国内外现有的一般训练学经典著作，在许多地方都可以强烈地感受到这一点。项群训练理论的提出和建立，在一般训练理论和专项训练理论之间架起了沟通的桥梁。它既是一般训练理论的延伸，又是专项训练理论的拓展。通过项群训练理论这一新的层次，把运动训练理论体系中原有的两个理论层次紧密地联接了起来。例如，关于战术训练问题，按照三个不同的层次分别根据各自理论与实践发展的需要，提出各自不同的战术内容、战术训练的要求和方法，并且保持相互间的有机衔接，既丰富了战术训练理论的内容，又加强了对战术训练实践的指导。综上所述，运动训练理论体系中这一新层次的建立，使得运动训练理论的内容更加丰富，体系更加完整，并且将会有力地推动运动训练实践的发展。

二、项群训练理论的应用

（一）项群训练理论与竞技体育发展战略的制订

无论对一个国家，或是对一个省市、一个地区来说，在制订其竞技体育的发展战略时，都对正确地选择重点竞技项目给予高度的重视。这里，项群训练理论可以给战略制订者有益的帮助。首先，对现有不同等级的运动项目进行对应的项群分析，能够帮助我们从宏观上把握众多运动项目发展的状况，便于人们从社会学、地域学、遗传学及训练学等不同角度科学地分析造成各类项目发展水平高低不一的原因。

（二）项群训练理论与竞技运动项目的宏观管理

有序性是系统的重要特性之一。项群的划分和项群体系的建立使得竞技项目这一巨大群体的内部结构更加有序，进而为运动训练组织机构的领导者和管理人员对其实施更为有效的宏观管理提供了新的可能。例如，各级体育部门对运动项目实施分组管理，如果我们将统一管理的运动项目尽可能与项群的划分保持一致，则会明显地有利于管理工作与训练组织的协调一致。

（三）同群项目训练规律的探讨和揭示

与原有的两层次训练理论体系相比，运动训练理论体系中这一中间层次的建立，为我们研究、揭示具有共同特点的项目群体内部的训练规律提供了极为重要的先决条件。表现在以下方面：

——在一般训练学理论中，研究者通常难以注意到和揭示出混处于所有项目之中的一组项目的训练规律，而通过项群训练理论的研究则可以很好地做到这一点；

——以一个项目的训练实践活动为基础建立起来的专项训练理论，不可能做出具有更为普遍适用性的提炼和概括，而项群训练理论的研究在这一点上则具有明显的优势；

——由于运动项目发展的多样性以及某些运动大项（如田径）的综合性特点，如果只以历史形成的运动项目为单位去认识运动训练的规律，必然会受到极大的局限。田径中的投掷与举重的力量训练有着许多共同之处，而所有中长距离的走跑项目的训练均与中长距离的游泳、速度滑冰、自行车、划船等周期性耐力项目的训练遵循着同一的规律。这些简单的例子表明，项群训练理论体系的建立，将会在很大的程度上使得研究者打破固有运动项目界限的束缚，对进行跨项的规律性的探索和研究成为可能。

（四）项群训练理论与竞技人才的流动

对运动训练结果有着重要影响的选材工作，近年来受到教练员和体育科学家们的高度重视。在运动训练实践中，有为数不少的运动员是从邻项中选拔过来的。如我国许多优秀的跳水选手和艺术体操选手来自竞技体操的少儿班。特别是当一个新兴项目开始建立时，这种现象就更为突出。我国第一支手球运动队是由篮球运动员转项组成的；我国第一批曲棍球教练员则本是足球教练员；一批原游泳选手组建了第一支蹼泳训练队伍；我国艺术体操运动的首创者原本也都是竞技体操的教练员和运动员。王大（1989）在探讨运动员转项成才现象的过程中发现，"同项群内部的转项多于异项群之间的转项"。这些统计和研究结果启示我们，在运动训练界许多人的思维中，本已潜存着一种朦胧的"项群意识"，项群训练理论的研究和应用将会使人们这种朦胧的潜意识转化为科学理论指导下的主动的积极的思维和行动，从而促进竞技人才的合理流动。

（五）项群训练理论与运动训练方法的移植、创新与发展

任何一个竞技运动项目的发展过程，都不可能处于完全闭锁式的状态，在与外界的信息交流中，很自然地会从其他项目吸收那些对自己适用的理论、技术与方法；同时，也不断地把自己科学的理论、精湛的技巧以及有效的方法传输给别的项目。历史的经验表明，这种信息的交流主要发生在同项群内不同的项目之间。

第二节 各项群训练基本特征概述

一、技能主导类表现难美性项群训练特征概述

技能主导类表现难美性项群包括跳水、体操、艺术体操、花样滑冰、花样游泳和技巧、武术套路等竞技项目。

（一）技能主导类表现难美性项群优秀选手竞技能力决定因素特征分析

1. 体能特征

身体形态对运动员的竞技能力起着重要作用，要求运动员具有优美的形体，表现出动作敏捷而灵巧。难美性项群运动员神经过程的均衡性与灵活性高，视、听、触觉及本体感觉准确、灵敏。在素质方面，力量、柔韧、灵敏、动作速度和专项耐力都有着重要的作用。

2. 技能与战术能力特征

技能主要表现为时空判断准确，对身体姿态控制的能力强，能够熟练掌握各种专门器械，能与同伴协调配合。而在战术运用上，主要体现在动作编排上的扬长避短、动作的合理布局等方面。

3. 心理和智能特征

感知觉灵敏度高，善于自我调节，具有果敢精神。在智能上具有丰富的想象力和创造力，善于分析和判断动作。

（二）技能主导类表现难美性项群比赛成绩决定因素特征分析

难美项群运动员比赛成绩是由裁判员根据运动员临场发挥的技术水平进行评分，再与众多对手得分相比较后判断名次而决定的。因此，运动员的成绩取决于多种因素的综合效应，有运动员技术水平发挥的主观因素，也有竞赛条件、裁判员评分，以及对手状况等客观因素的影响。对手得分的高低会直接影响运动员排名成绩，竞赛规则的不断修改、评分标准的变化，以及裁判员的公正、准确与否都会对运动员的比赛成绩产生重要影响。

（三）技能主导类表现难美性项群运动员的训练特点

1. 身体训练

运动员注重采用非专项的运动项目练习促进健康水平，同时十分重视专项身体素质训练。如在进行一定的长跑、短跑、游泳和球类活动的基础上，采用在技术结构上近似于基本运动技能的动作和能提高运动素质新水平的专门动作作为专项素质训练的手段。

2. 技术训练

技术训练是难美项群训练的核心组成部分，占有很大的比重。主要包括基本动作和高难动作的训练。其中基本动作训练贯穿于运动员多年训练及各年度训练的全过程，基本动作内容要选准、选精和照顾全面。而难新动作的教学训练过程也更加精细并分阶段依次实施；规定性动作又具有很强的时间特点，需运动员尽快掌握；在自选动作的训练中，要注重扬长避短。技术创新是难美项群技术发展的生命，应大力组织前瞻性的研究，设计创新高难动作，加大运动员难度动作储备，保持技术发展的前沿地位。

3. 心理训练

由于专项竞技的特殊性，心理训练越来越得到人们的重视。主要目的是调节运动员心理状态，为取得优异成绩而进行各种必要的心理准备。采用的主要方法有念动训练法、模拟训练法和自我调节法等。

4. 艺术表现能力训练

多以舞蹈训练为主培养形体表现力，有音乐伴奏的项目还要让运动员按不同节奏完成动作和根据音乐内容做即兴表演和小品表演，以培养动作节奏感和表演能力。

二、技能主导类表现准确性项群训练特征概述

技能主导类表现准确性项群主要包括射箭、射击和弓弩三个竞赛项目。

（一）技能主导类表现准确性项群优秀选手竞技能力决定因素特征分析

1. 体能特征

要求身体匀称，生理机能发展良好。在运动素质方面，运动员的静力耐力、平衡能力和稳

定性要好，动作协调能力强，并具有良好的视觉和本体感觉能力。

2.技能和战术能力特征

射箭、射击和弓弩三个项目的技术动作均属单一动作结构。技术要求可概括为"固势要稳，瞄靶要准，击发、撒放要正确"。在比赛中选手们的技战术表现，相互间不产生明显的影响，在战术运用上也较为稳定。

3.心理和智能特征

在心理方面对运动员注意力集中与稳定、自我控制、感知觉和运动表象再现能力都有较高的要求。因此，稳定性、有恒性、实验性、独立性和自律性都是运动员重要的个性特征。在智能上，除要求运动员掌握必要的基础理论知识和专项理论知识外，通过各种手段培养和发展观察力、想象力、思维能力，以及分析和解决问题的能力是十分必要的。

（二）技能主导类表现准确性项群比赛成绩决定因素特征分析

运动员比赛成绩的取得，主要靠自身技术的发挥和心理状态的控制，主要内容包括：确立辩证的比赛指导思想，全面作好赛前准备，以及教练员与运动员正确的参赛行为等。另外，枪弹、弓箭质量的优劣，以及对其性能的熟悉程度，对比赛成绩也有不可忽视的重要作用。

（三）技能主导类表现准确性项群运动员的训练特点

1.技术训练

非常注重基本功训练，如射击的稳定功、击发功和运枪功，以及射箭的稳定功、撒放功和举开功。另外，巧妙地组织与安排空射与实射，可以灵活地引申出多种行之有效的训练方法。

2.心理训练

射击、射箭运动员的心理训练侧重于意志品质和心理自控能力的提高。一般心理训练的内容包括培养运动员意志品质，提高竞技心理素质和调节、控制能力，特别是通过念动训练发展正确运动表象再现的能力。准备定向比赛的心理训练的内容包括作好心理定向工作、认真抓好意象练习等。

3.战术训练

主要包括掌握风天射击的特点和规律、加强决赛能力的训练，以及通过各种复杂条件下的训练，提高抗干扰的能力和应变能力。

本章小结 — 本章主要介绍项群训练理论的相关理论知识。着重研究了各个项群的形成与发展，系统地分析了各个项群运动员竞技能力及运动成绩的影响因素，进而着重揭示各个项群运动训练的专门规律。

思考题 — 1. 了解项群训练理论的科学意义。
2. 试述项群划分的依据。
3. 了解按竞技能力的主导因素划分的八大项群的基本特征。

案例分析 —

陕西省难美项群现状

项群理论由我国田麦久教授提出，并在其专著《项群训练理论》中得到完善：难美项群，是运动员在比赛中力求完成高难度的精彩动作，并同时着力展示运动美、人体美的所有项目，包括在水、陆、空、冰等不同场地竞技的项目，包括徒手和持器械的项目；难美项群分为技能主导类和体能主导类项目，竞技体操、跳水、艺术体操和蹦床都同属于技能主导类表现难美性的运动项目。

从历年我省竞技体操、艺术体操、蹦床和跳水运动员参赛情况及取得的成绩来看，有很大的发展潜力和优势：我省的跳水项目培养出了奥运会冠军田亮，培养出了全运会亚军、世界杯分站赛和 2008 年底世界杯总决赛冠军、奥运冠军秦凯，并有多名队员入选国家队；竞技体操项目，在国内也曾经取得过辉煌的成绩：取得过团体前 6 名，培养出全国跳马冠军尚敏，还培养出唐晓莉等一批国家队队员，近年来又培养出了世界体操冠军张宏涛；艺术体操集体项目曾经也处于我国一流水平的位置；蹦床项目起步较晚，从 1997 年组队以来，在全国性的比赛当中，取得过较好的成绩，在 2008 年的蹦床全国冠军赛上，获得了 3 银 2 铜的好成绩。但总体成绩不稳定，出现大起大落的现象：跳水、竞技体操整体水平不太理想；艺术体操队集体项目曾经在国内处于第二集团的位置，但个人项目属于三流水平，且目前整体水平处于国内比较落后的位置；蹦床运动起步较晚，处于起步阶段，处于国家二流水平。

"马家军"

　　我国中长跑领军人物"马家军"创造了一个又一个传奇，曾在 20 世纪 90 年代一直处于统治地位。从聚类结果看中长跑项群具有明显的区域特征，处于绝对领先地位的是辽宁，占该项群总分值 29.07%，在奥运会上摘取奖牌的次优势区域山东也具备很强实力，占项群总分值 13.59%，潜优势区域主要分布在江苏、石南等 8 个地区，仅海南、新疆、西藏一分未进。由此可见我国在中长跑项目上具有丰富资源，竞争激烈。山东、辽宁是我国男子优势区域，分别占项群总分值 18.17%，16.46%，山东男子中长跑一直在国内保持领先优势，这与山东拥有一批优秀中长跑教练员和运动员是分不开的，马俊仁的训练方法同样也是辽宁在中长跑项目上步入国内领先集团的关键因素。次优势区域有石南、甘肃、内蒙古、河南四个区域，其中，石南、甘肃依靠得天独厚的地理条件优势，发挥强劲的竞争势头。女子中长跑为我国田径项目优势项目群，在奥运会上取得过两枚金牌，辽宁在 5 个项目上以 15 金、10 银、13 铜，占总分值 45.54% 的绝对实力傲视群雄，处于优势区域，受辽宁强力冲击，处于次优势区域的江苏、山东仅占项群总分值 8.8%，7.63%，11 个潜优势区域各有进账，但都表现平平。

第三章
运动训练原则

【学习任务】

通过本章的学习，使学生掌握运动训练过程中应遵循的原则，能够辩证地认识和解决训练实践中遇到的诸多矛盾；有效地组织和推进矛盾双方的协同效应，通过本章内容学习，初步了解运动训练学的研究任务及其理论体系。

【学习目标】

1. 掌握运动训练原则的概念。

2. 了解各个原则的概念、科学基础和训练学要求。

3. 了解运动训练原则发展历程。

人类在多种多样的社会活动中，不断认识事物发展的客观规律，并据以确立自我行为的"原则"。原则对于人们的行为给予指导、予以约束，帮助人们的社会行为取得更好的结果。原则是人为确定的。在科学的工作原则指导下，工作就会有进展；而如果确定的工作原则不科学，甚至做了错误的选择，就难以把工作做好，常常还会造成严重的失误。因此，科学地确定工作的原则极其重要。

作为一种专门组织的教育过程的运动训练，同任何事物一样，都受客观规律支配，不以人主观意志而改变。经过长期的运动训练实践，人们不断总结成功的经验和失败的教训，通过探索实践逐步科学认识训练过程的客观规律，将感性认识（实践经验和科研成果）升华为理性认识，提出指导运动实践科学训练的原则。

运动训练原则是人们活动的依据，是人们对多种多样的社会活动内在规律的总结，是人们认识事物发展规律的正确体现。运动训练原则，是依据运动训练活动的客观规律而确定的组织运动训练所必须遵循的基本准则，正确认识人体运动竞技能力的变化、提高与表现的规律，是确立运动训练原则的基本依据。

运动训练原则，是指根据长期的训练活动对训练实践普遍经验的高度概括和长期的科学研究成果的结晶，反映运动训练的客观规律，是科学运动训练的指导原理。

运动训练原则有导向激励与健康保障原则、竞技需要与区别对待原则、系统持续与周期安排原则和适宜负荷与适时恢复原则，这些原则是针对每个运动项目的训练的，具有普遍的指导意义。

随着训练实践的不断深入，积累丰富的经验，训练原则变得更加科学。运动训练原则是人们根据事物发展的客观规律而制订的，是对每个运动项目训练实践普遍经验的概括，具有普遍的指导意义。运动训练原则的本质特征——反映运动训练过程的客观规律，不能反映运动训练过程的客观规律就不能成为运动训练原则。任何违背训练原则的运动，违背客观规律，训练就会受挫甚至失败。在中国对竞技运动训练实践发展的不同阶段，根据当时对运动训练规律的认识，提出不同的运动训练原则，使中国的竞技水平不断地提高，极大地完善了运动训练原则。21世纪中国的竞技运动水平实现新的突破，连续四届奥运会金牌总数稳居前三，其中北京奥运会居于首位。新的起点要求我们不断丰富运动训练原则体系，使我国竞技水平持续健康发展。

在我国竞技运动发展进程中，基于教育学理论建立的运动训练原则体系与基于跃进思维和军队练兵实践建立的运动训练原则体系，都对我国竞技运动训练活动产生积极的影响，但也各有不足。考虑到竞技体育高挑战性与高风险性等特点，应高度重视运用辩证协同思想指导运动训练活动。依此归纳梳理的运动训练原则体系更好地反映人体运动竞技能力的变化、提高与表现的规律。辩证协同训练原则理论体系包括：导向激励与健康保障训练原则、竞技需要与区别对待训练原则、系统持续与周期安排训练原则、适宜负荷与适时恢复训练原则。辩证协同训练原则基本思路是：辩证地认识和解决训练实践中遇到的诸多矛盾；有效地组织和推进矛盾双方的协同效应。随着社会的不断进步，科学的不断出新，各个学科知识将在运动训练及理论的研究中更为广泛地渗透和运用，运动训练原则还将得到不断的完善。

导向激励与健康保障训练原则

一、导向激励与健康保障训练原则释义

导向激励与健康保障训练原则，是指以实现预设目标为导向，激励运动员积极参与，并在为运动员身心健康提供有力保障的条件下组织运动训练活动的训练原则。这项原则将动员激励运动员积极主动刻苦地训练与高度重视并采取有效措施保障运动员健康这两个范畴辩证地组合在一起，形成组织训练活动重要的指导思想。

导向激励可来自被激励者内部，也可来自其外部，即动机激励与社会激励。动机是推动人们从事某种行为的内部驱动力。人类从事任何活动，其动机都起着重要的作用。积极的动机会激发斗志，振奋精神；消极的动机则使意志松懈、不思进取。运动员的训练过程是艰苦的，需要克服许多困难，才有可能获得成功，因此，参加运动训练，需要建立正确的积极的动机；坚持运动训练，更需要不断地完善正确的积极的动机；用正确的积极的动机激励运动员，自觉地投入到艰苦的运动训练活动中去，为实现训练目标而不断努力。在培养和激发运动员运动动机的过程中，教练员要善于交流和诱导，全面了解运动员的心理变化和身体反应，加强运动训练的科学管理，建立与竞赛目标一致的组织管理体系，引导运动员树立正确的运动动机。

导向激励原则解决运动员的训练动机问题，长期艰苦的训练需要不断的动机激励，同时健康保障是运动员的重要人权。运动员是一名普通公民，理所当然应该具备最起码的健康保障。在运动训练过程中，教练员要把导向激励原则与健康保障原则相结合，注重运动员的健康保障，注重运动员的身心健康，加强医务监督，目标控制，注意信息反馈，及时调节训练内容、方法、负荷与安排。运动员则要树立正确的参训动机，兼顾国家与个人的利益，国家培养运动员，运动员应该把国家利益放在第一位，为国家的体育事业努力拼搏、多做贡献，在为国家出力的过程中获得应得的个人利益。所以，与此同时，要认真贯彻健康保障训练原则。

只有充分挖掘运动员的竞技潜力，对队员机体提出高要求，才能使竞技体育迅速发展，但同时对队员的健康带来一定的风险。所以为了运动员的身体健康着想，必须认真贯彻健康保障训练原则。运动员的健康有了基本保障，既是尊重与保护运动员的基本健康权，又是运动员坚持多年系统训练创造最佳运动成绩的必要条件。

国内外许多教练员和运动员在其训练实践中深切地感受到健康训练的重要性。中国女子体操队总教练陆善真，在备战和参赛 2008 年奥运会过程中提出将"保护性训练"列为一条重要的训练原则；美国 NBA 球员受伤后停训停赛接受治疗，只有在医生确认恢复后，才允许重新参加比赛。德国人迪马丁教授等在 1993 年出版的《训练学手册》一书，也提出"维护健康的原则"，认为"所有训练安排均应不给运动员的健康带来危害，并尽可能地为确保运动员的健康服务"。

导向激励与健康保障是运动训练活动中应该遵循的重要原则。辩证地认识两者之间的内在联系及可能发生的矛盾，不断地激励运动员主动训练、刻苦训练，同时密切关注、切实保障运动员的身心健康，更好地发挥两者的协同效应，才能使训练工作取得成功。

二、导向激励与健康保障训练原则的科学基础

1. 长期艰苦的训练需要不断的动机激励

动机是指推动人们从事某种活动的内部动力，成功动机是运动员参加训练的重要原动力。人们都是怀着对未来成功的美好愿望参加某项活动的，渴望成功的动机给人们以鼓舞和激励，使他们能够自觉地、积极地投身于其中。对于竞技运动训练这一需要参与者付出巨大努力但是最后结果又充满不确定性的事业来说，只有激发强烈的成功动机，才能够吸引千百万有潜能的青少年自觉地投身于体育运动训练与比赛之中。

我国优秀女子羽毛球选手张宁在 1996 年世界杯赛、2003 年世锦赛、2004 年雅典奥运会上先后获得女单冠军，在 29 岁时完成世界三大赛冠军的大满贯胜绩，为祖国争得荣誉，也书写了辉煌的人生。怀着为中国体育事业作出更多贡献的崇高责任和对北京奥运会的美好憧憬，她克服许多困难，坚持着科学的、刻苦的训练。终于在 2008 年奥运会上，33 岁的张宁蝉联奥运会女子单打冠军，得到业内外人士的好评和尊重。

2. 健康保障是运动员的重要人权

体育是现代社会生活的重要组成部分。人们之所以热爱体育，是因为它能够给人们带来健康和快乐，带来成就和激情。违背体育运动根本宗旨、损害运动员健康的要求和行为都是应该反对和防止的。服用违禁药品破坏竞技公平，并对运动员肝脏、内分泌等器官和系统造成损害，所以要坚决反对；过度训练、过度疲劳会严重损伤机体功能，所以要科学预防；为了夺标，运动员严重伤病仍上阵参赛，会明显加重伤情病情，所以应予以制止。保护运动员健康是维护运动员人权的重要组成部分。

3. 健康的身体是保持系统训练并取得优异成绩的重要基础

当代竞技体坛众多的案例表明，选拔具有巨大竞技潜力的青少年运动员，系统地进行多年训练，才有可能培养出优秀的竞技选手。在多年持续的艰苦训练过程中，运动员保持健康的身体至关重要，有了健康的身体，运动员才能坚持严密计划的系统训练，承受高质量的训练负荷，进一步地提高和完善自己的竞技能力水平，在各种条件和水平的比赛中表现出自己具有的竞技能力。青少年体质健康是一个系统工程，需要社会齐抓共管，形成合力，共同促进青少年健康成长，教育、体育部门及共青团、新闻媒体要共同构建一种健康的生活理念，坚持不懈地抓好青少年的体质健康，营造全社会都关注青少年体质健康的社会氛围。

在不断追求突破多年训练过程的道路上，经常会遭遇运动伤病的发生。如何正确对待运动伤病出现是关键的问题。有些教练此时还是一味蛮干，脱离实际地片面强调"苦练"，要求"轻伤不下火线"，致使运动员的伤病逐渐加重，结果导致训练的系统性遭到严重的破坏，我们一定要牢牢记住许多这样惨痛的教训。正确的做法是，区别对待，迅速治疗，配合医师的治疗，

结合科学的诊断，制定明确的医疗方案。及时调整训练计划，能够保持局部的训练，在确保身体伤病能够尽快治愈的前提下，适当地组织不会导致病情加重的训练内容。美国 NBA 在对运动员伤员的治疗与参训制度值方面得我们借鉴。

三、导向激励与健康保障训练原则的训练要点

1. 树立正确的参训动机，协调兼顾国家与个人的利益

运动员从事竞技体育是有目的的行为，参训目的的定位对于运动员参训的积极性与自觉性程度有着重要的影响。需通过多种途径和方法，加强训练的目的性教育和正确的人生观、价值观教育，使运动员认识参加竞技运动训练、获得优秀运动成绩对国家、民族、家庭及个人的重要性及其巨大的社会价值，从中得到鼓舞和激励，逐步树立积极自觉的训练态度。同时，要注意协调兼顾国家与个人的利益，使运动员把为国家、为集体争光的责任感和荣誉感与体现个人人生价值、创建高质量的家庭与个人生活紧密地结合起来，从而激发强烈的目标动机，勇于克服困难，坚持实现训练目标。

随着运动员竞技经历的演变，运动员的参赛目标也需要及时的调整，才能对运动员起到更好的激励作用。如我国男子体操选手李小鹏，出生于 1981 年，1997 年 16 岁时起，到 2003 年22 岁时止，共 14 次站在世界大赛的冠军领奖台上，其中包括在悉尼举行的第 27 届奥运会上的男子体操团体和双杠两枚金牌。2004 年雅典奥运会上，李小鹏因踝伤在双杠比赛中只获得铜牌，并在赛后进行长时间恢复治疗。对于李小鹏来说，似乎已经不再有新的目标可以吸引他。但是，在中国百年梦圆的北京奥运会上为国争光的责任感强烈地鼓舞着他的同时，李小鹏还有一个愿望，就是超越另一位体操选手李宁保持的 14 项次世界冠军的"纪录"。经过长达 3 年的治疗和康复，李小鹏终于坚强地出现在北京奥运会的赛场上，获得他第 15、16 项次的世界冠军：奥运会团体冠军队成员及双杠冠军。

2. 以人为本，加强医务保障

关注运动员身体健康是以人为本的现代管理理念在训练工作中的重要体现。同时，作为运动训练活动的主体，运动员的健康状况对于训练活动的组织以及训练成果的好坏有着重要的影响，应得到高度的重视。因此，需要建立完整的健康保障体系，包括日常的医务监督、定期的健康体检、及时的医药治疗和发生意外伤病时的应急机制。

运动员发生运动创伤后，须及时诊断。需要停训、停赛治疗的，应坚决停训停赛。不要因为追求一时一事的竞技利益而使运动员的身体健康受到不应有的损害。男子 110 米跨栏跑雅典奥运会冠军刘翔左脚跟腱负伤，在 2008 年 8 月的北京奥运会上明智地选择退赛，经过 398 天的治疗、康复与适应性训练，于 2009 年 9 月 18 日在上海国际田径大奖赛上复出，第一次比赛就跑出 13.15 秒的高水平成绩，是一个正确决断、成功复出的经典范例。

3. 做好目标控制、信息反馈、及时调节

顺利贯彻导向激励与健康保障原则的重要前提是，对运动员运动训练过程实施目标控制、加强信息反馈、及时调节。运动员的一切训练活动是为了达到训练目标，合理安排训练的周期、确定训练内容、选择科学的训练方法和把握训练负荷，而不是硬性完成训练计划，不应强制性

地要求运动员参加主要训练任务以外的其他商业性的比赛活动。

要对运动训练过程进行科学有效的监控，准确把握运动员技术战术掌握的质量与存在的问题，准确把握运动员体能发展状况与负荷后的机体反应，准确把握运动员心理活动的状态与变化，准确了解运动员的专项认知水平与专业知识水平，并及时地反馈给教练员和运动员，对运动训练计划、对训练的实施与要求做出科学的合理的调节。以求做到既不断地激励运动员刻苦训练，又切实关心并保障运动员的身心健康。

第二节 竞技需要与区别对待训练原则

一、竞技需要与区别对待训练原则释义

竞技需要与区别对待训练原则，是指根据运动项目比赛的共性特点从实战出发，针对运动员个性特征，科学安排训练过程的周期、阶段划分及训练的内容、方法、手段和负荷等要素的训练原则。

一切训练活动都应该从比赛的需要出发而设计规划和组织实施。竞技体育的发展需要秉承以人与自然、社会、人及其自身为主的"和谐"这一核心发展理念，更需要以此为基础而确立以人本、公正、责任为重心的基本发展原则，从而为进一步完善以人的全面发展为中心的竞技体育发展目的奠定更为全面的理论基础。

在运动训练过程中，在制订训练内容的时候要把竞技需要原则与区别对待原则相结合，要依实战需要决定训练内容、方法、负荷与安排，并不断地检查、验证、调整。依据运动专项竞技的特异性，运动员竞技能力结构的个人特点，针对个人特点组织训练，并随着水平提高及时调整训练计划。

运动训练实施过程是个人针对性特点所决定的。运动员各方面的条件千差万别，不仅各人的起点不同，而且随着训练过程的发展而不断地发展和变化。如有的运动员训练初期进展不快，但到了某一阶段进展就可能突飞猛进，有的开始进展很快，但后来反而慢了下来；有的某些运动素质好，而有的另一些运动素质好；有的适应大负荷量的训练能力强，而有的适应大负荷强度的训练能力强；有的在这一方面存在问题，有的则在另一方面存在问题，如此等等。这些都要求在训练中区别对待，才能收到好的训练效果。在一些球类集体运动项目中，如篮、足、排球，还由于位置分工的需要不同，在运动素质、技、战术的掌握和运用，以及对心理品质的某些要求上也有不同的特点和重点，在训练过程中也必须区别对待。

运动项目普适性的竞技需要与特定时间空间条件下运动员的个体特征是，既有矛盾又紧密

联系的两个方面，科学地认识它们之间的辩证关系，并充分发挥两者之间的协同效应，是我们应该遵循的重要训练原则。

二、竞技需要与区别对待训练原则的科学基础

1. 竞技比赛对于训练活动的导向性

目标是人们行为的终点，对于人们的行为起着重要的导向作用。人们的一切行为都应该服务于既定目标的实现，训练活动也是一样。运动训练的最终目标是成功地参加比赛，实现预期的比赛结果。因此，一切训练的内容、方法和手段的选择及训练负荷与节奏的安排都应该围绕着成功参赛的需要而组织实施。

人们根据所设定的运动训练目标去选择运动训练的内容，训练的内容都是服务于特定的任务和目标。选择安排不同的训练内容，就会发展不同的运动能力，只有按照专项竞技的需要去选择训练的内容，才有可能使得运动员的专项竞技能力得到迅速的提高，才能为成功参赛作好准备。

2. 运动专项竞技的特异性

不同的运动项目有着不同的竞技特点，要求运动员具有不同的竞技能力结构。构成运动员竞技能力的体能、技能、战术能力、心理能力和知识能力，在不同项目竞技能力结构中的重要程度又有所不同，这就要求我们全面、准确地认识和了解自己所从事的运动项目竞技能力结构的特点，进而选择与专项竞技需要相符合的训练内容、手段及制订相对应的运动负荷方案，有效地组织运动训练活动。

现代运动竞赛中的竞争性和对抗性日益激烈，促使人们把提高专项比赛能力的任务和为提高这一能力的专项训练放在首要的位置，运动训练的内容、方法、手段及负荷都表现出鲜明的专项化趋向。儿童、少年的早期基础阶段的训练也应以未来高水平专项竞技的需要为导向，将早期基础阶段的训练与优秀运动员的专项训练有机地衔接起来，为专项高水平竞技阶段的训练和参赛打下良好的基础。

运动专项竞技的需要对于训练活动具有鲜明的导向性。针对专项竞技的需要组织训练，会明显地提高训练工作的效果，使教练员和运动员付出的辛勤劳动和成果在专项比赛中得到充分的展现；而如果对专项竞技的需要考虑得不够准确或者不够充分，将会给训练工作带来很大的盲目性，往往会事倍功半，花费巨大的精力却难以取得理想的训练效果。

3. 运动员竞技能力结构的个体性与变异性

运动训练实践具有鲜明的多样化的特点，而且，又处于不断的变化之中。不同项目、不同运动员，以及在不同状态下所表现出的特点，包括决定竞技能力的各个因素，教练员的业务水平，对训练的战略部署和战术安排，训练所处的阶段和具体要求，以及气候、场地、器材等外界环境，等等，都各有不同，又无时不处于不断的运动和变化之中。同一名运动员的训练状态在不同阶段、不同时刻的表现，不同训练环境和训练条件，也都对训练的内容和组织实施提出明显的不同要求。这些因素的不断运动及变化，都要求教练员及时根据训练对象的具体情况有区别地组织训练。

三、贯彻竞技需要与区别对待训练原则的训练学要点

1. 认真研究项目特点与专项竞技的需要

不同竞技项目有着不同的竞技特点和不同的训练要求。贯彻竞技需要原则首先要明确专项的竞技需要是什么，即要明白怎样能够在这个专项的比赛中获胜。

运动员的比赛结果，取决于自己具备的竞技能力及其在比赛中的表现、对手具备的竞技能力及其在比赛中的表现、比赛结果的评定行为等三个要素。运动员要想在比赛中获胜，就应该提高自己的竞技能力并在比赛中充分发挥和表现出来，要在规则允许的范围内抑制对手竞技能力的发挥和表现，还要在规则允许的范围内力求得到有利于自己的评定和裁决。因此，作为生产运动成绩的运动训练过程，其核心任务便是发展和提高运动员的竞技能力。故竞技能力在运动训练理论中具有举足轻重的地位。

每个运动项目专项竞技的不同特点，决定其竞技能力构成因素的差异性。例如，举重选手必须有巨大的力量，射击选手应保持稳定的情绪，乒乓球选手需要快速的反应与机动灵活的战术意识和战术能力，篮球选手则需要与同伴默契配合的合作精神。因此，只有对所从事的运动项目的竞技特点作出正确的分析，才能够确定相应的训练要求，选择适宜的训练内容、训练方法和训练负荷。

训练负荷的强度和数量的安排都要考虑专项比赛的特点和需要。马拉松跑、铁人三项运动员的训练课上必须保证有足够的负荷量、有足够的负荷时间，大负荷的专项训练课时应不短于比赛持续时间的两倍；而跳远、投掷等比赛中一次试跳、试掷用时很短的项目，运动员的专项训练课时就不必一定要求很长的时间，在训练中应更加关注练习的强度。体操、跳水、花样滑冰等项目，在专项训练中则特别要注意不断发展和提高动作技术的难度和质量。

2. 科学诊断运动员个人特点，针对性地组织训练

运动训练中的区别对待，应该体现在整个训练活动的全过程和全方位之中。面对运动员不同的个人特点、面对不同训练阶段的时相特点，都需要认真贯彻区别对待的训练原则。科学整合力量和灵活高效的组织指挥是代表团圆满完成任务的重要保证。

运动员的思想、健康状况、个性特征、训练水平，以及学习、工作、日常生活等情况均不相同，教练员应对这些情况深入了解并具体分析，因人制宜地在训练中采取区别对待的措施。这就要求教练员要从训练一开始就注意积累建立运动员各方面情况的资料档案，做到对所教的每一个人都很了解。从运动员选材到培养，教练员要了解和分析研究他们生长发育过程中的特殊情况。如有的早熟，出成绩早而快，但不见得将来就一定能达到高水平；有的晚熟，出成绩晚而慢，但不见得将来达不到高水平。女运动员月经期间对训练的反应也不尽相同。对这些，教练员都应了如指掌，才能区别对待。

在贯彻区别对待的训练中，要注意与运动员的个性发展相结合。高水平竞技体育的运动训练在某种意义上说，就是一项发现天才、张扬个性、打造极品的事业；优秀的竞技选手大都具备超凡的先天条件，只有充分地发扬其个性特征，才有可能培养出国际级的顶尖高手。高水平优秀选手个性化训练的趋势明显加强，同一项目同一水平的优秀运动选手的训练负荷也会有明

显的区别。如温宇红的研究展示了当代高水平游泳运动员的负荷量多样化和个性化的特征（见表 3-1）。

表 3-1　当代部分高水平女子游泳运动员典型周游量和日游量比较

项目	运动员	主项及成绩	日游量	周游量
长距离	Janet Evans	1988、1992 年奥运会 400 米、800 米自由泳冠军，世界纪录保持者	不超过 16 000 米	不超过 80 000 米
	Brooke Bennett	2000 年奥运会 50 米、100 米自由泳、100 米蝶泳冠军	12 000～17 000 米	1996 年最多 100 000 米 1997 年最多 112 000 米
短距离	Inge De Bruijn	2000 年奥运会 50 米、100 米自由泳、100 米蝶泳冠军	9 000～14 000 米	平均 70 000 米
	罗雪娟	2004 年奥运会 100 米蛙泳冠军	6 000～8 000 米	不超过 50 000 米
	Agnes Kovacs	2000 年奥运会 200 米蛙泳冠军	准备期 15 000～18 000 米 赛前 13 000～14 000 米	

　　同一名运动员在其生长发育与训练的不同阶段，也有着不同的即时状态，有着不同的发展目标和不同的训练要求，应该密切关注运动员竞技能力状态的变化，及时调整修订训练计划。

系统持续与周期安排训练原则

一、系统持续与周期安排训练原则的释义

　　系统持续与周期安排训练原则，是指运动员应该系统持续地从事运动训练，并应分阶段作出周期性安排的训练原则。

　　为了在运动训练活动中实现人体的适应性改造，运动员需要多次承受运动负荷，渐进地提

高自己的竞技水平。持续的运动训练可使训练效应不断累加，而训练活动的间断则会降低训练效果。培养一名国际水平的竞技选手，通常需要经过 6 ~ 10 年的系统训练，世界优秀选手都是在多年系统的训练过程中培养出来的。同样，在一个年度、一个阶段的训练中，也要求保持良好的连续性。

同时，物质运动普遍存在的周期性特征也清晰地存在于运动训练过程之中。人体运动能力的周期性提高，竞技状态的周期性变化，重大赛事的周期性举办，都提示我们，周期性地安排运动训练过程，处理负荷与恢复、分解与综合、训练与竞赛的有机联系，是设计、组织运动训练过程的重要原则。

系统的持续的运动训练过程需要分解成若干个组织周期，不同时间跨度的多个周期组合成系统的持续的运动训练过程。发挥系统训练与周期安排的协同效应，对运动训练活动的成功有着重要的作用。

二、系统持续与周期安排训练原则的科学基础

1. 人体运动生物适应的长期性

系统的持续训练是取得理想训练效应的必要条件，人体对训练负荷的生物适应必须通过有机体自身的各个系统、各个器官、各条肌肉乃至各个细胞的变化，一点一点地去实现。运动员的竞技能力是多种能力的综合表现，它不仅涉及生理、心理等各个方面的因素，同时又受先天、后天因素的影响。因此人体机能的适应性改造（包括中枢神经系统功能的改造），不是在短期内所能奏效的。训练对提高运动员竞技能力的影响，必须通过人体内部的适应性改造才能实现。耐力性项目运动员的有氧代谢能力，其肌肉组织内高度的毛细血管化，不是一朝一夕所能形成的；集体球队几名选手之间配合完成某些特定的战术行动，也必须经过长时间的多次练习，使运动员彼此之间建立起相互协调和默契的关系，完成高度协调的战术配合。因此，从人体生物适应的角度来看，运动员应持续地承受负荷，进行系统的训练。

2. 运动训练效应的不稳定性

运动员在负荷作用下所提高的竞技能力，无论是体能、技能、战术能力、知识能力，还是心理能力的变化，都具有不稳定的特点。当训练的系统性和持续性遭到破坏而出现间断或停顿的时候，已获得的训练效应也会消退以致完全丧失。例如，体能的变化主要表现为力量、速度及耐力等素质的改变，训练一旦停止，运动素质消退得很快，特别是通过强化的力量训练手段所取得的训练效应消退得更快。又如运动员在训练中技能得到提高，表明在运动员神经系统的有关中枢之间建立良好的暂时性联系，这种神经联系可支配运动器官、骨骼和肌肉完成相应的动作。只有经常地反复强化这种暂时联系，才能够保持动作中各个环节的协调配合。如果中断训练，中枢神经系统对肢体精细运动的支配能力便会受到影响，反应迟钝，最终使动力定型遭到破坏。为了避免技能、体能的消退，克服训练效应的不稳定性，必须在训练效应产生并保持一定时间的基础上重复给予负荷，使得训练负荷的积极效应得到强化和累积，使得运动能力得到不断改进和完善。因此，要想获得理想的训练效应，有效地发展运动员的体能、技能、战术能力、知识能力及心理能力，就必须注意保持训练过程的持续性，系统地、不间断地参加训练。

3. 人体生物适应过程的周期性

在训练负荷下，人体的适应过程是长期的，同时也是分各个阶段实现的。机体对一次适宜训练负荷的反应，可划分为工作阶段、适应阶段、恢复阶段和训练效应消失阶段等。在更长一些时间的跨度内，例如，在几个月至年训练过程中，运动员机体的变化同样经历着竞技状态的提高、保持和下降三个不同的阶段。

为了在重要比赛中创造优异的成绩，运动员总是力求通过科学的训练与安排，使自己在心理上和生理上做好充分的准备，在比赛中最大限度地动员机体的潜力，把自己在训练中获得的竞技能力最充分地发挥出来，创造优异的成绩。运动员参赛的准备状态，称为竞技状态。竞技能力的提高，明显地表现出周期性的特点。在一次负荷下，机体能量消耗产生疲劳，通过机体的超量补偿机制，使得运动员的能力得到提高，在这一基础上又给予下一次负荷，即开始一个新的负荷周期。运动员竞技状态的发展、保持和消失三个阶段的一个完整的训练过程，称为一个训练的大周期。训练的大周期是以参加重要比赛获得满意成绩为目标，以运动员竞技状态发展过程的阶段性特征为依据而确定和划分的。表 3-2 是围绕重大赛事组织的训练大周期与竞技状态的阶段性发展相对应的时期划分 (见表 3-2)。

表 3-2　竞技状态的阶段性发展与训练大周期的时期划分

竞技状态 发展过程	生物学基础	训练任务	训练时期
提高	适应性机制：机体对外界刺激的适应性现象	提高竞技能力，促进竞技状态的形成	准备时期
保持	动员性机制：心理／生理能力充分动员，各系统高度协调	发展稳定的竞技状态，参赛创造好成绩	比赛时期
下降	保护性机制：机体自动停止积极的应激反应	积极恢复，消除心理与生理疲劳	恢复时期

三、贯彻系统持续与周期安排训练原则的训练学要点

1. 健全多级训练体制，为运动员实现多年系统训练提供有力保证

运动员系统的多年训练活动，必须以健全的多年训练体制作为保证。尽管不同国家的训练体制各有自己的特点，但都着眼于保证运动员多年系统训练的实施。我国目前现行的是三级训练体制，包括中、小学课外训练，业余体校和竞技运动学校的训练以及优秀运动队的训练等三个层次，各自担负着多年训练过程中不同阶段的训练任务。

为了保证不同层次的训练组织完成各自的任务，使运动员得以保持多年训练的系统性，在最佳竞技年龄区间表现出最高的竞技水平，各个层次的训练必须紧密衔接，防止各级训练各行其是。相应的对策是：

（1）制定各项目运动员在不同年龄阶段系列的训练大纲；

（2）建立与多年训练各阶段基本任务相适应的竞赛制度；

（3）建立相应的奖励制度。

鼓励中小学、业余体校及运动学校的教练员认真完成基础训练和初级专项训练的任务。

美国等许多国家的俱乐部制、德国的体育寄宿学校、古巴的青年体校，都对保持少年时期和成年时期训练的良好衔接起着重要的作用。

2. 分段组织系统持续训练过程的实施

运动训练过程的组织实施，必须遵循其阶段性的特点，有步骤、有秩序地进行。而这一步骤则是按固有的程序排列的。如全程性多年训练依次分为基础训练阶段、专项提高阶段、最佳竞技阶段及竞技保持阶段。一个持续 2 ~ 6 个月的训练大周期，依次分为准备时期、比赛时期及恢复时期；一次训练课也依次分为准备部分、基本部分和结束部分等。

训练过程的程序性表现在训练的各个方面。如发展周期性耐力项目运动员的专项能力，应以一般耐力和最大速度为基础；体操运动员学习旋空翻，则必须首先掌握后空翻两周及后空翻转体 360° 的技术。一支足球队要想熟练运用发高角球战术，就必须有队员能从角旗旁向球门前踢出适宜高度、远度、弧度的球，又要有一名或数名队员能在适宜的瞬间冲到门前适宜的位置，跃起争顶，头球破门。这些环节若缺少任何一个，都不可能组织起成功的发高角球战术。练习内容的程序性在许多情况下都是不可逆的，必须按照固有的程序进行，这样才能取得理想的训练效果。忽视训练活动的程序性，会造成许多不良后果。

要注意两个周期之间的衔接工作，协调各个周期之间的关系。在结束每一周期和实施下一周期的训练工作之前，进行科学测评，针对前一周期在身体、技术、战术、心理等方面所产生的变化及存在的问题，认真总结经验和教训，作为制订和实施下一周期训练计划的依据，以便使各周期的训练工作有机地衔接起来。

3. 处理训练安排的固定因素与变异因素的组合

周期安排原则的依据是，人体竞技能力变化的周期性特征和适宜比赛条件出现的周期性特征，其中，后者是决定训练周期时间的固定因素，而前者则是变异因素，因为重要比赛日程的安排通常与某个项目最适宜的比赛条件的出现是一致的，而且一般在上一年度即已确定。在竞技体育界，人们普遍认为奥运会冠军的荣誉远比世界纪录保持者要高，因为创造世界纪录不受时间、地点的限制，大多数项目的优秀运动员在任何时间都有可能创造新的世界纪录；而四年一度的奥运会，则要求运动员必须在特定的日期和地点表现出最佳的竞技水平，在与世界各国优秀选手的同场竞技中取胜，显然这一要求的难度大大高于前者。这就要求教练员不仅能使运动员具有所需要的竞技能力，而且能使之在预定的时间里把这种能力最充分地发挥和表现出来。因此，优秀教练员的高超教练艺术更突出地表现在这一点上。

尽管人体本身受着生物节律的影响，但它并非绝对不变，人们完全可以通过训练安排使其在特定的时间里表现出最佳的竞技状态。竞技状态的发展过程是可以由人来控制的，教练员应努力做到有把握地调节这一变异因素，使之与特定的比赛日程安排相吻合。

第四节 适宜负荷与适时恢复训练原则

一、适宜负荷与适时恢复训练原则的释义

适宜负荷与适时恢复训练原则，是指根据运动员的现实可能和人体机能的训练适应规律，以及提高运动员竞技能力的需要，在训练中给予相应量度的负荷，负荷后及时消除运动员在训练中所产生的疲劳，通过机体适应过程，提高运动员竞技能力和取得理想训练效果的训练原则。

在运动训练过程中，训练负荷的安排要以人体机能能力的适应性机制，以训练负荷对运动员机体的良性与劣性影响为科学基础。注意组织训练负荷与负荷后的恢复，积极而谨慎地探求负荷量度的临界值，探讨疲劳的准确诊断与有效消除。

由适宜的运动训练负荷引起的运动员机体发生相应程度的疲劳，适时地消除机体在训练负荷影响下产生的疲劳，并促进机体的良性补偿使得运动员的竞技能力得到提高。在训练过程中，存在着负荷与调整、消耗与补充、疲劳与恢复等方面的矛盾。正确辩证认识适宜负荷与适时恢复的关系，将两者发挥协同效应，这是我们训练中必须遵循的重要原则。

二、适宜负荷与适时恢复训练原则的科学基础

1. 人体机能对外加适宜负荷的适应性机制

有效的训练必须有足量的负荷，训练负荷水平适宜，才既能保证队员的身心健康，又能达到或略超出人体最大负荷承受量，从而对机体产生良性的强刺激，促使机体生理机能、运动机能明显改善，并不断产生运动能力累加的痕迹效应。自19世纪末期现代奥林匹克运动兴起以来，运动员的负荷量已大大地增加。20世纪20年代，著名的芬兰中长跑运动员努尔米，一年只训练6个月，每周训练3～4次；到20世纪30～40年代，瑞典的海格将一年训练的时间增加到9个月，他的成绩远远超过努尔米；一个世纪以来，耐力性项目世界优秀运动员年训练负荷量的适度增加，对竞技水平的提高起着重要的作用。

以第26届奥运会5 000米跑冠军王军霞为代表的中国女子长跑选手，承受前所未有的惊人的训练负荷，年跑量超过8 000千米（见表3-3）。王军霞和她的同伴在1992～1996年，创造多项世界纪录，夺得多项世界冠军。

表 3-3　评定优秀运动员机体疲劳的部分生理生化指标举例

机能系统	生化指标	正常参考范围	简易评定方法
心血管系统	血压 BP	收缩压 $90 \sim 140$ mmHg；舒张压 $60 \sim 90$ mmHg	安静时血压升高 20% 左右，持续两天以上，可能是机能下降或过度疲劳
免疫系统	血清谷氨酰胺	$560 \sim 640$ mol/L	下降 50% 以上为过度训练或免疫力下降
内分泌系统	血清睾酮 T	男 $9.5 \sim 35.0$ nmol/L 女 $0.35 \sim 3.50$ nmol/L	大负荷训练后血清睾酮下降
内分泌	血清皮质醇 C	8 时 $165 \sim 720$ nmol/L 16 时 $55 \sim 250$ nmol/L 24 时 $55 \sim 140$ nmol/L	血清皮质醇上升，为机能状态差或过度疲劳
神经系统	闪光融合频率	$32 \sim 38$ Hz	训练后测试值与训练前正常值之差：$1.0 \sim 3.9$ Hz 为轻度疲劳；$4.0 \sim 7.9$ Hz 为中度疲劳；8.0 Hz 为重度疲劳；
骨骼肌系统	CK	男 $10 \sim 300$ U/L 女 $10 \sim 200$ U/L	大负荷训练 $2 \sim 3$ d 后，血清 CK 仍高于 300 U/L 时，表明负荷较大，身体尚未恢复
物质能量代谢	血尿素 血氨	$4 \sim 7$ mmol/L $20 \sim 110$ mmol/L	

2. 机体在过度负荷影响下的劣变性

运动员肌体承受训练负荷时，会产生应激性的反应。当负荷过大，超过运动员机体所能承受的阈值时，运动员机体则会出现劣变反应。

有机体承担运动负荷会产生一个适应过程，当有机体适应这一负荷后，机体的机能会出现"节省"现象。如果负荷仍停留在原有的水平上，不再提高，机体就不再产生新的适应，机体的机能也就不能进一步提高。只有施加更加强烈的刺激，使机体产生新的适应才能提高机能水平，出现新的训练效果。但是如果训练中的运动负荷不是逐步提高，并达到最大限度，而是提高过快、过猛并超过运动员机体所能承担的最大限度，也不能产生新的适应。这不但提高不了运动成绩，而且有损于健康。

过度负荷有时表现在生理方面，有时也表现在心理方面。过度负荷的直接结果，首先是机体出现不适应的症候。据张问礼"生物应激与运动训练"一文（载《北京体育科技》，1984年第二期）报道，这种不适应的症候包括：慢性体重下降，非受伤引起的关节及肌肉疼痛，慢性肠功能紊乱，扁桃体及腹股沟淋巴结肿大，鼻塞和发冷，出现皮疹和肤色改变，周身性肌肉紧张，疲惫不堪、失眠不安等。

上述不适应症候出现后，如果仍不采取措施，使运动员机体得到必要的恢复，那么就会进一步发展成为过度疲劳。过度疲劳会对运动员机体带来很大的破坏，会导致运动员健康状况和体能的明显下降，使运动创伤增加，甚至造成灾难性的后果，有些运动员甚至因此过早地结束了自己的运动寿命。

运动员高负荷训练后、重大比赛后或者遇到某些特殊的经历后，会出现不同程度的心理疲劳。心理疲劳对运动员训练和比赛的状态有着不可忽视的影响，有时会明显超过生理疲劳，给运动员保持系统持续的训练和比赛带来巨大的阻碍，必须高度重视。

三、适宜负荷与适时恢复训练原则的训练学要点

1. 准确把握运动训练负荷的适宜量度

运动训练过程中的任何一个负荷，都包含着负荷的量与强度两个方面。前者反映负荷对机体刺激的量的大小。后者反映负荷对机体刺激的深度。负荷的量和强度分别通过不同的侧面表现出来，人们也可以运用不同的指标去反映负荷量和强度的大小。负荷的量和强度构成负荷的整体，它们彼此依存而又相互影响，任何负荷的量都是以一定的强度为条件而存在的，任何负荷的强度又都以一定的量为其存在的必要基础。一个方面的变化必然会导致另一方面的相应变化。我们在比较负荷的大小时，一定要将这两个方面综合考虑。

负荷的适宜度主要通过施加负荷产生的后果来予以评价，包括机体疲劳的程度及恢复与超量恢复所需的时间、技战术训练的效果、是否引发运动性伤病，以及是否引发心理疾病和心理障碍等方面。

通过生理生化指标的监测可以比较客观地诊断运动员机体的生理疲劳程度。如血色素、尿蛋白、血睾酮等都是常用的监测指标；建立义务监督制度，定期与不定期地健康检查，可以及时地发现运动性伤病；总结在不同阶段、不同情境下学习、掌握、熟练以及运用技战术时对训练负荷的要求，借以把握技战术训练时的运动训练负荷。如体操运动员精力充沛时，学练新技术易取得好的效果，因此负荷次数不宜过多；篮球运动员为提高在比赛快要结束时的罚球命中率，需要安排在较大负荷训练后，机体疲劳时作罚球练习。

2. 科学地探求负荷量度的临界值

多年以来，人们已经清楚认识到，负荷量度的增加会带来更好的训练效果，而且越接近运动员承受能力的极限，效果就越明显，于是许多教练员和科学家都在致力于寻找这一负荷量度的极限。如中国长跑教练员马俊仁，为他训练的女选手设计"每天一个马拉松"的负荷计划，造就中国田径史上辉煌的一页。

运动员负荷量度临界值的大小既随其发育程度、竞技水平等状态的变化而变化，又受运动员健康状况、日常休息、心理状态因素的影响，因此对它的测定和评价必须要有充分的科学依

据，要用科学的诊断方法力求准确地掌握负荷量度的临界值。在当前，人们对负荷极限的认识还不具备完全把握的时候，通常应注意留有余地，以避免过度训练的出现。

3. 积极采取加速机体恢复的适宜措施

（1）训练学恢复手段。主要包括变换训练内容和训练环境，交替安排负荷，调整训练间歇的时间与方式，在训练课中穿插和采用一些轻松愉快、富于节奏性的练习等训练手段，也包括在恢复过程中以轻微的肌肉活动，帮助肌肉和血液中的乳酸更快消除，还可以根据人体的"生物钟"节律，安排每天的训练时间，成为一种习惯性的定型，节省神经能量，也有利于机体的恢复。

（2）医学、生物学恢复手段。主要包括理疗恢复手段，如水浴、蒸气浴、旋涡浴、氡水浴、苏打碳酸浴、盐浴、珍珠浴、含氧浴、腐植酸浴等，其他手段还有按摩、电兴奋、电睡眠、紫外线照射、红外线照射等。

（3）营养学恢复手段。由于运动时运动员的能量消耗大，运动后的能量补充除了考虑补充物的数量，还应注意各种营养素的适宜搭配。例如，运动后吃不同的糖，对身体不同部位糖贮存的恢复就有不同的影响。维生素及多种微量元素更是运动员营养中不可缺少的重要组成部分，它与运动能力的恢复有着密切的关系。维生素及多种微量元素在体内不能合成或合成不足，必须从食物中摄取，所以要注意食品的种类和配比。

（4）心理学恢复手段。一般可利用自我暗示、放松训练、转换训练、气功调节、生物反馈等手段促进恢复，针对每个运动员特殊的心理问题，要对症下药，专门进行心理调节或心理辅导。

本章小结 — SUMMARY

　　运动训练原则，是依据运动训练活动的客观规律而确定的组织运动训练所必须的基本准则，是运动训练活动客观规律的反映，对运动训练实践具有普遍的指导意义。运动训练原则有：导向激励与健康保障原则、竞技需要与区别对待原则、系统持续与周期安排原则和适宜负荷与适时恢复原则。

　　国外运动训练原则发展经过萌芽阶段（14世纪至20世纪50年代）、发展阶段（20世纪50年代至70年代）和讨论、成熟阶段（20世纪后期至今）。我国运动训练原则发展经过引进和传播阶段（20世纪50年代中叶至60年代）、停滞阶段（20世纪60年代中期至70年代中期）和完善阶段（20世纪70年代至今）。导向激励与健康保障训练原则、竞技需要与区别对待训练原则、系统持续与周期安排训练原则和适宜负荷与适时恢复原则的释义、科学基础以及贯彻该原则的训练学要点。

思考题

1. 试述运动训练原则的释义、种类。

2. 试述导向激励与健康保障训练原则的释义、科学基础以及贯彻导向激励与健康保障训练原则的训练学要点。

3. 试述竞技需要与区别对待训练原则的释义、科学基础以及贯彻竞技需要与区别对待训练原则的训练学要点。

4. 试述系统训练与周期安排原则的释义、科学基础以及贯彻系统持续与周期安排训练原则的训练学要点。

5. 试述适宜负荷与适时恢复训练原则的释义、科学基础以及贯彻适宜负荷与适时恢复训练原则的训练学要点。

案例分析

刘翔的训练哪里出错了

　　2010年5月23日国际田联钻石联赛上海站110米栏比赛中，刘翔以13.40秒获第3名。史冬鹏以13.39秒获第2名。美国年轻运动员奥利弗以12.99秒夺冠。比赛中，刘翔一开始还可以，后程越来越艰难，被奥利弗越拉越远，又被史冬鹏超越。

　　为了理清刘翔失利的原因，针对刘翔的训练史，按身体及表现的基本状况，划分成四个阶段。

阶段1：刘翔从进专业队开始，到青年赛夺冠、世锦赛夺取名次、雅典奥运会夺冠、国际田联黄金联赛破世界纪录、大阪世锦赛夺冠。这阶段，一直是由孙海平教练执教，未见有脚伤报道。说明这阶段训练过程，基本适应于不断进步的需要。

　　阶段2：刘翔去北京集训，至奥运会因伤退赛，震惊全国和全世界。北京奥运会集训，是在中国田管中心的训练观点和中国田径队总教练的指导下及在国家体育科学研究所有关专家的监管下进行的。发生如此严重的脚伤，说明此阶段训练存在着严重的不协调、不适应、不科学。

　　阶段3：伤后的治疗，是由中美医学专家合作进行。对治疗状况的评价，是肯定的、良好的。与之配合的康复训练，以及其后的恢复训练，是在上海由孙海平教练独立掌握。在2009年9月国际田联巡回赛上海站比赛中，刘翔前程稍稍落后于美国运动员特拉梅尔，后程飞快地追上（这与刘翔的比赛风格是完全一致的），两人几乎同时撞线，成绩同为13.15秒，刘翔获亚军。刘翔赛后说体会：快得不由自主，想刹，也刹不住。证明这阶段的训练，对于恢复、发展，是基本相协调、相适应的。

　　阶段4：进入国家集训队。电视报道刘翔的训练内容时，出现"举杠铃"画面（过去从未见过）。2010年3月14日，在国际田联多哈室内锦标赛60米栏比赛中，刘翔以7.68秒通过半决赛，以7.65秒获决赛第7名。罗伯斯以7.34秒获冠军。刘翔比赛中的态势，非常艰难，潇洒风格完全不见了。刘翔起跑不错，但却在后程被拉下（越拉越远），呈现出与过去完全不同的"比赛风格"和"比赛格局"。记者采访时，刘翔说浑身有劲但使不出来（看电视记意思，并非原话）。比赛中的客观表现和刘翔的主观感觉，反映出这阶段的训练，对于恢复、发展，是不协调、不适应的。

　　纵观上述四个阶段，你认为通过分析刘翔失利的原因，如何制订适合刘翔运动训练的原则？

美国大学高水平运动队训练原则的理论分析

　　美国的大学储备大量优秀的体育后备人才，这些人才是美国竞技体育重要的人才基础。美国大学注重发挥自身的优势，凭借自身的经济实力在发展中国家和其他一些发达国家竞争优秀体育人才，这种在源头上竞争运动员的优势也是美国大学高水平竞技体育得以持续发展的重要因素。美国的俄勒冈大学被誉为美国田径运动的大本营，培养出曾多次打破世界中长跑纪录的菲尔·耐特、比尔·鲍曼等一批世界著名中长跑运动员。美国俄勒冈大学中长跑队训练的五个原则。

1. 适度原则

　　适度原则是指根据运动员的现实可能和人体机能的训练适应规律，以及提高运动员竞技能力的需要，在训练中给予相应量度的负荷，以取得理想训练效果的训练原则。运动员在训练中承受一定的运动负荷后，必然会产生相应的训练效应。但并非只要施加负荷，就一定会产生良好的训练效应。训练负荷的安排对训练效应的好坏有重要的影响。机体对适宜的负荷产生适应，但如若负荷过小，不能引起机体必要的应激反应；而在过度负荷作用下则会出现劣变反应。俄勒冈大学中长跑队的训练是为了比赛，不是跑得越多越好。要求运动员跑的里程和运动员自身的耐力和技巧有关。所以训练中要对运动员自身的天赋有客观的认识，整个赛季都要保持运动员的健康，检查进度，防止运动损伤。例如，在俄勒冈大学中长跑训练中，如跑步姿势正确，不易受伤的情况，跑的距离可长一些。如果运动员跑步时喜欢用脚后跟着地，要是跑得太长，就易造成运动损伤。像美国高中1万米纪录保持者里利·车普每天跑40～60英里，而一名优秀长跑运动员经过70天的训练后才能加量到每天多跑1英里。所以说永远不要训练过度，让竞赛将运动员状态提升至最后的顶峰。

2. 进步原则

　　进步原则是指循序渐进地组织运动训练过程的训练原则。俄勒冈大学中长跑队用"每日步速"和"目标步速"的图表来衡量进步。教练员根据运动员跑完的路程和运动员感觉舒适的步调来衡量"每日步速"。例如，迈特·戴维斯的目标步速图表：目标是13小时30分钟跑完5000英里，1/4英里赛要跑65秒，跑完1英里用4分

48秒。其良好的步速是1/4英里赛跑72秒。教练员要求戴维斯用1/4英里的步速跑3英里。从1月到6月,1/4英里赛跑从72秒提高到65秒。日程步速的训练中,一开始距离较大,重复约1200英里,在3月份跑600英里、800英里或1000英里,到5、6月份,训练距离越来越短,1/4英里赛跑72秒提高到66~67秒。要求每日跑3英里,一个训练周期共跑8×300英里。任何成功并不是总要遵循同一模式。训练中随时要调整目标,以保证让每个训练的运动员获得成功。"目标步速"是随时可以变更的,了解每个运动员之前能跑多快,再看看他的进步,以确立目标。像普里刚来俄勒冈大学时,排全国第4或第6位,他给自己定的目标是要求跑到3分48秒,而当时的世界纪录是3分51秒,最后教练员给他定的目标是3分56秒。在斯坦福训练时,训练系统中计划通过两周训练以达到75秒的步速,再用两周的时间训练达到73秒的步速,再通过两周时间的训练达到70秒的步速。教练员也更喜欢这种通过固定时间来提高进步的方法。

3. 适应原则

人体对训练负荷的生物适应必须通过有机体自身的各个系统、各个器官、各部位肌肉乃至每个细胞的变化,一点一点去实现。运动员的竞技能力是多种能力的综合表现,它不仅涉及生理、心理等各个方面的因素,同时又受先天、后天因素的影响。因此人体机能的适应性改造包括中枢神经系统功能的改造,都不是在短期内所能奏效的。而训练对提高运动员竞技能力的影响,必须通过人体内部的适应性改造才能实现。所以要求对组员的天赋有适应性,对场地的硬件有适应性,对天气条件有适应性,要适应组员的健康状况。中长跑训练中,教练必须注意让运动员在不同水平下都能取得进步,必须让运动员在每个训练阶段都能取得成就感。教练员要对每个训练计划作出修改适应以保证每个运动员获得成功。例如,在训练阿布多·赛里萨时就对训练计划作出了适应性的调整,原计划每天跑6次1英里,每次时限为4分30秒,实际训练中1~3次能达到,第4~5次就达不到要求。教练员将计划适应性地调整为4×300米,48秒完成每一次,计算下来等同于4分16秒跑完1英里。中长跑队在斯坦福训练时,当时没有地方练跑步,教练员让队员上下跑楼梯来适应,还有一次教练员让队员在海滩上来回跑作适应性练习，也取得良好的效果。所以在训练时不要过分担心生理状态、天气等，教练员可以尝试修改训练计划来适应，并要求运动员坚持完成制订的训练内容。

4. 多变性原则

多变性原则指在训练中采用灵活多变的训练方式，提高运动员的兴趣的训练原则。俄勒冈大学中长跑队将多变性原则应用于适度原则、进步原则、适应原则。中长跑训练中训练方法有时间间隙训练法、循环训练法、法特莱克训练法等很多种。俄勒冈大学中长跑队根据实际训练时可采取多变选择。例如，时间间隔训练是运动员快速定型的最好方法，如整年都用时间间隔训练法，会很快将运动成绩提高到顶峰，但很难将这种最佳状态保持长久。

5. 强化性原则

强化性原则指通过同一动作或同组动作的多次重复，经过不断强化运动条件反射的过程，有利于运动员掌握和巩固技术动作，通过相对稳定的负荷强度的多次刺激，可使机体尽快产生较高的适应性机制，有利于运动员发展和提高身体素质。俄勒冈大学中长跑队谨记在没有准备好的情况下不要轻易在比赛中尝试，更要注意的是除非经过强化训练，否则别在非平坦的地面比赛。进入21世纪，世界中长跑理论的发展有了新的飞跃，那种传统的认为中长跑是以有氧代谢为主的理论及训练法正面临着挑战，训练的方法更加科学化，从训练手段到内容都注入新思想。俄勒冈大学中长跑训练的适度原则、进步原则、适应原则、多变性原则、强化性原则等原则丰富和完善了当今的训练理论，世界中长跑也得到飞速的发展。

第四章
运动训练方法

【学习任务】

通过本章的学习，使学生基本了解运动训练方法的基本分类，正确理解各个运动训练方法的概念、类型和特点，掌握各种训练方法在训练实践中的正确运用。

【学习目标】

1. 掌握运动训练学方法的定义。
2. 理解运动训练方法的分类。
3. 掌握各个运动训练方法的概念和特点。
4. 掌握运动训练方法的实质。
5. 掌握各个运动训练方法在运动训练实践中的应用。

运动训练过程是一个复杂的系统工程，为了提高训练活动的科学化水平，不仅需要掌握进行某一训练内容方面的具体方法，还必须掌握科学控制运动训练进程的方法。科学方法被广泛地用于人们的日常生活、生产和科学研究之中，科学方法是科学精神的重要构成要素和集中体现。训练方法发展至今，可以说一直是在人的知识、观念、时代的生产方式和生活方式等因素影响下发展的。当前，运用科学理论创新训练方法已经成为训练方法发展的特征和主要方式。从动力学的观点来看，具体事物的变化发展不会凭空而来，其中必有推动它的动因。

运动训练方法概述及演进

科学方法被广泛地运用于人们的生活、生产和科学研究之中，科学方法是科学精神的重要构成要素和集中体现，它洋溢着科学的实证精神、理性精神和审美精神，充盈着科学的怀疑、批判和发展意识。人们在运动训练中，为了达到预期的结果与目的，选用有效的运动训练方法与运动训练手段，是至关重要的。

一、运动训练方法概述

运动训练方法是在运动训练活动中，提高运动员的竞技水平、完成训练任务的途径和方法。关于运动训练方法的理论是对运动训练过程中各种训练方式和办法的概括，是对各种具体训练方法的集中表述。

在运动训练过程中，运动训练方法是教练员进行训练工作、完成训练任务、提高运动员竞技能力的应用工具。现代竞技运动的发展历史表明：运动训练方法的不断创新和科学运用对推动竞技运动整体发展水平的作用是比较重要的。一种科学训练方法的诞生既是科学训练原理的具体体现，也是科学训练实践的高度总结。因此，正确地认识和掌握不同训练方法的功能和特点，有助于顺利地完成运动训练过程不同时期的训练任务；有助于有效地控制各种竞技能力的发展进程；有助于科学地提高不同项目运动员的整体竞技能力。

二、运动训练方法的演进

在运动训练活动的发展过程中，尤其是在划时代的科学训练理论诞生之时，往往伴随着训练方法的创新。运动训练方法有着自己的产生、发展的规律，其演进也呈现着阶段性的特征。

（一）运动训练方法的起源

体育的历史几乎同人类的历史一样悠久，但作为体育组成部分的竞技运动则产生较晚。身体练习活动进一步发展，演化出竞技运动的活动形式。民族学资料表明，人类在旧石器时代晚期已经有了初步的区分胜负的比赛意识，并开始进行竞技运动，在新石器时代则已具有较为成熟的竞赛形式。

随着竞技运动的迅速发展，运动项目逐渐集中、确定，出现了专用场馆器材和独立的管理组织机构，而且，运动训练方法也开始形成。为了提高运动成绩，战胜对手，以博取社会声誉或获得物质奖励，竞技者自然把注意力转向平时的运动训练，因而训练的原则、训练的方法都随之产生。

公元前 5 世纪时，各希腊城邦的体操馆都配有管理人员。他们也充当赴馆参加练习的青年的指导者，但随着比赛成绩日渐提高，他们的指导水平已经不能满足参加大型竞技会比赛的青年的需要，故从公元前 5 世纪以后，体操馆增设了相当于现代教练员的"教师"。这些教师多半由曾经在奥林匹克祭神竞技会上获得过冠军的人充任，他们之中不少人学识渊博，通晓天文、地理、医学、哲学等学科（斯巴达的教师还必须熟悉军事）。古希腊的体育老师（如公元前 404 年第 94 届奥林匹克祭神竞技会混斗冠军普洛马霍斯的教师）已经开始把"心理训练"运用于教学之中。他们还了解饮食同提高成绩的关系，并能根据竞技者的体型确定其培养方向。在训练实践中，已经广泛采用跪姿举重、在深度不同的水中跑步、使用沙袋和其他重物等增强力量和耐力的方法，单个动作和整套动作的练习及辅助动作的采用也已受到重视。在古希腊城邦时代，已采用周期训练，4 年为一大周期，4 天为一小周期；小周期的 4 天中，第 1 天用于预备训练，第 2 天则加大训练量，第 3 天再降低训练量，第 4 天再使身体进入竞技状态，每个小周期递次衔接。

公元前 5 世纪，职业竞技者出现，其训练中的"吃、睡、练"原则曾风靡一时，尤其是"吃"更为时人所重，以致肉食竞技者斯提蒙德鲁斯蝉联第 80 届和第 81 届古代奥林匹克竞技会冠军后，职业竞技者中掀起了一阵"食肉热"。古印度的职业竞技者，特别是摔跤手也有一套训练方法，他们主张早起练身，不近女色，保精摄神，对饮食和睡眠也相当重视，训练中也同古希腊人一样，使用沙袋吊腿，增强腿力。

就这一阶段的运动训练方法而言，其尚处于较自然简单的起源状态。

（二）运动训练方法的发展

纵观人类竞技运动史，可谓是运动训练方法发明、创造及运用的历史。大量运动训练竞赛实践证明，竞技运动的科学化发展是现代竞技运动最主要的特征之一。科学化发展的进程主要表现在各种训练原则、方法的形成，教练员培训体制的确立，运动科研的蓬勃开展，以及现代科技成果在竞技运动领域中广泛运用等几个方面。

运动训练的主要目标是不断提高和保持运动员的专项竞技能力，并在比赛中创造出优异的运动成绩。在这一过程中，人们创造出了许多不同类别、不同层次的训练方法，也初步构建了与之相适应的训练方法的理论体系，并且还在不断地推进运动训练方法的变革和发展。研究发现，15 年左右将会有一次新的训练方法的重大变革，于是就会带来运动成绩的一次新高峰，但任何一种新的训练方法的出现，都是在一定的科学理论的基础上出现的。随着医学、物理学、生理学，心理学以及现代系统科学理论被引入到体育领域后，出现了一些新的训练方法，推动了训练方法体系的变革和训练水平的提高。

第一次世界大战后，各单项运动成绩显著提高，运动员已不可能成为"全面大师"，更专注于单一的运动项目水平的提高，运动训练的针对性从广泛向专一转化，这一转化反过来又进一步促进了单项运动和整个运动水平的提高，这是运动训练史上的一次方向性的转折。但在训练方法上，教练员们却依然停留于过去改进器材、完善技术和战术、延长训练时间、增大训练强度的范围。

20 世纪 20 年代后期，这种情况开始转变。一些运动项目的运动员和教练员已经懂得，单凭老办法并不能大幅度提高运动成绩，根据自己长期积累的经验，他们在直接改进运动器材、完善技术、战术的同时，也开始采用一些与自己运动项目表面看来只存在间接联系的训练内容，如短跑运动员参加长跑活动，自行车、游泳运动员从事球类运动等，这些训练能增强运动员的耐力、速度、力量、灵敏性等全面的身体素质，对运动员运动水平的提高可起到间接促进作用，因而这种训练法被称为"辅助训练法"。20 世纪 30 年代时，辅助训练法演进为按奥林匹克竞技周期安排耐力、力量、速度和灵敏性等身体素质训练的所谓"螺旋训练模式"。20 世纪 60 年代后期，各国教练员从运动生理学、力学、心理学等角度进行研究，在"螺旋训练模式"基础上创造了综合训练法，这个新的训练方法能够发展运动员在不同运动项目中所应当具备的相应身体素质，能确保运动员的身体既全面又有侧重的发展，促进其潜力充分发挥，由于列入的训练内容多种多样，因而可以提高运动兴奋状态。综合训练法流行后，田径等运动项目成绩大幅度提高，一些"多面手"的一流运动员也相继涌现。

20 世纪 30 年代，拉乌里·皮卡尔拉已经在自己的著作《田径手册》中，讨论了训练负荷和休息问题，他的理论还涉及了训练负荷的交替节律。20 世纪 40 年代，在这一理论基础上德国人盖什勒创造了间歇训练法。间歇训练法是把整个训练过程分为若干段，各段作业之间严格规定间歇时间进行，经大量游泳和田径运动员的训练实践表明，这种方法对提高速度和耐力、增强呼吸和心血管系统的机能有明显效果。盖什勒本人采用此法，在 20 世纪 40 年代培养出优秀的中跑运动员哈尔贝克；1952 年，他的另一名学生、卢森堡运动员巴捷尔辛基在奥运会上又夺得 1500 米金牌。

20 世纪 40 年代捷克斯洛伐克著名长跑运动员爱米尔·扎托皮克采用的加大训练量的方法，是对传统训练法的一次大胆改革。最初，扎托皮克同其他运动员的训练方法和运动成绩并无多大差异，直到后来他在医生的帮助下，开始在训练中贯彻所谓"超量训练"原则后，成绩才有了明显提高。在包括伦敦、赫尔辛基、墨尔本 3 届奥运会在内的一系列重大比赛中，他一共 40 次打破了捷克斯洛伐克国家纪录和 19 次打破了世界纪录，成为竞技运动史上第一个闯过 5 000 米 14 分钟大关和 10 000 米 29 分钟大关的长跑运动员。面对这些辉煌的胜利，从 20 世纪 50 年代初起，不仅各国的长跑运动员，而且连其他田径项目，以及举重、划船、游泳、球类等选手，都开始按照扎托皮克的训练方法重新审查自己的训练方案，加大了训练负荷，并取得了好成绩。直到今天，加大训练负荷的方法仍然是获得优异成绩的基本手段之一。20 世纪 70 年代，J. 诺克在防止过度训练的前提下，又再次重申了增大训练强度的意义，他说："从生理学观点来看，过去的训练量太保守，一星期 2 ~ 3 次训练课不能充分动员身体潜力，提高其运动水平。为了寻求适当的训练时间，建议 1 天进行两次训练……最近试点经验证明，只有调动身体全部潜力，才能取得最好成绩。"

20 世纪 40 年代时，瑞典长跑家创造的"法特莱克"（瑞典文意为"速度游戏"）训练法，曾培养出 1 500 米、1 英里、2 英里、5 000 米的世界纪录创造者戈·赫克。20 世纪 50 年代后直到现在，新西兰、澳大利亚以及联邦德国的一批世界第一流优秀长跑运动员都是借力于这一训练方法培养出来的。由于这一训练法难以精确计算其运动量（因运动员是在天然环境训练），对运动员速度素质提高不足，因此这一训练方法常同其他训练法，如间歇训练法等配合使用。

人们运用各学科理论创造出很多有名的训练方法。20 世纪 50 年代初期，德国人缪勒尔和赫延格尔研究出的肌肉对抗练习法，为运动训练提供了有效的辅助练习形式。1957年英国人R.摩根和G.阿姆逊设计出极具实用价值的循环训练法，该法是让参加训练者按一定顺序，轮流在一定作业点上进行练习的方法。经实践证明，在每个作业点上进行循环训练，能有效地增大练习负荷和密度，提高机体能力，且能激发运动员兴趣，因而直到现在这一训练法仍为各国教练员和运动员所重视和运用。

1961年鲍勃·霍夫曼提出的"等长性练习"又进一步发展了缪勒尔和赫延格尔关于力量训练的理论。新的理论认为，运动员用力时静止的肌肉收缩方式可以增大肌肉功率，于是在训练中运动员开始采用提举或掀推不能使之移动的物体来进行等长收缩练习。

1968年，苏联教练佩特洛夫斯基根据系统理论创立了模式训练法，1969年，美国的科兹推出了电脉冲电流仪，创立了"电刺激训练法"；1970年，美国工程师加德纳和科学家珀迪创立了计算训练法；1971年，日本学者松井匡治首先采用了"程序教学训练法"；20世纪80年代初，美国和苏联的教练员开始使用"退让力量训练法"；1982年，保加利亚教练员阿巴杰也夫独创"极限强度力量训练法"；同年，美国电子专家艾坚将人工智能用于力量训练。上述训练方法的创立过程中所具有的共同特点是，它们都是由某一学科领域的专家和教练员运用科学理论原理所创立的，而且都在运动训练实践中运用多年并取得了良好的效果。

与此同时，其他学科的知识也在不断地转化为实用的运动训练方法。20世纪30年代，一些教练员已经开始把心理学领域的研究成果运用于自己的训练之中。珍妮·达乌妮1930年提出的体格区分个性的方法，以及谢尔顿20世纪40年代写出的《体格类型》和《气质类型》两书中提出的原则，都成为教练员的重要参考；而美国医生雅各布松介绍的肌肉松弛法和德国精神病学家约翰·舒尔茨在"自身训练"方面获得的研究成果（将意念集中于肌肉和植物神经系统，可以放松肌肉），也被广泛应用于赛前放松精神和赛后恢复体力的训练活动中。进入20世纪60年代后，由于竞赛越来越激烈，运动员要取得胜利，除必须具有良好的技术、战术素养外，还必须具有稳定的心理素质，因而心理训练已成为基本训练内容。现代的心理训练不仅包括从前的一般心理训练，而且还包括专项心理训练，以及根据个人特点拟订的专门心理训练：自我暗示训练、念动训练，尤其是气功训练、念动训练与放松训练合用，不仅有恢复体力和放松精神的作用，而且开始被作为提高运动成绩的积极有效的训练方法（如苏联拟订的"心理调整训练"）。

20世纪40年代，人们开始注意19世纪曾一度采用的高原训练法。自从20世纪60年代埃塞俄比亚运动员阿贝贝在罗马奥运会上一举夺魁后，各国教练员开始更加认真地考虑高原环境和人的生理以及运动成绩的关系。1968年墨西哥奥运会上刮起的"黑旋风"，终于促成了高原训练法的诞生。

近十多年来，又出现了一种"无形训练"训练法。这种训练法是对运动员训练以外的生活作息制度、社会关系进行分析研究，以帮助解决训练过程中的部分问题。此外，教练员还清楚地认识到最好的训练形式是竞赛，因此，合理的比赛制度已经成为当代训练中的一个有机组成部分。

进入21世纪，由于边缘科学和较差科学的发展，训练方法理论的发展已不可能完全依靠运动训练自身的知识经验，而体现出多学科知识和技术推动其发展的趋势。大量的社会和自然科学的新的理论与知识为运动训练方法的创新和发展提供了资源和动力。近几年来,"功能训练"一词正从国外的康复中心、健身房,逐步向竞技体育渗透,已经成为非常时髦的训练术语。而其他训练术语,如"综合素质训练""专项体能训练"等相比之下变相的陈旧了。同时我们也发现,经过传统体能训练的运动员获得了强大的有氧和无氧能力以及发达肌肉,但是,其专项运动成绩并没有实现突破。换句话说,运动员可以在一般和专项身体素质测试中获得令人满意的成绩,但这些训练对于提高其专项运动能力没起太大的作用,效果差强人意。功能训练是专项训练,是体能专项的桥梁,它提高了技术表达体能的效率,缩小了训练和比赛的距离(见表4-1)。

表 4-1 部分近、现代运动训练方法形成一览

年代 (20世纪)	创始人	国家	方法	基础理论与说明
20	—	—	辅助训练法	专项与一般训练相结合
30	—	—	螺旋训练法	由辅助训练法演进
40	盖什勒	德国	间歇训练法	训练负荷的交替节律
40	雅各布松	美国	肌肉松弛法	运动心理学
40	爱弥尔·扎托皮克	捷克斯洛伐克	加大训练量方法	超量训练原则
40	约翰·舒尔茨	德国	自身训练法	意念训练
40		瑞典	法特莱克训练法	速度游戏
50	缪勒尔、赫廷格尔	德国	肌肉对抗练习法	肌肉生理法
50		苏联	高原训练法	机体对高原的适应性变化
1957	R. 摩根、G. 阿姆逊	英国	循环训练法	有效增大训练负荷和密度
60	—	—	专门心理训练法	运动训练法
60	—	—	综合训练法	由螺旋训练法演变
1961	鲍勃·霍夫曼	—	等长性练习法	缪勒尔和赫廷格尔的理论
1968	佩特罗夫斯基	苏联	模式训练法	系统理论
1969	科兹	美国	电刺激训练法	电脉冲电流仪
1970	加德纳、珀迪	美国	计算训练法	间歇跑训练
1971	松井匡治	日本	程序教学训练法	控制理论
80	—	美国和苏联	退让力量训练法	肌肉生理学
1982	阿巴杰耶夫	保加利亚	极限强度力量训练法	肌肉生理学
1982	艾坚	美国	人工智能力量训练	人体生物科学
90	—	—	无形训练法	重点解决训练以外的问题
90	—	—	念动训练法	运动心理学
90		苏联	心理调整训练法	运动心理学
90	—	—	放松训练法	运动心理学
90	—	—	比赛训练法	以赛代练

从现代运动训练方法的形成实践可以看出,现代运动训练方法的发展基本上经历了一个由简单到复杂、由单一到完整、由局部到综合的过程,虽然各个运动项目有不同的特点,但基本分为以下四个发展阶段:

1. 简单练习手段阶段（19世纪—20世纪初）

这一阶段，由于竞技体育水平很低，运动训练基本上是一种自发的、非正规的过程。因而，当时所谓的运动训练方法，实际上主要指各运动项目的具体练习手段，这些练习手段正是以后各种训练方法形成的基础和基本单元。

2. 单一训练法阶段（20世纪初—20世纪50年代）

这一阶段是在第一阶段各种简单练习手段的基础上，通过采用一定的连结方式，将各种练习手段组合成具有一定功能的较为完整的单一训练法。如持续训练法、重复训练法、间歇训练法、变化训练法等各种体能、技能的单一训练法；语言法、直观法、完整与分解法等各种动作技能的单一教学法，大多在这一阶段先后产生。

3. 综合训练法阶段（20世纪50年代—60年代末）

这一阶段，人们将已形成的单一训练法，通过一种复杂的组合方式，组合成一个具有整体功能放大效益的综合训练法。现在已被广泛应用的组合训练法、循环训练法就是在这一阶段中产生的。

4. 模型化训练法阶段（20世纪60年代末至今）

20世纪60年代末，苏联优秀短跑运动员用控制论的基本原理作指导，在世界上首次设计并运用模式训练法取得成功；与此同时在体育教学中也提出了程序教学法，在心理训练中提出了心理模拟训练法，从而形成了一个较为科学完整的新的现代训练体系——模型化训练法，使运动训练方法进入了一个建立在定量化的科学训练控制基础上的宏观的、整体化训练法的新阶段，并使现代训练产生了一个新的飞跃。

经过半个世纪的探索，今天绝大多数的教练员都已经知道，任何一种训练方法都绝不是可以一成不变地适用于任何运动员或任何运动队的包打天下的良方。它们可能对一个运动员（或运动队）有效，而对另一个运动员（或运动队）则不仅无效，甚至还会起副作用。因此，一个优秀的教练员总是在选用这些方法的同时，也认真探索自己的道路，正是这种探索精神不断促进着运动训练方法的发展和完善。

各个不同的项群和项目也有自己的训练方法的发展过程，如周期性跑项目，其训练方法的发展阶段为19世纪70年代的持续训练法——20世纪20年代的"重复法"——20世纪30—40年代的"法特莱克法"——20世纪40年代的"间歇训练法"——20世纪60年代前后出现的综合训练法（组合训练方法）（图4-1）。

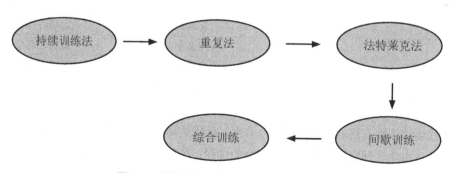

图4-1　周期性跑运动训练方法演进示意图

纵观现代训练方法的发展进程可以看出，现代训练方法正在向以下几个方向发展：

（1）现代训练方法与现代科技的发展紧密结合

现代科技成果已被广泛地运用于现代训练方法的更新并形成一个新的训练方法体系——专门训练法。

（2）从宏观上看，现代训练方法在系统科学的指导下正在以系统工程方法为依据，逐步完善模型化训练方法，并形成以模型化训练法为先导的新的运动训练方法新体系。

（3）从微观上看，现代训练方法正向更广、更深的方向发展。各种一般、专门和专项的训练手段将成为现代训练方法体系中的重要组成部分，并在这一方法层次上将有更大的发展，将会出现越来越多的适应于各种专项训练的训练方法与手段，更有针对性地进行各个单项的训练（见表4-2）。

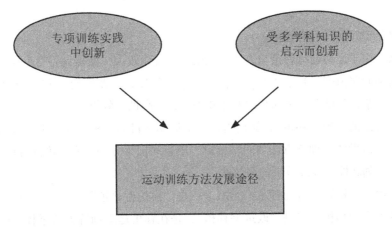

图 4-2　专项运动训练方法多种发展途径示意

（三）运动训练方法创新的途径

随着现代科学技术大量运用运动训练，训练方法、手段也在不断地改革和发展。

运动训练理论的一切基本观点都要通过具体的方法才能转化作用于运动训练的实践，而专项运动训练理论研究内容的发展与深化以及运动训练方法的不断革新，则为专项训练实践注入了勃勃生机。

纵观专项训练理论、方法发展的历史和现状，专项运动训练方法有多种发展途径，主要表现在以下4个方面：

1. 从专项训练实践中创新

像所有科学的理论与方法一样，专项运动训练方法也是从实践中产生、在实践中发展起来的。在专项训练方法形成的初级阶段，是从实践到认识，这是认识的第一个飞跃，这个飞跃将实践中获得的感性认识，上升为理性认识。这也可以成为专项训练方法的"萌芽状态"。

2. 在不同层次训练理论指导下创新

（1）从专项训练理论自身的推演而来。专项训练理论的初步形成，对它自身训练方法的深化和系统化起了很大的推动作用，相应地，专项训练方法的研究内容也越来越广、越深、越细，也推进了它自身训练理论的发展。

（2）从一般训练学理论演绎而来。一般训练理论是训练理论实践及理论发展到高级水平的必然产物，它的形成和发展又是促进着运动训练实践和专项训练方法更进一步的提高和发展。根据认识论原理，从理论到实践的活动是理论的运用活动，主要表现为将一般理论设计为解决某一具体问题的特殊理论，或是设计行动方案的活动；运用科学理论设计训练方法的活动就是将科学理论特殊化、具体化的过程。

（3）由项群训练理论演绎而来。项群训练理论加强了运动训练理论与实践的联系，它的提出与建立，在一定程度上有助于使抽象出来的理论更能准确地反映同项群项目训练实践的内在规律，并且更便于对训练实践实施有效的指导，有力地推动专项运动训练理论、方法与实践的发展。

3. 从其他运动项目移植并创新

近些年来，由于运动训练理论与方法发展很快，变化较大，使得完善专项运动训练的问题日益复杂，而项间移植则是其中的有效途径之一。它有助于运动训练的组织者和参与者拓展思路，开阔视野，掌握和创造更多训练的方法和手段，提高训练效果。

运动训练方法的"项间移植"，就是指把某个运动项目的一种或几种训练方法移植、应用到其他项目上去的做法。训练方法项间移植对专项运动训练方法具有高度的导向性与互补性，并表现出一定的创新性与训练效果的高效性。

训练方法项间移植转换有三种基本类型：一是"模仿型移植"，是一种在移植运动训练方法过程中改变不大的移植；二是"改进型移植"，是在移植运动训练方法过程中改变程度较大的一种移植；三是"发展型移植"，主要是根据有关的科学理论改进、发展和创造新的专项训练方法的一种移植。

这三类运行训练方法项间移植各自具有不用的特性，具体表现在以下不同的方面：模仿型移植多呈现出反复性、相似性、相对性、实用性的特点；改进型移植主要表现出多样性、渗透性、意外性以及变通性的特点；发展型移植多以选择性、突破性、重复性为其主要表现特征。

4. 受多学科知识的启示而创新

在运动训练方法形成与发展的过程中，受到来自体育生物科学等多学科知识的启示而创新。

运动训练学一直视体育生物科学为自己的重要基础与应用学科，运动训练学的许多基本原理源于体育生物科学的基本知识，运动训练过程和学科的科学化都可以在体育生物科学群中找到源头和基点。人们利用体育生物科学的基本原理与理论提出新的选材、训练等的方法与技术，发明、创新、革新训练方法与技术，如根据肌肉受到刺激后其力量素质会发生改变的特点，创造了肌肉的电刺激训练法。多学科知识的启示创新训练方法就成为训练方法创新发展的方式之一。

整体控制训练方法

　　运动训练方法是在运动训练活动中，提高竞技运动水平、完成训练任务的途径和办法。运动训练方法在教练员的"训"和运动员的"练"的过程中被予以应用，是教练员和运动员在双边活动中共同完成训练任务的方法。正确地认识和掌握不同训练方法的功能和特点，有助于顺利地完成运动训练过程不同时期的训练任务，有助于有效地控制各种竞技能力的发展进程，有助于科学地提高不同项目运动员的整体竞技能力。

　　运动训练过程是一个复杂的系统工程。为了提高训练活动的科学化水平，教练员不仅需要掌握某一训练内容方面的具体"工艺"手段，还必须掌握科学控制运动训练进程的宏观"工程"方法。现代运动训练控制理论的产生，不仅为现代运动训练的理论宝库提供了具有时代意义的科学指导思想，同时也为现代运动训练实践提供了具有重大意义的科学控制方法。模式训练法、程序训练法即是其中具有代表性的两种控制方法。

一、模式训练法

（一）模式训练法释义

　　模式训练法是一种具有高度代表性的规范式目标模式的要求组织和把握运动训练过程的控制性方法。模式训练方法操作程序为：①解析影响运动竞技水平的各种因素；②获取各影响因素的指标参数；③建立影响运动员竞技水平的因素结构模型；④以因素结构模型的评价标准数值为评定标准，对运动员竞技水平变化的结构状态进行阶段性评定；⑤将检查评定的结果反馈于运动训练过程的各个环节，以找出产生偏离状态的原因；⑥对运动过程相应环节的组织实施发出调节指令；⑦改进训练工作，使训练的阶段结果不断逼近模式目标。

（二）模式训练法的结构与特点

1. 模式训练法的基本结构

　　模式训练法由训练的目标模型、检查手段、评定标准、训练方法4种构件组成。训练的目标模型提出了未来运动训练过程目标发展的指标体系；检查手段是采集运动训练现实状态的信息工具；评定标准是甄别现实状态与训练模式间差异性质的鉴标体系；训练手段是根据训练模式所提出的发展目标及评定结果的反馈信息所提出的练习方法。建立目标模型首先必须明确训练目标，即期望训练达到何等水平、具有什么特征的运动员。进而，需确定训练目标竞技能力结构的影响因素，并对反映这些影响因素状况的指标参数进行数学处理，建立起尽可能量化的目标模型。检查手段由检查项目、检查方式、检查工具三个要素组成。检查项目按训练内容分类，可分为机能、技能、素质、技术、战术、心理、智力等项目；检查工具按物理性质分类，可分为电测、机测、光测、磁测、化测等工具；检查方式则涉及群体、个体、环境等诸多因素。三者合成了检查评定的信息采集手段，为教练员提供运动训练现实状态的具体信息。评定标准为教练员提供识别运动训练过程状态的依据。训练方法则根据评定结果选用相应的实施模式训练以解决具体训练问题。

2. 模式训练法的特点

第一，模式训练法具有信息化特点。模式训练法实施的整个过程以训练模型的指标体系为控制的依据，以评定标准的指标体系为监督、检查工具。整个训练过程的发展与变化均置于信息控制之下，有助于及时纠正运动训练过程中出现的偏态。第二，模式训练法具有定量化特点。模式训练法依据的训练模型与评定标准均具有定量特点。实践中，训练模型的指标体系可为未来训练过程提供明确的反馈信息。因此，训练过程的发展与变化均置于数字化控制之下，有助于定量控制运动训练的过程。

3. 模式训练法的应用过程

模式训练法的应用过程实际上是一种闭环式的过程（图4-3）。

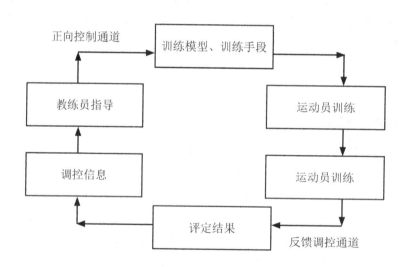

图4-3　模式训练法的运行过程

由图4-3可见，教练员通过正向控制通道，运用训练模式、训练手段控制运动员竞技能力的发展方向；通过反馈调控通道，运用评定结果了解运动员的现实情况，修正训练计划的相应环节或教练员的指导方案，经过如此多次闭环式的控制过程，使运动员的训练结果科学地逼近训练模型指示的预定目标。

模式训练法的应用范例。我国青年女排将模式训练运用于发展弹跳力的训练（表4-2、表4-3、表4-4、表4-5）。

表 4-2　弹跳力发展的数学模型

类　型	逐步回归方程（预测数学模型）	相关性	F	P	S.D
助跑弹跳	$Y=18.41+2.09\times1+60.2\times2+0.41\times3+0.3\times4$	0.86	54.1	<0.01	2.4cm

表 4-3　助跑弹跳水平评定标准

评定标准	Y（cm）	X4（cm）	X3（cm）	X2（系数）	X1（系数）
56.25	79.5	68.9	59.7	0.116	2.033
53.69	78.5	67.9	58.9	0.114	1.992
51.21	77.6	66.9	58	0.112	1.95
48.81	76.7	65.9	57.2	0.110	1.908
46.49	75.7	64.9	56.3	0.108	1.867
44.25	74.8	64.0	55.5	0.106	1.825
42.09	73.9	63.0	54.6	0.103	1.784
40.01	73.0	62.0	53.7	0.101	1.742

表 4-4　助跑弹跳水平评定的计算方法

综合发展水平	均衡发展水平	适合发展水平
$H_n=\dfrac{H_1+H_2+H_3+H_4}{4}$　　H_n: 弹跳力综合发展水平　　$H_1\sim H_4$: 四项检测分数	S= 标准差方式　　Hi: 四项检测分数　　Hn: 综合发展水平	D.F=H_n–F　　D.F: 差异程度　　F: 弹跳实测分数
高等水平≥27.280 0　　中等水平≥20.723 6　　低等水平≥20.723 6	均衡≤2.235 2　　基本均衡≤3.105　　不均衡>5.105	吻合 -0.98～0.98　　基本中间值　　不吻合 <1.71

表 4-5　助跑弹跳水平评定标准

步骤	检查	助跑弹跳检测项目 X4	X3	X2	X1	弹跳高度 Y	Y1	训练水平 综合	均衡	适应
1	检测成绩	50	42	0.066	1.32	63	62.2	20.6	2.18	0.24
	标准分数	21	19.5	18.41	23.45	20.35		中等	基本	吻合
2	发展目标	53	46.5	0.079	1.39	65				
	标准分数	25	25	25	25	25				
	成绩差距	3	4.5	0.013	0.07	4				
3	结果成绩	52	46	0.083	1.38	64.8	65.9	25.4	2.1	0.9
	标准分数	23.3	24.8	28.3	25.1			中等	基本	吻合

由此可见，模式训练法的应用至少需经三个步骤：首先，按照检测项目的要求测验，并对照评分标准找出与检测成绩对应的标准分数，同时按照"综合性、均衡性、适应性"的计算方法评出等级，以确诊出运动员现实的基本状况；其次，根据训练模型确定出下一阶段训练过程的发展目标，在预定的时间按照检测项目的要求测验，以检查模式训练的结果，并对照评分标准找出问题，继而又进入新的一轮应用过程（重复三个步骤）。

二、程序训练法

（一）程序训练法释义

程序训练法是按照训练过程的时序性和训练内容的系统性特点，将多种训练内容有序地编制成由若干步骤组成的训练程序，按照预定程序组织训练活动，对训练过程实施科学控制的方法。程序训练法以训练程序为控制依据。训练程序是将训练过程的时序性与训练内容的逻辑性融为一体的有序集合体。训练程序表达了训练过程不同时期、不同阶段训练内容之间的逻辑关系。一般来说，训练程序中训练内容的逻辑性，训练过程的时序性越清晰、越细致，则越有利于程序的组织实施。科学编制训练程序是实施程序训练法的重要前提。

（二）程序训练法的结构与基本特点

1. 程序训练法的基本结构

程序训练法由训练程序、检查手段、评定标准、训练方法四种构建组成。其中，每一构建又由不同的要素组成。从结构角度上看，程序训练法与模式训练法最大的不同之处是控制运动训练过程的依据，模式训练法以训练模型为控制依据，程序训练法则以训练程序为控制依据。至于程序训练法中的检查手段、评定标准、训练手段等构件的组成特点及具体功能可参见模式训练法中相应的内容。这里集中讨论的是程序训练法结构中的训练程序。

训练程序由训练内容、时间序列和联系形式三个要素组成，各要素的意义与特点表述如下：编制训练程序要求将庞大、繁杂的训练内容按照系统分解成小训练内容单元（步子），并将其编制出具有相关性、逻辑性特点的训练内容体系。例如，田径运动中跳高项目的技术训练是该项目整体训练的内容中的一项内容，从动作结构角度来看，跳高技术训练内容可分解为若干基本环节，即：准备、助跑、踏地、起跳、腾空、过杆、落地的训练内容，其中任何基本环节的训练内容都可视为一个小训练内容单元（步子）。而且，各基本环节的训练内容又可进一步分解，例如助跑环节，可分解为助跑距离、助跑弧线、助跑节奏、助跑速度、助跑重心等子因素的训练。时间序列通常是指训练过程中训练单位时间的有机排序与衔接，要求将整个训练过程分解成有机相连的时间段落，以便将特定的小训练内容单元（步子）置于特定的时空之中，使不同的训练内容通过时间序列有机相连。联系形式是指在特定的时间范畴内不同训练内容衔接的方式，或者不同时间范畴内不同训练内容的衔接方式。一般来讲，训练内容的联系方式主要有"直线"和"网络"两类。由这两类联系方式编制的训练程序，分别称之为直线训练程序和网络训练程序。前者，训练程序的结构简单，较易操作，但训练内容的容量较小；后者，训练程序的结构复杂，较难操作，但是训练内容的容量较大。

2. 程序训练法的基本特点

第一，程序训练法具有系统化特点。程序训练法实施的整个过程以训练程序的内容体系为控制依据，以评定标准的指标体系为监督、检查工具。整个训练过程的发展与变化均置于系统控制的状态之下。第二，程序训练法具有定性化特点。程序训练法所依据的训练程序具有鲜明的定性化特点，便于教练员抓住训练过程中的主要矛盾，选定明确的训练方向。第三，程序训练法具有程序化特点。由于训练内容规划在训练程序的过程之中，因此，训练过程中训练内容的变更实质上是在严格检查、评定、监督之下，按照训练内容内在关系的本质联系，有步骤、有计划地进行的。

（三）程序训练法的应用：其应用过程是一种闭环式的过程（图4-4）

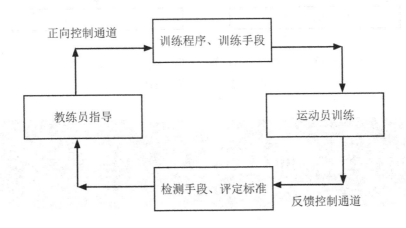

图 4-4　程序训练法应用过程

由图 4-4 可见，在现代运动训练的过程中，程序训练法应用的精髓之处是：教练员通过正向控制通道，运用训练程序、训练手段控制运动员竞技能力的发展方向；通过反馈调控通道，运用评定标准、检测手段了解运动员的现实情况，以便修正教练员的指导方案或根据训练程序指出的内容继续实施程序训练。经过如此多次闭环式的控制过程，使运动员的训练结果科学地逼近训练程序指示的预定目标。

程序训练法亦可用于具体技术动作的教学与训练。胡鸿飞（1984）在对三次跳高世界纪录创造者朱建华进行助跑与起跳相结合的技术训练时，设计了包括 14 个小步子的程序训练计划，取得了满意的训练效果（图4-5）。

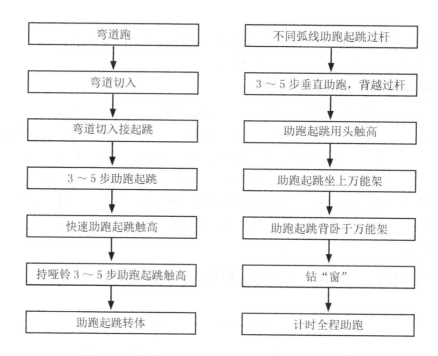

弯道跑	不同弧线助跑起跳过杆
弯道切入	3～5步垂直助跑，背越过杆
弯道切入接起跳	助跑起跳用头触高
3～5步助跑起跳	助跑起跳坐上万能架
快速助跑起跳触高	助跑起跳背卧于万能架
持哑铃3～5步助跑起跳触高	钻"窗"
助跑起跳转体	计时全程助跑

图 4-5　男子跳高三次世界纪录创造者朱建华助跑起跳
相结合技术训练程序设计

第三节　具体实施训练方法

　　运动训练的基本操作方法主要包括完整、分解、重复、间歇、持续、变换、循环及比赛等训练法。这些方法的含义、作用、类型、特点、应用及要求等为本节的主要概述内容，为选用运动训练的基本操作方法提供了科学的理论指导。

（一）完整训练法

1. 完整训练法释义

　　完整训练法是指从技术动作或战术配合的开始到结束，不分部分和环节，完整地进行练习的训练方法。运用完整训练法便于运动员完整地掌握技术动作或战术配合；保持技术动作或战术配合的完整结构和各个部分之间的内在联系。

2. 完整训练法的应用

　　完整训练法可用于单一动作的训练，也可用于多元动作的训练；可用于个人成套动作的训练，也可用于集体配合动作的训练。用于单一动作的训练时，要注意各个动作环节之间的紧密联系，注意逐步提高训练的负荷强度，提高完整练习的质量。用于多元动作的训练时，在完成好各单个动作的同时，要特别注意掌握多个动作之间的串联和衔接。

用于个人成套动作的训练时，可根据练习的不同目的而有不同的要求。在着重提高动作质量时，可在成套动作中途要求运动员停止练习，指出问题，加深印象，重练改进；在着重发展完成全套动作的参赛能力时，则不必拘泥于个别动作细节完成质量的情况，而强调流畅地连续演示全套动作。

用于集体配合战术的训练时，应以一次配合最终的战术效果为训练质量的评价标准，更密切地结合实践要求，灵活地组织完整的战术训练。

（二）分解训练法

1. 分解训练法释义

分解训练法是指将完整的技术动作或战术配合过程合理地分成若干个环节或部分，然后按环节或部分分别进行训练的方法。运用分解训练法可集中精力完成专门的训练任务，加强主要技术动作和战术配合环节的训练，从而获得更高的训练效益。当技术动作或战术配合过程较为复杂、可予以分解，且运用完整训练法又不易使运动员直接掌握的情况下，或者技术动作、战术配合的某些环节需要较为细致地专门训练时，常采用分解训练法。

2. 分解训练法的类型

分解训练法的基本类型主要有四种，即单纯分解训练法、递进分解训练法、顺进分解训练法和逆进分解训练法（表4-6）。

表4-6　分解训练法基本类型及其特点

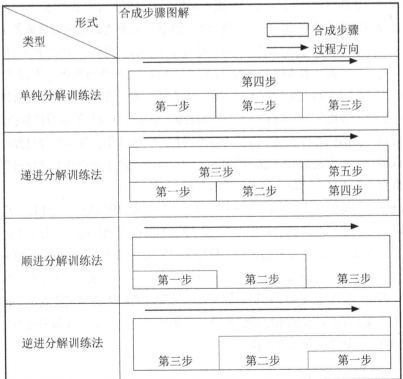

3. 分解训练法的应用

（1）单纯分解训练法的应用。应用单纯分解训练法，需首先把训练内容分成若干部分，分别学习、掌握各个部分或环节的内容，再综合各部分进行整体学习。这种方法在技术和战术的学习与训练中被广泛采用。分解训练法对练习的顺序并不刻意要求。例如：采用此法进行标枪技术的训练，可将整个标枪技术过程分解成三个部分，即持枪加速跑、最后交叉跑和挥臂投掷。训练进程是：可先训练"持枪加速跑"；掌握后再训练"交叉跑"；掌握后再训练"原地挥臂投掷"；也可先练习"原地挥臂投掷"，再练"持枪加速跑"，再练"交叉跑"。最后把三部分合起来进行完整训练。再如：采用此法进行排球快球掩护下的平拉开战术的训练，可将整个战术分解成四个部分，即接发球、快球掩护、传平拉开球和扣球。不论采用何种训练进程，应该先使运动员分别掌握这四种技术，再完整地进行快球掩护下的平拉开战术训练。

单纯分解训练法的应用特点是：分解的技术动作和战术配合相对复杂，分解后的各个部分可以单独训练。联系的顺序不必特别要求，便于教练安排训练。

（2）递进分解训练法的应用。应用递进分解训练法，需把训练内容分成若干部分，先训练第一部分；掌握后，再训练第二部分；掌握后，将第一、二部分合起来训练；掌握两部分后再训练第三部分；掌握后，将三部分合起来训练；如此递进地训练，直到完整地掌握技术或战术。

该方法虽然对练习内容各个环节的练习顺序并不刻意要求，但对相邻环节的衔接部分则有专门的要求。例如：采用此法进行标枪训练时，其训练进程是：可先训练"持枪加速跑"；掌握后再进行"交叉跑"的训练；而后，将"持枪加速跑"与"交叉跑"两个环节进行合成训练。掌握后再训练"原地挥臂投掷"；掌握后再把三部分合成起来进行完整训练。

（3）顺进分解训练法的应用。应用顺进分解训练法，需要把训练内容分成若干部分，先训练第一部分；掌握后，再训练第一部分和第二部分；掌握后，再将三个部分一起训练；如此步步前进，直至完整地掌握技术或战术。例如：采用此法进行标枪训练的训练进程是：先训练"持枪加速跑"；掌握后再训练包括"持枪加速跑"环节及"交叉跑"环节，使其衔接为一体；掌握后再训练"持枪加速跑""交叉跑"和"挥臂投掷"动作，直至掌握完整的标枪技术。

顺进分解训练法的应用特点是：训练内容的进程与技术动作、战术配合过程的顺序大体一致；后一步骤的练习内容包括前一部分的内容。应用该方法便于建立技术动作过程和战术配合过程的完整概念，形成良好的动力定型和战术意识。

（4）逆进分解训练法的应用。逆进分解训练方法与顺进分解训练方法相反，应用时把训练内容分成若干部分，先训练最后一部分，再逐次增加训练内容到最前一部分；如此进行直至掌握完整的技术或战术。例如：采用此法进行标枪技术训练的训练进程是：先训练"原地挥臂投掷"；掌握后再结合"挥臂投掷"训练"交叉步"；掌握后再将"挥臂投掷""交叉步"与"持枪加速跑"串成一体训练。直至掌握完整的标枪技术。逆进分解训练法的应用特点是：训练内容的进程与技术动作、战术配合过程的顺序恰恰相反；多运用于最后一个环节为关键环节的技术和战术的训练，如投掷、扣杀、踢踹等动作。

（三）重复训练法

1.重复训练法释义

重复训练法是指多次重复同一练习，两次（组）练习之间安排相对充分休息的练习方法。

通过同一动作或同一组动作的多次重复，经过不断强化运动条件反射的过程，有利于运动员掌握和巩固技术动作；通过相对稳定的负荷强度的多次刺激，可使机体尽快产生较高的适应性机制，有利于运动员发展和提高身体素质。构成重复训练法的主要因素有：单次（组）练习的负荷量、负荷强度及每次（组）练习之间的休息时间。休息的方式通常有静止、肌肉按摩或散步。

2.重复训练法的类型

依单次练习时间的长短，可将重复训练法分为：短时间重复训练方法、中时间重复训练方法和长时间重复训练方法三种类型（表4-7）。

表4-7　重复训练法基本类型及特点

要素 ＼ 类型	短时间重复训练	短时间重复训练	短时间重复训练
负荷时间	<30秒	30秒～2分钟	2～5分钟
负荷强度	最大	次大	较大
间歇时间	走步、按摩	走、坐、按摩	走、坐、卧、按摩
间歇方式	磷酸盐代谢系统为主	糖酵解为主的混合代谢	无氧有氧比例均衡的混合代谢
供能形式	供能	供能	供能

3.重复训练法的应用

（1）短时间重复训练方法的应用。短时间重复训练方法普遍适用于磷酸盐系统供能条件下的爆发力强、速度快的运动技术和运动素质的训练。例如：排球运动单个扣球技术动作的练习或传（挡、推、截）球与扣（抽）球技术的组合动作的练习，田径运动跨栏技术的分段或全程练习，拳击运动中各种方式的勾拳、直拳练习，足球运动中单个射门技术动作的练习与传、接、投、掷（踢）技术动作组合的练习，表现性项群中各种基本技术或高、难技术动作的组合练习等，都可以采用该方法进行训练。所有体能主导类力量性、速度性运动项群的技术、素质训练，以及所有的技能主导类对抗性和表现性运动项群的高、难、强技术的训练和有关的速度素质和力量素质的发展，都以此为主要训练方法。

短时重复训练法的应用特点是：一次练习的负荷时间短（约在30秒内），负荷强度大，动作速度快，间歇时间充分，单一动作或组合动作的各个环节前后稳定。间歇过程多采用肌肉按摩放松方式，以便能尽快促使机体恢复机能。重复次数和组数相对较少。可有效地提高负荷强度很高的单个技术动作或组合技术动作的熟练性、规范性和技巧性；可有效地提高该类运动项目运动员的磷酸盐系统的储能和供能能力；可有效地提高运动员有关肌群的收缩速度和爆发力。

（2）中时间重复训练方法的应用。中时间重复训练方法普遍适用于糖酵解供能条件下的运动技术、战术和素质的训练。如隔网性运动项群中多数技、战术串联技术动作的重复练习或强度适中的单一技术动作的重复练习，同场性运动项群中爆发力较强、速度较快的单个技术动作的练习或由此类技术为主所构成的组合技术动作的重复练习，格斗性运动项群中任何一种连续进行的格斗练习或以该类技术动作为主所构成的组合技术动作的练习，难美性运动项群中成套动作训练等都可以采用该方法进行训练。中时间重复训练方法还普遍适用于运动员学习、行程和巩固运动强度较低的运动技术，适用于运动员掌握局部配合的运动战术。同时，该方法同样普遍适用于比赛成绩为 30 秒 ~ 2 分钟的体能主导类运动项群的技术和素质的练习。当然，对该类项群的训练，还应辅以短、长时间的重复训练方法。

中时间重复训练方法的应用特点是：一次练习的负荷时间应较长，通常为 30 秒 ~ 2 分钟；练习时，负荷时间可略长于主项比赛时间或负荷距离可略长于主项比赛距离；负荷强度应较大（负荷心率应在 180 次 / 分以上）并与负荷时间呈现负相关性；单一练习动作的各个环节或组合技术的基本结构应前后稳定；能量代谢主要由糖酵解供能系统完成；间歇时间应当充分。间歇方式应采用慢跑深呼吸以及按摩放松方式进行，以便能尽快清除体内乳酸。可以有效地提高运动员糖酵解供能系统的储能和供能能力以及糖酵解供能为主条件下的速度耐力和力量耐力、技能主导类运动项目中各种技术衔接与串联的熟练性、规范性、稳定性以及机体的耐乳酸能力。

（3）长时间重复训练方法的应用。长时间重复训练方法主要适用于无氧、有氧混合供能系统条件下的运动技术、战术、素质的训练工作。如技能主导类运动项群多种技、战术的串联练习、连续攻防的对抗练习、组合技术的重复练习以及一次负荷持续时间为 2 ~ 5 分钟的各种运动素质的练习等，都可采用此法训练。该法同样适用于难度不大、负荷不高、技巧性强的单一技术动作的训练或难度不大的组合技术动作的练习。还适用于体能主导类（2 ~ 5 分钟）耐力性运动项群的技术、素质的练习。亦可辅以中时间重复训练方法或持续训练方法。

长时间重复训练方法的应用特点是：一次练习过程的负荷时间更长，通常在 2 ~ 5 分钟之间；技能主导类项群技术动作的练习种类较多，同时参与技术、战术训练的人数较多，战术攻防过程转换次数较多，训练的实战环境气氛较浓，组织难度增大；负荷时间略长于主项比赛时间或负荷距离略长于主项比赛的距离；负荷强度与负荷时间呈现负相关性；无氧和有氧混合供能性质明显。一次练习完毕后，间歇时间应当十分充分，这样可有效地提高该类运动项目运动员的无氧、有氧混合代谢的能力，无氧、有氧混合代谢供能状态下的速度和力量耐力，以及各种技术应用的熟练性和耐久性。在实践中，长时间重复训练法与间歇训练法、持续训练法和变换训练法的有机结合，可以更好地提高训练效果。

（四）间歇训练法

1. 间歇训练法释义

间歇训练法是指对多次练习时的间歇时间作出严格规定，使机体处于不完全恢复状态下，反复进行练习的训练方法。20 世纪 50 年代，德国心脏学家赖因德尔和教员倍施勒提出间歇训练理论，认为训练对心率达 170 ~ 180 次 / 分钟，间歇后到心率达 100 ~ 125 次 / 分钟时再进行训练，这样有利于增强心泵功能。因此、间歇训练法又称为格施勒—赖因德尔定律。该训练法优点在于练习期间及中间间歇期间均能使心率维持在最佳范围之内，改善心泵功能。90 年代初应用扩大、效果显著。通过严格的间歇训练过程,可使运动员的心脏功能得到明显的增强；

通过调节运动负荷的强度，可使机体各机能产生与有关运动项目相匹配的适应性变化；通过不同类型的间歇训练，可使糖酵解代谢供能能力，或磷酸盐与糖酵解混合代谢的供能能力，或糖酵解与有氧代谢混合供能能力，或有氧代谢供能能力得以有效地发展和提高；通过严格控制间歇时间，有利于运动员在激烈对抗和复杂困难的比赛环境中稳定、巩固技术动作；通过较高负荷心率的刺激，可使机体缓冲乳酸能力得到提高，以确保运动员在保持较高强度的情况下具有持续运动的能力。

2.间歇训练法的类型

间歇训练法的基本类型主要分为三种，即：高强性间歇训练方法（是发展乳酸能系统的功能能力、磷酸盐与乳酸能混合代谢系统的供能能力的一种重要训练方法）、强化型间歇训练方法（是发展乳酸能代谢系统与有氧代谢系统混合供能能力以及心脏功能的一种重要训练方法）和发展性间歇训练方法（是发展有氧代谢系统供能能力、有氧代谢下的运动强度以及心脏功能的一种重要训练方法）。高强性间歇训练、强化性间歇训练（A、B型）、发展性间歇训练。高强性间歇训练时间小于 40 秒，心率 190 次 / 分钟恢复为 120 ~ 140 次 / 分钟，强度大，间歇很不充分，糖酵解供能为主的混合代谢供能。强化性间歇训练 A 型训练时间为 40 ~ 90 秒，心率 180 次 / 分钟恢复为 120 ~ 140 次 / 分钟，强度大，间歇不充分；B 型训练时间为 90 ~ 180 秒，心率 170 次 / 分钟恢复为 120 ~ 140 次 / 分钟，强度较大，间歇不充分，糖酵解供能为主的混合代谢供能。发展性间歇训练时间大于 5 分钟，心率 160 次 / 分钟恢复为 120 次 / 分钟，强度中等，间歇不充分。间歇方式均为走和轻跑，有氧代谢为主的混合代谢供能。

3.间歇训练法的应用

（1）高强性间歇训练法的应用。高强性间歇训练方法是发展糖酵解供能系统的供能能力、磷酸盐与糖酵解供能混合代谢系统的供能能力的一种重要训练方法。该方法不仅适用于体能主导类速度性和耐力性运动项群的素质、技术的训练，同时适用于技能主导类对抗性运动项群中的攻防技术或战术的练习。如同场性运动项群中连续跑动进行的攻防技术练习或连续跑动的"人盯人"防守技术的练习，隔网性运动项群中网前连续进行的攻防技术练习，格斗性运动项群中各种勾拳、直拳的组合练习或抱摔练习以及表现性运动项群中的各种组合练习都可以采用该方法进行。自然，技能主导类运动项群为发展糖酵解供能系统的供能能力、磷酸盐与糖酵解供能混合代谢系统的供能能力，也可采用此方法进行身体训练。高强性间歇训练法是体能类速度性和耐力性运动项群的主要训练方法之一。

高强性间歇训练方法的应用特点是：一次练习的负荷时间较短（40 秒之内）；负荷强度大，心率多在每分钟 190 次左右；间歇时间极不充分，以心率下降至 20 次左右为开始下一次练习的确定依据；练习内容多为单个技术或组合技术；练习的动作结构基本稳定；能量代谢主要启用磷酸盐系统以及糖酵解供能系统。可有效地提高运动员在该两类系统供能条件下的速度耐力和力量耐力，以及糖酵解供能状态下技、战术运用的规范性、稳定性和熟练性。

（2）强化性间歇训练方法的应用。强化性间歇训练方法是发展糖酵解供能代谢系统与有氧代谢系统混合供能能力以及心脏功能的一种重要训练方法。该方法适用于一切需要这种混合系统供能能力和良好心脏功能的竞技运动项目的技术、战术及素质的训练工作。该方法的练习动作或是单一结构的动作练习，或是各种负荷强度不同的技术动作的组合练习，或是某种战术形式的组合练习，或是多种战术混合运用的配合练习。如同场性运动项群中局部攻防战术的配合练习；格斗性运动项群中拳击的各种勾拳、直拳练习和摆拳与直拳的组合技术动作练习等都可以采用该方法进行。同样，表现性运动项群中的组合练习或成套技术动作的练习也可以采用该方法进行。强化性间歇训练方法对于体能主导类速度耐力或力量耐力类运动项群意义十分重大，如 800 米、1 500 米跑，200 米、400 米游泳，500 米划船等运动都广泛运用此方法进行训练。

强化性间歇训练方法的应用特点是：对体能主导类运动项群来讲，一次练习的负荷时间略长于主项比赛时间（为 100 ~ 300 秒），负荷强度通常略低于主项比赛强度的 10% ~ 5%，心率控制在每分钟 180 次或 170 次左右即可，间歇时间以心率下降至 120 次为开始下一次练习的确定依据，动作结构前后稳定。身体素质的训练亦是如此。对于技能类型运动项群来讲，技术动作种类较多，动作练习多为组合技术，技术动作的负荷强度较高，负荷性质多为力量耐力性和速度耐力性。负荷时间较长，其中，A 型强化性间歇训练有利于提高负荷强度较高的运动技术、战术运用的数量程度，有利于提高糖酵解供能为主的供能能力以及该供能状态下的力量耐力素质；B 型强化性间歇训练有利于提高负荷强度适中的运动技术、战术运用的熟练程度，有利于提高有氧、无氧混合代谢系统的供能能力以及次供能状态下的力量耐力素质。强化性间歇训练方法十分强调严格控制间歇时间，强调启用糖酵解供能系统或以其为主的混合代谢系统供能。每次练习的次数（组数），因人而异。可有效地提高该项群运动员的糖酵解供能系统、混合供能的能力及此种供能状态下运动员有关肌群的速度耐力、力量耐力和技术运用的稳定性，使之体能与机能同步、协调、高度地发展，以便适应实际比赛的需要。

（3）发展性间歇训练方法的应用。发展性间歇训练方法是发展有氧代谢系统供能能力、有氧代谢下的运动强度以及心脏功能的一种重要训练方法。发展性间歇训练方法适用于需要较高耐力素质的运动项群的训练工作。体能主导类耐力性项群运动运用此方法的最多。在技能主导类运动项群中，该方法通常运用于减少人数且比赛时间分解成阶段性的连续攻防训练的过程中。例如：足球运动中的"三对三"攻防转换练习可以采用此方法练习。格斗对抗性运动项群中的体能训练和"一对二"的轮番格斗训练也可以采用此方法进行。表现难美性运动项群中的各种低强度的技术动作所编排的组合练习和有氧健身也可以采用此方法进行练习。技能主导类项群中以发展有氧耐力为目的的身体素质的训练也常用此方法进行。

发展性间歇训练方法的应用特点是：一次练习的负荷时间较长，负荷时间应在 5 分钟以上，负荷强度控制在平均心率 160 次 / 分左右，一次持续练习的动作种类可以单一，亦可多元，供能以有氧代谢系统为主。在实际训练过程中，为了提高耐力训练水平，教练员通常将发展性、强化性间歇训练同持续训练方法结合应用，根据负荷强度的分级标准进行训练。

（五）持续训练法

1. 持续训练法释义

持续训练法是指负荷强度较低、负荷时间较长、无间断地连续进行练习的训练方法。练习时，平均心率应为每分钟 130 ~ 170 次。持续训练主要用于发展一般耐力素质，并有助于完善负荷强度不高但过程细腻的技术动作，可使机体缓冲运动机能在较长时间的负荷刺激下产生稳定的适应性，内脏器官产生适应性的变换；可提高有氧代谢系统供能能力以及该供能状态下有氧运动的强度；可为进一步提高无氧代谢能力及无氧工作强度奠定坚实的基础。

2. 持续训练法的类型

根据训练时持续时间的长短，持续训练法可分为三种基本类型，极短时间持续训练法、中时间持续训练法和长时间持续训练法（表 4-8）。

表 4-8　持续训练法基本类型及特点

基本类型	短时间持续训练	中时间持续训练	长时间持续训练
负荷时间	5 ~ 10 分钟	10 ~ 30 分钟	>30 分钟
心律强度	170 次左右	160 次左右	150 次左右
间歇时间	没有	没有	没有
动作结构	基本稳定	基本稳定	基本稳定
有氧强度	最大	最大	次大
供能形式	无氧、有氧代谢系统混合供能	有氧代谢供能为主	有氧代谢供能

3. 持续训练法的应用

（1）短时间持续训练法的应用。短时间持续训练法广泛应用于体能主导类项目的运动素质训练之中，也适用于技能主导类运动项群中动作强度较高的素质、技术和战术的训练工作。例如：同场性运动项群中接球、运球、传球、射门（投篮）等组合技术的攻防战术练习，可采用此方法进行训练。

短时间持续训练法的应用特点是：一次持续练习的负荷时间相对较短（约为 5 ~ 10 分钟），负荷强度相对较高，平均心率负荷指标控制在每分钟 170 次左右；练习动作可以单一亦可多元；练习动作的组合可以固定亦可变异；练习过程不中断。

（2）中时间持续训练法的应用。中时间持续训练法普遍适用于技能主导类运动项群各个项目中多种技术的串联、攻防技术的局部对抗、整体配合战术或技术编排成套的技术或战术训练，以及体能主导类耐力性运动项群训练。在实践中，中时间持续训练方法具有两种典型的练习形式，即匀速持续训练和变速持续训练。其中，匀速持续训练是一种典型的以发展有氧代谢系统供能能力为目的的训练方法。该方法的负荷强度与负荷时间，因具体运动项目的比赛距离不同而有所差异。其特点是运动强度相对较低，负荷强度变化较小，运动速度相对均匀，运动过程不中断，练习动作相对稳定，负荷强度一般在心率每分钟 160 次左右，人体能量消耗较小。变速持续训练是一种强制性的以发展有氧与无氧代谢系统混合供能能力为目的的训练方法。该方法运动强度相对较高，负荷强度变化较大，运动速度变化较多，运动过程不中断，负荷强度一般为心率每分钟150～170次，人体能力消耗相对较大。

中时间持续训练方法的应用特点是：技术动作可以单一亦可多元，平均强度不大，负荷时间相对更长，以有氧代谢系统供能为主。一组练习的持续负荷时间应为10分钟以上。负荷强度心率指标为平均每分钟160次左右。体能主导类项群广泛用于发展耐力素质。在技能主导类项群中采用此方法应技术娴熟、战术明确，技术动作负荷搭配合理，并确保训练过程不中断。此种方法可有效地提高以有氧代谢系统供能为主的代谢能力和该供能状态下的运动强度，可有效地提高该供能状态下所表现出来的专项耐力，有效地提高技术应用的稳定性和抵御疲劳的耐久性。

（3）长时间持续性训练方法的应用。长时间持续性训练方法对于体能主导类耐力性运动项群具有直接训练的价值。实践中，长时间持续性训练方法具有三种典型变化形式，即匀速持续训练、变速持续训练和法莱克训练。

长时间训练方法在技能主导类运动项群中的应用领域相对不广，这主要是因为长时间持续训练方法的应用目的是发展一般耐力，过分地采用长时间持续训练法训练，不仅无助于技能类运动项群运动成绩的提高，甚至有可能引起机能的不良迁移或阻碍主要专项运动素质的发展。因此，该方法只作为技能主导类的运动项群中一项辅助性的练习。

（六）变换训练法

1. 变换训练法释义

变换训练是指变换运动负荷、练习内容、练习形式以及条件，以提高运动员的积极性、趣味性、适应性和应变能力的训练方式。变换训练法是根据实际比赛过程的复杂性、对抗程度的激烈性、运动技术的变异性、运动战术的变化性、运动能力的多样性以及中枢神经系统的灵活性等一般特性而提出的。通过变换运动负荷，可使机体产生与有关运动项目相匹配的适应性变化，从而提高承受专项比赛时不同运动负荷的能力。通过变换练习，可使运动员不同运动素质、技术、战术得到系统的训练和协调发展，从而使之具有更接近时间比赛需要的多种运动能力和实际应用的应变能力。

2. 变换训练法的类型

依变换的内容可将变换训练法分为三种，即负荷变换训练法、内容变换训练法和形式变换训练法。

3. 变换训练法的实践应用

（1）负荷变换训练法的应用。负荷变换训练法是一种功能独特的重要训练方法，不仅适用于身体训练，也适用于技、战术训练。在实践中，负荷的变换主要体现在负荷强度或负荷量的变换上。由于负荷强度与负荷量的变化具有四种不同搭配形式，因此，负荷变换的训练方式是多种多样的。一般有：

①负荷强度与负荷量均保持恒定的搭配形式。

②负荷强度恒定、负荷量变化的搭配形式。

③负荷强度变化、负荷量恒定的搭配形式。

④负荷强度与负荷量均有变化的搭配形式。

负荷变换训练方法的应用特点是：降低负荷强度，可利于学习掌握运动技术。提高负荷强度和密度，可使机体适应比赛的需要。

（2）内容变换训练法的应用。内容变换训练法是技能主导类运动项群中广泛应用的一种重要训练方法。一般认为，内容变换训练法适用于技能主导类对抗性运动项群中各种技术串联的练习，或者某种单个基本技术的各种变化练习，或者基本技术组合的变换练习，或者某种战术打法中几种方案的变换练习，或者多种战术混合运用的变换练习等。该方法也适用于难美性运动项目的技术动作的组合练习。而对机能主导类运动项群，内容变换训练方法较多应用于身体训练。

内容变换训练法的应用特点是：练习内容的动作结构可为变异组合，亦可为固定组合，练习的负荷性质符合专项特点，练习内容的变换顺序符合比赛的规律，练习动作的用力程度符合专项的要求。

（3）形式变换训练法的应用。形式变换训练法的运用主要反映在场地、路线、落点和方位等条件或环境的变换上。例如：隔网类运动项群中的发球练习，在负荷、动作大体一致的情况下，可以发出各种不同直线、斜线、前排、后排的球。又例如：训练场所的变换，在时空感觉方面往往促使技能主导类运动项群的运动员对不同空间及环境的比赛场地产生适应。因此，形式变换训练方法在竞技运动的训练过程中具有广泛的应用价值。

形式变换训练方法的应用特点是：通过变换训练环境、训练气氛、训练路径、训练时间和练习形式进行训练。通过变换训练形式，使各种技术更好地衔接起来，对运动员产生新的刺激，激发训练情绪，促使神经系统处于良好的准备状态，使运动员产生强烈的表现欲望，提高训练质量。

（七）循环训练法

1. 循环训练法释义

循环训练法是指根据训练的具体任务，将练习手段设置为若干个练习站，运动员按照既定顺序和路线，依次完成每站练习任务的训练方法。运用循环训练法可有效地激发训练情绪、累计负荷"痕迹"、交替刺激不同体位。循环训练法的结构因素有：每站的练习内容、每站的运动负荷、练习站的安排顺序、练习站之间的间歇、每遍循环之间的间歇、练习的战数与循环练习的组数。运用循环训练法可以有效地提高不同层次和水平的运动员的训练情绪和积极性；可以合理地增大，因人制宜地加以调整，做到区别对待；可以防止局部负担过重，延缓疲劳的产生，并有利于全面身体训练。实践中，循环训练法中所说的"站"是联系点，如果一个循环内的站数中，有若干个练习点是以一种无间歇方式衔接，那么这几个练习点的集合可称之为练习"段"。因此，考虑循环练习的顺序时，有时应以练习"站"为单位，有时则应以练习"段"为单位。

2. 循环训练法的类型

依各组练习之间间歇的负荷特征，可把循环训练法的基本类型主要分为三种，即循环重复训练、循环间歇训练和循环持续训练（表 4-9）。

表 4-9　循环训练法基本类型及其特点

类型 要素	循环重复训练	循环间歇训练	循环持续训练
循环过程	间歇且充分	间歇不充分	基本无间歇
负荷强度	最大	次大	较小
负荷性质	速度、爆发力	速度耐力、力量耐力	耐力
供能形式	以磷酸原代谢系统供能为主	以糖酵解代谢系统供能为主	以有氧代谢系统供能为主

三种循环训练法的组织形式共有三类：即流水式、轮换式和分配式。其中，流水式循环训练的做法是：建立若干练习站（点）后，运动员按照一定顺序，一站接一站地周而复始地进行单个练习。可以有效地全面发展多种运动能力，并且可使机体各个部位以及内脏器官得到训练。轮换式循环训练的做法是：将运动员分成若干组，各个组运动员在同一时间内在各自的练习站中练习，然后，按照规定要求，依次轮换练习站。可以有效地集中发展某一运动机能和机体的某一部位，使身体局部产生深刻反应。分配式循环训练的做法是：设立较多的练习站，然后根据运动员具体情况指定每名运动员在特定的若干练习站内训练。

3.循环训练法的应用

（1）循环重复训练方法的应用。循环重复训练方法是指按照重复训练法的要求，对各个站之间和各组循环之间的间歇时间不做特殊规定，以使机体得以基本恢复，可全力进行每站或每组循环练习的方法。该方法既可用于技术训练，也可用于素质训练，是竞技运动常用的训练方法之一。例如：在篮球运动训练中，可将跑动接球、运球过人、急停跳投和冲抢补篮等作为练习站实施循环重复训练。或者将各个练习站两两结合并成几个有机相连的练习"段"，实施循环练习。

循环重复训练方法的应用特点是：可将各种练习设置成若干个练习站，练习动作应熟练规范，练习顺序符合比赛的特定，间歇时间较为充分。持续两组练习后进行一次长间歇。该方法的应用目的是：提高高强度技术动作的规范性和熟练性；提高攻防过程中的对抗性；并将技术动作和运动素质与代谢系统的训练融为一体，使之共同提高；提高该类运动项目运动员的磷酸盐系统的储能和供能能力；提高该类运动项目运动员有关肌群的收缩速度和爆发力。

（2）循环间歇训练法的应用。循环间歇训练法使之按照间歇训练法的要求，对各个站和各组之间的间歇时间作出特殊规定，以使机体处于不完全恢复的状态下进行练习的方法。该法常用于发展运动员体能，亦用于协调发展技术、战术和素质之间的有机联系。

循环间歇训练方法的应用特点是：将各种练习设置为若干个练习站，每个练习站的负荷时间至少 30 秒，站与站之间的间歇较不充分。循环组间的间歇可以充分，亦可不充分。该方式的应用目的是：有效地提高该类项目运动员糖酵解系统及其与有氧代谢系统混合供能的能力；有效地提高该供能状态下的速度耐力及力量耐力。

（3）循环持续训练方法的应用。循环持续训练方法是指按照持续训练法的要求，各站和各组之间不安排间歇时间，用较长时间进行连续练习的方法。该法在竞技运动训练中的应用极其广泛。如将同场对抗性运动项目中的运球、传球、接球、投篮（射门）或跑步、接球、投篮（射门）或跑步、策应、传球、投篮（射门）等练习内容设定为练习站并编排成组合技术（联系段），进行 5 ~ 10 分钟的较高强度的循环持续训练，或在联合训练器上进行持续循环训练，都是循环持续训练方法的具体应用。

循环持续训练方法的应用特点是：各练习站有机联系，各个练习的平均负荷强度相对较低，各组循环内各站之间无明显中断，一次循环的持续负荷时间应在 8 分钟以上，甚至更长。负荷强度高低交替搭配进行。循环之间的间歇时间可有也可无，循环组数相对较多。上下肢练习、前后部练习顺序的配置或集中安排或交替进行。组织方式可采用流水式或轮换式。运用此方法可提高运动员持久的对抗能力、运动员攻防技术的转换能力、疲劳状态下连续作战的能力以及有氧工作强度；可提高有氧代谢系统供能的能力、有氧工作强度以及有氧代谢供能状态下的力量耐力。

（八）比赛训练法

1. 比赛训练法释义

比赛训练法是指在近似、模拟或真实、严格的比赛条件下，按比赛的规则和方式进行训练的方法。比赛训练法是根据人类先天的竞争和表现意识、竞技能力形成过程的基本规律和适应原理、现代竞技运动的比赛规则等因素而提出的一种训练法。运用比赛训练法有助于运动员全面并综合地提高专项比赛所需要的体、技、战、心、智各种竞技能力。

2. 比赛训练法的类型

依比赛的性质可将比赛训练法分为四种，即教学性比赛方法、模拟性比赛方法、检查性比赛方法和适应性比赛方法（表 4-10）。

表 4-10　比赛训练法基本类型及特点

基本类型	教学性比赛	检查性比赛	模拟性比赛	适应性比赛
比赛规则	正式规则或自定规则	正式规则或自定规则	正式规则	正式规则
比赛环境	相对封闭	封闭或开放	封闭或开放	开放
比赛过程	可人为中断	不可中断	不可中断	不可中断
比赛对手	队友或对手	对手	队友或对手	对手
比赛裁判	临时指定	正式指定	临时或正式指定	正式指定

3. 比赛训练法的应用

（1）教学性比赛训练方法的应用。教学性比赛方法是指在训练条件下，根据教学的规律或原理、专项比赛的基本规则或部分规则，进行专项练习的训练方法。例如，运动队内部队员之间的对抗性教学比赛，不同运动队运动员之间的邀请性教学比赛，不同训练程度运动队运动员之间的让先性教学比赛，部分基本技术、战术的对抗性教学比赛等，都可视为是教学性比赛训练方法的应用。

教学性比赛方法的应用特点是：可采用部分比赛规则进行局部配合的训练；比赛环境相对封闭，便于集中精力训练；比赛过程可以人为中断以便指导训练；运动员的心理压力小，利于正常发挥技术水平；可激发运动员的训练激情、提高运动负荷强度；系统提高运动技术衔接和串联的熟练程度；强化局部或整体配合的密切程度；协调发展不同训练程度运动员的竞技能力；激励运动员产生强烈的竞争意识，从而更好地挖掘运动员的潜力。

（2）检查性比赛训练方法的应用。检查性比赛方法是指在模拟或真实的比赛条件下，严格按照比赛规则，对赛前训练过程的训练质量进行检验的训练方法。检查性比赛训练方法适用的范围很广，包括专项运动成绩、主要影响因素、运动负荷能力、运动技术质量及训练水平检查性比赛等。由于检查性比赛是在比赛或类似比赛的条件下进行训练质量的检查，因此较易发生问题。所以，有经验的教练员才可采用此方法训练。

检查性比赛方法的应用特点是：可采用正式比赛规则的全部或部分进行比赛；比赛环境可以封闭或开放；运动员的心理压力较大；可以设置检查设备进行赛况监控。检查性比赛方法主要应用于检验运动训练的质量，寻找薄弱环节，分析失利因素，提出解决问题的方案，提供改进训练工作的反馈信息。[1]

（3）模拟性比赛训练方法的应用。模拟性比赛方法指在训练的条件下，模拟真实比赛的环境和对手，并严格按照比赛规则进行比赛的训练方法。模拟性比赛训练方法在技能主导类对抗性运动项群中被经常采用。如技术动作的模拟比赛、运动战术的模拟比赛和比赛环境的模拟比赛等，从实战出发，有针对性地培养运动员的实战能力。应用运动模拟比赛训练方法时，模拟比赛环境中的不良因素对于提高运动员的竞技能力是至关重要的。因为比赛环境中的不良因素，诸如比赛噪声、观众起哄、裁判偏袒、对手干扰、组织紊乱、赛程变更、气候变化等，都可能明显地破坏运动员的比赛情绪，影响运动水平的正常发挥。因此，有意识地在训练过程中采用此法，可以有效地提高运动员排除不良因素干扰的能力。从而有利于运动员逐步形成心定、心静、心细的竞技心理，为重大比赛中运动技术的正常发挥奠定心理基础。另外，应当特别注意认真培养或挑选"模拟对手"，以便针对性地提高运动员面对不同对手的实战能力。我国女子对抗性运动项群各个运动项目迅速发展的一个重要原因，就是通过借助运动水平较高的男子"模拟对手"的帮助，使女子运动员提高了比赛强度，获得了实战经验，为在重大比赛中取得优异运动成绩奠定了基础。

模拟性比赛方法的应用特点是：比赛环境类似于真实比赛环境，按照比赛规则严格进行，模拟对手类似比赛对手。通过模拟性比赛可提高运动员科学训练的目的性；增强运动员对心理压力的承受性；检验教练员训练指导思想的正确性；加强训练的实战性和针对性；提高对真实比赛状况的预见性。

（4）适应性比赛训练方法的应用。适应性比赛训练方法是指在真实比赛条件下，力求尽快适应重大比赛环境的训练方法。适应性比赛训练方法与模拟性比赛训练方法的不同在于，前者在正式比赛的环境下进行，后者则在人为模拟比赛环境下进行。适应性比赛训练方法的应用形式较多，如重大比赛前的邀请赛、访问赛、对抗赛以及表演赛等都是适应训练方法的应用形式。在适应性比赛前应有一套完整的赛前准备、赛中实施及赛间调整的方案。一般地说，赛前准备方法应当促使运动员产生并形成与重大比赛相适应的心态；赛中实施方案应当促使运动员能够预见并防范赛中不良因素干扰的心态；赛中调整方案应当促使运动员能够善于调整不良情绪和稳定已有的良好心态，从而，使运动员通过适应性比赛过程，培养出完整的良好比赛素质。

适应性比赛方法的应用特点是：在重大比赛之前，在真实的比赛环境下，按照比赛的规则，与真实的对手或类似真实的对手进行比赛。以尽快促进各个竞技能力因素实现高质量匹配，促使运动员产生旺盛的竞争欲望，发展影响重大赛事成绩的关键问题，形成与重大比赛相适应的最佳竞技状态。

运动训练方法是在运动训练活动中，提高运动员的竞技水平、完成训练任务的途径和方法。运动训练方法的不断创新和科学运用对推动竞技运动整体发展水平的作用非常重要。运动训练方法包括整体控制训练方法和具体实施训练方法，整体控制训练方法包括模式训练方法和程序训练方法。具体实施训练方法主要包括：完整、分解、重复、间歇、持续、变换、循环及比赛等训练法。

思考题

1. 简述运动训练方法及作用。
2. 简述运动训练方法体系。
3. 如何根据专项训练的目的具体选择适宜的运动训练方法？
4. 请根据你所从事的专项运动，设计某一专项训练课中所需的训练方法。

案例分析

我国田径训练需借鉴的内容

2006 年，中国田径队首次聘请意大利的加布里埃·罗萨（Gabriele Rosa）为中国男子长跑和马拉松队的主教练，并取得不错的运动成绩。2009 年，中国田径队再次聘请罗萨为中国女子长跑队的主教练。在 20 世纪 80 年代，罗萨在意大利的布雷西亚开了一家运动医学诊所，他的真正职业是医生，或者确切地说是马拉松训练方法的演变及其运动训练方法体系的构建运动医学医生，当时兼顾意大利马拉松运动员的训练，他训练的意大利运动员詹尼·波利首次在 1986 年纽约马拉松赛上获得第一名。1991 年，他开始与肯尼亚运动员合作，他训练的第一个运动员摩西·塔瑞当年就获得 10 000 米冠军，随后他的两个同样也是医生的儿子马可和费德里科（Marco Rosa and Federico Rosa）也加入到他的马拉松训练中来，成为真正的罗萨团队，随后几年这一团队取得了巨大成功。20 世纪末，在罗萨团队中训练的最优秀的肯尼亚马拉松运动员超过 30 人，也是在 90 年代末，父子一起成立"罗萨阿索塞特"集团（Rosa & Associati），其主要业务就是提供"脑力劳动成果"，即提供运动训练计划及组织运动员的训练。现其已发展成为一个具有国际市场的营销和咨询集团。该集团提供综合服务，主要针对跑的项目，特别是马拉松和长跑，现在有超过200名世界一流的运动员在这一组织下训练，分别来自肯尼亚、埃塞俄比亚、意大利、法国、阿尔及利亚、苏丹、塞尔维亚、加拿大、巴林等国家，一些其他体育项目的运动员也在这一组织下进行训练。集团在肯尼亚建有四个训练基地，在意大利建有三个训练基地。这一集团训练的高水平主要体现在：在世界主要马拉松赛上的优异表现。其中包括波士顿、芝加哥、伦敦、纽约和柏林马拉松赛，2003年罗萨集团训练的马拉松运动员保罗特加特创造2小时04分55秒的世界纪录，至今仍然是世界第三的好成绩。近几年罗萨团队训练的马拉松比赛成绩的主要代表是：马丁列利获2007年纽约和2008年伦敦马拉松赛冠军；罗伯特·切鲁伊约特获2006年和2007年波士顿马拉松和2006年芝加哥马拉松赛的冠军，并居世界五大马拉松赛的总积分排名第一位；塞缪尔·万吉鲁在2007年中两次打破半程马拉松纪录，同时他首次参加福冈马拉松赛就以2小时06分39秒赢得冠军，2009年4月他又在伦敦马拉松赛上以2小时5分10秒获得冠军。罗萨团队之所以取得如此优异的成绩，有比较多的因素，其中训练方法是最为重要的因素之一，他们已形成较为完整的训练体系，这也是我国需要探索和借鉴的。

根据上述材料，分析加布里埃·罗萨的成功之处。

相关历史事件

现代奥运会举办前中长跑运动的发展情况

人类社会的早期，社会生产力较为低下，这时人们考虑的是如何生存。随着社会生产力的提高，社会物质水平的提高，社会逐渐有序化，出现不同的社会分工。到公元前776年，大约在我国的西周时期，第一届古代奥运会在古希腊"伊利斯城邦"的奥林匹亚地区开幕，田径比赛项目仅设有短跑（the stadium-length foot-race or "stade"），距离是长方形体育场的直线长度，约192米，这一项目延续至第13届。到了第14届开始增加"diaulos, 2-stades"，约354米。到了第15届又增加长距离跑（dolichos, a variable-length foot-race, 7-24 stades, Averaging 20 stades），平均长度约3

800米。到第15届有了从短跑到中长跑的项目。当我们在谈论现代中长跑训练方法时，据我所了解的情况是很多人会认为参加古代奥运会的运动员根本就没有所谓的"系统训练"或者根本就没有训练，实际上古代奥运会起于公元前776年止于公元393年，跨越了1100多年，其发展历程远远长于现代奥运会。有限的相关记载表明，随着古代奥运会的不断发展，参加古代奥运会的不同项目的运动员针对比赛均进行了艰苦甚至是痛苦的训练。比如中长跑的比赛，在古希腊特设一项比赛项目（gruelingevent:2-4stades race by athletes in armor weighed about 50～60lbs），即参赛者穿上总重50～60磅的盔甲比赛，距离为400～800米。这一项目的设立主要来自希腊军队为提高士兵的速度和耐力素质的军事训练，即全副武装的越野训练。由此也可以看出，那时的人们也已经比较了解提高专项水平时所采用的负荷形式即训练强度与训练量对专项能力的影响。

第二篇
运动训练实践篇

第五章
运动员体能与训练

【学习任务】

　　本章论述运动员体能的一些概念和各种素质的一些训练方法,全面地分析运动员体能的各个方面。在此基础上又探讨运动员体能训练的目的与意义,论述运动员体能训练的特点、功能和基本要求。

【学习目标】

1. 掌握关于体能训练要素的各个概念。
2. 掌握各种素质的训练方法、手段。
3. 了解各项素质训练的基本要求。

　　体能训练在 20 世纪中后期已风靡世界,特别是在欧美等发达国家,体能训练已成为竞技运动训练和大众健身的重要内容。美国洛杉矶奥运会以后,我国各运动项目的训练中都在强调体能训练,当前由于各个运动项目的技术、战术在奥运百年的发展中已日趋完善和稳定,训练与比赛中体能的作用显得更为重要。虽然国内体能训练起步较晚,但发展呈现方兴未艾之势,无论是竞技体育还是大众健身,对体能训练的需求都日益增强。

运动员体能训练概述

当今世界，随着现代竞技水平的不断提高，竞争日益激烈，体能训练作为竞技能力主要构成要素之一，已成为现代运动训练研究的热点。我国对体能训练的研究起步较晚，近年来，虽然我国许多学者对体能问题进行了多方面的研究，并且在一些高水平训练队中配备了专门的体能教练员，但整体水平还是上不去。究其原因，一是我们对体能训练的重视程度不够，对体能训练的作用认识不清；二是由于我国从事体能训练的教练员缺乏较系统的体能训练理论及技能的培训，这就造成我国整体体能教练员训练水平不高。既然体能训练这么重要，那么什么是体能呢？

一、运动员体能的含义

近些年来，体能问题的研究仍是当前体育理论和教学训练研究的热点之一，对体能和体能训练问题的许多看法分歧较多。笔者认为《运动训练学》体育院校通用教材中体能的概念较为合理，它认为运动员体能指运动员机体的基本运动能力，是运动员竞技能力的重要组成部分。关于体能的含义，其他学者根据不同的角度也给出不同解释。体能概念的认识中，有从获得途径方面，认为体能是通过先天遗传和后天训练途径所获得；有从生理基础方面，认为体能是一种人体在形态结构或生理功能及运动素质方面所表现出来的综合运动能力。这些是由于在体育研究中不同的视角或由于任务与目的不同，对体能的概念从不同角度、研究需要所作的界定也有所差异。这里仅供读者参考。我国著名学者熊斗寅对体能的研究认为，体能是个不确定的概念，有大体能和小体能之分，大体能泛指身体能力，包括身体运动能力、身体适应力、身体机能和各项身体素质；小体能是指运动训练中的体能训练和体能性项目等。袁运平认为，体能是人体通过先天遗传和后天训练获得的形态结构、功能与调节方面及其在物质能量贮存与转移方面所具有的潜在能力，以及与外界环境结合所表现的综合能力。

二、体能的分类和框架结构分析

（一）体能的分类

运动员体能发展水平是由其身体形态、身体素质、生理机能及心理智能的发展状况所决定的。身体形态是指机体内外部的形状。生理机能是指机体各器官系统的功能。身体素质是指机体在运动时所表现出来的各种基本运动能力，通常包括力量、耐力、速度、柔韧度、灵敏度等。关于体能的分类，根据不同的标准可作以下分类。

①根据体能的功能倾向性，可把体能分为健康性体能和技能性体能。健康性体能即与健康有密切相关的体能；技能性体能指灵敏、平衡、协调、速度、爆发力和反应时间等，这些是掌握各种运动技能的基础。

②根据体能的本源可把其分为遗传性体能和训练性体能，人的体能状况不仅与训练方法手段、训练环境和训练水平有关，还与遗传因素密切相关。需要指出的是，训练性体能不仅是人出生后经过训练获得的，还与未出生时利用各种手段或环境有目的、有意识地对胎儿进行的锻炼而得到的。

③根据体能训练的阶段性，可将体能分为基础性体能和专项体能等。

（二）体能的框架结构

现代系统论创始人贝塔朗菲认为，系统是一切事物的存在方式，现实世界中不存在没有内在相关性的事物群体，凡群体中的事物必定以某种方式相互联系。结构分析的重要内容是划分子系统，分析各个子系统的结构，阐明不同子系统之间的关联方式。系统结构按照不同的标准可以分为框架结构与运行结构。由于体能是一个相对静态的术语，在分析时主要从其框架结构入手。框架结构是指系统尚未运行或停止的状态时，组成部分之间的基本联结方式，是反映事物的静态结构。编者把体能作为一个系统，进行静态框架结构分析（见图5-1）。

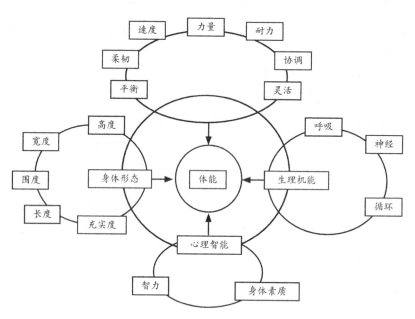

图 5-1　体能与体能训练的系统静态框架结构分析

从图5-1可以看出，构成体能的身体形态、身体素质、生理机能及心理智能四个因素都有其各自相对独立的作用，同时又有密切联系，彼此制约、相互影响，其中每个因素的水平都会影响体能的整体水平。四个构成因素中，身体素质是体能的外在表现，因此，在运动训练中多以发展各种运动素质为体能的基本内容。

三、体能训练的结构分析

体能训练是一种以发展机能潜力和与机能潜力有关的体能要素为目的的大负荷训练，是指人体在艰苦环境中，长时间、高强度、大负荷持续工作能力的训练。体能训练突出对人体各器官和机能系统的超负荷适应训练，旨在产生体能和心理适应，以达到挖掘机能潜力，提高整体运动能力和培养顽强拼搏精神的目的。体能训练是一个有机、动态、可持续的系统，在其明确了训练目的基础上，通常根据训练目的、训练者的具体情况有针对性的、分阶段进行体能训练。

编者借鉴田学礼学者从宏观角度对各种体能训练系统的运行（动态）结构进行总体分析（见图 5-2），认为体能训练的结构体系主要由基础体能训练、专项体能训练和综合体能训练三个相互联系、相互影响的子系统构成。这三个子系统不是时间上的先后阶段，而是根据受训者的训

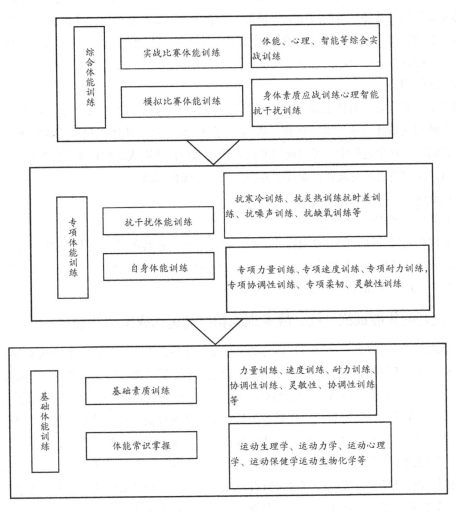

图 5-2　从宏观角度对各种体能训练系统的运行（动态）结构进行总体分析

练水平高低、训练目标的实现过程等方面，对训练内容、层次进行针对性的安排和筹划，作出的结构划分的三个子系统。

由图5-2可见，在体能训练体系中，最核心的子系统是基础体能训练，位于这个金字塔体系的最基层，其包括两个层面的内容：一是力量、速度、耐力、灵敏性等方面的身体基本素质训练，是基础体能训练的核心内容；二是各种运动、训练相关知识的智力提高训练，是指导训练科学化、系统化进程的导航器。

第二个子系统是专项体能训练或者是行业体能训练，能体现从事项目如篮球、足球等特色，或行业如军人、警察等特点的体能训练。在这个子系统内，训练过程是在有一定基础体能的基础上针对专项或行业特点有针对性、方向性的体能训练，能够有较明显的专项或行业倾向性。专项体能训练包括受训者自身专项体能训练和抗外部干扰的体能训练两个层面，其中抗干扰体能训练主要是应对外部环境的适应能力训练，具有更为明显的专项指向性，如为了应对在寒冷的地方的各种比赛，就要在训练时有针对性地进行抗寒冷体能训练，而在海拔高的地方比赛，则要在训练时训练抗缺氧体能；又如要进行各种空军体能训练就要有针对性地进行抗眩晕、抗寒冷等方面的训练。

第三个子系统是综合体能训练，是体能训练系统的最高层、最尖端。通过此过程的训练，使体能训练与实战比赛或行业工作相互渗透、合为一体，真正使体能训练达到熟练化、强化、内化的目的。在这个过程中，可以通过模拟各种运动项目比赛或模拟行业工作场景进行体能训练，也可以通过邀请比赛或者行业观摩竞赛等提高、强化训练。

四、体能训练的意义

体能训练是运动训练的重要内容。不同项目的运动员在其项目的训练过程中都有各自的训练方法，力求提高其机体的机能水平，增强健康和发展运动素质。另外，体能训练与技术训练、战术训练、心理训练和智能训练有着密切的联系。

（一）良好的体能训练是技、战术训练和提高运动成绩的基础

体能训练实际上是使运动员有机体各器官系统功能协调发展，具有完备的从事专项竞技运动能力的过程。不同的运动项目对有机体的运动能力有不同的要求。短跑要求运动员必须具备突出的爆发力，良好的反应速度、快速移动和专项柔韧性，以及高度的对快速运动的协调能力；体操、武术、拳击和球类等运动，则对各项运动素质都有很高要求，并且有些技术动作本身就是运动素质的综合表现。例如，举重运动的特点，不完全是力量大就举得多，而是要求运动员在最短的时间内，爆发出最大的力量，因此除了有强大的力量基础外还需具备高超的技术，而这技术依赖于体能的高度发展。总之，只有在充分发展各项运动素质的基础上，才能很好地掌握复杂、先进的技术，而体能训练正是实现这一目的的基本保证。

（二）良好的体能训练是运动员承受大负荷训练和高强度比赛的基础

现代竞技运动竞赛频繁，竞争激烈，运动员要在重大比赛中获得胜利，创造优异成绩，只有通过大负荷的运动训练，长期对有机体生物学进行改造，掌握娴熟的专项技术、战术才能达到。李富荣曾介绍韩国运动员对体能训练非常重视。体能训练的比例在某些阶段甚至高达70%；他们为每个优秀运动员配备专门的体能教练。NBA教练历来重视体能训练，没有体能作保证，球员无法完成那样对抗激烈的比赛。从第一届奥运会到现在，运动训练已经过自然发展阶段、新技术广泛运用阶段、大运动量阶段和多学科综合利用阶段。科学训练阶段的一个重要特点是广泛运用现代科技成果于运动训练，科学系统地监测训练过程，并在此基础上保证大负荷训练。通过体能训练能够对此打下坚实的基础，并使运动员在不断加大负荷的情况下，承担训练和比赛对有机体的一切要求。

（三）良好的体能训练是运动员在训练和比赛中保持稳定、良好心理状态的基础

竞技能力是取得优异成绩的主导因素，是由身体形态、身体机能、运动素质、技术、战术、心理和智力因素所决定的。在当今竞技比赛中，运动员的心理状态成为决定比赛胜负的关键因素之一。比赛越激烈，水平越接近，心理素质越显得重要。而良好的体能保证队员在激烈的对抗中有优势，使得运动员在比赛中能够有良好的心态，为创造优异成绩奠定基础。2002年韩日世界杯东道主韩国队能够战胜三个世界级强队（葡萄牙、意大利和西班牙），除了其他因素之外，超常的体能是其制胜的重要法宝。

（四）良好的体能训练有助于预防伤病，延长运动寿命

健康是运动员从事运动训练的必要条件，良好的健康状况是系统训练的根本保证。刘建和曾在《延长运动寿命的主因透析》一文中提出过训练保障这一点。体能训练能够有效地提高运动员内脏器官特别是心血管系统、呼吸系统机能，增强骨骼、肌肉、肌腱和韧带等运动器官功能，并使中枢神经系统机能得到明显改善；同时，对于克服人体生物惰性，促进新陈代谢都具有极为重要的作用。而上述作用能够有效地提高机体对外界环境的适应能力和对疾病的抵抗能力，从而有效地促进运动员的身体健康，预防伤病，延长运动寿命。

体能训练分为一般体能训练和专项体能训练，一般体能训练是专项体能训练的基础。

一般体能训练时，采用多种多样的非专项的身体练习，改造运动员身体形态、增进身体健康、提高身体机能和全面发展运动素质。

专项体能训练时，则根据专项的需要采用与专项有密切联系的专门性的身体练习，发展和改善与专项运动成绩有直接关系的专项运动素质和专项所必需的身体形态、机能。

五、体能训练的原则及要求

（一）体能训练的原则

1. 系统性原则

系统性原则是指运动员开始从事训练到创造优异成绩，直至运动寿命终结的长期过程中，都应按照体能发展的内在规律，作出相应的合理规划，持续不断地训练。系统性原则要求对整个训练过程的体能训练不仅要系统规划，对多年训练不同发展阶段的体能训练，还要从内容、比重、手段、负荷等方面作出系统安排，尤其是在青少年时期以及达到高水平成绩之后，更应周密考虑。

2. 全面性原则

全面性原则是指在发展专项运动技能的前提下，应全面安排和充分发展运动员的各项运动素质，特别是儿童和青少年时期，更应全面发展运动素质，提高一般身体机能水平，以促进专项成绩的全面提高。全面性原则主要适用于儿童和青少年训练时期，全面发展运动素质并不意味着运动员的全部训练时间都用于这种训练。相反，随着运动员的日臻成熟，运动水平的不断提高，其训练也应朝着更为专项化的方向发展。此外，全面体能训练还能减少训练的枯燥感，提高运动员的练习兴趣，对专项训练起调节作用。

3. 结合专项原则

结合专项原则是指在一般发展的基础上，体能训练必须根据各运动项目的技术、战术和专项能力特点充分发展专项所需的运动素质，以促进运动员直接创造优异的专项运动成绩。技术、战术练习是专项训练的重要内容之一，体能训练为技术、战术练习提供基础。掌握先进的技术是发挥训练水平的重要前提，因此体能训练要和专项技术、战术相结合。结合专项体能训练，能使运动员在身体形态以及机能方面对该运动项目的特殊要求产生适应，有利于专项成绩提高。许多项目运动员年轻化的趋势（如科马内奇、伏明霞等12岁就已成为世界水平的优秀运动员，苏莱曼诺夫15岁就已经10余次打破成年举重世界纪录）也迫使体能训练必须紧密结合专项训练。

4. 从实际出发原则

从实际出发原则是指体能训练的安排要因人、因项、因时而异。要从训练对象的个人特点、比赛要求、训练条件等实际情况出发安排。从实际出发原则要求体能训练必须要有针对性，要紧紧围绕提高专项成绩和技术水平这一最终目标进行；同时，又要根据运动员的主观和客观条件以及专项需要，合理确定和安排体能练习的内容与负荷；此外，还应使运动员的运动素质在各个方面按比例平衡发展，以适应提高运动技术水平的要求。

（二）体能训练的基本要求

（1）基础体能训练与专项体能训练比例合理。

（2）体能训练的方法、手段应符合专项运动技术的生物力学特征。

（3）体能训练在整个训练中所占的比重，以及一般体能训练和专项体能训练的比例的确定，要因时、因项、因人而异。

（4）体能训练的主要内容是运动素质的训练。

（5）在体能训练时加强运动员的思想教育，培养良好的意志品质及比赛作风。

（6）注重恢复，挖掘潜能。

运动员的身体形态及其训练

身体形态特征作为预测人体最大运动潜力的重要因素之一，是运动员取得优异成绩的重要保证。项群训练理论体系的建立，很大程度上打破了对固有运动项目界限的束缚，有利于探索和研究跨项的规律性，分辨各项目的共同点和差异点，深刻认识其本质属性和固有规律，同时对于各种训练方法的相互借鉴和移植、提高专项训练水平起着重要的作用。

一、身体形态概述

（一）身体形态的含义及其结构

一定的身体形态在一定程度上反映着相应的生长发育水平、机能水平和竞技能力水平，它与运动成绩具有密切的内在联系，也是运动选材的一个重要内容。身体形态是指人体外部与内部的形状特征。反映外部形态特征的指标有高度、长度、围度、充实度等；反映内部形态的指标有心脏纵横径、肌肉的形状与横断面等。

（二）身体形态在运动员体能中的重要意义

1.身体形态对身体素质有影响，一定的身体形态在一定程度上反映着相应的生长发育水平、机能水平和竞技能力水平。

2.不同项目对身体形态的要求不同。

（1）体能主导类速度性项群。此类项群在身体形态上表现出的共同特征是：身体健壮、体型匀称、肌肉丰满、膝踝关节围度较小、骨盆宽度适中、臀部肌肉向上紧缩、跟腱细长且清晰、足弓明显等。

（2）体能主导类耐力性项群。此类项群运动员身体形态的特点是：身高中等、腿较长、脂肪较少、体重较轻等。

（3）体能主导类力量性项群。此类项群的跳跃、投掷、举重等项目运动员在身体形态上的表现各有不同。跳跃项目要求运动员身体修长、下肢占身高的比例大、小腿相对较长、踝围相对较小、跟腱较长。投掷项目运动员的身材表现出大型化的趋势，指间距一般可超过身高 5 ～ 15 厘米，肌肉发达，世界优秀男子铅球运动员的克托莱指数（体重 / 身高 ×1 000）在 610 ～ 640，铁饼运动员略低一些，标枪运动员更低；对运动员的肩宽和躯干肌群要求很高，躯干呈桶形；手长也是投掷运动员的重要特征。举重运动员的体型特征是身材较矮、四肢 发达有力、肩宽、手指长等。

（4）技能主导类表现难美性项群。此类项群运动员体型特征是：五官端正、身体匀称、女子颈部略长、锁骨和肩胛骨较平、手臂较直、四肢稍长、小腿长于大腿、跟腱细长清晰、踝关节略细、膝关节平直、手脚大、骨盆狭窄、臀部肌肉向上紧缩、肌肉呈条形。

（5）技能主导类表现准确性项群。此类项群对运动员体型要求为：身体正常而均匀，中胚型居多。射箭和射击运动员在体型上没有明显的要求，但不同单项对运动员要求有所不同。如手枪运动员要求臂短一些，手大指长。而步枪运动员要求臂长一些，臂展等于或者略超过身高。射箭运动员则要求臂展比身高略长同时要求手大指长，以利于开弓时的直线运动。

（6）技能主导类格斗对抗性项群。此类项群要求运动员有较长的四肢和较高的身高，身高和体重保持恰当的比例。四肢较长和身高较高的击剑运动员可获得有利于接触场上对手的优越条件。而摔跤和拳击运动员则要求肌肉发达有力和四肢较长。

（7）技能主导类同场对抗性项群。此类项群运动员身体形态特征可概括为身材高大，轮廓大、手大、脚大；手臂长、小腿长、腿长；臀部小、踝围小。

（8）技能主导类隔网对抗性项群。此类项群中各项目运动员体型有所不同。例如，乒乓球运动员体型要求身材匀称、体重适中、腰短、手臂略长、足弓深等。排球运动员要求身材高、四肢较长而坐高相对较短、皮质层薄、体脂肪量小、去脂体重及体质密度大，臂长、上臂围松紧差大、手较宽，盆骨相对较窄，小腿长、踝围细、跟腱长、足宽而不长。

3. 身体形态对运动素质有影响，不同的身体形态在一定程度上影响着运动素质的发展。

二、身体形态训练的基本要求

（一）根据不同专项特点安排身体形态训练

各个专项竞技能力的主导因素不同，而这些专项竞技能力又都对特定的身体形态具有一定的依赖性，因此，必须根据专项的需要及其对竞技能力的需求特点，安排相应的练习方法与手段。

（二）身体形态训练应注意遗传因素的影响

在身体形态的各项身体形态特征指标中，有的指标遗传度很高（如高度、宽度的指标）；有的指标遗传度则较小（如体重指标）。因此在选材时，应注重高度、长度和宽度等形态指标，而与肌肉有关的体重等充实度指标，则应更多地依靠后天的训练加以改善和提高。

（三）根据不同生长发育阶段的形态特征安排身体形态训练

人体在不同年龄阶段的生长发育有着不同的特征，一般是先长高度，后长宽度、围度和充实度。心脏发育过程中先加大心脏容量，后增厚心壁肌肉，与其相应的竞技能力的敏感发展期亦有不同，身体形态训练应与之相适应，不可颠倒。

（四）采用多种方法改善身体形态

影响身体形态的因素有很多，例如，饮食、气候等都会影响外部形态，因而身体形态的训练不仅要从训练的角度进行，而且也要注意其他手段与方法的应用，尤其要注意饮食和营养的控制。

三、身体形态训练的方法

（1）器械训练法。通过借助哑铃、木棒、实心球、体操凳、柔力球、呼啦圈等器械训练的方法叫器械训练法。这种方法有不同的训练内容与训练方式，可训练身体任何一个部位，能有效地影响运动员的身体形态。

（2）舞蹈训练法。舞蹈动作是经过提炼、组织加工的人体动作，其基本要素有动作的姿态、协调能力、明显的节奏等，对身体姿势的形成有特殊意义。

（3）任何一个专项训练手段对使身体形态向专项需要方向发展都有显著作用，几乎所有运动项目运动员身体形态训练基本上都是通过专项训练方法手段实现的。

（4）身体训练的各种方法对身体形态都有意义，可根据需要运用相应的训练方法。

力量素质及其训练

力量素质是运动员所有身体素质的基础素质。绝大多数竞技运动项目的运动员只有具备很好的力量素质，才可能获得优异的运动成绩。对于举重投掷等体能主导类力量性项目，以及摔跤、柔道、拳击等双人格斗的对抗项目来说，运动员力量素质水平更是在很大程度上直接决定着其总体竞技水平的高低。

一、力量素质概述

（一）力量素质的定义

国际运动医学委员会将肌肉力量定义为：在特定的或确定的速度条件下，一块肌肉或一个肌群产生的最大力或转动力矩。从运动医学对肌肉力量的定义可以看出，由于科学技术发展的需要，科学研究中越来越注重于从实际操作的角度出发，对一些概念进行界定。马特维也夫认为，力量是通过肌肉紧张，克服阻碍行动的机械力和生物机械力并对抗它们，从而保障行动效果的能力。

笔者认为，体育学院通用教材《运动训练学》中的定义较为合理，把力量素质定义为人体神经肌肉系统在工作时克服或对抗阻力的能力。

（二）力量素质的分类

力量素质分类如下：按照力量素质与运动专项的关系，可分为一般力量与专项力量；按照力量素质与运动员体重的关系，可分为绝对力量和相对力量；按照完成不同体育活动所需力量素质的不同特点，可分为最大力量、快速力量和力量耐力。在本节中，主要对最大力量、快速力量和力量耐力的评定及训练方法予以论述。

1. 最大力量及其发展影响因素

最大力量指人体或某部分用最大力量克服阻力的能力。主要表现为肌肉收缩强度及神经兴奋强度较大。最大力量的增长是采用附加重量的方法，影响总负荷的因素有负荷重量、练习重复次数及组数、间歇时间等，即总负荷 =（负荷重量 × 次数）× 组数。大负荷强度训练，对人体刺激强度大，最大力量提高快。投掷等运动成绩，很大程度上取决于运动员的最大力量。衡量最大力量，并不考虑体重因素。所以，投掷运动员一般表现为各部位肌肉横断面大、体重大、肌肉力量亦大。

2. 快速力量及其发展影响因素

快速力量指人体在做快速动作时用力的能力，是力量和速度综合素质的表现，典型的表现形式是爆发力。即在最短时间内发出最大力量。表现为肌肉收缩强度大，收缩与放松交替时间短。爆发力一般采用速度力量指标表示，可表示为 $I=F/t$，其中：I——速度力量指数；F——肌肉收缩的力量；t——收缩所用的时间。发展速度力量主要是提高肌肉用力能力和肌肉收缩速度。肌肉用力能力是速度力量的基础。从力量与速度变化关系分析，速度力量有三种表现形式：一是在不降低动作速度的情况下增加力量；二是在不减小力量的情况下提高动作速度；三是同时增加力量和加快速度。

3. 力量耐力及其发展影响因素

力量耐力指人体在克服一定外部阻力时，坚持尽可能长时间或重复尽可能多次数的能力。表现特征为克服外部阻力时，不仅肌肉收缩强度大，收缩与放松交替时间短，而且持续时间较长，或在整个动作和运动中连续重复出现。发展力量耐力，一般采用负荷重量较小、重复次数多的练习方法，应使肌肉长时间持续收缩到最大限度。次数超过需要时，应增加负荷重量。

二、力量素质的训练的途径和方法

（一）发展最大力量的训练的途径和方法

1. 发展最大力量的训练的途径

（1）加大肌肉横断面。

（2）增加肌肉中磷酸肌酸（CP）的储备量，以加快工作中 ATP 的合成速度。

（3）提高肌肉间及肌纤维之间的协调性。

（4）改进和完善运动技巧。

2. 发展最大力量的训练的方法

（1）重复练习法。负荷强度为 75% ~ 90%。每项训练中完成的组数为 6 ~ 8 组，每组重复 3 ~ 6 次，组间间歇 3 分钟。

（2）静力练习法。负荷强度为 90% 以上，每次持续时间为 3 ~ 6 分钟，练习 4 次，每次间歇时间为 3 ~ 4 分钟。

（3）发展不同肌肉的最大力量的收缩方式与负荷特征（表 5-1）。

表 5-1　不同肌肉发展最大力量的收缩方式与负荷特征

收缩方式	负荷强度	练习次数	练习组数	负荷持续时间	间歇时间
次极限收缩	90% ~ 100%	1 ~ 3	1 ~ 5		3 ~ 5
最大等张收缩	100%	1	5		3 ~ 5
最大等长收缩	100%	2	5	5 ~ 6s	3
最大离心收缩	-150%	5	3		3
离心—向心最大收缩	79% ~ 90%	6 ~ 8	3 ~ 5		5

（二）发展快速力量的训练的途径和方法

1. 发展快速力量的训练的途径

（1）提高最大力量

（2）缩短表现出最大力量所需的时间

2. 发展快速力量的训练的方法

（1）先加后减负荷练习。先增加负荷的质量，使之超过比赛时需克服的阻力，当机体基本适应后，再减少负荷至正常水平，可有效地提高运动员在标准阻力下完成动作的速度。

（2）减负荷练习：减轻外界阻力（负荷质量）或给以助力的练习。例如，投掷运动员常采用的投轻器械练习。快速力量训练的结果在很大程度上取决于中枢神经系统保持适宜的兴奋度。因此，在训练中应避免出现疲劳，重复次数不宜过多，组间休息应保证机体基本获得恢复。

（三）发展力量耐力的训练的途径和方法

1. 发展力量耐力的训练的途径

发展力量耐力首先要根据专项特点认真分析，研究一下究竟需要什么样的力量耐力。进而选择训练方法，再确定训练负荷的基本要求。

2. 发展力量耐力的训练的方法

（1）持续训练法。持续训练法是指负荷强度较低、负荷时间较长、无间断连续练习的训练方法。

（2）重复训练法。重复训练法是指多次重复同一练习，两次（组）练习之间安排相对充分休息的练习方法。

（3）间歇训练法。间歇训练法是指对多次练习时的间歇时间作出严格规定，使机体处于不完全恢复状态下，反复练习的训练方法。

（4）循环训练法。循环训练法是指根据训练的具体任务，将练习手段设置为若干个练习站，运动员按照既定顺序和路线，依次完成每站练习任务的训练方法。

三、力量素质训练的基本要求

（一）注意不同肌群力量的对应发展

根据专项竞技的需要，在主要发展运动员大肌群和主要肌肉群力量的同时，也要十分重视小肌肉群、远端肌肉群、深部肌肉群的力量训练。

（二）选择有效的训练手段

应根据完成训练任务的需要，正确地选择有效的训练手段，规范并明确正确的动作要求。例如，发展股四头肌力量，可选择负重半蹲起的练习，应要求运动员在练习时双脚平行或稍内扣站立，以求有效地发展股四头肌的力量。

（三）处理好负荷与恢复的关系

（1）在一个训练阶段中，负荷安排应大中小结合，循序渐进地提高负荷量度。

（2）在小周期训练中，应使各种不同性质的力量训练交替进行。例如，每周星期一、三、五可安排发展爆发力或者最大力量为主的训练。

（3）在每组重复练习中，注意组间的休息。一般而言，训练水平低的运动员组间休息要长些。

（4）力量训练后，要特别注意使肌肉放松。肌肉在力量训练后会产生酸胀感，肌肉酸胀是肌纤维增粗现象的反映，也是力量增长的必然。但应积极采取措施消除肌肉的酸胀感，以利于减少能量消耗，并更好地保持肌肉弹性。

（四）注意激发练习的兴趣

肌肉工作力量的大小与中枢神经系统发射的神经冲动的强度有着密切的关系。神经冲动的强度越大，肌纤维参与工作的数量越多，冲动越集中，运动单位工作的同步化程度也就越高，表现的力量也就越大。因此，在运动训练中应注意有意识地提高运动员练习的兴趣与积极性，以求提高力量训练的效果。爆发力训练对神经系统兴奋性要求更高。

（五）儿童少年力量训练应注意的事项

掌握儿童少年力量发育的趋势，以便科学地安排力量训练。8岁以后，男、女孩力量开始显露差别，男孩绝对力量自然增长的敏感期为11 ~ 13岁，而后，绝对力量增长速度缓慢，到25岁左右最大；女孩为10 ~ 13岁，绝对力量增长速度很快，三年中总的绝对力量可提高

46%，13 ～ 15 岁绝对力量增长速度下降，15 ～ 16 岁回升，16 岁以后再度下降，到 20 岁左右基本上可以达到能够达到的最大力量。

在儿童少年时期，速度力量的发展比绝对力量发展得快一些并且早一些。7 ～ 13 岁是速度力量发展的敏感期，13 岁以后男孩增长得比女孩快。

力量耐力的自然发展趋势较为稳定，男孩 7 ～ 17 岁基本处于直线上升趋势，女孩 13 岁以后增长速度缓慢，14 ～ 15 岁甚至出现下降。

儿童少年时期骨骼系统中软组织多，骨组织内的水分和有机物较多，无机盐少，骨骼弹性好，不易折断；但坚固性差，易弯曲，因此儿童少年时期不可大强度训练。在这个时期应多做发展力量耐力的训练，通过小负荷，特别是克服自身体重的练习。例如，做俯卧撑、仰卧起坐、反复下蹲等练习，使全身肌肉力量得到发展，增加肌肉中毛细血管和肌红蛋白的数量，改进输氧功能。

儿童少年时期力量训练应以动力练习为主，少用或不用静力性练习，特别要尽量避免出现憋气动作，以免因胸内压的突然变化而影响心脏的正常发育。

儿童力量训练，不要过早强调与专项运动技术相结合，应着重身体全面发展的力量训练。

第四节　速度素质及其训练

速度素质是人体快速完成动作的能力和动作反应时间的总称；是各个运动项目的主要身体素质之一；是一切运动的核心。速度和运用速度的能力几乎是所有运动项目所不可缺少的，在一定的程度上影响着运动的效果和比赛的胜负。

一、速度素质概述

（一）速度素质的定义

速度素质是人体快速运动的能力，或用最短时间完成某种运动的能力。按其运动表现可以分为：反应速度，即对各种刺激发生反应的能力；动作速度，即完成单个动作时间的长短；周期性运动的位移速度，即周期性运动中的人体通过一定距离时间的长短。

（二）速度素质的分类

加拿大的图多·博姆帕、德国的 D·哈雷、M. 文普特曼以及中国的田麦久等在近年来发表的专著中，都从速度素质的性质特点去划分。基本上将速度的外延归为三类，即反应速度、动作速度和位移速度。

所谓反应速度，是指人体对各种信号刺激（声、光等）快速应答的能力，即人体对各种刺激发生反应的快慢。例如，短跑从发令到起动的时间，球类运动员在瞬间变化情况下作出反应的快慢。而反应速度又可分为简单反应速度和复杂反应速度。用一种事先规定的动作对单一信号作出反应称之为简单反应。如前面列举的短跑起跑反应。对运动中客体（如对方运动员）变化所作出选择反应的速度称为复杂反应速度，如球类运动员在比赛场上防守对方队员进攻的反应。

动作速度，是指人体或人体某一部分快速完成某一个动作的能力。以人体或人体的一部分完成单个或成套动作时间的长短来表示。如排球运动员的扣球速度，投掷运动员掷出器械的速度、体操、武术运动员完成成套动作的速度等。动作速度也可用频率即单位时间内所完成的动作数量来衡量。动作速度是技术动作不可缺少的要素，表现为人体完成某一技术动作时的挥摆速度、击打速度、蹬伸速度和踢踹速度等，此外，还包括在连续完成单个动作时在单位时间里重复次数的多少（即动作频率）。

位移速度，是指人体在特定方向上的位移速度。也通常用通过一定距离的时间或单位时间内所通过的距离来表示。如短跑运动员的跑速、跳高运动员的助跑速度等。以单位时间内机体移动的距离为评定指标。从运动学上讲，是距离（s）与通过该距离所用的时间（t）之比。一名具有良好位移速度能力的运动员，并不一定也具有良好的反应速度。如在 1980 年莫斯科奥运会上 100 米赛跑决赛中，金牌获得者是英国运动员艾伦·威尔斯，成绩为 10.25 秒，但他的起跑速度为 0.193 秒，是参加 8 名决赛选手中最慢的一个，而第 8 名运动员潘卓（法国），起跑速度高达 0.130 秒，是 8 名运动员中最快的一个。

二、速度素质的生理基础

反应速度的快慢取决于兴奋通过反射弧所需要的时间的长短。通过专门训练，反射弧各环节的机能可以得到改善和提高，从而反应时间缩短，即反应速度加快。中枢神经系统的机能状态与反应速度有密切的关系，良好的兴奋状态及其灵活性，能够加速机体对刺激的反应，缩短反应时间。

动作速度，包括单个动作速度与成套动作速度，与肌纤维类型的百分比组成及其面积、肌肉力量、肌组织的兴奋性和条件反射的巩固程度有关。

周期性位移速度，与肢体的运动幅度和频率及其协调关系有关。肢体的运动幅度取决于肌力的大小、肢体的长度以及关节的柔韧性；而频率主要取决于大脑皮质运动中枢的灵活性和各中枢的协调性以及快肌纤维的百分比及其肥大程度。速度素质的生理基础主要体现在以下几个方面。

（一）速度与供能系统

人体的运动能力，在很大程度上取决于人体提供能量的能力。人体快速运动能力与供能能力密切相关。在磷酸原供能系统、乳酸供能系统和有氧供能系统这三个供能系统中，速度主要是依靠磷酸原供能系统的供能。磷酸原系统是由 ATP 和 CP 组成的系统。ATP 是人体一切活动的直接能源，ATP 在肌肉内的储藏量很少，若以最大功率输出仅能维持两秒左右，此时，肌肉中的 CP（为 ATP 的 3~5 倍）能十分迅速地释放能量供 ATP 再合成。ATP–CP 供能系统的供能仅能维持 7.5 秒左右。运动时间再长，就得由乳酸供能系统供能，乳酸供能系统可以维持运动的时间为 33 秒左右。超过这段时间就要依靠有氧氧化系统供能。因此，训练中可以根据运动项目持续时间长短，确立需要发展的供能系统。鉴于速度素质主要依靠磷酸原供能系统的供能，提高 ATP 和 CP 的储存量，以及它们在能量释放和转变过程中酶的活性，对于发展速度是非常重要的。

（二）速度与肌纤维

近代研究证明，肌纤维可分为快肌纤维和慢肌纤维两类，运动生理界对于个体快、慢肌纤维的分布有两种不同的观点。早期的观点认为是"自然选择"的结果；近年来越来越多的研究表明，肌纤维类型的百分比构成是可通过后天，包括运动训练在内的诸多因素的作用加以改造的。运动生理学家对人体肌纤维与运动关系作了深入的研究，一致认为快肌纤维是运动员速度素质的重要科学基础之一，快肌纤维的百分比越高，且快肌纤维越粗，肌肉收缩速度越快，发展速度的潜力越大。快肌纤维和慢肌纤维的特点（表 5-2）。

表 5-2　快肌纤维和慢肌纤维的特点

特　　性	快肌纤维	慢肌纤维
肌原纤维的 ATP 酶的活性（在 pH9.4 时）	高	低
线粒体酶的活性	低	高
糖原分解酶的活性	高	低
肌红蛋白含量	低	高
毛细血管密度	高	低
收缩速度	快	慢
收缩力度	大	小
肌纤维收缩的维持时间	短	长
肌纤维的直径	大	小
肌纤维中线粒体体积	大	小
肌纤维抗疲劳能力	弱	强

（三）速度素质与神经系统

速度素质，特别是当表现出最高频率的动作时，取决于运动神经中枢兴奋与抑制的转换速度，即神经过程的灵活性。在以快速和高频率完成的动作中，中枢神经系统的效应冲动通过运动神经元以集中的"排炮"的形式发放出来，要达到这一点，神经过程的灵活性与兴奋性起着决定性作用。

肌肉活动是受人体的神经系统支配的。中枢神经系统可以通过改变骨骼肌参与工作的运动单位的数量，以及改变骨骼肌的运动神经冲动发放频率影响肌肉力量的发挥，从而影响动作速度的快慢。肌肉收缩时，运动员的运动单位数量越多，肌肉力量越大，肌肉收缩速度越快。当动员的运动单位数量不变时，中枢神经系统发出的神经冲动频率越高，肌肉收缩力量越大，肌肉收缩速度越快。神经肌肉间的协调能力对动作的速度也会产生影响。在神经系统的调节下，改善主动肌和协同肌、对抗肌、支持肌之间的协调关系。因为协同肌群和支持肌的力量相对提高，同时对抗肌的放松能力得到改善，就可以使主动肌更有效地完成动作，发挥更大的力量，从而更有利于速度的发挥。只有当有关神经的兴奋和抑制很快交替时，人体动作才能获得很快的频率。如跑步中向前上方摆腿，大腿屈肌中枢兴奋、屈肌收缩时，在功能上与之相对抗的伸肌中枢相应抑制，使伸肌群松弛拉长，保证屈肌最大限度地收缩。当运动员伸腿时，伸肌中枢很快由抑制转为兴奋，作强力收缩，屈肌中枢立即由兴奋转为抑制松弛拉长。肌肉间的协调工作关系的改善及其兴奋与抑制的转换加快，可提高动作速度和动作频率。此外，反应速度的快慢取决于兴奋通过发射弧所需要的时间即反应时间的长短，反应时间越短，反应速度越快；反之则相反。

三、速度素质的训练方法

（一）速度素质训练的机制

速度素质是人体在神经系统支配下，以高能物质 ATP-CP 为主要能源，快速运动的能力。速度素质是运动员基本素质之一，在身体训练中占有重要地位。一般速度在运动中的表现形式分为反应速度、动作速度及周期性运动中的位移速度。速度素质训练所要达到的目的都是为了提高神经系统的灵活性，改善磷酸原系统的供能机能以及肌肉的协调放松能力。速度素质的快慢受反应速度、肌纤维类型、能量的释放和利用、心理因素、技术动作因素的影响。速度素质首先取决于反应速度，反应速度的生理指标是采用反应时间，因此神经过程的兴奋性与灵活性直接影响肌肉收缩过程的快慢，是提高速度的首要条件。其次肌纤维的类型、结构及功能也是影响速度的因素，白肌纤维直径大，无氧代谢能力强，受大运动神经元支配，因而收缩速度快、力量大。大强度、短时间的高速度运动主要依靠磷酸原系统供能。细胞内高磷化合物储备量的增多有利于提高速度素质，运动员的速度感知、个性特征与情绪、时间知觉、心理定向能力强，可使动作更加协调、准确、迅速，并能随机应变地调节动作，有利于协调肌肉的收缩与放松活动。此外，正确合理的技术，能够协调熟练地完成动作，充分发挥已有的速度水平。从能量供给来看，速度运动的特点是强度大、时间短，在单位时间里能量消耗得多，机体在短促的时间里是得不到足够氧气的。处在无氧状态下工作，速度素质取决于 ATP、CP，糖原物质储备的数量和代谢过程的改善状况。通过合理的运动训练，不仅可以使肌肉中 CP 贮备量增加，肌肉中的糖原含量增多，而且也可以使代谢过程得到改善，从而使速度素质得到发展。

（二）速度素质的训练

1. 按照磷酸原供能系统的规律训练

速度性练习是强度大、时间短的无氧训练，主要依靠 ATP-CP 系统供能。因此，在发展速度的训练中，应着重发展磷酸原供能系统的能力。研究发现，通过速度训练，可以使磷酸肌酸和三磷酸腺苷的存储量增加，以及使能量释放和转变过程中的酶的活性增强。从磷酸原供能系统的规律看，要提高 ATP-CP 的储存量和代谢能力，安排训练必须使 ATP 和 CP 达到最大的消耗，而不过多的动用肌糖原产生的乳酸的无氧代谢过程，使血乳酸基本上维持在安静值范围内或略高于安静值。这种训练称为无氧—低乳酸训练。根据这一规律，速度训练时应该注意：

①用极限强度训练，有时可以达到 100%。大多数情况下应该用 85% ~ 95% 的强度。

②练习的持续时间不宜过长，一般应保持在 6 ~ 15 秒。

③练习的重复次数一般不宜过多。练习的重复次数过多，就会使训练强度下降，这样的话，有可能训练的不是磷酸原供能系统的能力，而是发展乳酸供能系统的能力，甚至是发展有氧供能系统的能力。

④保证足够的间歇时间，应使运动员肌肉中的 ATP 和 CP 得到恢复，保证下一次练习以高能物质供能。这样有利于提高肌肉中的 ATP 和 CP 的储备和代谢能力，有利于训练效果的提高。

2. 注重发展肌肉快速力量

肌肉力量越大，越能克服肌肉内部及外部阻力完成更大强度的工作。因此，凡是影响肌肉力量的因素也必将影响动作速度。肌肉力量的强弱和肌肉的形态与工作有关，也与神经系统对肌肉活动的调节能力有关。快肌纤维的力量是影响速度最重要的生理基础。通过训练可以使快肌纤维的肌肉横断面积增大，使快肌纤维中的无氧代谢类酶的活性增强，甚至使慢肌纤维向快肌纤维的方向转化。研究证明，以活动为主的快速训练，主要由快肌纤维参与；静力活动为主的训练，主要由慢肌参与。要刺激快肌，使快肌纤维长粗，要用本人最大力量的 80% 以上的力度，大强度地进行力量训练，才能收到良好的效果。同时也可用快速度小负荷量练习快肌。

3. 提高肌肉放松能力

肌肉的协调放松能力也是速度素质提高的重要因素，肌肉放松时，人体的血液循环就会加快，肌肉中血流量就会增加。已有研究表明肌肉紧张度达到 60% ~ 80%，血液流动将完全中断，当肌肉放松时，肌肉中的血液流动的速度可提高 15 ~ 16 倍。这样就能给工作中的肌肉输送大量的氧气，从而加快 ATP 再合成速度。肌肉放松能提高肌肉、关节的灵活性及柔韧性，这样可以增大运动幅度。肌肉放松，有利于增加肌肉收缩前的初长度，这样可以提高肌肉收缩力量、加快肌肉收缩速度。肌肉放松还可以降低运动中产生的酸性物质的大量堆积，有利于提高神经系统的兴奋与抑制的转换速度。因此，运动训练中应该强调技术动作的合理性，确保肌肉放松参与运动。

四、速度素质训练的基本要求

速度素质训练应在运动员兴奋性高、情绪饱满、运动欲望强的情况下进行，一般应安排在训练课的前半部分。

速度训练应结合运动员所从事的专项运动进行，如对短跑运动员的反应速度训练，应着重注意提高他们听觉的反应能力，对足球运动员则应该着重提高视觉反应能力，对体操运动员应着重提高皮肤感觉的反应能力。对不同信号的反应之中，触觉反应最快、听觉反应其次、视觉反应最慢。例如，18 ~ 25 岁的男子对声音的反应需要 0.14 ~ 0.31 秒，对光的反应需要 0.20 ~ 0.35 秒，可是触觉反应仅需 0.09 ~ 0.18 秒。

速度提高到一定程度时，常会出现进展停滞、难以提高的现象，称为"速度障碍"。产生速度障碍的客观原因是，由于技能动力定型的形成，运动员技术动作的空间时间特征都趋于稳定；随着运动水平的提高，运动员神经过程灵活性的改进和肌肉收缩所需要的能量的提供会遇到更大困难，而运动员向前移动所需要克服的阻力也更大。产生速度障碍的主观原因是：过早地片面发展绝对速度；基础训练不够；技术动作不合理；训练手段单调、片面，引不起新异刺激；负荷过度、恢复不好，等等。

出现速度障碍时，可采用牵引跑、变速跑、下坡跑、带领跑、顺风跑等手段予以克服。

少儿速度训练的注意事项：掌握少儿速度自然发展趋势，以便科学地安排速度训练。反应速度：6 ~ 12 岁反应速度提高幅度较大，9 ~ 12 岁提高得更为显著，12 岁以后，由于进入发育阶段，反应速度增长的速度减慢，到 16 岁时，由于内分泌系统等机能产生了质的飞跃，反应速度提高出现高峰，到 20 岁以后提高速度将慢下来。一般反应速度 2 ~ 3 岁为 0.5 ~ 0.9 秒；5 ~ 7 岁为 0.30 ~ 0.40 秒；12 ~ 14 岁为 0.15 ~ 0.20 秒。

动作速度：从肘关节的最高动作频率看，4 ~ 17 岁从 3.3 次 /10 秒提高到 3.7 次 /10 秒，7 ~ 17 岁步频自然增长。4 ~ 5 岁的孩子动作角速度可以达到 26.1 ~ 37.1 度 / 秒。以后随着年龄的增长动作角速度也随之提高，13 ~ 14 岁时动作角速度可能达到 42.0 ~ 86.1 度 / 秒，基本接近成年人的水平。

跑的速度（移动速度）：7 ~ 12 岁男女孩跑的最高速度差别不大，到 13 岁以后，男孩逐渐超过女孩。男子在 18 岁以后跑的速度也有提高的趋势，而女子 17 岁以后跑速自然提高速率减缓。女孩 14 ~ 16 岁时由于青春期的关系，速度表现很不稳定，有时可能低于 14 岁以前的速度。

由于移动速度具有多素质综合利用的特点，移动速度的发展与力量、耐力等其他身体素质的发展有着密切的关系，因此，对少儿速度进行训练的同时，要十分重视其全面身体素质的训练。

第五节 耐力素质与训练

耐力素质是身体素质的重要指标之一，是人体各器官系统功能和心理素质的综合表现，是衡量人的体质健康状况和劳动工作能力的基本因素之一，是从事各项运动必不可少的一种运动素质。良好的耐力素质有助于他们的心肺功能的改善以及有氧代谢能力的提高。本节从耐力素质的概念、分类、影响因素及训练方法等方面来认识耐力素质。

一、耐力素质的概念

耐力素质是指有机体在长时间活动过程中克服疲劳的能力，是有机体生理机能和心理素质的综合表现。良好的耐力素质有助于心肺功能的改善以及有氧代谢能力的提高。

耐力素质是身体素质的重要指标之一，是人体各器官系统功能和心理素质的综合表现，是衡量人的体质健康状况和劳动工作能力的基本因素之一，是从事各项运动必不可少的一种运动素质。

耐力素质的发展具有重要意义，无论是身体还是意志都会同时优化。发展耐力素质既能增强心肺功能，改善内脏器官功能，提高体质，延长心脏的工作时间，增长生命的年限；提高呼吸系统、血液循环功能；增强抗疲劳能力；也能锻炼吃苦耐劳、顽强拼搏的意志，使其勇于承受更大的压力，养成健康良好的心态，在生活、训练或是比赛中都能达到更好的效果。

二、耐力素质的分类

一直以来，有很多关于耐力素质的分类及命名，本节将从以下几个方面对耐力素质进行分类。按运动的性质分类可分为一般耐力和专项耐力等；按该项工作所涉及的主要器官分类可分为呼吸循环系统耐力、肌肉耐力及全身耐力等；按运动时的外部表现分类可分为速度耐力、力量耐力和静力耐力等；按参加运动时能量供应的特点分类可分为有氧耐力和无氧耐力。以下将以有氧耐力和无氧耐力为例进行介绍分析。

有氧耐力（aerobic capacity）是指人体长时间有氧工作（依靠糖、脂肪等有氧氧化供能）的能力。它可以提高机体利用氧的能力，从而促进新陈代谢。

无氧耐力（anaerobic capacity）是指机体在氧供不足的情况下较长时间肌肉活动的能力。在长时间缺氧的情况下，体内主要依靠糖无氧酵解提供能量。

三、影响耐力素质发展的因素

1. 影响有氧耐力发展的因素

有氧工作的先决条件是氧供的充足，这是制约有氧工作的关键因素。而运动中有氧耐力素质受以下几种因素制约。

（1）心肺功能。肺的通气与换气机能是影响人体吸氧能力的因素之一。空气中的氧通过呼吸器官的活动吸进肺，并通过物理弥散作用与肺循环毛细血管血液之间交换。肺功能的改善为运动时氧的供给提供先决条件。优秀的耐力运动员的肺容积、肺活量均大于非耐力运动员和无训练者，肺的通气机能和弥散能力也大于一般人。要实现肺泡气与肺毛细血管血液间的气体交换，除了要有一定的肺泡通气外，还必须有相应数量的肺部血液流量，后者又取决于单位时间内由心脏输出的血量。运动时人体增加肺通气的能力，远远大于增加心输出量的能力，结果导致机能无效腔（即未得到血液的肺泡）大大增加。因此，肺通气机能并非限制有氧能力的主要因素，而心脏的泵血机能是限制最大有氧能力提高的一个重要的因素。同时心肌收缩力及心腔容积的大小也是影响有氧耐力素质的要素之一。

（2）骨骼肌特点。当毛细血管血流经组织细胞时，肌组织从血液中摄取和利用氧的能力与有氧耐力密切相关。有氧耐力的好坏不仅与心肺功能或氧运输系统有关，而且与氧的利用能力，即肌纤维的组成及其有氧代谢能力有密切关系。

（3）神经调节能力。大脑皮质神经过程的稳定性，各中枢间的协调关系直接影响耐力素质的发展。改善神经调节能力，可以提高肌肉活动的机械效率，节省能量消耗，从而保持长时间的肌肉活动。

（4）能量供应特点。机体的有氧代谢能力与有氧耐力素质密切相关。耐力性项目运动持续时间长，强度较小，其能量绝大部分由有氧代谢供给。

2. 影响无氧耐力发展的因素

无氧耐力的发展水平取决于肌肉内糖无氧酵解供能的能力、脑细胞对血液 pH 变化的耐受力和缓冲乳酸的能力。

（1）肌肉内糖无氧酵解供能的能力：肌肉内糖无氧酵解的能力主要取决于肌糖原的含量及其无氧酵解酶的活性。因此，肌肉糖无氧酵解能力与无氧耐力素质密切相关。

（2）脑细胞对血液 pH 变化的耐受力。尽管机体的缓冲物质能中和一部分进入血液的乳酸，但由于进入血液的乳酸量大，血液的 pH 还会向酸性方向发展，加上因氧供不足而导致代谢产物的堆积，都将会影响脑细胞的工作能力，促进疲劳的发展。因此，脑细胞对这些不利因素的耐受能力，也是影响无氧耐力的重要因素。

（3）缓冲乳酸的能力。肌肉无氧酵解过程产生的乳酸进入血液后，将对血液 pH 造成影响。但由于缓冲系统的缓冲作用，使血液的 pH 不至于发生太大的变化，有利于无氧耐力的训练与发展。

四、耐力素质的训练方法

发展耐力素质的一般方法主要有：持续练习法、重复练习法、变换练习法、间歇练习法、高原训练法、循环训练法、游戏和比赛练习法等。

1. 持续训练法

其是在较长时间里，以较为恒定的强度持续训练的方法。

2. 重复训练法

其是在不改变动作结构和外部负荷表面数据的情况下，在相对固定的条件下，按一定的间歇要求，在机体完全恢复的情况下反复练习的方法。

3. 变换练习法

其是指在变化的因素的条件下反复练习的方法。

4. 间歇练习法

其是在一次练习后，按照严格规定的间歇负荷和积极性间歇方式，在机体没有完全恢复的情况下从事下一次练习的方法。

5. 高原练习法

其是利用高原稀薄的空气，在缺氧的情况下训练的方法。

6. 循环练习法

其是指在循环练习的时候，内容及编排必须符合专项特点的要求选择和设计，同时根据渐进负荷和递增负荷的原则安排练习的方法。

7. 游戏盒比赛练习法

其是运用游戏和比赛的方式练习的方法。下面侧重从有氧耐力素质训练方法和无氧耐力素质训练方法介绍耐力素质的训练方法。

（一）发展有氧耐力的训练方法

发展有氧耐力的训练的常用方法有持续训练法和高原训练法等。

1. 持续训练法

这是在较长时间里，以较为恒定的强度持续训练的方法，可以提高心肺功能和发展有氧代谢能力。对于发展有氧代谢能力来说，总的工作量远比强度更为重要。由于机体内脏器官的机能惰性较大，需在运动开始后约3分钟才能发挥最高机能水平。因此，为发展有氧代谢能力而采取的训练，练习时间要在5分钟以上，甚至可持续30分钟以上。采用持续训练法一次练习的时间相对较长，负荷的数量相对较多，负荷的强度相对较小，一般为最大强度的65%～75%。持续训练法对有机体产生的刺激较缓和，疲劳的产生较为缓慢，负荷后恢复较快。长时间持续运动对人体生理机能产生诸多良好的影响，可以提高大脑皮质神经过程的均衡性和机能稳定性，提高呼吸和循环系统的机能及 VO2max，并可引起慢肌纤维出现选择性肥大，肌红蛋白也有所增加。对发育期的少年运动员及训练水平低者尤其要以低强度的匀速持续训练为主。

2. 高原训练法

这是利用高原稀薄的空气，在缺氧的情况下训练，提高氧代谢能力的训练方法。随着运动水平的不断提高，人们在谨慎加大运动负荷的同时，着眼于提高训练难度，给予机体更强烈的刺激，以调动人体的最大潜力。高原训练能使红细胞和血红蛋白数量增加，并使呼吸和循环系统的工作能力增强，肌肉利用氧的能力提高，从而使有氧耐力得到提高。2 000～2 500米是提高运动员有氧耐力水平效果的最佳高度。高原训练强度相对较低，量相对较大，至少要持续四周，才能达到更好效果。

（二）无氧耐力的训练方法

1. 间歇训练

间歇训练是发展无氧耐力最常用的训练方法。在发展无氧耐力的间歇训练中，要考虑练习强度、练习时间和间歇时间的组合与匹配，要以运动中能产生高浓度的乳酸为依据。因此，练习强度和密度较大，间歇时间较短，练习时间一般应长于 30 秒，以 1 ~ 2 分钟为宜。以这种练习强度和时间及间歇时间的组合，能最大限度地动用糖酵解系统供能的能力，从而有效地提高无氧耐力。

2. 缺氧训练

这是指在憋气或减少吸气的条件下练习的方法，其目的是造成体内缺氧，以提高无氧耐力。缺氧训练不仅可以在高原自然环境中进行，而且在平原特定环境条件下模拟高原训练，同样可以获得一定的训练效果，如利用低压舱（或减压舱）训练等。

五、各种耐力素质的评定及训练负荷的安排

身体素质是机体在活动时所表现出的基本运动能力。耐力素质是身体素质的一种。所以对耐力素质的评价必须结合身体机能指标进行，同时也必须结合技能指标进行研究。

（一）耐力素质的评定

1. 有氧耐力的评定

评定有氧耐力主要采用的方法是定时计距离的 12 分钟跑等。定距离的计时位移运动包括 1 500 ~ 10 000 米跑、400 ~ 3 000 米游泳、100 ~ 200 千米自行车骑行及 5 000 ~ 10 000 米划船等。

2. 无氧耐力的评定

无氧耐力不仅对 2 ~ 3 分钟的运动项目十分重要，而且对中长跑项目运动员也很重要，因为无氧耐力是变速、冲刺的能量来源。无氧耐力的评定是以评定糖酵解代谢能力为基础的，因为无氧耐力是人体处于氧供应不足的情况下较长时间肌肉活动的能力，主要靠糖酵解提供能量。一般通过 30 ~ 90 秒的最大能力持续运动实验来完成。基本评价标准是：做功越多，运动前后血乳酸值增加越多，是糖酵解代谢供能能力强的标志。具体评价方法如下。

（1）Wingate 无氧试验让受试者先做准备活动，在功率自行车上骑 2 ~ 4 分钟，使其心率达到 150 ~ 160 次 / 分，其中 2 ~ 3 次（每次持续 4 ~ 8 秒）为全力蹬骑。准备活动后休息 3 ~ 5 分钟，之后正式实验，受试者尽力快骑，同时阻力递增，在 2 ~ 4 秒内达到规定负荷，之后开始计算骑行圈数，并持续做 30 秒最快速度蹬骑，每隔 5 秒记录骑速和心率。试验结束后 2 ~ 3 分钟放松蹬骑。功率车阻力设置为：系数 × 体重（kg）（下肢蹬车时，成年男子系数为 0.83，儿童和女子为 0.75；用上肢摇柄时，成年男子为 0.58，女性为 0.50，单位为千克体重）。通过上述实验可得到最大功值、平均功值及疲劳指数（最大功值与最低功值差 / 最

大功值的百分比），若最大功值和平均功值大，疲劳指数小，是糖酵解能力强的表现，即表明了无氧耐力较强。

（2）Wingate 无氧试验可根据不同的测试要求规定测试时间，如 15 秒、30 秒、40 秒、1 分钟；运动负荷设定主要在于每次功率车阻力系数的选取，该系数也可根据不同项目采用不同的系数。

（二）耐力素质的训练负荷安排

1. 有氧耐力的训练负荷安排

（1）持续训练法。采用持续训练法发展有氧耐力训练的强度较小，心率可控制在 145～170 次/分。负荷数量取决于运动员的训练水平，训练水平高的运动员可承受大负荷的训练，反之承受小负荷的训练。一般而言，运动员的有氧耐力时间不能少于 20 分钟。

（2）间歇训练法。间歇训练法发展有氧耐力，心率可达 170～180 次/分，工作距离长，心率就会低于这个数值。依照时间指标来看，持续工作时间不宜超过两分钟，一次练习的时间不能过长，否则会导致训练效应的改变。必须严格控制时间，一般要求机体尚未充分恢复、心率恢复到 120 次/分左右时，便可进行下一次训练。持续训练法的时间一般至少需要半个小时。

2. 无氧耐力的训练负荷安排

无氧耐力训练的强度在 80%～90%，以使运动员的机体处于糖酵解供能状态。一次练习的持续时间为 1～2 分钟，若跑步训练，距离控制在 300～800 米，一般 400 米为宜。若游泳训练，游程在 100～200 米，重复一般在 3～4 次。间歇时间随距离、时间长短和强度的大小变化而改变。

六、耐力素质训练的基本要求

（一）耐力训练前的饮食

运动训练之前最好提前一小时进食早餐。训练与饮食之间间隔最少不能少于 30 分钟，否则会在运动中增加肠胃负担，身体产生不适感。运动前的食物要求是浓缩体积小易于消化，不要吃一些含纤维多的不易消化的粗杂粮以及易产气的食物。根据能量供应的原理，耐力素质训练前可以适当增加蛋白质与脂肪的摄入量，严禁不吃早餐就进行耐力训练，这样很容易造成低血糖，出现伤害事故。

（二）耐力训练前的准备活动应当重视

耐力训练前的准备活动应持续 20 分钟以上。以慢跑为主，以及一些比较轻松的游戏及全身运动，不要做比较剧烈的对抗性游戏。主要以提高体温和逐步提高内脏功能的稳定性和提高植物性神经系统的兴奋性，降低其"惰性"。

（三）耐力训练应当注意选择正确的运动姿势和呼吸方式

耐力训练目前还是主要以较长距离跑为主。如何在跑的过程中更加省力，可以减少能量的消耗呢？跑的动作我们要求大腿前摆较低，身体腾空低，步长较小，但步频要快，脚着地时多采用滚动着地，重心起伏小平稳推进，双臂的摆弧较小，不超过身体中心线，高度一般不超过肩。耐力训练中正确的呼吸方式，对跑步能力的影响起着决定性的作用。在中长跑中为了达到所需的肺通气量，呼吸必须有一定的频率与深度，呼吸过浅，为了满足需氧量就要加快呼吸频率，这样会加速呼吸肌的疲劳。呼吸过深不仅呼吸肌工作，而且要靠胸腔和腹部的肌肉参加工作，因此，这些肌肉疲劳得更快。呼吸适宜的深度约为个人肺活量的1/3，只要呼吸肌工作即可。为了得到必要的通气量，必须用半张的嘴和鼻子同时呼吸，呼吸的节奏以个人的习惯和跑速决定。一般呼吸的节奏有以下几种：

1.二步吸气和二步呼气，四步一个呼吸周期。

2.一步半吸气和一步半呼气或二步吸气和一步呼气，三步一个呼吸周期。

3.一步一吸气一步一呼气，二步一呼吸周期。

（四）注意训练中合理安排适宜的运动负荷，学会用脉搏来控制负荷量

因为在负荷心率需氧量之间存在着线性关系，心率可以作为各种训练手段对机体评价的可靠指标。一般而言，达到最大需氧量的心率为180次/分的跑速叫作临界速度，低于这个速度称为临界下速度，高于它则称为临界上速度。心率在150次/分以下的跑是在有氧供能下进行的，心率在160次/分、180次/分的跑是有氧—无氧供能混合方式。心率在180次/分以上为无氧供能。心率在160次/分、180次/分的临界下练习是组合性的，对发展耐力影响很大。

（五）注意练习手段的渐进性、多样性和趣味性

练习手段的渐进性一般是先以健身走过渡到健身跑，以有氧耐力过渡到有氧和无氧混合代谢训练。练习手段上先以单人练习徒手或持器械过渡到双人或多人组合性练习，再到多人的对抗性练习。训练方法上也主要是低强度的持续性练习，如先匀速跑再到变速跑。最后是强度较大的不完全休息间歇训练。在变速跑、间歇跑、重复跑过程中距离也应该由短到长，组间间隔时间应由长到短。

（六）提高意志品质程度

耐力素质的训练需要一定的负荷量，它是在克服机体疲劳的情况下所表现出来的一种运动能力，如果不能克服意志上的障碍、吃苦耐劳、坚持到底、顽强拼搏，就很难从心理上接受耐力素质的发展。因此，需要不断挖掘心理潜力，提高意志品质，并不断通过自我暗示、自我激励以产生或增强克服困难的内驱力。

柔韧素质与训练

柔韧素质是人体各肌肉、关节、韧带等组织的伸展活动能力和弹性的总称，是身体素质的要素之一，它对动作的伸展性、幅度、表现力及运动中损伤的预防都起着非常重要的作用。良好的柔韧性是提高运动幅度、动作速度、动作力量以及完成一些难度动作和高质量动作的基础，同时也能减少运动性损伤。因此发展柔韧素质，对提高运动技术水平具有重要的意义，我们应对其有深刻的学习和理解。

一、柔韧素质的概念

柔韧素质是人体各肌肉、关节、韧带等组织的伸展活动能力和弹性的总称。柔韧素质好坏主要取决于关节组织结构和跨关节的肌肉、肌腱、韧带等组织的伸展性，也受到天气、年龄、训练水平的一定影响。健美操成套动作中，大幅度的上肢以及踢腿、控腿、劈叉和大跳动作都充分体现了柔韧能力。柔韧素质是身体素质的要素之一，它对动作的伸展性、幅度、表现力及运动中损伤的预防都起着非常重要的作用。良好的柔韧性是提高运动幅度、动作速度、动作力量以及完成一些难度动作和高质量动作的基础，同时减少运动性损伤。因此发展柔韧素质，对提高运动技术水平具有重要的意义。

柔韧从字面意思上看是既柔又韧的意思，从性能上看韧是在幅度中还含有速度和力量的因素，即在做大幅度动作时，肌肉仍能快速有力收缩，既能变曲又能迅速伸直。

二、柔韧素质的分类

柔韧素质从其与专项的关系看可分为一般柔韧性与专项柔韧性。一般柔韧性是指为适应一般技能发展所需要的柔韧素质。专项柔韧性是指专项运动特殊需要的柔韧性。由于专项柔韧性是具有较强选择性的，因此，同一身体部位具有的柔韧性由于项目的需求不同，在幅度、方向等表现上也有差异。

柔韧素质从其外部运动状态的表现看可分为动力性柔韧性和静力性柔韧性。动力性柔韧性是指肌肉、肌腱、韧带根据动力性技术动作需要拉伸到解剖学允许的最大限度能力，随即利用强有力的弹性回缩力来完成所要完成的动作。所有爆发力前的拉伸均属于动力性柔韧性。静力性柔韧性是指肌肉、肌腱、韧带根据静力性技术动作的需要拉伸到动作所需要的位置角度，控制其停留一定时间所表现出的能力。如体操中的控腿、俯平衡动作、"桥"、劈叉体育舞蹈中的各种型，跳水运动员保持体前屈的姿势等就是这种能力的体现。动力性柔韧性建立在静力性柔韧性的基础上，但必须要有力量素质的表现。静力性柔韧性好，动力性、柔韧性不一定好。

三、影响柔韧素质发展的因素

（一）柔韧素质的生物学基础

1. 关节的构造及其周围组织的伸展性

关节的解剖结构特点、关节周围组织的体积以及跨关节的韧带、肌腱、肌肉和皮肤的伸展性等生理状况均与关节活动幅度的大小有关。关节面结构是影响柔韧性的重要因素，主要由遗传因素决定，但训练可以使关节软骨增厚。关节周围皮下脂肪含量或结缔组织过多将影响临近关节活动幅度，使柔韧性降低。肌肉及韧带组织的伸展性取决于年龄和性别等因素，并与肌肉温度有关，做准备活动可使肌肉温度升高，降低肌肉内部的粘滞性，加大伸展性，有利于柔韧性的提高。

2. 神经系统对骨骼肌的调节能力

主动肌与对抗肌之间协调关系的改善，以及肌肉收缩与放松调节能力的提高，可以减少由于对抗肌紧张而产生的阻力，有利于增大运动幅度。此外，肌肉放松能力的提高也是扩大动作幅度、提高柔韧性的重要因素。非条件性肌牵张反射的抑制以及随意放松肌肉的能力都是扩大动作幅度的主要因素。

（二）影响柔韧素质发展的其他因素

（1）肌肉、韧带组织的弹性不仅取决于性别、年龄，而且取决于中枢神经系统的兴奋度。情绪高涨时柔韧性会增大。因此，柔韧训练要从少儿抓起，练习时的情绪也不可忽视。

（2）关节的骨结构是柔韧性最不易改变的因素，基本上由遗传决定。如先天骨盆形态偏平，其髋关节开度就好。关节周围组织体积大小对关节活动幅度有限制作用。它受先天和后天训练的影响。如有些肌肉体积增大后，就会影响其周围关节的活动幅度。因此，对舞者来说，控制肌肉体积的增大是极其重要的。

（3）神经系统兴奋与抑制过程转换的灵活性与运动中肌肉的基本张力有关。特别是中枢神经系统调节对于肌肉之间的协调性改善，以及肌肉紧张和放松的调节能力的提高是至关重要的。即通常所说的要求舞者做动作要放得开，别紧张。研究证明，训练水平高的人，肌肉的随意放松能力很高，这与中枢神经系统支配骨骼肌的神经细胞的抑制深度有关。

四、柔韧素质的训练方法

发展柔韧素质练习的基本方法包括动力拉伸和静力拉伸两种。动力拉伸法是指有节奏地通过多次重复某一动作的拉伸方法。静力拉伸法是指通过缓慢的动力拉伸，将肌肉、肌腱、韧带等软组织拉长，并停留一定时间的练习方法。这两种方法均可采用主动的拉伸和被动的拉伸。主动的动力性拉伸方法是借助自身的重力或力量拉伸。被动的动力性拉伸方法是依靠外力的拉伸。在训练过程中，通常是通过主动练习和被动练习来完成的。主动练习主要是依靠自己的力量将肌肉、肌腱、韧带等软组织拉长，而被动练习是指在人体外力帮助下使肌肉、肌腱、韧带等软组织得到拉伸。根据不同关节活动范围的技术需要来确定发展柔韧性和保持柔韧性阶段练习的重复次数。每组练习持续时间大约 10 秒钟；静力拉伸练习，停留在关节最大伸展程度的位置上，保持 30 秒。为保证运动员在完全恢复的状态下做一组柔韧练习，在间隙休息时做一些肌肉放松练习或按摩。如体后屈练习后做体前屈放松练习，劈叉练习后做并腿团身动作等。例如，拉长肌肉和结缔组织的训练有快速爆发式牵拉和缓慢牵拉练习两种方法，前者在牵拉练习时有疼痛感，并且在准备活动不充分时较易拉伤肌肉，如"摆腿"和"踢腿"练习；缓慢牵拉练习是使有关部位肌肉、韧带缓慢拉长至一定程度（有轻微的疼痛感觉），超过关节伸展限度的危险性较小，不易引起损伤和疼痛，并可以有意识地放松对抗肌，因此，锻炼效果较爆发式牵拉练习更好，如"拉韧带""压腿"等练习。

柔韧，不仅是体现在柔韧波浪类难度动作里，同时它也覆盖跳步、转体、平衡类所有的身体难度动作。因此柔韧素质训练采取以下主要手段发展运动员的肩、胸、腰、髋、腿的柔韧性。

（一）肩、胸、腰部柔韧性练习

主要手段有压、拉、吊、转环、体转、体前屈、体后屈等，具体做法如下。

（1）面对墙壁或肋木，手扶一定高度体前屈压肩胸。

（2）背对墙壁或肋木，手臂后举扶墙或反握肋木，下蹲向下拉肩。

（3）侧向墙壁或肋木，侧向手扶墙或握肋木，向侧拉肩。站立体前屈，双手互握后举，帮助者一手顶背，一手向下按压练习者手臂拉伸肩、腰部。

（4）悬垂，反握肋木，向下吊肩。两手握棍或绳，做直臂向后和向前的转肩练习，逐渐缩短握距。

（5）站立，连续快速直臂向前、侧、后绕肩。

（6）体前屈手握脚踝，躯干与腿尽量相贴，可让帮助者用力压其背部，在逐步垫高臀部或脚的高度的情况下练习。

（7）站在一定高度上做体前屈，手触地面。

（8）腿垫高的分腿体前屈，或手握肋木的高举腿分腿坐，在外力下向后压腿的体后屈练习。

（9）俯卧，上体挺胸抬起，两手上举，帮助者站在背后，两手握练习者上臂，向后拉压肩胸，向后下拉伸腰部。

（10）仰卧在横马上成背屈伸，两腿固定，帮助者两手握练习者上臂，向后拉压肩、胸、腰。

（11）仰卧成弓桥，向上顶腰和向前拉肩练习，逐步缩小手与脚的距离。

（二）髋、腿的柔韧性练习

主要手段有压、搬、踢、控、绕腿、劈叉等，具体做法如下。

（1）压腿：将一腿置于肋木上，直膝、胯正，可向前、侧、后压腿。

（2）搬腿：单腿站立，一腿举起，直膝、胯正，在外力作用下，前、侧、后搬腿。

（3）劈叉压：在纵叉和横叉姿势下，两脚垫高，上体挺直、直膝、胯正，在外力作用或自身重量下，向下压髋。

（4）踢腿：包括大幅度地快速前、侧、后的正踢、绕腿以及体前屈后踢腿练习。可以通过扶把杆踢腿、行进间走步踢腿、原地高踢腿等练习。

（5）控腿：通过扶把杆和不扶把杆的单腿站立的前、侧、后高举控腿，体前屈后举控腿、仰卧劈叉的搬控腿等，可采取慢速控腿和搬腿、快速踢起控腿和搬腿。

（三）综合性的柔韧练习

1. 柔韧性难度动作练习

在一定的柔韧能力练习基础上，结合一定的难度动作和技术要求进行专门的柔韧性练习，如各类分腿大跳、大跳落成劈叉、支撑劈叉、控腿落成劈叉、纵横劈叉转换以及不同方向高踢腿等。

2. 柔韧操练习

除了采用以上的柔韧练习外，也可采用柔韧操形式练习，如关节活动操、拉伸操等。在优美的音乐旋律和节奏下做动静结合的拉伸操，速度由慢到快，幅度从小到大，可不知不觉地、愉快地达到提高柔韧性的作用。

3. 高低冲击的健美操步伐组合练习

采用持续的高低冲击的健美操步伐组合柔韧练习，即在走、跑、跳中包括转肩、绕肩、扩胸、转体、踢腿、控腿、劈叉等柔韧练习，可提高练习的兴趣，同时提高耐力。

五、柔韧素质的评定及训练负荷的安排

（一）柔韧素质的评定

1. 直立体前屈测验

双膝、双脚并拢，双膝伸直保持直立，上体逐渐向前弯腰，不能抬脚跟，尽量做最大范围内的动作。评定方法：双手只能触及踝关节以上高度——差；手指尖能触及脚尖——下；指腹能触及脚尖——中；指根能触及脚尖——良；掌根能触及地面——优。

2. 关节背屈测验

测试小腿三头肌和跟腱的伸展能力。受试者面向墙站立，脚跟着地，上体前倾，要求下颌前胸及双手着墙，两膝必须伸直，脚跟不能离地，测量下颌距离地面的高度，减去脚尖至墙壁的距离，所得差数越小，则屈踝功能越好。

3. 旋肩测验

测验肩关节及周围软组织的柔韧性。两臂在胸前充分伸直，握棍，直臂由前向后旋臂，测量两手拇指之间的距离。评定方法是用两拇指之间的距离减去肩宽等于旋肩指数，该指数越小，肩带柔韧性越好（肩宽的测定方法是两肩峰外缘的距离）。

4. 背伸测验

测验腰背肌肉和韧带的柔韧性。受试者俯卧，双手抱颈，测试者压住受试者的臀部，让受试者尽量抬高头部，测量评定下颌距地面的高度，数值越大说明腰部的柔韧性越好。

5. 小腿内外旋测验

测量小腿及踝关节周围肌肉韧带的柔韧性。双膝固定伸直，双脚拇趾平行并拢，尽量使双脚跟向外分开，测量两脚之间后夹角的大小。夹角越大，说明踝关节柔韧性越好。

（二）训练负荷的安排

1. 负荷强度

柔韧素质训练一方面反映在用力大小上，另一方面也反映在负重多少上。被动练习多是借助教练员或同伴帮助，用力逐渐加大，其程度以运动员的自我感觉为依据。如采用负重柔韧练习，负重量一般不能超过拉长肌肉力量所能达到的50%。负重量的确定也与练习的性质有关，在完成静力拉伸的慢动作时，负重量可相对大些，在完成动力性动作时，负重量则应小些。增加强度应当逐步进行，练习时不可用力过大过猛。训练强度过大，会造成练习者精神和肌肉紧张，必然会影响伸展能力，导致肌肉肌腱和韧带等软组织的损伤。长时间中强度拉力练习所产生的柔韧效果优于短时间高强度的拉力练习效果。

2. 负荷量

在柔韧发展性阶段和保持柔韧性阶段，不同关节为达到最大活动范围，其练习的重复次数是不相同的。柔韧训练中应根据不同关节活动范围的需要来确定发展柔韧性阶段和保持柔韧性阶段练习的重复次数。柔韧性练习的重复还取决于练习者的年龄和性别。少年练习者在一次课中练习的重复次数比成年练习者少，女练习者练习重复次数比男练习者少。每个练习达到最大拉伸状态的持续时间保持约10秒钟，动作时间也可稍长。采用静力拉伸练习，当关节伸展到最大限度时，停留在相对固定位置的时间可控制在30秒钟。

3. 间歇时间

柔韧训练间歇时间的基本原则是：保证练习者在完全恢复的情况下完成下一组练习。恢复与否可根据练习者的自我感觉来确定，当其感觉已恢复并准备做下组练习时便可开始。此外，练习间歇时间还与练习的部位有关，做躯干弯曲动作后就应比做踝关节伸展动作后的休息时间长。在间歇休息时间可安排一些肌肉放松练习，或一些按摩等。这样做能为下次练习加大关节活动幅度创造有利条件，使运动达到最好效果。

4. 动作要求

柔韧练习在动力拉伸时，一是要求逐渐加大动作幅度，使肌肉、肌腱、韧带等尽量被拉长；二是充分利用肌肉退让工作，使肌肉被渐渐拉长。柔韧练习在动作的速度上，一是用缓慢的速度拉伸肌肉，二是用较快的速度拉伸肌肉。由于训练时多用缓慢速度拉伸肌肉，而比赛中又多是急剧的方式拉伸肌肉，故在保持柔韧素质阶段可用一些速度较快的练习，以适应比赛需要。

六、柔韧训练的基本要求

（一）发展柔韧性应循序渐进，持之以恒

柔韧练习本身是由不适应到适应逐步提高的过程，停止训练柔韧效果就会消退。训练要长

期化、经常化、系统化，且要循序渐进、逐步提高要求，不能急于求成，以免出现拉伤现象。同时提高肌肉的放松能力，主动放松肌肉的能力越好，关节活动时所受肌肉牵拉的阻力越小，关节活动幅度就越大。

（二）发展柔韧性应与力量、速度能力发展相结合

柔韧的发展是建立在肌肉力量增长基础上的，良好的柔韧能力同时也反映出良好的力量能力。健美操是动力性项目，健美操的柔韧性表现有两种形式：一种是在静力性力量下的柔韧性，如控腿、支撑劈叉等；另一种是在速度力量下的柔韧性，如快速高踢腿、分腿大跳、劈叉倒地等。所以速度力量、相对力量与柔韧训练应同步发展和提高，力量训练还可增强关节的稳固性。而在力量训练后进行柔韧训练，可以使肌肉、肌腱和韧带保持相应的弹性和伸展性。保证肌肉韧带柔而不软，韧而不僵，促进身体能力的全面发展。

（三）发展柔韧性应从小培养

柔韧素质发展的敏感期在 5 ~ 10 岁，力争在 12 岁以前把柔韧练习作为训练的重点，发展柔韧能力。应多采用"缓慢式"和"主动式"活动，不宜长时间用力搬、压，或做过分扭转肌肉骨骼的活动，以免造成关节、韧带的损伤和骨骼变形，不利于促进儿童的健康成长。16 岁后，可逐渐加大柔韧练习的负荷量和强度。

（四）发展柔韧性应与专项和个人特点相结合

发展柔韧性训练必须根据项目特点和个人具体情况安排。在全面发展身体各部位柔韧性的基础上，要重点发展健美操所需要的髋部、腿部、腰部的动力性和静力性的柔韧能力，尤其是发展肩、髋关节的全方位的伸展性和灵活性，大腿后部肌群以及腰背、腹部肌群、韧带的伸展性，并结合柔韧性难度动作练习，发展快速大幅度的前侧后的踢腿、控腿以及地面和空中劈叉能力，达到专项技术要求。另外，根据不同运动员的具体情况，区别对待，使训练更具针对性和实效性。

（五）发展柔韧素质应兼顾身体各个部位相关因素

健美操柔韧性大部分表现均涉及几个相互有联系部位的柔韧性程度。如纵劈叉和前踢腿柔韧度，它与髋关节周围肌肉、韧带的伸展性有很大关系，也与大腿后部肌群、韧带伸展性有密切关系。因此，在练习过程中对相应的几个部位都应发展。

（六）注意外界温度与练习时间

一般当外界温度在 18 ℃时，有利于柔韧性的发展，如在冬天气温较低时，必须在保暖条件下，先慢跑或做热身有氧操，只有机体到达一定温度（如出汗）后，再做柔韧练习。早晨柔韧能力相对较低，必须小强度练习，而在下午柔韧能力较高，可大强度进行柔韧训练。

第七节　灵敏素质与训练

灵敏素质是指人体在各种突然变换的条件下，快速、协调、敏捷、准确地完成动作的能力，是人的运动技能、神经反应和各种身体素质的综合表现。灵敏是一种综合素质、良好的灵敏性有助于更快、更多、更准确地掌握技术和练习手段，使已有的身体素质更充分地运用到实践中去，还可以防止伤害事故的发生。

一、灵敏素质的概念

灵敏素质是指人体在各种突然变换的条件下，快速、协调、敏捷、准确地完成动作的能力，也是运动员迅速改变体位、转换动作和随机应变（特别是对抗性项目中）的能力。它是人的运动技能、神经反应和各种身体素质的综合表现。灵敏是一种综合素质，良好的灵敏性有助于更快、更多、更准确地掌握技术和练习手段，使已有的身体素质更充分地运用到实践中去，还可以防止伤害事故的发生。灵敏素质之所以是运动技能、神经反应和各种素质的综合表现，是因为各专项的每一个动作都不同程度地体现力量、速度、耐力、柔韧等素质。通过力量特别是爆发力量，控制身体的加速或减速；通过速度，特别是爆发速度，控制身体移动、躲闪、变换方向的快慢；通过柔韧保证力量、速度的发挥；通过耐力保证持久的工作能力。这些素质的综合运用才能保证动作的熟练程度，而动作的熟练程度必须在中枢神经支配下才能自如运用。因为神经反应决定了反应速度的快慢、决定了判断是否准确、决定了随机应变及时做出应答动作的快慢。因此反应迅速、判断准确、及时做出应答动作是灵敏素质的先决条件，各素质协同配合是完成应答动作的基础。应答动作的熟练程度直接体现灵敏素质的高低。因此，灵敏素质是运动技能、神经反应和各种素质的综合表现。灵敏素质的提高与发展在体育运动项目中极为重要。它在各个运动项目中的作用主要有以下两点：第一，能够保证人准确、熟练、协调地完成动作，取得优异的运动成绩。第二，能够灵活、巧妙地战胜对手，取得比赛的胜利。

二、灵敏素质的分类

灵敏素质从其与专项运动关系来看，可分为一般灵敏素质和专项灵敏素质。

一般灵敏素质是指人在各种活动中，在突然变换的条件下，迅速、合理、准确地完成各种动作的能力。它是专项灵敏素质发展的基础。

专项灵敏素质是运动员在专项运动中，迅速、准确、协调自如地完成本专项各种技术动作的能力。它是在一般灵敏素质的基础上，多年重复专项技术，提高专项技能的结果。

三、影响灵敏素质发展的因素

影响灵敏素质的因素是多种多样的，其中主要有解剖、生理、心理、运动经验及其他身体素质发展水平等。

（一）解剖因素

1. 体型

由于各体育项目不同，要求运动员的体型也就不同，所以从身体形态来看有其显著的项目特点，即专项运动技能与身体形态相一致。如体操运动员的形态特点是：个矮、体轻躯短、腿长、肩宽、臂粗长，这样的体型是从事体操的最佳体型。因为体操运动员在完成许多动作时，要克服自身体重来完成，个矮体轻则省力，肩宽臂粗长有利于用上肢完成大部分动作，躯短腿长有利于动作幅度。再如举重运动员要求矮、粗、宽、厚的体型，有利于用强大的爆发力控制杠铃维持身体平衡。篮、排球由于篮高、网高的限定，要求身材高大的运动员。足球运动员由于场地大、范围广，要求速度快、耐力强、动作灵活、反应快，并能充分利用合理冲撞的运动员，所以选身高、体重在中上等的、下肢有力的运动员（当然身材高、体重重的、而且灵活的更好）。跳高运动员则要求瘦高个、躯短、下肢长的运动员，下肢长、重心高、摆动半径大获得反作用力大，身瘦体轻有利于空中控制身体顺利过竿。从以上例子来看，不同的项目要求不同的体型，这种体型必须有利于本专项技术的发挥，能在本专项中表现出高度的灵敏素质来。因此不好说哪一种体型的人灵敏素质好，哪一种体型的人灵敏素质差，但就一般人而言：过高而瘦长的，过胖的或梨形体型的人缺乏灵敏性，"O"形腿、"X"形腿的人缺乏灵活性，肌肉发达的中等或中等以下身高的人，往往有高度的控制力而表现得非常灵活。

2. 体重

体重 = 脂肪 + 肌细胞 + 水 + 矿物质，其中以脂肪和肌细胞的增长最为显著，脂肪的增长是每日进食超过一天所需能量，其多余部分转变为脂肪，而肌细胞的增长是通过锻炼。脂肪过多影响肌肉收缩效率，增加不必要的体重等于增加了运动时的阻力，从而影响身体的灵活性，因此必须通过合理的训练增加肌肉比重，再配以低卡进食逐渐减少脂肪。

（二）生理因素

1. 大脑皮质神经过程的灵活性

高度的灵敏素质是在其巩固的运动技能基础上表现出来的，即在大脑皮层分析综合能力高度发展的情况下体现的。大脑皮层的分析综合能力是在时间和空间上紧密结合的，因此在学习每一个动作时都要按一定顺序进行，大脑皮层概括动作的难易度所给的刺激也按一定顺序正确地反应出来，多次重复会形成熟练动作。如行进间低手投篮，视觉判断上篮时的距离及篮的高度，位觉感觉起跳后身体空间方位，皮肤触觉感知地面硬度及手投篮的力量，这些刺激所引起的兴奋传到大脑皮层相应区，都按严格的时间和顺序产生兴奋、抑制，经过多次强化，各感觉中枢与运动中枢的动觉细胞产生暂时联系而形成运动技能。通过大量各种动作练习形成许多熟练的运动技能,把这些动作变换,并在变化的环境中完成,使大脑皮层的兴奋和抑制的转换能力加强,从而提高大脑皮层神经过程的灵活性。这样在任何条件下,任何环境中都能熟练地把这些动作表现出来。运动实践证明,每一项体育运动都需要某些专门的技能(如篮球的传球、运球、投篮;足球的传球、带球、射门;体操的空翻、回环、倒立、全旋等),只有掌握这些专门的技能,并且运用自如,才能成为本专项的优秀运动员。而灵敏素质寓于这些运动技能之中,以运动形式灵活熟练地表现出来。

2. 运动技术的熟练及运动经验的丰富性

实践证明,掌握基本技术越多、越熟练,不仅学习新的运动技能快,而且技术运用也显得更灵活,更富有创造力,表现出的灵敏素质也就越高。长期学习、运用各种技术动作和提高运动技能,可以丰富人的运动实践经验,增加身体素质和技术动作“储备”,从而促进灵敏素质水平的不断提高。

3. 运动分析的功能

人体在完成动作时,肌肉产生收缩,通过肌肉肌梭(感知肌纤维长度、张力变化)、腱梭(感知牵张变化)产生的兴奋传入神经中枢分析综合活动而感知身体在空间的位置、姿势以及身体各部位的运动情况,并与视觉、位觉、触觉以及内感受器相互作用,实现空间方位感觉。在肌肉感觉及空间方位感觉的基础上,大脑皮层才能随环境变化调节肌紧张,以保证实现各种协调精确的动作。运动分析的功能越完善,则运动员对肌肉活动用力大小、快慢的分析能力越高,完成动作时间的判断越精确。有些运动员即使闭上眼睛也能完成某些动作,这就是运动分析的作用。在运动实践中,有的运动员脚表现得灵活,有的手表现得灵活,这是因为经常使用那些部位,那些部位也就表现得较灵活,乒乓球运动员用右手的则右手灵活,经常用左手的则左手灵活。篮球运动员要求左右手运球、投篮都应灵活,足球运动中要求左右脚射门、带球都应灵活,体操运动员习惯一个方向的转体,体操运动员应尽量多体会一些难度较大的翻转动作。13～15岁为青春期,身高增长较快,灵敏素质相对有所下降,以后随年龄增长又稳定提高直至成人。

4. 性别

在儿童期,男孩女孩灵活性差不多,在青春期,男孩比女孩稍灵活些,在青春期以后,男子的灵敏素质高于女子。女子进入青春期,由于体重增加,有氧能力下降,内分泌系统变化,灵敏素质会一度出现明显的生理性下降趋势。根据这一变化规律,在青春期以前就应加强女子的灵敏素质练习,使之得到较好发展。

5. 疲劳程度

疲劳将导致中枢神经系统灵活性与机体活动能力降低。由于大脑皮质的能源供应不足(缺乏ATP),从而产生保持性抑制,使肌肉力量不能发挥,反应迟钝,速度下降,动作不协调等,灵敏性显著降低。因此,在发展灵敏素质练习中和练习后都要注意恢复,及时消除疲劳。在兴奋性比较高、体力充沛的时候发展灵敏素质效果最好。

6. 情绪

人的情绪在高涨时显得特别灵敏,而情绪低落时,灵敏性也会降低。由于练习比赛环境的变化及其他生理、心理原因会导致情绪的变化，可能会过度兴奋，使兴奋扩散不能集中，造成身体失控；也可能过度抑制，精神不振，造成动作无力不协调。因此一个优秀的运动员应学会自我情绪的调节，使自己在竞技状态中具有相适宜的情绪。当处于这种状态时，运动员头脑清楚，身体充满力量，对完成动作充满信心，身体觉得轻快灵活。如篮球运动员怎么投篮怎么进，体操运动员无论完成什么动作都感到控制自如，足球运动员感到球在自己脚下随心所欲等，达到这种情况除身体素质好、技术熟练外，主要是良好情绪的作用。但这种状态有时不是人的意识所能预计的，应加强心理训练，提高对环境的适应能力和学会调节自然情绪等的方法。

7. 其他身体素质发展水平及控制能力

灵敏素质是人体的力量、速度、耐力、柔韧以及协调性等能力的综合表现。在突然变化的条件下，运动员迅速改变位置和动作，这需要运动员高度的控制能力和灵敏度。上述在神经中枢调控下的肌肉活动能力与灵敏素质有密切关系，其中任何一种身体素质较差，对灵敏素质的提高都会造成不利影响。同时各个能力的控制也与灵敏素质关系密切。

8. 气温

气候阴雨潮湿，天冷温度太低，也会降低关节的灵活性与肌肉韧带的伸展性，造成灵敏性下降。

四、灵敏素质的训练方法

（一）灵敏素质练习的主要手段

（1）在跑、跳中做迅速改变方向的各种跑、躲闪、突然起动以及各种快速急停和迅速转体练习等。

（2）做各种调整身体方位的练习。

（3）做专门设计的各种复杂多变的练习。如用"之字跑""躲闪跑""穿梭跑"和"立卧撑"四项组成的综合性练习。

（4）以非常规姿势完成的练习。如侧向或倒退跳远、跳深等。

（5）限制完成动作的空间练习。如在缩小的球类运动场地练习。

（6）改变完成动作的速度或速率的练习。如变换动作频率或逐步增加动作的频率。

（7）做各种变换方向的追逐性游戏和对各种信号作出应答反应的游戏等。

（二）灵敏素质练习的途径

发展灵敏素质是运动训练的重要组成部分之一，是提高运动能力的一个非常重要的方面。在发展灵敏素质过程中，应该注意：提高力量、速度、耐力、柔韧素质等是发展灵敏素质的基础；竞技体操、武术、技巧、滑冰、滑雪、各种球类运动等项目是发展灵敏素质的有效项目；在专项练习复杂化的条件下反复练习与专项运动性质相似的动作，是发展专项灵敏素质的有效途径。发展灵敏素质的途径主要包括徒手练习、器械练习、组合练习和游戏等。

1. 徒手练习（包括单人练习和双人练习两类）

（1）单人练习。主要有弓箭步转体、立卧撑跳转体、前后滑跳、屈体跳、腾空飞脚、跳起转体、快速后退跑、快速折回跑等练习。

（2）双人练习。主要有躲闪摸肩、手触膝、过人、模仿跑、撞拐、巧用力等双人练习。

2. 器械练习（包括单人练习和双人练习两类）

（1）单人练习。主要包括各种形式的个人运球、传球、顶球、颠球、托球等多种练习，单杠悬垂摆动、双杠转体跳下、挂撑前滚翻、翻越肋木、钻栏架、钻山羊以及各种球类运动、技巧运动、体操运动的专项技术动作的个人练习等。

（2）双人练习。主要包括各种形式的传、接球、运球中抢球双杠端支撑跳下换位追逐、肋木穿越追逐等双人练习。

3. 组合练习（包括两个动作组合、三个动作组合和多个动作组合的练习）

（1）两个动作组合练习。主要有交叉步—后退跑，后踢腿跑—圆圈跑，侧手翻—前滚翻，转体俯卧—膝触胸，变换跳转髋—交叉步跑，立卧撑—原地高抬腿跑等。

（2）三个动作组合练习。主要有交叉步侧跨步—滑步—障碍跑，旋风脚—侧手翻—前滚翻，弹腿—腾空飞脚—鱼跃前滚翻，滑跳—交叉步跑—转身滑步跑等练习。

（3）多个动作组合练习。主要有倒立前滚翻—单肩后滚翻—侧滚—跪跳起，悬垂摆动—双杠跳下—钻山羊—走平衡木，跨栏—钻栏—跳栏—滚翻，摆腿—后退跑—鱼跃前滚翻—立卧撑等练习。

4. 游戏

发展灵敏素质的游戏具有综合性、趣味性、竞争性的特点，能引起练习者的极大兴趣，使人全力以赴地投入活动，既能集中注意力、巧妙对付复杂多变的活动场面，又能锻炼提高神经系统的灵活性和反应过程，有效地发展身体素质和运动技能。发展灵敏素质的游戏很多，主要包括各种应答性游戏、追逐性游戏和集体游戏等。

五、灵敏素质的评定及训练负荷的安排

（一）灵敏素质的评定

灵敏素质没有客观衡量标准，只有通过动作的熟练程度来显示灵敏素质的高低。它不像其他素质有客观衡量标准来测定其素质的优劣。如力量用质量的大小来衡量，单位是公斤；速度用距离和时间的比来衡量，单位是米/秒；耐力用时间的长短或重复次数的多少来衡量；柔韧用角度、幅度的大小来衡量；而灵敏素质只有用迅速准确协调完成动作的能力来衡量。例如，运动员的躲闪能力，必须通过躲闪动作来体现，而躲闪的快慢就表现灵敏程度的高低。但完成躲闪动作是以各素质为基础的，反应判断的快慢决定相应躲闪动作的快慢，速度力量又决定反应动作的快慢，因此，运动员在没有做出躲闪动作之前无法衡量运动员在躲闪方面的灵敏素质，诸如急跑急停、转体、平稳等动作也都如此。因此，身体素质越好完成动作越熟练，所表现的灵敏素质就越好。离开其他素质和运动技能根本谈不上有灵敏素质，而灵敏素质只有通过熟练的动作才能表现出来，单纯的灵敏素质是不存在的。灵敏素质的发展水平主要从以下三个方面训练。第一，是否具有快速的反应、判断、躲闪、转身、翻转、维持平衡和随机应变的能力。

第二，在完成动作时，是否能自如地操控自己的身体，在任何不同的条件下都能准确熟练地完成动作。第三，是否能把力量（爆发力）、速度（反应速度）、耐力、协调性、节奏感等素质和技能通过熟练的动作综合表现出来。客观实践证明，具有高度灵敏素质的人，他可以随心所欲地控制自己的运动器官，熟练自如地准确完成动作。

（二）灵敏素质的评定方法及负荷安排

1. 立卧撑测验

测定身体由立姿经下蹲到俯卧撑姿势，再恢复到立姿的变换速度。

（1）使用仪器：秒表。方法：由站立姿势开始，受试者听到"开始"的信号后，迅速屈膝、弯腰、下蹲、两手在足前撑地，两腿向后伸直成俯撑，然后再经过屈蹲、恢复成正常的站立姿势。共 10 秒钟，计算受试者完成动作的得分。

（2）评定：以 10 秒内完成正确动作的次数作为测验成绩。把整个动作分为四部分，每部分计 1 分。第一部分：站立—下蹲，手撑地；第二部分：下蹲—俯撑；第三部分：俯撑—下蹲；第四部分：下蹲—站立。在测验过程中，凡有在俯撑时两腿弯曲及站立时身体不直者均要扣除 1 分。

（3）评定：得分越高，说明灵敏素质越好。

2. 侧跨步测验

（1）仪器：秒表、两米长一米宽的一块场地。

（2）方法：开始时两腿立于中线位置，当听到"开始"信号时，受试者向右跨步，到右脚触及端线，再收回右腿成开始姿势。然后再向左跨步到左脚触及端线，再收回左腿成开始姿势。在 10 秒钟内统计完成动作的得分。评定：在中线到两侧线 50 厘米处各画一条标志线。跨步时，脚越过标志线得 1 分触及端线得两分。脚收回时越过标准线得 3 分回到中线得 4 分，计算 10 秒钟内能得多少分。

（3）得分越高，灵敏素质越好。

3. 象限双脚跳测验

（1）仪器：秒表及一块画有"十"字线的小场地（每条线长 1 米左右）。

（2）方法：受试者听到"开始"信号后，做双脚同时并跳，顺序是由起点 1—2—3—4—1……直到听到"停止"的信号时停止，计算 10 秒内跳的次数。

（3）评定：计算在 10 秒内双脚准确落在象限内的次数作为所得的测验成绩，每跳一个象限可得 1 分，如果踏线或跳错了象限，每次扣半分。

4. 侧滑步倒跑测验

（1）仪器：秒表，5 米长与宽的正方形场地一块。

（2）方法：测定身体向前、向后及侧身移动的灵敏性。让受试者站在起点上，当听到"开始"信号后，按照动作要求迅速移动身体。

（3）评定：记录完成一圈所需的时间，但要求测试者在测跑时背部必须和跑的方向成垂直线，并不得采用交叉步跑。

5. 10 米 × 4 往返跑

（1）仪器：10 米长的直线跑道四条，在端线两侧 A、B 各放一木块。

（2）方法：听到跑的口令后，从端线 A 跑到 B，换木块，往返两次。

（3）评定：以 1% 秒为单位计算成绩。

发展灵敏素质应确定其负荷量度，主要采用变换训练法训练。训练强度一般较大，速度较快，但训练时间不宜过长，练习次数不宜过多，否则机体疲劳力量就会下降，速度变慢，反应迟钝，不利于灵敏素质的发展。练习与练习之间应有足够的时间休息，以保障氧气的补充和肌肉中高能量物质的再合成；但又不能休息时间过长，否则神经系统的兴奋性会下降，练习时间与休息时间可按 1∶3 的比例安排。

六、灵敏素质训练的基本要求

（一）练习方法、手段应多样化并经常改变

灵敏素质的发展与各种分析器和运动器官机能的改善有密切的关系。人体能否在运动中表现出准确的定向定时能力和动作准确、迅速变换的能力，都取决于各种分析器运动器官功能的提高。而人体一旦对某一动作技能熟练到自动化程度时，再用该动作去发展灵敏素质的意义就不大。因此，发展灵敏素质练习的方法应是多种多样的，并且要经常改变。这样不仅可以使人掌握多种多样的运动技能，还可以提高人体内各种分析器的功能，在运动中能够表现出时空三维立体中的准确定向定时能力，还能表现出动作准确、变换迅速的能力。

（二）掌握本专项一定数量的基本动作

运动技能本质是条件反射，这种在大脑皮层中建立的条件反射暂时联系的数量越多，临场时及时变换动作的暂时联系的接通就越迅速准确，在已掌握的运动技能的基础上，可以快速形成新的应答性动作来应付突然发生的情况。因此应尽量多掌握一些基本的动作、基本技术及战术等，这有利于提高灵敏素质。灵敏素质是人体综合能力的表现，发展灵敏素质还必须从培养人的各种能力入手，在练习中广泛采用发展其他身体素质的方法来发展灵敏素质，并培养掌握动作的能力、反应能力、平衡能力，等等。

（三）抓住发展灵敏素质的最佳时期

灵敏素质是在中枢神经系统的指挥下，各种能力的综合表现。儿童少年的神经系统是人体发育最早、最快的系统，他们具有较好的反应能力，在动作速度、平衡能力、节奏感等方面具有很大的发展潜力，这些都为发展灵敏素质提供了有利的条件，因此应抓紧这一时期进行灵敏素质练习。

（四）灵敏素质练习时应注意消除练习者的紧张心理状态

在灵敏素质练习时，教练员应采用各种有效的方法与手段，消除练习者紧张的心理状态和恐惧心理。因为人心理紧张时，肌肉等运动器官也必然紧张，会使反应迟钝，动作的协调性下

降，影响练习的效果。

（五）合理安排训练时间

灵敏素质的训练在整个训练过程中都应该适当安排，使之系统化。但训练时间不易过长，重复练习次数不易过多。因为肌体疲劳时运动员力量水平会下降，速度将减慢，节奏感被破坏，平衡能力会降低，这些都不利于灵敏素质的发展。有经验的教练员都是根据不同训练过程的特点来安排灵敏素质的训练。如随着比赛临近，技术训练比重增加，协调能力的训练应相应加强。准备期以一般灵敏素质训练为主，比赛期以专项灵敏性训练为主。在训练中也应该合理安排各个身体素质的练习，一般而言，灵敏素质安排在靠前的训练，让学生有足够的体力及精神状态。并且在有限的时间里抓住训练的针对性，以提高运动神经细胞和肌肉组织兴奋性及神经肌肉组织的机能活性，促进大脑综合能力的提高。

（六）灵敏素质的练习应有足够的间歇时间

在灵敏素质的练习过程中应有足够的间歇时间，以保证氧债的偿还 ATP 能量物质的合成。但休息时间又不可过长，休息时间过长会使中枢神经系统的兴奋性大幅度下降，在下次练习中就会减弱对运动器官的指挥能力，使动作协调性下降、速度减慢、反应迟钝，这必然影响练习的效果。一般地讲，练习时间和休息时间可控制在 1∶3 的比例。

（七）应结合专项要求训练

灵敏素质具有专项化的特点。经验丰富的教练员都针对本专项对灵敏素质的特殊要求安排灵敏素质训练，使训练效果与专项要求相一致。例如，篮球运动员多做发展手的专门灵敏性训练，以提高手感和控球能力。足球运动员多做一些脚步移动和用脚控球的练习；体操、技巧等项目运动员多做一些移动身体方位的练习，等等。此外，还应注意控制练习者的体重。

SUMMARY

运动员体能指运动员机体的基本运动能力，是运动员竞技能力的重要组成部分。体能训练作为竞技能力的主要构成要素之一，已成为现代运动训练研究的热点。体能训练是运动训练的重要内容。运动员体能发展水平由其身体形态、身体素质、生理机能及心理智能的发展状况所决定的。其中身体形态、力量素质、耐力素质、速度素质、柔韧素质及灵敏素质的发展与训练是运动员体能训练的重要内容。

思考题 —

1. 试述运动员体能训练的重要意义。
2. 神经系统对速度素质训练有什么影响？
3. 柔韧素质训练的方法是什么？
4. 谈谈灵敏素质训练的基本要求是什么？

案例分析 —

邓亚萍的体能训练法

童年的邓亚萍，因为受当时体育教练父亲的影响，立志做一名优秀的运动员。但是她个子矮，手脚粗短，根本不符合体校的要求，体校的大门没能向她敞开。于是，年幼的邓亚萍跟父亲学起了乒乓球，父亲规定她每天在练完体能课后，必须还要做100个发球接球的动作。邓亚萍虽然只有七八岁，但为了能使自己的球技更加熟练，基本功更加扎实，便在自己的腿上绑上了沙袋，而且把木牌换成铁牌。负责训练的父亲，有时心疼得掉眼泪！

但是，付出总有回报，由于邓亚萍的执着，10岁的她便在全国少年乒乓球比赛中获得团体和单打两项冠军。

进入国家队后，邓亚萍都是超额完成自己的训练任务，队里规定上午练到11时，她就给自己延长到晚上11时45分，下午训练到6时，她就练到6时45分或7时45分，封闭训练规定练到晚上9时，她练到晚上11时多。邓亚萍为了训练经常误了吃饭时间，她就自己泡面吃。

在队里练习全台单面攻时，邓亚萍依旧往腿上绑沙袋，而且面对两位男陪练的左突右奔，一打就是两小时！

在多球训练时，教练将球连珠炮打来，邓亚萍每次都是瞪大眼睛，一丝不苟地接球，一接就是1 000多个。据教练张燮林统计，邓亚萍每天接球打球1万多个。

每一节训练课下来，汗水都湿透邓亚萍的衣服、鞋袜，有时甚至连地板也会浸湿一片，不得不换衣服、鞋袜，甚至换球台再练。

长时间从事大运动量、高强度的训练，从颈到脚，邓亚萍身体很多部位都是伤病。为对付腰肌劳损，她不得不系上宽宽的护腰，膝关节脂肪垫肿、踝关节几乎长满骨刺，平时只好忍着，实在痛得厉害了就打一针封闭，脚底磨出了血泡，就挑破它再裹上一层纱布接着练。就算是伤口感染，挤出脓血也要接着练。

正是这样的超强体能训练才成就了邓亚萍，使她成为乒坛上永恒的一颗明星。

相关历史事件 —

马家军

"马家军"，指马俊仁在辽宁省田径队女子中长跑组训练的一批女子中长跑运动员，包括王军霞、曲云霞、马丽艳、刘东、张林丽等人。1993年，马家军开始由于在国际比赛上屡得奖牌而被媒体关注，是年10月西班牙世界马拉松赛，马家军夺下团体冠军，一举包揽女子前4名。1993年4月，"马家军"在天津集体刷新女子马拉松全国纪录；8月在斯图加特世锦赛包揽女子1 500米、3 000米、10 000米三枚金牌；9月在七运会上狂破世界纪录；10月在西班牙夺世界杯马拉松赛女子个人和团体冠军。第一代"马家军"几乎个个是世界级高手，王军霞、曲云霞、刘东分别有骄人的世界纪录在身。国际体坛大惊："世界中长跑进入了一个新时代——马俊仁时代"。

第六章
运动员技术能力与训练

【学习任务】

通过本章的学习，使学生掌握运动技术及运动技术训练，基本掌握影响运动技术的因素以及运动技术训练应遵循的基本要求，了解技术训练常用方法及运动技术评价的方法和不同项目运动技术评价的特点。

【学习目标】

1. 掌握运动技术的概念及特征。
2. 了解影响运动技术的因素。
3. 掌握技术训练的常用方法。
4. 掌握运动技术训练的基本要求。
5. 掌握项群技术训练要点。

运动技术训练作为运动训练内容的组成部分之一，在竞技运动中有着举足轻重的作用。在运动训练中掌握运动技术是完成训练任务，创造优异成绩的重要保证。运动员的竞技能力包括体、技、战、心、智五个方面。各个运动项目的各种动作，都有着符合人体运动力学基本原理的标准技术及规范要求，每名运动员也都有个体的生物学特点和个人特征。影响运动员技术能力的要素是多方面的，技术训练过程中应遵循技术训练的基本要求，才能对运动员完成技术动作作出准确的评价，为进一步提高运动员的竞技能力、有效地参与竞技运动提供有力保证。

运动技术与运动员技术能力

随着科学技术的发展和营养手段的提高，运动员的身体素质和运动器械的改进，运动员的运动技术也在不断提高。运动员的技术能力是影响运动竞技能力的重要因素。运动技术的训练对运动员技术能力的提高具有重要作用。运动员的技术训练要遵循一定的原理。本节主要介绍运动技术的定义、特征、原理、动作要素及技术结构。

一、运动技术的定义及基本特征

（一）定义

运动技术是运动员竞技能力的重要因素，为一既定目标而合理、有效地完成体育动作的方法。

（二）基本特征

运动技术与体育动作不可分割，这是运动技术区别于其他技术最显著的特征。运动员的动作技术只能通过身体动作表现出来。所以，又被称为"技术动作和动作技术"。

（1）运动技术不断发展的必然性。随着科学技术的和营养手段的提高，运动器械设备改进和运动员的身心素质不断发展，运动技术也处在动态发展过程之中。

（2）运动技术的相对稳定与即时应变相统一。运动员的运动技术应具备相对稳定的动作结构。但在比赛中，运动员要根据比赛环境和对手的变化对动作技术有所调整。

（3）运动技术具有个体差异。运动员在身体形态、运动素质等方面具有不同特征，运动员的技术动作也具有显著的差异性。

（4）运动技术的综合性。运动技术是运动员运动能力的综合体现。运动技术的更好发挥需要运动员生理、心理等各方面能力的配合。

二、运动技术原理

（一）生物学原理

目前一般认为，运动技术形成的生理机制，是运动条件反射暂时性神经联系，是以大脑皮质运动为基础的，因此，学习和掌握运动技术的生理学本质是建立运动条件反射。

（二）生物力学原理

运动生物力学认为，运动技术的生物力学原理是以下基本要素合理适宜匹配的结果，即：

身体姿态，关节角度；身体及肢体的位移、运动时间、速度及加速度；用力大小及方向，用力的稳定性及动态力的变化速率；人体各环节的相互配合形式的方式；增大动力的利用率及减少阻力的技巧。

（三）心理学原理

目前，运动技术的心理学机制受到人们广泛关注。如运动技术的形成所需要的心理能力、认知心理的形成与发展，表象的形成与运用等对学习和掌握运动技术起着重要作用。

（四）社会学原理

运动技术服从的社会学原理主要是美学原理。技术美、动作美构成"运动美"。在体操、花样滑冰等以表现难美类项群的技能主导类项目训练和比赛中，对技术美的要求是极为严格的。

三、动作要素与技术结构

（一）动作要素

动作要素是指构成动作不可缺少的各个因素，即动作要素包括身体姿势、动作轨迹、动作时间、动作速度、动作速率、动作力量和动作节奏等。

1. 身体姿势

身体姿势指在完成动作过程中，身体或者身体各部分所处的状态及身体各部位在空间所处的位置关系。一个动作的身体姿势可分为开始姿势、动作姿势和结束姿势。

（1）开始姿势是指在完成技术动作之前，身体各部分所处的准备状态或姿态。开始姿势，有些动作是规定动作，但有些动作是以力求取得最佳理想效果而设计的自编动作。如竞技健美操、花样游泳比赛中的规定动作或自编动作等。开始姿势完整的好处在于使运动员在动作开始阶段身体处在最佳的有利位置，在完成动作前的注意力高度集中，为快速进入身心状态做好准备。

（2）动作姿势是指身体或身体各部分在完成主要动作时所处的状态。动作姿势大部分处于复杂多变之中，但有些是周而复始的。在非周期性的项目中，练习中的姿势有些是一个，有些是几个。例如，投掷铁饼时，预摆动作的作用在于获得旋转前的准备速度，以使其发挥最大肌肉力量；进行阶段是旋转和最后的用力动作，当旋转中和铁饼离手的一瞬间，这个阶段的动作就结束；结束阶段是铁饼掷出后，顺着惯性向左（右）转体使身体达到快速的平衡状态。在周期性的项目中，如速度滑冰中低姿势滑冰、自行车运动的低骑乘姿势等，都是为了减少外界的阻力，促进身体快速前进。

（3）结束姿势是指动作结束时，身体或身体各部分所处的状态。在某些复杂的动作中，一个动作的结束是另一个动作的开始，它直接影响下一个动作的顺利进行。

2. 动作轨迹

动作轨迹指在做动作时，身体或身体某部分所移动的路线。包括轨迹形状、轨迹方向和轨迹幅度。

3. 动作时间

指完成各个动作所需要的时间。包括完成动作的总时间和各个部分的延续时间。

（1）动作总时间是指一个动作从开始阶段到结束阶段完成动作所需的全部时间。

（2）动作各部分的延续时间是指在完成动作的某一环节所需要的时间。在完成动作时动作节奏的改变受动作各部分延续时间的直接影响，这个时候动作的危险性加大，失败率就会增大。反之，亦然。所以，要遵循运动技术动作时间的最佳值，使运动员的发挥处在稳定的阶段。

4. 动作速度

动作速度指在单位时间里身体或身体某部分移动的距离。动作速度包括平均速度、瞬时速度、初速度、末速度、角速度、加速度等。

5. 动作力量

动作力量指在完成动作时人体内力和外力相互作用的结果。

（1）人体内力主要有肌肉收缩的力。此外，还有关节牢固力、肌肉的动滞性产生的力，以及对抗肌的阻力等。

（2）人体外力主要有人体的重力，支撑反作用力、摩擦力及外界环境的阻力等。

6. 动作速率

动作速率指在单位时间内同一动作重复的次数。一般情况下，动作的速率越大，动作难度系数越高。速率是调节运动负荷的重要因素之一。速率的改变，可以带动练习的强度和人体的生理负荷改变。

7. 动作节奏

动作节奏是指完成动作过程中的时间特征。包括用力的大小、时间间隔的长短、动作幅度的大小及动作快慢等要素。

（二）技术结构

运动技术的动作结构，包括动作基本结构和运动技术组合。

1. 动作基本结构

动作基本结构，是指单一性或周期性的运动技术的动作结构，如：田径运动的跑、跳、投等或球类运动基本技术动作的动作结构。运动技术的基本结构均由技术基础、技术环节和技术细节三部分组成。

技术基础是指构成技术的基本部分；技术环节是指组成技术基础中的各个分支部分，如：准备、助跑、起跳、腾空、击球、落地等环节构成排球的扣球技术；技术细节是指在完成动作技术结构的前提下，根据动作需要所作的微调。技术细节处理得是否合理，直接影响人体完成动作的效果。

相对于细节掌握，技术基础、环节就容易得多。技术细节把握的好坏，完全取决于运动员的心理素质、运动素质、运动经验和对技术动作各个环节作用的认识水平。

2. 运动技术组合

运动技术组合，是指由若干独立的技术动作联结组成的集合。运动技术组合结构，是指多元性技术的组合与联结方式。运动技术组合结构又可以分为固定组合结构与变异组合结构。

运动技术固定组合结构，主要是指基于独立的（多元）技术动作之间的联结动作、方式、顺序为单一选择并且相对固定。组合技术内部联结的编排方式和质量是固定组合结构技术组合的关键。技能类难美性项群的所有运动项目技术组合的动作结构均属于运动技术固定组合结构。

运动技术变异组合结构主要是指若干独立的（多元）技术动作之间的联结动作、方式、顺序为多项选择并且随机应变。组合技术内部联结的应变方式和串联质量是变异组合结构的技术组合的关键。技能类对抗性项群的所有运动项目技术组合的动作结构均属此类。

影响运动技术的因素

运动员运动技术的好坏受多种因素的影响。本节将从主体和客体两方面对影响运动技术因素进行阐述。

一、主体因素

（一）人体结构力学特征

身体动作表现以人体解剖结构作为基础，是运动技术的主要表现形式。

（二）协调与平衡能力

运动技术的合理性依赖于参加动作的肌肉群的协调程度，而这种协调程度又依赖于神经系统对肌肉的合理而精细的支配，即协调能力。协调能力与神经系统的功能水平关系极大，而神经系统的功能是不易受后天因素影响的，主要取决于遗传因素，这是运动员协调能力个体差异很大的重要原因。

参与运动技术各肌肉群的协调程度是，影响合理完成运动技术的重要因素。大脑皮质神经系统对各肌肉群的合理支配是各肌肉群协调程度的基础，所以运动技术完成的合理程度主要取决于神经系统对各肌群的支配能力。神经系统较肌肉运动系统在后天的训练过程难以产生适应性改变。

技术动作的完成是一个复杂的、连锁的、本体感受性反射。这一反射的完成主要取决于神经冲动的发出频率、冲动的传递以及到达肌纤维的时间特征。三个方面协调配合才能顺利协调地完成技术动作，同时，完成的动作所对应的拮抗肌的神经支配处于抑制状态。运动技术取决于协调与平衡能力主要基于以下两个方面。

①从生理学讲，协调能力是指运动员不同系统、不同部位、不同器官协同配合完成技术动作的能力。协调能力好，可以动员机能的储备，使大脑皮层很好地建立暂时性的神经联系，协调能力好，各动作的暂时性联系链接得越快，新技术掌握得越快。

②从运动学讲，协调能力好表明运动员所支配的神经冲动到达肌肉的时间与空间特征准确，这就保证运动员在学习新技术、新动作时，具有较强的支配能力与动作的感知能力，从而加快技术动作的掌握。平衡能力强，可以为技术动作的完成创造良好的条件基础，也是影响运动技术基础完成效果的重要因素。

需要特别指出的是，培养协调能力是技术训练的重要任务之一，对青少年运动员尤其重要。在青少年训练的发展阶段，不能过早的"专项化"，因为过度的专项化会使运动员的协调能力的发展受到局限，神经对肌肉的支配将局限在一个狭小区域，青少年运动员的协调能力和技能的发展空间将受到限制。运动员进入高水平的训练阶段时就会直接制约运动员运动水平的提高，所以要通过协调能力来加强专项运动技术的掌握。

（三）感知觉能力

运动员完成技术动作需要感觉和知觉的参与。在对技术动作的反复练习过程中，运动员的肌肉感觉起着一定的作用。在某些情况下，为了完成各种专项运动的要求，专门化知觉应运而生。在具有高度的感知觉能力前提下，做出的动作具有高度的准确性和协调性。在以往的运动实践中可以发现，运动员感知觉能力的高低，影响运动技术水平的高低。例如，在隔网对抗的球类运动中，小肌肉群的感知觉能力就影响运动员对高难度技术掌握的快慢与程度。

（四）动作技能的存储数量

运动员动作技能存储的数量越多，就越容易快速有效地掌握技术动作和建立新的条件反射，从而掌握新的技术动作，表现出良好的协调能力。

（五）运动素质的发展水平

技术动作的完成和完成质量的好坏，与动作速度、弹跳力、力量、柔韧等运动素质密切相关。技术完成过程中，时空、节奏感及各部分肌肉用力的协调配合均受这些运动素质发展水平的影响。从某种意义上来说，运动员技术发展能力在很大程度上依赖于有关运动素质的水平。

（六）运动员个性心理特征

运动员掌握技术和完成技术的质量，与运动员的心理品质（注意力集中、思维缜密、坚定信心、意志顽强）有着直接关系，抓住运动员的个性心理特征才能够快速掌握高难技术，为创造优异成绩提供保障。

二、客体因素

（一）竞赛规则和技术环境

任何运动技术，只有在竞赛规则允许的范围内才能存在和发展。无论是运动技术的创新、学习、训练、掌握还是运用，都必须在遵循规则的前提下进行。竞赛规则直接制约运动技术的发展方向和发展速度。在规则的前提下有效利用规则，进而预测可能发生的变化和即将带来的影响。

技术环境是指运动员（队）周边相关群体（国家、地区或运动队）的整体技术的发展水平。适宜的技术环境对于运动员学习、掌握和运用、创造运动技术都起着重要的作用。

（二）器材设备与场地

随着科学技术的快速发展，高科技的发展也渐渐渗透到运动训练的过程中，在特定条件下，运动员优异成绩的取得与在比赛与训练中所使用的器械有很大的关系，例如，乒乓球比赛中优异成绩的取得，与两面不同性质的球拍胶皮的使用也存在着密切的联系。所以，器材设备等物质条件的快速发展，为运动技术的提高提供了可能。

第三节 技术训练常用方法

运动员要取得优异成绩，需要采用合理的技术训练方法。选择技术训练方法要具有针对性。随着运动技术的不断提高，常规的训练方法已经渐渐不能满足运动员运动竞技能力的快速提高。借助符合创新教育理念的新方法，在明确的目的性和针对性的前提下采用先进的训练方法，常用方法和特殊方法相结合，以提高运动员在运动技术练习中的行为动机和学习兴趣，为有效提高运动员的竞技能力作铺垫。

本节将简单介绍技术训练的常用方法。

一、直观法与语言法

（一）直观法

直观法是指利用运动员的感觉器官，使运动员建立对练习动作技术的直观表象，获得对练习动作的感性认识，从而帮助运动员达到正确思维、掌握和提高运动技术水平的一种常用训练方法。

应用直观法时应注意以下问题。

（1）根据每个阶段的具体条件和可能，广泛利用各种直观手段。

①提高多感官的综合分析能力。运动员综合利用感觉器官的能力越强，越能较快地感知和掌握技术动作。

②各种感觉器官的作用一般具有一定的阶段性。

（2）运用直观法和启发运动员的积极思维相结合。感性认识到理性认识的过渡必须通过积极的思维才能形成正确的动作概念，以便准确地掌握动作。

（3）对于低水平和年龄较小的运动员可以注重用电影、录像视频和各种示范手段。

（二）语言法

语言法是指在技术训练中，教练员运用不同形式的语言，指导运动员学习和掌握技术动作的训练方法。其主要作用在于帮助运动员借助语言明确技术动作概念，保证完整的动力定型的建立。

运用语言法应注意以下问题。

（1）使用正确的专业术语。教练员要用正确恰当的词语来讲解技术动作的名称、过程和要领，这样才能够使运动员快速建立正确的概念，有效地掌握运动技能。

（2）精讲多练。教练员要尽量精讲多练，深入分析动作技术的要领，加深运动员对技术动作的理解，这样可以有效增加运动员的练习次数，提高训练的质量。在技术训练的过程中，练习密度的大小对训练效果起着重要作用。

（3）注意讲解的时机。在运动员的初级阶段，尽量较少使用讲解，让其多实践练习。在中高级阶段，运动员在大脑内对动作技术有了一定的意识、概念，加强讲解，便可以提高运动员对技术动作的感性认识。

二、完整法和分解法

（一）完整法

完整法是指运动员不分部分和环节，练习技术动作的开始姿势到结束姿势，进而掌握运动技术的训练方法。其优点是一开始就使运动员建立完整的技术动作概念，不致影响动作的结构和各部分之间的联系。可以用于多个或单个动作的训练，也可用于成套和个人及集体配合的技术动作和战术配合的训练。

运用完整法时应注意以下问题。

（1）对于比较简单的技术动作，在安排练习时应注意练习形式的多样性和竞争性，培养运动员之间的良性竞争意识。

（2）对于比较复杂的技术动作，首先，在采用完整法时应降低整个技术动作的难度，使运动员在保持正确的基本动作结构的基础上，完成整个技术动作，确立自信心；其次，要提高练习的目标要求，对技术的核心环节质量要严加控制；最后，在练习较难的动作时，必要的保护与帮助，使运动员建立完整、正确的技术动作的本体感觉。

（二）分解法

分解法是指将单独动作或者组合动作的完整技术，或战术动作的配合过程科学合理地分成若干个环节或部分，然后对各环节或部分分别训练的方法。运用此法，其优点是可以缩短教学时间、集中精力完成专门的训练任务、提高学生学习的自信心，从而获得更高的训练效益。此方法主要用于较复杂的技术动作的练习，减少运动员开始学习的困难。

运用分解法时应注意以下问题。

（1）对于复杂动作，在采用分解法时应注意阶段的划分，保证技术动作的结构特点和各部分的联系不被破坏。

（2）一般情况下，运动员运动技术水平越高，分解练习的运用就越多。

（3）在技术动作复杂并且有危险性时采用分解法。

（4）在技术动作对身体能力要求比较高时可采用分解法。

三、减难法与加难法

减难法是指在技术训练中，以低于专项技术要求的难度训练的方法。这种方法常用于低水平练习者的技术初学阶段。

加难法是指在技术训练中，以高于专项技术要求的难度训练的方法。这种方法常在优秀运动员训练中使用。

减难法与加难法可以采取整体减难或加难的方法提高课堂的教学质量。要根据运动员的实际情况来恰当安排。减难法主要是为了使运动员掌握基本技术动作，而加难法是为了提高运动员对技术动作掌握熟练程度和在比赛中的技术运用能力。

运用减难法与加难法应注意以下问题。

（1）对于初学者在练习技术中应首先采取减难法，以帮助初学者尽快建立完整技术动作的本体感觉，促进技术动作的掌握，提高练习的效率；而在一些较简单的技术动作训练时，则应多采取加难法，以不断提高运动员掌握技术动作的熟练水平和比赛中的应用能力。

（2）对于某一个技术动作，保持核心环节方面正常训练水平要求的同时，可以在次要环节方面适当降低难度要求，以便更快地掌握技术动作的核心环节。

四、想象法与念动法

想象法是指在练习前，通过对技术动作要领的想象，在大脑皮层中留下技术"痕迹"，使技术动作完成得更为顺利和正确的一种训练方法。此种方法比较适用于优秀运动员。

念动法又称"表象法"，是一种心理训练的方法，是指运动员在头脑中创造出没有经历过的完整的正确技术动作表象。可以提高运动员的表象再现及表象记忆能力；使运动员的注意力集中于正确的技术要求，有利于提高心理稳定性，从而促进技术的掌握。美国圣约瑟大学心理学教授托马斯·塔特克曾说过"80年代的体育世界中表象将是一个重要的特殊因素"。许多优秀运动员都曾采用这一方法收效甚佳。如奥运会跳高选手达威特·斯通斯，十项全能金牌获得者布鲁斯·德勒等。

运用想象法与表象法应注意以下问题。

（1）要与各种感觉相结合，即在头脑中对技术动作进行想象的同时，同步地与各种感觉相结合，把头脑中的想象变成运动器官的操作性活动。

（2）在运用该方法时应考虑不同年龄段运动员的接受能力。在运动员不能够很好完成完整的动作质量时，在头脑中重现的表象为教练员或者他人的动作，能更好地理解技术，体会动作，感受肌肉的用力。

（3）不断重复形成记忆。从德国心理学家艾宾浩斯绘制成的遗忘曲线得知，人的大脑的遗忘进程是不均匀的，在记忆的最基础阶段遗忘得最快，后来逐渐缓慢，到了相当时间，几乎不再遗忘。所以通过想象使完整的正确技术运动表象不断在头脑中重现，使头脑中对动作的记忆形成"潜移默化"的效果，最终形成长期记忆。

五、比较分析法和预防与纠正错误法

（一）比较分析法

比较分析法是对练习者所做技术动作进行比较和分析，以此来得到能用于指导练习者继续有效训练的指令依据。

一般是教练员把运动员表现的技术练习现状，经过比较、分析，形成具体、明确的新指令内容，及时指导练习者练习运动技术。依据运动技术形成的规律，对练习者在初学运动技术动作阶段发布经比较、分析之后获得的新指令。

（二）预防与纠正错误法

找出造成错误的原因是预防与纠正错误法的关键，然后再采用各种有针对性的方法和手段预防与纠正错误动作。

预防与纠正错误法的注意事项。

（1）对于难度大的技术动作，应当在初学时就对易出现的错误动作进行有针对性的预防练习。

（2）对于不同的问题采用不同的辅助练习方法进行预防。

（3）对于大多数练习者都存在的问题，需重点重复讲解动作要领和要点，并采取有针对性的辅助练习。

（4）纠正错误要及时、准确。

运动技术训练的基本要求

运动技术训练有一定的准则和要求，要遵循这些要求才能达到更好的效果。运动技术训练的过程是很复杂的，在技术训练的过程中要把握和处理好各种关系。本节阐述运动技术训练应遵循的九个基本要求。

一、处理基本技术与高难度技术的关系

基本技术是从事各个运动项目的基础，扎实的基本技术训练是运动员保持常高峰年限的重要条件。每个优秀运动员都进行过长时间的、系统的基本功训练。基本功训练到一定阶段，就要调整目标，向高难度技术进行挑战。难美类主导项目，对高难度技术要求更高。例如，我国跳水队在奥运会上取得成功的经验之一是，在训练中发展难度动作；在国际竞技健美操的比赛中，我国选手的难度动作的难度系数是相当高的，完成的质量高又体现出运动员扎实的基本功底。扎实的基本功可以让高难技术的发展速度更快，形成独有的绝技与风格。根据各个运动项目的技术特点、对象和训练阶段的具体情况，长期系统地抓基本技术训练，努力掌握高难技术，让基本技术和高难技术有效结合，才能不断提高技术的训练水平，创造优异的运动成绩。

二、处理好特长技术与全面技术的关系

不同的运动项目存在着特长技术和全面技术。

特长技术是指在运动员所掌握的技术"群"中，那些对其获取优异运动成绩有决定性意义的，能够充分展现个人特点或优势、使用概率和（或）得分概率相对较高的技术。

全面技术是指组成专项运动的各个动作技术之间有着内在的联系，相互促进，相互影响，同时要求运动员要全面掌握组成专项运动中的各个技术动作。

在特长技术训练中，对一些技术仔细雕琢，已经成为运动员在比赛中获得高分的主要手段之一。技术全面对发展运动素质，提高运动成绩有重要的意义。所以，两者的有机结合可以有效提高训练的效果。

有关研究指出，高水平的田径运动员都有与其自身运动能力相适应的特点，发挥自身特长的技术特点，使得高水平运动员能够在某一项目上达到世界高水平。例如，世界著名男子跳远运动员鲍威尔、刘易斯，他们助跑时的步长与步频的关系处理、起跳的风格、起跳腿膝关节角度的变化等方面，都存在着很大差异。依据这些情况，在技术训练的过程中，教练员要有意识地培养运动员发挥其个人技术的专长。

技术全面更不能忽视掌握重点技术。在技术全面掌握的基础上，要有针对性地精练几种重点技术。重点技术很好地发挥是要靠全面技术作保障的，相反，能够系统地掌握和发挥全面技

术是离不开重点技术的依托的。重点技术应从三方面来确定：①该项运动中带有关键性技术（如篮球的投篮、足球的射门）；②根据比赛分工的需要（如足球守门员的扑、打、滚翻、接球等技术）；③根据运动员个人特点，有利于发挥特长。

在掌握全面技术训练的同时应抓重点技术，如抓训练中专项关键性技术、分工技术、运动员特长技术等。在大力着手于特长技术训练的同时，更不能忽略全面地掌握专项运动中的各项技术这一重点。原因如下。

①在专项运动技术动作群中，各种技术动作之间往往有着密不可分的内在联系，起着相互促进、相互影响的作用，我们把这种作用称之为运动技术的"转移"。对于一个看似没有必要掌握和了解的辅助性技术，反而可能会影响特长技术水平的发挥。

运动技术的转移有两种情况：前摄效应和后摄效应。前摄效应指前一动作对后一动作产生的影响，后摄效应则反之。例如，先做侧手翻再做侧空翻，前者就会对后者动作产生积极的前摄效应，因为这两个动作都是在同一平面绕同一轴翻转且动作结构相类似。侧空翻技术掌握之后，反过来再做侧手翻就容易多了，这是侧空翻对侧手翻的后摄效应。因此，在系统训练运动技术的过程中，应充分发挥技术间的正转移，这样更有利于加快专项技术动作的掌握。

②在运动竞赛中，技术是否合理是保证特长技术能否发挥的重要条件。有时运动员运动成绩的取得取决于水平较低的技术而不是较高的（特长）技术。即运动员技术系统（技术群）在竞赛中所能发挥出的整体效应有时要服从"木桶原理"。所以说，随着运动训练实践的发展的需要，在平时训练中应要求运动员的特长技术和全面技术两者有机结合。

"技术是战术的基础"。在比赛的过程中不仅要最大限度地适应对手，也要给对手带来不适应性，是技术又是战术的问题。

三、处理规范化与个体差异的关系

合理、规范和实用是所有运动技术都具有的特性。科学合理的运动技术必须符合力学和生物学的原理和规律。在这个基础上说，运动技术应该具有一定的规范，主体上是统一和一致的技术。

技术规范是一种理想模式的技术规格，是人们在技术训练时依据科学原理技术而总结的必须遵从的模式化要求。要符合技术规范提供的某些共性的标准，所以强调技术合理、规范和实用是所有运动技术都具有的特性。科学合理的运动技术必须符合力学和生物学的原理和规律。在儿童少年的学习技术训练的初级阶段，必须强调技术的规范化，还要重视个体的差异。因为某些特定的时期，一些运动员并不能同时具备一些特征，运动员的技术动作也很难完全符合技术规范的要求。因此，技术规范也只能为技术训练提供一些准则，指明一个基本的方向，而不可能深入到每名运动员的技术细节中去。

技术规范的模式并不是一成不变的，各种技术要素之间互为依托和相互补充，运动员不同的个体条件也对专项技术产生极大的影响。由于运动员在技术训练中存在着个人的特点即个体差异，在技术的掌握过程中，也许不符合技术规格的动作但对其本人的练习与进步确实是有效的。所以，在技术训练中除必须要求运动员按技术规格练习外，还应注意运动员的个人特点。

四、处理循序渐进与难点先行的关系

现代研究认为，在训练内容安排和训练方法手段的选择过程中，一般都要服从"学习—提高—巩固—再学习—再提高—再巩固"的程序。在各个技术的组成部分之间都有其自身的内在联系，所以要充分认识和利用这种内部存在的固有联系，沿着由低到高、由易到难等顺序练习，从而更有利于运动员打下坚实的基础。同样的，现代运动技术训练实践的发展告诉我们，上述教学顺序也不是一成不变的唯一模式。在某些条件或情况下，"难点先行"，即"先难后易""先深后浅"等模式，同样可以获得好的效果。

"难点先行"也绝不是不注重基本的技术，它只是一种技术训练的程序。这种训练程序的运用，运动员也必须具备一定的基本能力；在有些可能出现的运动损伤的项目中，如若运动员还没有通过基础训练获得较强的自我保护能力，若要练习高难技术，就必须采取有效的措施，防止造成运动中的损伤。归根到底，"难点先行"仍是"循序渐进"的一种特例，只是它是按照新的"序"来训练的。

五、处理合理的内部机制与正确的外部形态的关系

合理的内部机制，指运动技术在工作时要符合运动解剖学，运动生理学所指明的神经肌肉工作原理，运动技能形成的心理学原理和运动技能要具备有正确的外部形态，其意义表现在以下几个方面。

第一，外部形态和内部机制交互影响。在技术动作掌握的开始阶段，正确的外部形态对技术、技能的进一步形成具有重要意义。具有正确的外部形态技术，可向中枢神经系统发出对完成练习比较适宜的神经冲动，能顺利到达有关的神经和肌肉部位，会加快肌肉协调能力及动作力量、速度、耐力等方面的发展。

第二，对于技术的外部形态，通常用运动生物力学方法，如运动的轨迹、幅度、加速度、打击点、打击力量等描述。并且通过以上指标来描述技术动作在经济性和实效性等方面的特征。

第三，"技术美"在很大程度上是通过外部形态来体现的。特别是在表现难美项群的项目中，如体操、花样滑冰、水中芭蕾等项目中更是如此。

特别要指出的是，体育教育专业的学生在对动作的学习和训练时，更要注意正确的外部形态，以便在走上工作岗位后可以正确地示范，给学生带来积极影响。

六、抓技术风格的培养

技术风格被誉为运动技术的"灵魂"。运动员对技术风格的理解，不仅仅局限在个人的技术上。每名运动员都有其个人的技术风格，一个队伍也有集体的技术风格。培养何种技术风格将直接影响运动员或者运动队未来的发展方向。从这个问题上进一步探讨，可以引申出"技术流派"的概念，如南美流派等。技术流派，是指若干运动队所具有的相似的技术风格。

（一）技术风格释义

技术风格是指某运动员或者运动队的技术系统，区别于其他的运动员或者运动队的技术系

统的、较为成熟和定型化了的、经常表现出来的特征。

不同国家或地区的运动员（队）会表现出不同的技术风格，技术风格的不同，实质上是源于技术系统的不同。技术系统和技术风格的物质载体即运动员，运动员或者运动队是主体的因素，任何技术风格都需要运动员才能展现；每名运动员或者群体都有自身的个性特征和行为特征，独特的技术风格的培养，总体上来说是来源于独特的技术系统；运动员或者运动队技术系统有其自身的独特性，技术风格的培养是一个长期的过程，这样的一个独特性只有运动员或者运动队表现出来才能被人们所认知、检验和承认。其表现手段主要是竞技比赛，运动员的技术风格只有通过比赛才能显现出来。

（二）影响技术风格的因素

1. 种族特征

从人类学的角度看，种族特征对技术风格的影响较为明显。种族形态与心理特征制约运动技术的发展方向。例如，在足球运动中，欧洲运动员凭借自身优势，在技术上形成大刀阔斧的欧洲风格，而南美运动员从身体形态上与欧洲运动员存在着不同，但在技术上精雕细刻，形成其自身的南美风格。

很多情况下，人体的运动能力还多以基因遗传为主。有研究发现，黑人肌肉中快肌纤维所占比例达到 85%，而其他人种均为 70% 左右；他们快肌纤维收缩速度达 40 次/秒，比慢肌纤维的速度快三倍，这样就可以使肌肉产生快速的收缩运动。所以，黑人运动员爆发力强、弹跳力出色、步频快是受基因遗传影响的。

人体的运动能力虽多以基因遗传为主，但人类的遗传能力又会随着环境的变化而逐渐发生变化。环境的影响主要表现在地理位置、气候等。

2. 民族文化

技术风格在形成过程中同样也受到民族文化的影响。中国的舞龙舞狮风格独特，其技术风格为：竞争中表现出礼让，蛮劲却又不粗野，富于观赏，精神气质追求高尚，呈现东方文明所特有的气质和风范，蕴含丰富的中国传统哲理。保加利亚的艺术体操成套动作编排的艺术性比较强，能够表现出很强的技术风格，这是因为运动员从小就受到艺术的熏陶，参加丰富的训练和即兴表演，形成其独特的风格。所以，技术风格的形成与民族文化的熏陶是分不开的。

3. 特长技术

从一定意义上讲，特长技术的训练促成技术风格的形成，某项特长技术的掌握，特长越显著，风格就越突出。所以选择部分技术结合其他技术练习，也是培养运动员技术风格的关键问题。

4. 运动员的神经类型

运动心理学研究表明，一定的气质类型适合于一定的技术风格。神经类型是气质类型的生理基础，气质类型是神经类型的外在形式。例如，在技术风格中强调"变化的运动员"，要求其自身的神经活动具有高度的灵活性和平衡性，这种风格运动员的气质类型，大多为经典的多血质。

七、处理"学习"因素与"训练"因素的关系

技术学习是技术训练过程的起点和基础，对整个技术训练过程产生重大影响。20世纪60年代初，在美国和加拿大等国形成一门新兴学科——运动技能学（motor-learning）。这门学科具有较高的学术性和实用性，研究重点是技术学习的一般规律。其主要内容包括：运动技能形成模式分析、运动技能学习的一般能力及专项素质、练习前的各种准备、练习的具体措施和教学方法安排、练习后的教学措施、社会及练习中所产生的各种因素对学习的影响。

从特定角度认为，技术训练过程的实质是运动学习的过程。在这个过程中，包括接受信息，形成动作表象，建立动作程序；发出指令，完成动作；反馈和调整动作三个环节。

（1）接受信息，形成动作表象，建立动作程序。在技术动作学习时，运动员通过感觉器官从多种信息源上将所学的动作技术信息传到大脑皮层进行一系列加工，从而形成技术动作表象。由于人的信息加工能力的有限性，神经中枢只能同时处理一组信息，对在这一时期接踵而来的技术，机体对它的反应就会相应推迟或者根本不作任何反应。所以，运动员在学习的过程中掌握重要技能信息的多少、认知能力的大小及学习时机和情绪的控制与把握，对运动学习起着十分重要的作用。

（2）发出指令，完成动作。大脑皮质按照形成的动作方案，向有关运动器官发出指令。运动器官按此活动，完成动作。由于种种原因，开始完成的动作不可能与预定方案完全符合，这就要通过下面的反馈、调节过程进行修正。

（3）反馈和调整动作。反馈信息来自两个方面：一是运动员本身的各种感觉、知觉；二是外部他人给予的信息。反馈信息传导中枢神经系统与原来的动作方案对照，据此调整动作方案，再次发出指令，实施动作。经过多次循环往复才能形成技能。

从一定意义上来说，"学习"效果将直接决定技术训练的效果。所以，在技术训练中，首先，教练员要有选择、有重点地向运动员提供有关动作的信息、详细研究技术的实质及要领，围绕关键技术；结合运动员个人特点和所练技术的掌握情况，确定给予信息的内容、顺序及频率，以使运动员对技术较易形成清晰的认识。其次，注意给予信息的时间。按在运动中给予运动员信息的时间特征，可将它们分为同步信息、快速信息和滞后信息。同步信息应在动作完成过程中给予（如教练员的呼喊）；快速信息应在动作后25 ~ 30秒钟给予；滞后信息则是在练习或比赛后给予。

八、改善动作基本结构，提高技术组合水平

改善动作基本结构和提高技术组合水平，是提高运动技术整体水平的重要途径。技术组合有两层含义：宏观的，是指运动专项技术群中各种技术的组合与连接方式；微观的，是指某一种具体技术内部各个技术环节的连接方式。

对于技能主导类表现准确性项群来讲，提高运动员整体技能水平的主要方式为改善单个技术动作的基本结构和提高单个技术动作的组合水平。竞技比赛对运动成绩的要求比较高，所以说对高水平运动员来讲，这个问题显得更为重要。

在运动组合技术的诸项群中，根据运动技术在临场上的运用形式，可大体将其分为固定组合和变异类组合两大类。

在技战能主导类表现难美性项群中，单个动作的组合构成"动作编排"。其"编排"（组合）水平的高低，也将直接影响运动成绩。例如，在体操项目中，人们一般把固定式组合称为"动作编排"。"编排"（组合）水平的新颖，直接影响比赛成绩。动作编排是否突出，在比赛中起了"龙头"作用，对整个比赛的胜负有着决定性影响。

在技能主导类的格斗对抗性、隔网对抗性及同场对抗性项群中，根据对手的情况，技术的运用除有一定的固定形式外，也存在着变异组合形式。

对于体心能主导类项群来讲，专项技术动作相对单一，所以对各个动作的基本环节精雕细刻，并力求使环节间的联系更加流畅，可以更大限度地发挥运动员的体能水平。

九、重视运动技术创新

运动技术的发展有两种形式：渐进式和飞跃式。技术创新属飞跃性发展。

（一）运动技术创新

运动技术创新是运动技术发展的生命，具有巨大的实践价值。运动技术创新的出现会引起整个运动技术体系的震荡，打破原有的运动技术结构，从而建立新的运动技术结构，让运动在短时间内得到明显的发展。所以，新技术的出现，使得某项目的对抗更趋激烈，项目在比赛中的难度增加，让比赛变得更加绚丽多彩。

运动技术的不平衡性决定运动技术发展的不平衡性，要想与对手形成技术"落差"必须在以往运动技术的基础上率先打破常规，作出创新。而人们对一项新技术的适应掌握需要一个较长的过程，因此，创新者就可以在相当的一段时期内，处于该项目的领先地位。

通过运动技术的创新，即通过研发新技术（指在原理、结构等方面有别于原有技术，其价值在于运动比赛中转换成优异运动成绩的新技术）为目的。

（1）直接提高运动成绩。如竞技健美操中的加难技术。美国经济学家曾提出"胜者全得"（the winner take all）的理论，即在技术上领先一步，即便是一小步，就很有可能在该领域处于绝对优势的地位。这种理论在很大程度上也适用于运动技术的创新，即在特定的历史时期，拥有创新技术的佼佼者将在赛场上掌握较大的制胜概率。

（2）引进或提高制胜因素单个水平以及各因素之间的组合水平。把对某一专项运动成绩有决定性影响的因素称之为制胜因素。在某种意义上，专项运动的发挥与成绩的提高，是制胜因素的单个水平及相互组合水平提升的过程。因此，创新技术的出现，是产生和提高制胜因素的主要因素之一。

中国乒乓球界创新直拍近台快攻技术，日本乒乓球界创新弧圈球技术，从而使速度、旋转两大制胜因素先后应运而生。同样在体操运动中，"旋"技术的创新，迎来了一个"旋"风四起的时代，提高体操制胜因素，同时"难、新"的水平，推动体操训练向高、深方面发展，以力求将几大制胜因素融为一体。

（3）有效地制约现有运动技术。这种情况在对抗类项群中尤为突出。即某项运动技术的创新往往是为了更有效地制约现有的某项运动技术。例如，中国乒乓球队为了稳固自己在世界的霸主地位，创新台内"快点"技术来制约欧洲的弧圈球技术，因此，"创新"是在"对抗"的前提下完成的，其直接目的是在新的对抗中占据优势。从竞技运动的实践和发展来看，如果某种技术或打法被另一种技术或打法"克"住，即产生"克我"，甚至在较长时间内形成一种固有的不适应时，那么被克者总会力争寻找到一种摆脱这种困境的技术或打法，这种"寻找"成为技术或打法创新的动力因素之一。

（4）为了满足运动战术发展的需要。

（5）更加有效地发挥人体潜能。这种情况主要体现在体能主导类项群中。在此类项群中，任何运动技术的开发与创新，都是为了最大限度地挖掘运动员的人体潜能，从而达到"更高、更快、更强"的目的。

（6）构成运动项目竞争战略的主要因素。中国跳水队从 20 世纪 70 年代中期开始对技术动作定出高于国际规则难度表的难度，促使我国在 70 年代后期产生一批国际规则难度表上尚未有的难、新动作，为我国运动员走向世界奠定基础。长期处于世界第二集团的中国艺术体操队为了消除与第一集团的差距，狠抓基本编排这一关键环节，突出、扩大中国对技术价值与完成情况的优势，并以此为龙头带动艺术价值的突破。

（二）运动技术的持续创新

1. 运动技术持续创新的定义与特性

运动技术的持续创新，是指特定创新主体在专项运动技术演变的历史过程中，不满足于单一运动技术的创新，不断地创新并从创新中获取效益的过程。单纯的技术创新很容易被模仿甚至超越，所以只有持续的创新才难以被复制。运动技术的持续创新过程具有下列特性。

（1）时间的延续性。运动技术的持续创新在时间维度上表现为一个延续的过程。

（2）动机激励机制的有效性。创新动机来源于教练员或者运动员对比赛成绩的追求和创新的偏好两个方面，对比赛成绩的追求提供的是创新的外在激励诱因，后者则提供内在激励诱因。所以，动机激励机制的作用主要表现在激发和强化创新行为主体的创新动机、调动创新动力的潜能和使其持久的作用。

（3）竞技效益的不断获得性。在创新理论中有一种思想，即"创新旨在获取潜在的利益"，所以说运动技术的持续创新的直接目的是持续获得最大化的竞技效益，争取持续地获得优异的运动成绩。

2. 运动技术持续创新过程的多维支持系统

运动技术持续创新的背后一定有强大的系统在支持，这是运动技术持续发展的必然。我们把这个由训练实践支持、政策及决策导向支持、理论支持、战略支持、创新人员与组织支持等多种因素构成的系统，称为多维支持系统。

（1）训练实践支持。迄今为止，世界乒坛有关打法、技术、工具与仪器、训练方法等方面的发明和创新共有 37 项，其中中国队创新 21 项，占 57%，居世界首位。正是与世界高端技术接轨，与世界顶级运动员同场竞技，铸造中国乒乓球力求不断创新过程的实践基础。

（2）政策及决策导向支持。所谓运动技术政策，主要是指项目主管部门（如有关国际体育组织、国家体育总局项目管理中心、项目协会等）为推动运动技术发展而制定的带有法规性质的奖励（或鼓励）条例。所谓决策导向，是指项目主管部门及项目主要决策人（决策人群体）为推动运动技术创新而提出的指导性工作思路、工作意图等。基于对运动技术发展规律认识基础上的技术政策及决策导向，对专项运动技术的发展起着非常重要的作用。例如，国际体操联合会规定以创新者命名的各种技术动作，如土家原跳、京格尔空翻、托马斯全旋、李宁摆上、童非移位、李小鹏跳等。这类政策的制定，充分体现有关方面对运动技术创新的高度重视，并给予莫大的支持和肯定，为运动技术的持续创新创造良好的环境。

（3）理论支持。运动技术持续创新的理论支持主要表现在：第一，全面总结运动技术持续创新的实践经验，大范围、更深层次上对创新成果卓有成效的推广。第二，理论发挥的先导作用。近些年来，在运动技术创新的理论研究方面都更为深层次的探讨，如对创新的意义、范围、具体技术预先设计的探讨。

（4）战略支持。正确的运动技术发展战略基于对专项运动技术发展规律的正确把握，同时也对运动技术的发展起着导向作用。毋庸置疑，在运动技术的发展过程中，"创新"是我国乒乓球队长期关注的重大问题。长期以来，中国乒乓球对运动员技术方面的战略性要求是"特长突出、技术全面"。"中国队一开始就认识到，在乒乓球制胜系统中，'技术'因素占据着主导地位，这种地位是其他任何因素都不能替代的。从某种意义上说，乒乓球选手间竞技能力的较量，可堪称双方技术水平的较量。在训练指导思想上，中国队把'特长突出、技术全面'列为核心，并在30年时间内长此以往坚持下去，此举在多次世界大赛中，获得了极为明显的效果"。

（5）创新人员与组织支持。竞技运动的实践证明，特定创新主体是否具备较强的持续创新能力，是这个主体能否在专项竞技中攀登高峰保持优势的重要环节（在特定历史阶段，或是主要环节之一）。这种能力是指"创新活动以各种形式的组合在实践上的延续和发展，它体现出的是持续创新的动态性"。运动技术创新主体的持续创新能力与特定的政策环境、科技环境、人文环境处于双向互动态势：一方面，持续创新能力的增强有赖于前述三种环境的良好营造，如大量的政策性扶持、人员、经费与时间投入以及团队合作等；另一方面，由于持续创新能力增强后所引发的"创新技术—实践效果"的一连锁的积极反应，同时引起各方面更多的关注和支持，招来更多的投入和赞助，对环境、场地设施等的进一步改善提供良好保障。通过对其调查研究发现，我国乒乓球之所以能在各方面持续性创新，很大程度上取决于它所拥有的这个优秀的运动技术创新群落。运动技术创新群落是以运动专项为关联基础，由相互作用、相互影响、相互支持的创新者有机构成的社会"生态群落"。"生态群落"是专项运动技术能够坚持持续创新的重中之重。我国乒乓球之所以能够在相当长的历史时期里持续不断地对运动技术孜孜不倦地创新，最重要的因素之一，便是拥有一个极为优秀的，一直在良性运转着的，由优秀教练员、运动员、科研人员、体育院校及其他学校乒乓球高级专业教师、项目管理者等构成的运动技术创新群落。用组织行为学的观点考察这个群落，可以发现其中始终保持着良好的"创新生态环境"、呈现出"目标集中、协同竞争、功能互补、力处高端"的良好群落行为特征。

把"先实践后论证"的运动技术创新模式称为传统模式。这种传统模式在项目发展的过程中将持续发挥作用。但是，这一理论没有理论的先导，所以还存在着很大的盲目性，人们在运动技术创新过程中投入的时间成本较大，偶然性亦较大。运动技术创新在运用的过程中带有较大的不确定性和风险性，因此，预先计划有助于减少创新风险和不可预见性。

（三）运动技术创新缺损的原因及相关训练对策

1. 创新缺损的定义及原因

运动技术创新缺损指某一特定历史阶段由于某些原因没有出现创新的现象。原因主要有以下三个。

（1）运动技术发展的内在规律导致创新在某一历史阶段出现缺损。运动技术创新是运动技术发展的重要形式，在创新的过程中必须服从运动技术发展的内在规律。要沿着客观辩证法的方向进一步并有其发展的顺序性。在一定的范围内，技术的发展在达到一定的峰值时，会徘徊不前，甚至还会出现暂时下降能动的局面。所以，运动技术的创新总是呈波浪形的：新技术的孕育表现为波谷，新技术的物化（指为人们所掌握和应用）表现为波峰，孕育和物化，都有一个时间过程。

（2）人们的思维模式对运动技术创新的认识具有阶段性，必然导致创新在某一历史阶段出现缺损。运动技术的创新与发展依赖于人们对运动技术的认识水平，必须沿着主观辩证法的方向进行。这主要表现于人们对运动技术创新的价值、动力机制、约束条件等方面的认识过程。人们对运动技术的认识达到一个峰值后，自然而然会出现一个徘徊的时期。从现实情况看，专项运动技术的发展及人们对这些技术发展的认识，达到时代容许的峰值后，即会出现创新缺损的现象。想要向更高水平的发展，只有尽量缩短"波谷期"，在徘徊中快速准确地找到"突破口"，跃上新的高峰。

（3）主体自身原因导致创新缺损。运动技术创新缺损在某种角度上是由于创新主体创造性缺损所致。创新主体的创造性是创新点的前提。这种创造性受创新观念、经验知识、理论知识的积累、革新创新方法的影响，即以上条件是否较为完善的具备，直接制约创新主体的创新能力，进而制约运动技术创新活动。

2. 运动技术创新缺损时的相关训练对策

运动技术按照其自身发展的内在规律进入创新时，为了保持高的运动水平，取得优异的运动成绩，应采取以下对策。

第一，从改善技术与战术、技术与运动素质、技术与心理、心理与战术等关系入手，提高运动水平。

第二，通过完善原有的运动技术，提高运动技术水平。运动技术水平并不完全等同于创新技术的水平。运动技术水平的提高，可以通过另一条道路对原有技术的完善来进行。对高级运动员来说，想要提高运动员自身运动技术的整体水平，不仅要对单个技术精研细磨，还要花大力气改善技术结构。

（四）关于运动技术预见

1. 预见的含义及其层面

运动技术预见（sport technique foresight），从英文的解释来说有"前瞻、展望、预测"等意思。但从目前运动技术的研究状况看，已不能就技术论技术，而是与科学、社会、教育乃至经济紧密结合的"大科技"意义上的运动技术。这里的"预见"包括单纯的预测未来、理性选择未来、主动塑造未来的意义。

准确的运动技术预见，是在制定正确的运动技术发展战略和适宜的运动技术策略中，成为有针对性，并且有效地指导运动技术训练实践的重要前提。通过对运动技术预见理解，人们将逐渐地把运动技术演变过程纳入自己的理性把握之中。尤为重要的是，运动技术预见也将成为运动技术创新的引导者。

运动技术预见包括以下三个层面。

（1）对其运动技术自身结构完善的预见。例如，有运动技术质量方面的提升及可能出现的新技术等。

（2）对于运动技术与项目发展以及运动员有机体发展之间的研讨。

（3）对于运动技术的发展与其所处大环境之间的全面探究。

在科学技术理论研究的过程中，把此层面称为运动技术预见的"第三代"活动。该层面所讲的运动技术预见的含义，是指以与社会有关的科技、文化、经济、教育活动等为背景，来探究运动技术的发展趋向。针对这一层面的探究，已打破以往"运动技术环境"的狭小范围（本文作者于1990年在《运动技术》中曾指出："所谓技术环境，是指一个群体（国家、地区或运动队）的整体技术水平"），在更大的参照系中考察运动技术的发展问题。

2. 运动技术预见需处理几种关系

（1）首先处理运动技术预见与竞赛规则发展预见的关系。竞赛规则是依据人体竞技运动和社会行为的规律，在竞赛执行中所制定的行为规范。运动技术预见与竞赛规则发展预见是一种双向互动关系。一方面，运动技术的发展必须依附于竞赛规则的约束，方能顺利进行；另一方面，运动技术的发展在一定的历史时期，又会推动竞赛新规则的制定与修改。虽然运动技术是推动竞赛规则修改的一个动因，但并不是唯一动因。在此基础上，经过系统修改后的规则将会对运动技术的发展提出新的要求，这种要求往往从"既限制又诱导"两个方面表现出来，那么，运动技术的创新也将面临巨大的挑战。例如，世界乒乓球运动近年来两次重大的规则修改，即"大球制""无遮挡发球制"，前者适当限制球速，后者适当限制发球威力的过分强大，由于两者均诱导比赛向"多回合"发展，力求增大比赛的精彩性和可观赏性，吸引更多的观众。正是由于中国乒乓球界在这方面作出卓有成效的贡献，运动技术训练能较快地适应新规则的发展需求，从而保持运动技术长盛不衰的势头。更值得称赞的是，我国一些运动项目对这方面的专门性研究开始增多，并且不断深入探究。如艺术体操界的专家在谈到必须注重创新动作的发展前沿时写道："竞技与难度是不可分割的，难度是竞赛项目最基本的要素，难度的创新动作就是技术的创新，要符合难、新、绝的特征，这样的难度才具有竞争力。难度动作的选择对于运动员来说不是轻而易举的，必须有预见性地理解规则精神，把握现代竞技艺术体操的发展前沿……这样才能敏锐地察觉和预见在未来比赛中可能出现的潮流动作或应该出现的前沿技术。"武术界的学者在论述竞技武术奥运发展理论时，将"技术发展理论"和"规则发展理论"列为其中最重要的部分。

（2）处理运动技术预见和社会发展预见的关系：运动技术的发展变化有其明确的目的性与实践性。运动员除了作为竞技能力的主要体现者，或重要构成部分在运动竞赛中争胜夺标之外，"服务于社会"也是必须涉及一个重要因素。社会需求包括市场需求、精神文明需求、大众审美需求等。在竞技体育日趋市场化、商业化之际，以运动技术为主要内容的运动项目如何去适应相应的社会需求，是运动技术预见活动必须面临的课题。

学者田麦久曾于雅典奥运会后提出"享受奥运"的观点。他指出："享受竞技，享受奥运，是人类竞技体育理念的一大亮点。从人类高层次的需求来看，可以说，享受奥运与参赛奥运同等重要。竞技体育是人类对于自身运动能力的挑战，是人类对健与美理想的追求，是人类现代文明发展的展示。观看优秀运动员竞技场上的表演，无论是激励和惊喜，还是期待与失望，都饱含着情感的起伏，都是人生难忘的经历。参与竞技，观赏竞技，是真正的人生享受。享受奥运是体育的升华，是文明的进步。"

综上所述，在运动技术预见活动时，既要避免"技术虚无主义"，又要避免"技术至上主义"；既要充分考虑运动技术发展的内在变化规律，又要考虑社会大众对运动技术快速发展的可接受程度，在两者之间维持一种适度的张力。

（3）处理运动技术预见与关键技术选择与把握的关系：从严格的意义上讲，关键技术的选择与把握是运动技术预见将要达到的目的之一，对关键技术发展导向问题的聚焦点，不仅具有一定的理论价值，更具有较强的实践价值。

关键技术具有极强的层次性以及恒常性与动态发展性相结合的特征。

关键技术具有较强的层次性，这种特征表现为以下三个方面。

其一，项目共通性。这种性质在体能主导类项群及技能主导表现难美、技能主导类表现准确类等项群中表现得非常充分。即运动员欲攀本项目高峰，必须高标准、高规格地掌握这些技术。例如，跳水运动中的"压水花"技术、田径中跳跃运动的踏跳技术、体操运动中的空翻技术、艺术体操运动中身体与器械的结合技术、射击射箭运动中的撒放技术等。此类运动技术也成为"技术关键"。此外，在技能主导类格斗性项群中此种特征也存在于某些技术之中。

其二，位置（打法）共通性。这种性质主要存在于技战能主导同场对抗、隔网对抗类项群中。即某一特定位置或某一特定打法的运动员（队）必须具备的技术，如篮球运动中的中锋技术、羽毛球运动中的杀上网打法中的后场上手球技术和上网技术等。

其三，个体差异性。任何运动技术都必须遵循科学性原理，具有运动的规范性和个体的动作规格。然而，由于运动员在身体形态、运动素质等诸多方面都存在着个体不同的特点，因此，运动技术因人而异，也具有个体差异性。对每个运动员来说，最合理的技术动作都不会完全相同，都具有鲜明的个性特征。我们在探讨关键技术问题时，同样必须注意上述个体差异性质。

运动技术评价

运动技术评价是，评价者运用现在的科技手段对运动员在完成技术上存在的问题作出科学合理的评价，为实现运动员理想的技术状态提出意见和建议。了解运动技术评价参数的参数指标，掌握常用的运动技术评价方法，可以为运动成绩的提高提供理论依据。

一、运动技术评价的目的任务和基本标准

（一）目的任务

运动技术评价是指对于运动技术的掌握或完成状态予以描述和评定的活动。评价者（通常为教练员、科技人员等）在科学评价理论指导下，运用现在科技手段或依据自身经验发现、描述（定性或定量的）评价运动员在技术上存在的问题，并为运动员实现理想的或满意的技术状态提出指导意见和建议。

运动技术评价的任务是帮助运动员掌握动作，提高技术质量，探寻新技术和论证创新动作的可行性，从而达到提高其运动水平的目的。

（二）基本标准

实效性（结果）评价和合理性、经济性（过程）评价是运动技术评价的两大基本标准。

实效性是否创造优异的运动成绩，是评价运动技术的主要标准。合理性是运动技术应符合生物学及心理学规律。经济性是在最大实效性的前提下尽可能节省身体能量。在很多情况下，合理的、经济的技术会取得良好的效果，这在体能主导类项群、技能主导类项群表现难美性及技心能主导类表现准确性项群中尤为突出；但在另外一些情况下（主要在技战能主导类格斗对抗性项群、隔网对抗性项群和同场对抗性项群中），尽管实效性同合理性、经济性同样存在密切关系，但由于对手的干扰和不可避免的偶然因素，良好的技术效果却不唯一来自合理的、经济的技术完成过程。因而，有必要从实效性、合理性和经济性等方面对运动技术给予完整评价。

二、运动技术评价的指标

（一）生物学与社会学指标

运动技术的评价可以从自然科学和社会科学的不同角度进行。例如，在评价体操技术时，不仅要分析其是否符合生物力学、生理生化规律，而且，还要评价其是否符合美学规律等。一般采用生物学评价的情况较多。

（二）质量与数量指标

运动技术的数量反映运动员掌握技术动作的全面性和多样性。运动技术的质量可以用内外两组指标评价。内部指标是指技术动作是否合理和经济；外部指标是指技术动作是否"实效"。合理的运动技术是由各种因素构成的，因此在评定运动技术质量和效果时要全面考虑到各方面的因素。

三、运动技术评价常用的方法

（一）定性评价与定量评价

1.定性评价

定性评价是对于运动技术质的特征进行的评价，以观察法为主要手段。采用观察法时，要注意观察的客观性、系统性和精确性。客观性将保证获取的相关运动员技术情况的信息是可靠的；系统性是指观察必须按运动的计划顺序进行，从而保证观察的全面性。精确性将排除错觉、幻觉以及任何主观因素的影响，发现相似事物中的微小差异，从而使观察结果符合实际。采用观察手段评价运动员技术状况时有两种途径，即在运动员完成动作的现场直接观察、评价和借助于录像技术在间接观察中评价。

2.定量评价

定量评价是对于运动技术的量的特征进行的评价。主要依靠仪器设备，对运动员运动技术的各种生物学特征（主要是生物力学特征）定量描述与评价。此种评价方法，是评价者在技术评价活动中，单凭经验已经不足以解决问题时采用。定量评价采用"理论模式分析"和"实测"两种具体方法。

"理论模式分析"方法是把运动中的复杂人体动作，一系列地简化性假设，建立技术动作的数学或生物学模型，是对完成动作的技术规律或者理想状态的同态性表述与理论概括，使用生物力学或经典力学的方法对技术动作分析评价。所推导出的理想技术模式和计算的各种理论参数值，可以作为判断运动员动作技术优劣的重要依据。特别需要指出的是，此类模式分析所给出的信息，具有一定的局限性或条件性，目前尚无法协调精确量化与复杂人体系统两者之间的矛盾。因此，在对此运动模式技术进行评价时，应充分考虑到一系列简化性假设可能带来的误差。

"实测"方法是要研究动作的数量特征，对技术精确的定量分析，理想的办法是采用应用现代科技手段对技术动作直接检测，以获取技术评价所必需的人体运动学、动力学、形态学和功能解剖学等方面的参数。

技术检测可分为实时与非实时提供评价结果两类。前者指由电子计算机控制检测过程与数据处理的自动化检测系统。其特点是现场测试，即时打印（或显示）检测结果，给出定量的参数信息，甚至提出改进技术的意见或者建议（运动技术处方）。这类自动化实时检测系统，可以是多机同步系统，也可以是功能单一的单机系统。后者是指在运动现场采集必要的信息、加工处理的检测方法。如高速摄影图片分析或应力波形曲线分析时，由于需要对胶片或波形技术进行处理，一般少则一天，多则一两周，才能向诊断对象提供评价依据。

（二）运动学评价与动力学评价

1. 运动学评价

运动技术评价中的运动学测定包括对技术动作的空间特征、时间特征及两者共含的时空特征的描述与评价。如表 6-1 所示。

表 6-1　运动学评价常用参数

类　别	参　　　　　数
空间位置	位置坐标值（人体或某一环节的位置） 运动轨迹（是动点在给定的参考系中的几何位置） 持续时间（动作过程运动时间的量度）
时间特征	运动节奏（运动中各部分时间之比） 运动频率（单位时间内动作重复的次数）
时空特征	速度（运动点位置坐标随时间变化的值） 加速度（描述人体或某一环节运动速度变化的时间量度）

2. 动力学评价常用参数

运动技术动力学评价包括对人体惯性特征、动力特征及运动能量特征的描述与评价（见表 6-2）。

表 6-2　动力学评价常用参数

类　型	参　　　　　数
人体惯性特征	质量（人体平动时惯量的量度） 转动惯量（转动时人体或转动环节惯量的量度）
动力特征	力（质量与该力引起的加速度的乘积） 力矩（力对物体转动作用的量度） 力的冲量（力对时间的积分） 力的冲量（转动中对给定轴的力矩在给定时间间隔内作用的量度） 动量与动量矩（分别描述人体或某一环节在平动与转动中运动状态的动力学量度）
运动动量特征	功、功率、动能、势能等（用以描述人体由一种运动形式转换为另一种运动形式时物质运动的量度）

要获取动力学评价参数，除根据已知条件，如体重、速度（或高速摄影图片等）推算评价外，目前多采用测力平台或各种自建的测力装置或测力系统，对运动员的用力过程直接检测。目前，国内由瑞士引进数台 KISTLER 三维测力台作为检测手段，完成一批技术诊断研究成果。此外，四川、辽宁等省也分别与其他科研单位合作，在不同水平上完成我国第一代三维测力平台的研制。

3. 多维测试与综合评价

随着现在运动训练的发展，单一的测试手段和角度已表现出局限性，多维测试应运而生。多维测试指运用多种手段，从多种角度对运动技术进行测试。通过对多维测试所获取的多种信息综合评价，可对运动技术作出更为透彻和准确的分析与评价。因而，这种方法是技术评价的发展方向。

四、不同项目运动技术评价特点

不同项目运动技术各有自己的特点，对其评价的工作也有不同的要求。因此，便形成运动技术评价项目类型特征。

（一）按预定动作参赛的项目

该类项目的共同特点是，运动员严格按预先练就的动作参加比赛，完成动作时一般不受环境及对手的直接干预，具有很大的主动性。其技术评价的主要特点是，以分析与判断单个动作的合理性与先进性为主，评价者诊断运动员的动作形态、用力的时间、方向、量值等功能解剖学特征，提出改进技术的意见或建议，帮助运动员接近或达到动作技术的理想状态。

（1）以单一动作参赛的项目。走、跑、游泳、速度滑冰、长距离滑雪、划船、自行车；跳、投、举重、射箭、射击等。

（2）以成套或多个工作参赛的项目。体操、武术套路、艺术体操、技巧、花样滑冰、花样游泳等。

（二）参赛动作无严格预定形式的项目

该类又分为格斗与球类运动两个亚类。无论是格斗还是球类项目，其共同特点是虽有赛前练就的基本动作，但比赛时个人动作在很大程度上受对手及同伴行为的制约，完成动作技术难以按预想的程式进行，往往需要根据赛场千变万化的实际情况，随机应变采取对应动作，即参赛动作无严格的预定形式。格斗类项目如拳击、击剑、摔跤、柔道、散打等。球类运动又可分为同场对抗及隔网对抗两个亚类，前者如篮球、足球、手球、水球、冰球、曲棍球、棒垒球等，后者如乒乓球、羽毛球、网球、排球、毽球等。王萍（1988）对不同项目运动技术的评价特点作了简明的归纳比较（见表6-3）。

表 6-3　不同运动项目技术评价的特点

项　目	特　征	技术评价特征
走、跑、游泳、速度滑冰、长距离滑雪、划船、自行车	1. 动作呈周期性重复,体能对比赛成绩起决定性作用 2. 以竞速为目的 3. 动作形式较单一,稳定	1. 以分析评价单个周期动作技术的合理性为主 2. 高水平运动员技术评价的要求高,对技术检测的依赖性大 3. 技术检测主要用于技术已经熟练,用经验难以找出技术问题之时 4. 技术评价的目的及效益主要表现为使运动员获得更大的前进动力和速度 5. 有些项目还需评价技术及运动器材与水、冰、雪、空气等介质的关系
跳、投、举重、射箭、射击	1. 比赛仅用一个动作或重复若干次决定成绩 2. 动作形式稳定 3. 主导因素前三项是体能,后两项是技能	1. 技术评价主要研究各技术环节的整体效应,保证瞬间动作发挥最大的效益 2. 技术水平越高,评价时对检测技术的依赖性越大
体操、武术套路、艺术体操、技巧、花样滑冰、花样游泳、跳水	1. 动作的技术性强,以表现动作技巧,追求难与美的结合 2. 动作的种类多,数量多,技术动作创新较快	1. 技术动作有鲜明的个性,评价结果因人而异 2. 评价时对技术动作的合理性,完美性及可观赏性应全面考察 3. 技术评价在各级教学训练中占的比例极大
拳击、摔跤、柔道、散手、击剑	完成动作的目的是击中或击倒对手,使自己得分及防止对方得分,比赛时受对方制约,变化甚多	1. 初级运动员主要评价技术的合理性,常在一般情况下进行评价 2. 高级运动员主要评价技术的实效性及命中率,常在实赛的激烈对抗中进行评价 3. 高级运动员技术评价常采用各类反应时及测力、测速等手段以获取相应参数,以补经验评价之不足
乒乓球、排球、网球、羽毛球、藤球	完成技术的目的是打破对方防守后得分及阻止对方得分,因此在比赛中受对手及同伴行为制约,技术动作变化多	1. 初级运动员主要在非对抗情况下单个评价技术的合理性,正确性 2. 高级运动员主要在对抗及实战情况下评价技术的实效性及命中率与成功率等,可用临场统计及录像技术完成此项任务 3. 常需用光电技术检测手段等研究技术动作与运动员所持器械及球的飞行运动的关系

项　目	特　征	技术评价特征
篮球、足球、手球、冰球、水球、曲棍球、棒球、垒球、马球	完成技术的目的是打破对方的防守后得分及阻止对方进攻得分，比赛中完成的动作受对手及同伴制约，对抗激烈，因而完成技术的外部条件比较困难，技术动作在临场的变化较多，运动员常有即兴的动作表现	1. 初级运动员主要在非对抗情况下单个评价各类技术动作的合理性、正确性 2. 高级运动员主要在对抗及实战情况下评价技术动作的实效性，即命中率及成功率，可用临场统计及录像技术完成此项技术任务 3. 对检测技术的依赖性较小，主要依靠评价者的经验完成技术的评价工作 4. 多数项目存在的位置技术，故需开展位置技术的评价工作

　　总之，在技术评价过程中，不仅要充分考虑运动技能形成过程中不同阶段和不同运动项目特征的技术评价，而且还要重视技术检测的可靠性、有效性、客观性、可接受性以及技术评价分析时的整体性和及时性原则。这样可以使教练员和运动员准确而及时地得到各种反馈信息，不断改进技术、提高核心技术、完善和调控技术训练的过程，取得理想的技术训练效果。

本章小结 — SUMMARY

　　本章主要阐述运动技术的定义，介绍运动技术的构成、基本特征、原理、影响运动员技术能力的决定因素及评价指标。指出运动员技术能力的决定因素主要包括主体因素和客体因素两个方面，运动技术评价的常用方法包括定性评价和定量评价、运动学评价和动力学评价、多维测试与综合评价，总结不同项目运动技术评价的特点。阐述技术训练的常用方法，提出运动技术训练过程中应遵循的九大基本要求，为运动员技术能力的提高提供有力保障。

思考题 —

1.简述运动技术的定义及其构成。

2.简述技术训练常用方法及其意义，举例说明。

3.运动技术训练的基本要求是什么？

4.运动技术训练中，内部机制和外部机制分别指什么，以及如何处理合理的内部机制和正确的外部机制？

5.什么是技术风格，技术风格对比赛有什么影响？

案例分析 —

梅里特改进起跑技术重返巅峰

　　梅里特此前曾练过体操、短跑，一次机缘巧合下改练跨栏。体操和短跑这两项运动为其跨栏打下的坚实基础，让他顺利转型。2011年大邱世锦赛，26岁的梅里特仅取得第5名，在那次比赛中，他看到伤愈复出的刘翔通过"八改七"技术重返巅峰，于是他决心仿效。2004年，梅里特取得世青赛110米栏冠军。不过在跨栏整体水平很高的美国田坛，他此前的表现并不起眼，2009年的柏林世锦赛他连决赛都没进入。2012年之前，梅里特的最好成绩是2007年跑出的13秒09。自"八改七"起跑技术成功运用后，梅里特曾幻想过打破世界纪录，"我知道有一天我会打破这个纪录，但是不知道是什么时候。我曾经变得越来越沮丧，一遍又一遍地重复练习着。"

　　而这一改梅里特竟然杀出一片新天地——今年的土耳其室内世锦赛60米栏比赛中，他以7秒44夺冠；伦敦奥运会他以12秒92

摘得金牌，成为近20年来年纪最大的110米栏奥运冠军，如今又将世界纪录揽入怀中。

跳高姿势的演变及创新

跳高运动，在田径运动各个项目中，是技术比较突出的一个项目。1800年，跳高是苏格兰高地运动会的比赛项目之一；1864年，在"牛津——剑桥运动会"上第一次出现"跨越式"跳高的方法。1896年的第一届现代奥运会上男子跳高也被设为正式比赛项目；1928年阿姆斯特丹第9届奥运会，女子跳高被设为正式比赛项目。经过长期的实践，跳高技术在"实践—认识—再实践—再认识"的过程中不断发展，跳高姿势也经历了"跨越式—剪式—滚式—俯卧式—背越式"的演变过程。

一、跨越式（1864年，见图6-1）

图6-1 跨越式

英国的罗伯特·柯奇首先采用跨越式创造1.70米的世界纪录，1890年在英国的伦敦又创造1.97米的新纪录，30年中提高27厘米。

二、剪式（1895年，见图6-2）

图6-2 剪式

1895年在"挺身跨越式"的基础上，改进成"剪式"。1900

年在第二届奥运会上，巴克斯捷尔用剪式越过 1.90 米的高度，获得跳高冠军。尔后，剪式技术得以盛行。我国跳高女将郑凤荣 1957 年 11 月曾用剪式技术以 1.77 米的成绩打破女子跳高世界纪录。1963 年她又以 1.78 米的成绩再创中国女子跳高全国纪录。

三、滚式（1912 年，见图 6-3）

图 6-3 滚式

这一技术是美国运动员霍拉英（又译为"G·霍林""格欧秀·霍拉茵"）于 1912 年创造的，因此也称"霍拉英式"。他用这种姿势越过 2.01 米的高度，从此跳高成绩突破两米大关。在之后的 20 多年时间里，各国运动员竞相采用"滚式"方法，并使跳高成绩不断上升。

四、俯卧式（1923 年，见图 6-4）

图 6-4 俯卧式

1923 年，苏联运动员伏洛佐夫又创造出"俯卧式"跳高技术，这种新型技术动作很快就被田径选手们所接受。1941 年，美国运动员斯蒂斯（又译为"斯特尔·司蒂斯"）用这一姿势越过 2.11 米后，跳高成绩提高很快。我国运动员倪志钦曾用这种姿势越过 2.29 米，打破当时男子跳高世界纪录。1978 年，苏联的雅辛科（又译为"亚申科"）又用该姿势将室内世界纪录提高到 2.35 米。

五、背越式（1965 年，见图 6-5）

图 6-5 背越式

　　1965 年 18 岁的福斯·贝里用背越式技术越过 2 米的高度，1967 年美国的 R·福斯贝里用背越式跳过 2.24 米，又在 1968 年墨西哥第 19 届奥运会上以相同成绩夺得冠军，尔后背越式也称"福斯贝里式"。到 1984 年，我国选手朱建华用此姿势三次打破世界纪录，成绩分别是 2.37 米、2.38 米和 2.39 米。瑞典运动员帕特里克·舍贝里 1987 年又用该姿势创造 2.41 米和 2.42 米的世界室内、外世界纪录。截至 2007 年 5 月 1 日，古巴的索托马约尔保持着室外世界男子跳高纪录 2.45 米和室内世界男子跳高纪录 2.43 米。保加利亚的科斯塔迪诺娃保持室外世界女子跳高纪录 2.09 米，德国的亨克尔保持室内世界女子跳高纪录 2.07 米，都是采用背越式创造的。

第七章
运动员战术能力与训练

【学习任务】

　　本章主要阐述运动员的战术能力和训练方法，战术是竞技体育比赛的重要组成部分，良好的战术素养是优秀运动员的基本素质，本章详细叙述战术的概念、分类等方面的知识，同时讲解训练方法、战术方案的制订等内容。

【学习目标】

1. 能掌握运动员战术的概念，理解战术内容的构成和分类。
2. 学会战术方案的制订。
3. 了解战术训练方法和基本要求。

　　"战术"一词原本是军事术语。运动竞赛就其对抗性本质而言，就是一种"对局"，是一种"博弈"。竞技战术的发源、形成以及发展，都是和军事学、谋略学的影响密不可分的。因此需要教练员、运动员多涉及并学习一些军事学、谋略学上的知识。如：出自《孙子·谋攻》的"知己知彼，百战不殆"；还有"兵不厌诈、避实击虚、出其不意、攻其不备、虚虚实实、真真假假等"都是竞技战术中常用的计谋。

第一节 竞技战术概述

竞技体育战术已成为体育运动比赛取胜的重要原因，有时可能成为决定性因素。在竞技体育研究领域中，对体育战术的研究极其丰富，但具体而言，还仅限于单项运动项目比赛战术的研究，对竞技体育战术的整体研究匮乏，且大都是局限在比赛中战术方法的研究，所以缺乏全面性和系统性。对竞技体育战术全面、系统、科学的研究，是现代竞技体育运动发展的需要。

一、竞技战术的定义

竞技战术是指在比赛中为战胜对手或为获取期望的比赛结果而采取的计谋和行动。

二、竞技战术的构成

竞技战术由战术理念、战术指导思想、战术意识、战术知识、战术形式和战术行动等构成。

1.战术理念

战术理念指对比赛战术理解、战术成效及应用条件等认知与思考后形成的理念。战术理念的形成与运动员、教练的竞赛经验、个人素养、认知方式和思维方法等有着密切的联系。运动员、教练员的战术理念对其战术制定、战术思考、战术执行等战术活动有着重要指导意义。

2.战术指导思想

战术指导思想指在建立在战术观念的基础上，根据比赛情况提出相应的战术运用的理念和准则。基于对战术规律的认识，指导思想是对战术执行的规范或约束，明确地体现战术制定者的战术观念。

3.战术意识

战术意识又称战术素养，是指运动员在比赛中为完成战术目的而选择自己战术行为的思考过程。具备较强战术意识的运动员，一般体现在面对复杂多变的比赛环境能及时准确地根据临场情况，随机应变，迅速而准确地决定自己的战术行为（包括个人行动及与同伴的配合行动）。

4.战术知识

战术知识是理解和运用具体战术的基础。教练员、运动员的战术知识储备的广度与深度，直接决定其指定战术方案的合理性、灵活性和有效性。

5.战术形式

战术形式指战术活动中具有相对稳定的形态和结构的行动方式，如篮球战术中的掩护、盯人、联防等形式。

6. 战术行为

战术行为指为达到特定战术目的而采用的动作、动作系列或动作组合。

三、战术的分类

1. 按参与战术行动的人数分类

确立这一分类标准至少考虑两个基本点，一是执行相同战术任务，二是参与行动的人数的多少。由此标准可以分以下三种类型。

（1）个人战术。个人战术是指一个人参加和完成的，为完成某个战术任务所采用的各种行事方法。个人战术主要体现和应用在一对一的竞赛项目和个人运动项目之中，例如，网球、游泳、体操、马术和跆拳道等项目的个人比赛。个人战术在运动项目中有不一样的展现方式，在个人的项目之中，个人战术主要按照对手的特点和比赛的情况采用有针对性的战术。在这些项目中，比赛双方相互制衡，又相互击破对手的制衡，在这种制衡与反制衡中，个人战术主要以控制对手而不被对手控制为其主旨，如 2006 年温布尔登网球公开赛中，中国的李娜针对法国选手阿扎诺性格内向、冷静、技术全面的特点和擅长防守还击的打法，运用假进攻、假紧逼的战术，使对手的防守还击难以有效，趁对手拿捏不定时突然施以快攻，结果以 6∶2、6∶0 获胜。在其他个人项目之中，其个人战术的最基本的出发点是由运动员本身的特点而决定的。

（2）小组战术。小组战术主要是指几名运动员相互完成同一个战术任务，运用协同合作所完成的各种行动方法。在团队运动竞赛项目中，小组战术是一类非常重要的战术，它几乎贯通于整个竞赛过程的始末。

从人员构成的特点来看，小组战术通常有固定配合和随机配合两种不同的表现方式。乒乓球、羽毛球、网球等项目的双打比赛，是固定配合的典型。随机配合方式是在人员搭配的数量上可多于两人，并且不局限配合人之间的关系。因此，随机配合方式具有很大的灵活性和变通性，在整个行动过程中，随机有可能参与更多的人员或者使一种战术形式转化为另一种战术形式，这种变通性和灵活性给对手的判断带来很大困难。随机配合方式在多人参加的团体项目，如篮球、排球、足球、冰球、水球、曲棍球等项目中表现得尤为明显。在体能类竞赛项目中也有这种小组战术，如自行车团体赛的领先战术、长跑和竞走中的领跑战术等，这种小组战术主要是通过同队队员领先的方式，有意识破坏对手的习惯性节奏，为同伴的最后冲刺创造条件。

（3）团队战术。团队战术，是指参加比赛的同队的每一个队员，按事先的分工和统一的部署共同完成各种战术行动方法。这种战术也称全队战术，它反映一个队的整体的打法，在团竞赛项目中表现得尤其明显。

团队战术的典型例子是阵形，比如，手球运动之中的"一五阵型""一线防守""盯人防守"等；篮球运动中"2—3"联防、"3—2"联防、"2—2—1"联防以及全场盯人、半场盯人、区域紧逼等；足球运动中也有"4—2—4""4—3—3""4—4—2"等布阵方式。通常，在团队战术中也包括个人行动和小组行动，但在团队战术中，个人行动和小组行动都要符合整体行动的需求，并按一定的规则和原理实行，不然，个人的行动就会破坏团队战术的整体性，使布局出现漏洞，给对手可乘之机。

2. 按战术的攻防性质分类

在对抗性的竞赛项目中（包括球类项目和一对一项目），进攻与防守战术是组成整个战术系的基本元素，它们是统一在竞赛过程中的一对主要矛盾。运动员的整个活动过程几乎都是由这两种二选一的行动所组成，即除了进攻就是防守。因此，在这一类项目中，所有的战术或者被归为进攻一类，或者被划为防守一方，故而可以把战术分为进攻性战术和防守性战术两种基本的战术类型。

（1）进攻性战术。进攻性战术是指以得分为目的行事方法。这种战术通常在己方控制球或对手出现某种弱点和漏洞时运用。无论是在球类项目中还是在拳击、摔跤、击剑、散打等一对一项目中，进攻性战术往往都具有主动的含义，因为在这些项目中，只有进攻才有可能得分，换言之，要得分就必须进攻。因此，进攻性战术都是围绕着如何得分这一具体的行动目标而实施的。

从组织方法上讲，进攻性战术通常有个人进攻和配合进攻之分，个人项目是以个人进攻战术为基本行动，团体竞赛中以配合进攻战术为主，辅之以个人进攻战术。通常，这两者是不可分割的。

（2）防守性战术。防守性战术是指在被对手进攻的情况下，通过个人行动或集体协作，阻止对手得分的战术行动方法。防守性战术通常包含填补漏洞和修正错误的战术行动。防守性战术从本质上讲并不是一种完全处于被动状态的战术行动（除非是完全不想进攻时，情况才会如此）。在一些项目中，如排球比赛组织拦网球战术不仅有阻止对方进攻的含义，同时也是直接得分的手段和方法。因此，不能把防守战术看作一种被动战术。一般言之，防守性战术不仅有限制对手发挥特长的功能，而且是争取有利条件的行动过程和寻找打击对手的弱点的过程，意大利足球曾采用防守反击的战术击败所有对手而荣登第12届世界杯冠军的宝座。

3. 按战术所发挥的作用分类

按战术的作用分类的方法，必须最适合实践的需求，但由于战术本身的形式多样，其发挥的作用往往又随具体情况而发生改变。因此，我们不能把战术的所有形式和具体情况联系起来解析，而后归类。我们只能列举其主要的用处并以此分类。大致可以分为下述几类。

（1）掩护性战术。这是指在竞赛过程中，借助某种行动为同伴或自己创造时机和条件的某种行动方法。掩护性战术又可分为直接掩护和间接掩护两种，直接掩护是用自己的身体挡住对手的活动路线，以帮助同伴摆脱防守和获得有利的位置的行动方法。如在篮球、足球、冰球、水球等有身体接触的团队竞赛中，直接掩护，是协助同伴进攻的有效战术，甚至在自行车团体赛和长跑、竞走等项目的小组作战的情况下，也常采用这种掩护战术。间接掩护则是以自己的某种行动去吸引对手的注意，从而使同伴或自己顺利地获得有利的时机和位置的行动方法。这类战术的主要目的是迷惑对手，使其在判断上失误，导致行动上的漏洞，以便使己方有机可乘。这类战术往往有掩饰自己一方真实意图的作用，因而具有"明修栈道，暗度陈仓"的谋略意义。

（2）拖耗性战术。这是指在竞赛过程中，利用自己有利的条件抑制对手的发挥和目标行动达成的行动方法。拖耗性战术通常在两种情况下使用：一种情况是比赛时间有严格的规定的运动竞赛项目中，场上情况于己方有利时采用。此时采用这种战术的目的，通常不是为了扩大战果，而是为尽量控制场上的局势，从而把己方已获得的优势延续至比赛结束。如篮球、足球等项目所采取的放慢节奏、频繁倒手（脚），力求尽量长时间内控制球的战术性行动。拳击等项目中当得分多于对手时采用的躲闪、避让等行动都可视为此类拖耗战术。在这种情况下，拖耗战术是一种保护性战术。

另一种情况是在了解对手的特长时，利用自己的特长（体能上的和技能上的）调动对手以抑制对手特长发挥的战术性行动。这时所采用的各种行动方法的目的主要是从体力上或者从意志上拖垮对手，使对手处于身体疲劳或者心情烦躁的状态，寻机攻击对手。这种拖耗战术在隔网对抗的个人项目，如乒乓球、网球、羽毛球等比赛中尤为常见，例如，羽毛球中的打"四方球"战术；乒乓球的中近台逼角反攻战术，等等，都属此类战术。

（3）试探性战术。这是指为探明和了解对手的基本打法和习惯性行为方式而采取的战术行动方法。在竞赛活动中，对抗的双方都力图把握对手的特点和实力，这就需要采用一些具有试探性的战术行动，诱使对手暴露出自己的习惯性行为方式和打法的特征，以便抓住对手的弱点和不足之处给予打击。这类战术在对抗性项目中运用十分广泛，特别是在比赛的开始阶段以及对抗双方彼此都不是十分了解的时候使用最多。但是，这类战术没有某种具体而明确的战术形式，在不同的项目中，根据不同的情况和对手，试探性行动会以不同的形式出现。如乒乓球比赛中可能用攻正反手、打长短球等方式来试探对手，以观察其打法上的特点和不足。

（4）心理战术。这是指为达到影响对手心理状态和过程为目的而采用的行动方法。我们知道，在竞赛活动中，人的行动都是在意识支配下的随意行动。心理战术的作用在于通过对对手心理上的影响，致使对方在心理状态上发生不良变化，从而导致对方在信息处理上出现误差和行动上出现失误。特别是在现代竞赛中，由于对抗双方在体能和技能上的差别不大，竞技能力的发挥往往取决于双方的心理状况，而人的心理状态不像身体训练水平那样稳定、持久。在许多情况下，外界环境的细小变化都可能引起心理上的变化，而心理上的变化又会导致行为上的变化。因此，心理战术才会日益显示它的重要作用。

心理战术在竞赛过程的多种情况中都在运用，甚至在对抗开始之前，对抗的双方就会采取一些方法来影响对手的心理。如在赛前练习时采用某种特殊的练习方法来显示己方的实力、技巧，试图给对手造成无形心理压力。心理战术同样也没有一种专门的模式，有时采用同样的方式可能给对手带来的心理影响却有所不同。因此，采用什么方式去影响对方得视具体的情况和对手的心理状态而定。如2001年我国男足在世界杯外围赛的小组赛中，充分显示前锋速度快、能力强、进球多的威力，引起对方的注意。而到十强赛时又主动变阵，利用前锋吸引对手的防守拉开空档，做后插上的战术配合，屡屡建功。又如在拳击比赛中，有的选手采用激怒对手的战术，以求对手在盛怒中失去冷静而漏洞百出。但这种方法只对情绪不稳定的选手有效，而对意志坚定、沉着冷静的选手来说，采用这种方式可能适得其反。可见，心理战术的实施之关键在于对对手个性特征的了解，只有在知己知彼的情况下，才有可能使心理战术发挥正常的效果。

（5）体能分配战术。这是指在竞赛过程中以合理地分配体力来获得良好比赛成绩的行动方法。体能分配战术是耐力性项目中常采用的战术，在一些技术要求较高的项目中，如跳高、举重等，体能分配战术的表现方式则有所差别。

在耐力性项目中，战术行动的安排主要依据运动员本身的竞技状态和竞技能力水平以及比赛习惯，同时，也要考虑竞争的主要对手的特点。因此，这类战术在一般情况下是事先计划安排的。如果在竞赛中情况与预计的有所变化，运动员就要根据实际情况改变自己的行动。

在跳高（包括撑杆跳）、举重等项目中，体能分配战术是以免跳和免举的方式表现的。采用这种战术的目的在于尽可能用较少的试跳、试举次数达到最大高度和最大重量。因为这些项目的共同特点是越往后困难越大，而且像举重项目还有试举次数的限定。所以，运动员必须有计划地安排自己的试跳或试举的次数，争取能在自己体能最佳的时刻与最好成绩（就行动者本人而言）的高度和重量到来的时刻相吻合。

按战术的作用分类，还可以分出许多种类，如协防战术、快攻战术等，在此不再一一罗列。应明确的是，任何分类都只有相对的意义，特别对于竞赛这种具有复杂体系的事物来讲，任何分类方法都难以穷尽每一种战术。因此，我们采用多种分类标准来分门别类，就可能在这种标准的划分中把某种战术归为了这一类，而在那种标准的划分中又把它划成了另一类。我们还可以根据自己的实践需要，确定一种分类标准，并按照这个标准，把自己专项的各种战术划分为不同的类型。

四、运动员战术能力的影响因素

1. 军事学与谋略学因素

"战术"一词原本就是军事术语。运动竞赛就其对抗性本质而言，就是一种"对局"，就是一种"博弈"。军事学、谋略学主要在以下几个方面对比赛战术及战术能力产生影响。

（1）知己知彼，百战不殆。《孙子·谋攻》说："知彼知己者，百战不殆；不知彼而知己，一胜一负；不知彼，不知己，每战必殆。"运动竞赛中，透彻地了解对手及本方的各种情况，是制胜的先决条件。

（2）奇正。《孙子·势》说："凡战者，以正合，以奇胜。故善出奇兵者，无穷如天地，不竭如江河……战势不过奇正，奇正之变，不可胜穷也。"

（3）攻守。攻与守，是运动竞赛中的一对基本矛盾。在技能主导类同场对抗、格斗对抗、隔网对抗项群中，攻守问题是训练中需要解决的重要问题。

（4）虚实。兵不厌诈、避实击虚、出其不意、攻其不备、虚虚实实、真真假假等，都是竞技战术中常用的计谋。战术的灵活性也通过这些方面表现出来。《孙子·虚实》说："兵无常势，水无常形；能因敌变化而取胜者，谓之神。"

（5）得失。一个成熟的运动员、一支成熟的运动队，在考虑战术运用时，往往首先是创造条件，不给对手任何战胜自己的机会，在使自己立于不败之地的基础上，想方设法捕捉任何可能战胜对手的机会。

2. 心理学与思维科学因素

心理学与思维科学因素对经济战术的影响极大。心理能力和思维能力是运动员学习、掌握和运用战术的保证。

（1）神经类型。不同神经类型的运动者在运用战术方面的特点是不同的。因此，根据项目或者运动角色的需要，适当考虑运动员的神经类型是完全必要的。

（2）注意。运动员注意品质同其观察能力密切相连。扩大注意视野、注意力的高度集中及迅速转移等都是培养和加强战术意识的重要因素。

（3）智能。运动员的智能与其技术学习能力、战术理解和运用能力有着密切的关系。

（4）学习能力。现代心理学认为，学习能力也是一种心理能力。学习、掌握竞技战术同运动员的学习能力有很大的关系。

（5）思维能力。战术意识是一种思维过程。相对于人类其他思维活动，运动员在战术活动中的思维，有非常明显的特征。

3. 形态学与体能、技能因素

（1）形态学因素。在一些项目中，运动员形态特点对战术的采用具有很大的影响。如篮球比赛中"高中锋"战术、排球比赛中"高举高打"战术等，无一不是以运动员的高大身材为前提。

（2）体能与技能因素。体能与技能因素包括身体能力和技术能力。

体能在很多项目比赛中，是采用战术或实施战术配合的重要先决条件。如"快"在球类项目比赛战术中起着非常突出的作用，而运动员的"速度"能力则决定着能否"快"及"快"到什么程度。

实际上战术就是技术的有目的的运用。技术风格决定战术风格。战术的多样性约定于技术的全面性，要想运用灵活多样的战术就必须有全面的技术作支撑。所以，战术的应用，应充分考虑自身的技术条件。

第二节　战术训练方法

战术是由基础配合组成，熟练的技术是实现战术顺利完成的基本保证，熟练掌握技术和配合技术是战术教学训练中的重要部分。运动队每个运动员要掌握一定数量的战术形式和配合方法，才能不断提高战术变化和战术水平。

1. 分解与完整训练法

分解战术训练法，是指将一个完整的战术组合过程划分为若干个相对独立的部分，然后分部分练习的方法。这种训练法常在学习一种新的战术配合形式时采用，其目的在于让运动员掌握某种战术配合的基本步骤。

完整战术训练法，是指完整的战术组合练习的方法。这种方法常在运动员已具备一定的战术知识和战术能力后采用，其目的在于使运动员能够流畅地完成整个战术组合过程。

2. 减难与加难训练法

减难训练法，是指以低于比赛难度的要求训练的方法。这种方法常在战术训练的初始阶段采用，如在同场对抗性项群的球类项目中，最初可在消极防守或不加防守的条件下完成战术练习，待运动员掌握战术的基本步骤后，逐渐加强防守，提高难度以达到比赛要求。

加难训练法，是指以高于比赛难度的要求训练的方法。这种方法的目的是提高运动员在复杂困难的情况下运用战术的能力。采用的方式一般有限制完成技术动作的空间和时间条件（如限制场地、缩短时间等）；与不属同一级别的高水平运动员或运动队对抗；采用比正式比赛条件更严格、更困难的标准训练等。

3. 虚拟现实训练法

这是指运用高科技设备，将未来可能出现的比赛场景提前在电脑屏幕上"虚拟"出来，从而帮助运动员提高预见能力，以及在各种情况下灵活有效地运用战术能力的训练方法。这种方法目前在德国、英国等足球队中运用得较为普遍。可以预见，随着高科技手段在运动训练和竞技比赛中的广泛渗透，虚拟现实训练法也将在更多项目中采用。

4. 想象训练法

这是一种心理学训练方法。这种方法是在运动员大脑内部语言和套语的指导下进行战术表象回忆，能够帮助运动员在大脑中建立丰富而准确的战术运动表象。

5. 程序训练法

这是近年来从教学领域引进的一种训练法。在运用程序训练法进行战术训练时，除应遵循由易到难、由简到繁、从固定到变异的一般性程序外，还应特别注意编制不同项群战术训练的特殊程序。

体能主导类项群可考虑采用如下训练程序：不同战术方案选优 → 重复熟练 → 不同情况下实施战术训练 → 在实战条件下训练。

技能主导类对抗性项群可考虑采用如下训练程序：无防守训练 → 消极防守训练 → 积极防守训练 → 模拟比赛训练 → 实战训练。

6. 模拟训练法

指在获得准确情报信息的基础上，通过与模仿重大比赛中主要对手的主要特征的陪练人员对练，及通过在与比赛条件相似的环境中的练习，使运动员获得特殊战术能力的一种针对性极强的训练方法。

随着运动训练实践的发展，模拟训练方法的应用范围逐渐扩大。它不仅应用于技能主导类格斗对抗、隔网对抗、同场对抗类项群的战术训练之中，而且在体能主导类项群中，为使运动员能针对比赛场地、气候、日程安排等具体情况做有效的战术准备，模拟训练也在逐渐开展。

7. 实战法

这是指在比赛中培养战术能力的方法。这种方法可使运动员对战术的理解更为深刻。在参加重大比赛前，往往安排一些邀请赛或热身赛等，其目的是演练将在重大比赛中使用的战术，以检验其有效性。

8. 战术隐蔽

从某种意义上讲，赛前隐蔽是一种有意识地隐蔽（不让对方了解）本方的真实情况，以达到在比赛中争得主动、出奇制胜等战术目的的战术行为。赛前隐蔽的内容有：技术隐蔽，即不让对方了解本方的创新技术或关键技术；战术隐蔽，即不让对方了解本方的常用战术，尤其是不能让对方了解本方针对其制定的特殊战术；人员隐蔽，即不让对方了解可能对其构成威胁的本方人员（尤其是新手）的情况；阵容隐蔽，即不让对方了解正式比赛中本方主力阵容及替补阵容；器械隐蔽，即不让对手了解本方在比赛中将使用何种性能的器械。

第三节 战术方案的制订

赛前战术训练的基础是战术方案的制订。在制订过程中，不仅要考虑充分发挥本方各方面的优势。而且要考虑抑制对方的长处，尽可能地不让对方发挥其优势。在集体项目中，既要考虑充分发挥每个运动员的特点，又要考虑怎样有利于集体展现最好的整体效应。

1. 战术方案的基本内容

战术任务及具体目标为整个战术制定指明方向；战术示意图主要是对对方战术的预测，知己知彼；采用不同的战术原则对待不同的对手为达到目的；个人、队员之间、全队队员合理运用技术和相互协调行动组织战术；预测比赛中可能发生的情况及应变措施，防患于未然；适应竞赛环境有利于队员发挥较高水平；合理安排赛前训练有利于队员在比赛时取得好成绩。

制订战术方案时，首先要考虑战术方案的针对性和实效性，其次要考虑攻守转换的灵活性、协同性，运动员的可接受性及是否既能发挥每个运动员的特点和创造性，又有利于集体的协同性等。

2. 制订战术方案的注意事项

（1）及时收集准确情报。古人云：知己知彼，百战不殆。由此可见获取对方的情报对取得胜利是重要的。及时收集准确情报对战术方案的制订具有巨大作用。随着获取情报的及时、准确和全面，竞技运动比赛越来越具有竞争性。收集准确的情报会直接影响战略决策和战术决策，从而影响比赛结果。我国的小球项目在世界体坛享有盛誉，其中重要的原因之一，就是这些项目有一整套体系，包含：科研人员、翻译、外员人员等在内的高效率的信息系统，以保证我国球队在比赛时，能针对不同对手，制订有针对性的战前训练及完善的战术方案。

有关竞赛对手、竞赛环境的情报内容包括：运动员竞技能力情况及比赛风格；教练员指挥能力及指挥风格；传统打法及近期是否有创新；进攻与防守的特点及比赛中常用节奏；主力队员与替补队员的具体情况；近期比赛的成绩及致因；比赛场地、器材、气候、住宿及饮食情况；

比赛日程安排；裁判员情况等。

（2）处理好战略决策和战术决策的关系。所谓战术决策，指针对比赛中具体情况而进行的决策。相对于战略决策而言，战术决策是局部的。战略决策是宏观的，而战术决策则是微观的。战略决策只有通过战术决策才能实现。简言之，战略决策具有相对的稳定性，竞赛目的、战略原则等不会轻易改变。并且，战略决策历时比较长，而战术决策则具有较大的灵活性，可随着竞赛中的具体情况作必要的调整，因此，战术决策常常会表现出快速性的特征。

竞赛战略决策能力的高与低，取决于决策者对竞赛全局的具体了解。包括竞赛双方的现实状况及可能发展的程度，竞赛规则的限定及灵活运用，影响比赛过程及比赛结果的错综复杂的因素及其相互关系，可能出现的偶然情况的预测和应变措施等。

（3）考虑竞赛环境的影响。竞赛环境（包括竞赛场地、器材条件、地理气候、裁判、观众等）是制订战术方案时必须考虑的重要因素。任何体育项目活动的展开都离不开自然环境因素的影响与制约，探明自然环境对体育项目活动的影响与制约，从而达到利用自然环境的优势为体育训练与竞赛服务，不仅是体育学研究中的重点，也是生态学和环境伦理学研究中的新课题。

以足球运动为例，研究显示，在近10年来的重大国际赛事中，国家足球队在对比赛失败归因时，时差调节不当，对当地的气候和场地不适应等涉及自然环境的客观因素常被提及，而导致这些现象存在的原因，均是由于运动员离开自己所熟悉的环境，到一个陌生的不习惯的环境中参加比赛，即对异地参赛环境不适应的结果。再例如，羽毛球比赛中，比赛馆空气流通情况对球的飞行就很有影响，比如，打顺风球、拉底线球容易出线，因而运动员往往采取网前球、下压球的战术。再比如，在制定足球比赛战术方案时，要研究裁判员的个人风格，若裁判员对犯规尺度掌握较紧，那么采用紧逼防守战术就要慎重。

（4）充分利用竞赛规则。严格说来，任何战术的运用都受到规则的制约。"犯规"，在体育比赛中似乎都是贬义的，因此比赛中不能轻易犯规。但是比赛犯规是好事还是坏事呢，我们怎样利用这些犯规呢？减少盲目和不必要的犯规，最大限度地发挥每次犯规的使用效果，提高场上队员的作用，强化全队有效的战斗力，制约对手，掌控比赛的主动权，从而争取比赛的最终胜利，这才是问题的关键。因此在制订战术方案时，必须考虑规则因素。同时，应该充分利用竞赛规则来达到战术目的。例如，在乒乓球比赛中就有"12板"球规则。则一局比赛不得超过15分钟，一旦超过，以后每分球都必须在12板之内决出胜负，否则判发球为失分。当进攻型运动员和防守型运动员交锋时，前者往往采用所谓"12板"球战术，就是有意将一局比赛时间拖到15分钟打"12板"球，利用对手进攻力量不强的弱点取得胜利。

在篮球比赛中，根据篮球比赛规则规定，球队的每个球员，包括上场比赛的球员或没有上场的替补球员，每人都赋予五次的犯规权利和机会，一旦犯规达到六次的球员，才会被裁判无条件罚下场。而篮球比赛作为典型的集体对抗性项目，在比赛过程中因身体接触而造成的犯规是在所难免的，但是个人和全队犯规次数则是可以减少和控制的。"犯规战术"分为防守犯规战术和进攻犯规战术两种。防守犯规战术，是指球员在防守时，为了争取比赛时间，破坏干扰对手直接得分，但不能严重犯规。在篮球比赛中不允许恶意犯规存在，特别是在球员上篮时，那时球员最容易受伤，拼命打球的同时要公平竞争，不管你对另一个球员的犯规是故意的还是非故意的，篮球运动总是会有很大的受伤风险。而且，为了获得胜利而使对方球员受伤或者破坏比赛规则，这样的胜利是没有任何满足感的。防守队员，主要是上场的替补队员要有意识地主动或提前犯规，主力队员要注意保护自己减少犯规，但原则上在比赛最后结束前最好能有三次犯规为好，说明你阻止对手三次进攻得分机会。如果比赛结束以两分之差败北，而你却一次犯规没有，说明你没有充分运用犯规的策略和规则，输球的责任完全可以推到你身上。假如你真有三次有效犯规的话，胜利的天平就会倒向你这一边。

（5）计划性与可变性相结合。战术方案的实质是一种计划。既然是计划，就一定带有预测性。而比赛中的时间往往瞬息万变。经常可能出现一些即使再周详的计划也无法考虑到的局面。在这种情况下，如果再按照原计划进行，便很可能陷入被动状况。因而，需要迅速改变原定计划，对对抗性项目来说，这一点尤为重要。

综上所述，战术方案应保持合理的弹性。战术的结构应是一种弹性结构而不是刚性结构，它的表现随赛场上的变化而有所调整。在现代运动训练中，战术的高度计划性与运动员、教练员创造性的出色发挥两者之间的高度统一，已越来越成为决定比赛结果的重要因素。

总而言之，制订战术方案时，首先要考虑战术的针对性和实效性。其次要考虑攻守转换的灵活性、运动员对方案的可接受性及是否能发挥每个运动员的特点及创造性，又有利于集体各个成员之间的协同性等。

中长跑项目中制定合理的战术占有重要意义，合理的战术能充分运用自身的体能、技术、意志力及比赛经验和个人知识战胜对手和创造优异的成绩。运动员在比赛中要结合自身的实际情况以及平时的训练习惯来确定战术方案，同时还要考虑对手情况、场地、气候、风向、环境等条件，做到知己知彼，掌握比赛的主动权。

第四节　战术训练的基本要求

战术训练是有目的、有意识地使用技术的训练过程，是实现技术训练向实战技术过渡的重要阶段。比赛中，需要技术质量，更需要运用技术的方法，这就是战术，换言之，战术是活的具有实战技术的表现。

1. 把握项目制胜规律

运动训练（包括战术训练）的主要目的是：在教练员的指导下，全面发展运动员的身体素质和提高专项运动技术水平的过程。运动训练的直接目的，是为了不断提高运动员的运动技术水平，创造优异成绩。其任务是：第一，不断提高运动员各器官系统的机能，发展运动素质；第二，加强培养运动员独立训练的能力；第三，时刻进行道德和意志、品质教育；第四，密切掌握和提高专项运动的技术和战术，以及有关的理论知识。这四个方面的任务是紧密联系，互相促进，又都是以创造优异成绩为目的的。因此，训练的内容及采取的方法、手段等都具有专门的性质，并要求运动员承担很大的运动负荷，训练中的成绩要能在正式比赛中表现出来。这是战术训练最基本的要求，也是形成正确战术观、正确制订战术方案、正确实施战术训练、在比赛中正确运用战术的前提条件。

所谓制胜规律，是指在竞赛规则的限定内，教练员、运动员在竞赛中战胜对手、争取优异成绩所必须遵循的客观规律。制胜规律组成包括两个方面。

第一，制胜因素。制胜因素是对专项成绩有决定性影响的因素。这些因素是人们在对专项比赛的各种特性深入研究后归纳总结的。我国部分优秀竞技项目在认识、发掘和把握制胜因素方面走在其他项目前面，例如，乒乓球技术中的"快、转、准、狠、变"，排球技术中的"高、全、快、变"，这些都是我国优势项目能居于世界先进水平的重要原因之一。例如，长跑运动员的"匀速跑""先慢后快（持续加速跑）""甩掉尾巴（领先跑）""紧跟领跑者（跟随战术）""最后冲刺战术"等。

第二，制胜因素间的本质联系。联系是相对复杂的，因为制胜因素都有若干个，它们相互促进、相互制约有时又互相矛盾，技能主导类同场对抗、格斗对抗、隔网对抗项群等这些项目的制胜因素具有一个非常明显的特征：每个因素都包含着明确的战术含义。在任何一项目中，制胜因素都不可能是一个或两个的存在的，而是一个"因素群"。因素群是由多个因素相互结合构成独特的结构，体现特有的表现。若干个因素之间，存在着必然性的联系，这些联系以不同的方式表现出来，有的是相互促进，有的是相互制约，有的相互矛盾。正确地认识和把握这些关系，才能遵循制胜规律，才能有效地战术训练。例如，排球项目中的"高"，除必须选拔"高大运动员"之外，还有采用"高举高打""高点强攻"战术的含义；足球、篮球等项目中的"高"与"快"的关系，网球、羽毛球等项目中"快"与"准"的关系，击剑、拳击等项目中"狠"与"准"的关系等。在认识制胜因素及其关系时，要特别注意各因素内涵的发展情况。例如，目前在对技能主导类项群隔网对抗项目"快"的理解上，除了以前内涵中已有的球速快以外，还从抓"适应与反适应"（即最大限度地适应对手、最大限度地不让对手适应自己）这对主要矛盾发出，赋予"快"以"战术变化快"（在有效的前提下）、"节奏变化快"等新的内容。这些都是战术训练时应该注意的。

我国体育竞技运动的发展始终离不开制胜规律的研究，特别是同优势项目的发展息息相关。广义的制胜规律是指项目的普及、提高和发展与其影响因素之间的本质的、必然的、稳定的联系；狭义的制胜规律，是指项目竞技体育比赛的取胜与其影响因素之间的本质的、必然的、稳定的联系。制胜规律是规律在竞技体育领域的特殊表现，它具有规律的基本特点，如客观性、普遍性、内在必然性、历史性、可重复性等，此外，它还具有一些自身的特点：概然性、经验性、复杂性。对于广义制胜规律来说，后备人才培养、训练、竞赛、管理等是制约现代项目健康发展的核心要素，是我们分析和研究的重点；对于狭义的制胜规律来说，运动员的竞技能力、教练员的行为以及参赛行为是我们研究的重点。无论是广义制胜规律的研究，还是狭义制胜规律的研究，对这些研究重点（制胜因素）的分析过程就是制胜规律的提炼过程。制胜规律的提炼需要以下五个步骤：定本质、定对象；析要素，找联系；确定本质联系；论证作出结论；投入实践检验。竞技实践的复杂性、不确定性、不可逆性决定指导竞技实践的制胜是一件非常复杂的事情。

2. 培养战术意识

战术意识是指运动员在发挥技术的过程中，支配自己的行动，并带有一定战术目的的心理活动。战术意识是运动员在运动实战中所具有的经验、才能与知识的反映，是运动员在比赛中判断能力、应变能力、合理地运用技术和实现战术等能力的概括。培养运动员战术意识是战术训练的中心环节，战术训练的目的不仅是掌握各个战术系统和各种攻防战术的打法，更重要的是培养运动员的战术意识。由于战术意识支配着运动员场上的一切行动，显然有其特殊的重要性。培养运动员的战术意识，是战术训练的中心环节。培养战术意识的方式有：比赛中战术变化的规律及应变措施、专项战术的发展趋势、系统了解专项竞赛基本规律与战术特征、积累专项战术理论及经验知识、大量而熟练地掌握基本战术等。战术意识的培养与运动员的思维活动密切相关。从某种意义上讲，战术思维是战术意识的核心。因此，运动员的战术思维能力水平决定其战术意识水平。具体而言，运动员思维的灵活性、预见性和创造性等是其战术意识的决定因素。从运动训练实践看，"想练结合"是培养运动员战术思维的行之有效的手段。

篮球战术意识具体表现在全面观察场上比赛情况的基础上，迅速作出正确的判断，通过战术思维活动及时地采取相应的、恰如其分的对策，合理运用身体、技术和与同伴协同配合的能力及有创造性地运用新的手段、方法和措施。现代篮球战术意识分为进攻战术意识和防守战术意识。进攻战术意识是指运动员在比赛中，通过战术的形式对对手攻击时所表现的一种强烈的欲望和行动能力。

进攻战术意识包括快攻、阵地进攻和衔接段进攻的战术意识。快攻战术意识是在由守转攻的一瞬间，运动员在特殊的快速反击的强烈愿望的驱使下，迅速作出反射性的行动。它是运动员在长期的专门训练和比赛实践中，经过积极思维加工，提炼积累的，这种意识表现在战术的每一个环节上。如：掷界外球快攻时，队员要有迅速拿球掷界外球打反击的意愿和行动；抢篮板球发动快攻时，中锋队员抢到篮板球后，要有迅速面向反击方向发动快攻第一传的愿望和行动；前锋队员从守转攻的一瞬间，要有快速向前场疏散跑位和运用各种攻击手段与同伴组成快攻配合的愿望及行动的能力。阵地进攻的战术意识指进攻队快攻未成，人球进入前场防守已布阵，进攻队针对对方的防守战术形式，按照自己既定的进攻战术，有步骤地组织进攻所表现出的强烈愿望和行动能力。阵地进攻战术意识主要表现在移动中灵活运用掩护、策应、传切、突分等配合，对人员多少、方向、位置、角度、路线以及时间、空间的变化正确的判断和良好的感觉。衔接段进攻战术意识，是指运动员介于快攻与阵地进攻之间的一种抢时间、追着打的前场进攻战术的强烈愿望和行动能力。它的战术特点是简练，并具有突然性。在衔接段进攻中，由于参与抢攻的人员不固定，进攻的区域也不固定，战术的形式又具有连续、快速和机动灵活性，因此，对运动员的战术意识要求较高。

防守战术意识，是指运动员在比赛中，通过战术的形式对对手防守时所表现出的一种强烈的欲望和行动能力。防守快攻战术意识，是指运动员由攻转守的瞬间组织起来的阻止和破坏对方快攻的防守战术时所表现的强烈的愿望和行动能力。防守快攻战术意识主要体现在运动员的积极主动的精神、强烈的战斗作风，合理地运用封、堵、夹抢、断等技术，密切地相互协作配合，并针对场上情况随机应变。防守阵地进攻战术意识，是指运动员积极能动地运用迫、逼、堵、截、封、盖、抢、打、断等个人防守技术的同时，又具有与同伴协同组成抢过、关门、交换、保护、围守、夹击、补防等战术配合意识。这种协同配合的防守欲望和协同配合防守行动，所表现的对具有攻击性的防御战术的熟练运用和掌握其应变性，是防守阵地进攻战术意识的核心所在。

3. 培养战术运用能力

在运动训练中，应该把培养运动员在各种复杂且艰苦的条件下合理运用战术的能力作为一项重要的任务。这也是在战术训练中贯彻"练为战"思想的具体要求。战术运用的基本要求为：

（1）有目的性、针对性。任何战术的运用都必须有明确的目的性，做到有的放矢。战术行动合理、针对性强，做到特定战术解决特定问题。

（2）高度的实效性和高度的灵活性。战术运用的目的是制胜，因此，应以能否达到制胜目的为准，力戒华而不实。能根据场上千变万化的局势，灵活机动地坚持运用有效战术，力争主动、避免被动，使战局向有利于本方的方向发展。战术意识的培养方法：通过进攻战术训练培养篮球战术意识，进攻是篮球比赛中克敌制胜的重要手段。

运动员进攻意识强，比赛的获胜系数就大。因此，在进攻训练中培养运动员的意识十分重要。在实施进攻训练时，首先要让每个队员都明确自己的进攻范围、任务、跑动路线和谁是本队的投篮手，知道什么是好的投篮机会，应如何把握每个机会迅速投篮，如何有目的地行动。应做到：靠近球篮的方向移动，给对方以威胁；为自己争得更大的活动范围；尽量摆脱防守队员的防守；帮助同伴从防守中解脱；保证投篮。要让进攻队员在移动前想想自己的行动是否合理，而不盲目乱动，同时要运动员明确个人攻击要点：要把防守者带到对他不利的位置去；要对防守者最弱的地点攻击；要在自己攻击性最强的地点发动进攻。要求运动员不断改变进攻方向，不要一味地打一两种战术配合，要声东击西，内外结合，在左、中、右轮番进攻。在进攻时，积极寻找对方漏洞，攻破其防守意图。当对方变换各种不同形式联防或综合防守时，运用拉开战术，扩大对方防区，采用移动进攻，有针对性地增加对方在局部区域的负担，以多打少；如果对方改用紧逼，则及时稳定阵脚，从容对付，耐心组织，利用掩护、传切、少运球和突分战术，使对方丧失信心。在进攻训练时，除教运动员进攻配合外，还要教他们对付各种防守的办法，同时要允许运动员有创造性地发挥。在防守训练中增强篮球战术意识。在防守训练时，首先要求运动员必须具有坚韧不拔、死缠紧防的意识。使运动员了解训练的目的，明确概念，领会要求。例如，在有球队员防守训练时，无论采用哪种方法和手段，都要紧防，目的还是不让其随心所欲地传球，干扰降低其投篮命中率，并警惕其突破。

4. 处理个人战术行为与集体配合的关系

个人战术能力培养是提高个人战术行为能力的关键环节。此外，丰富的战术理论知识、结构独特的个人战术体系及由此而形成独特的战术风格，都是加强个人战术能力的必备条件。集体战术以个人战术为基础并对此协调配合。集体战术能力是运动队伍整体竞技能力极为重要的组成部分。在集体对抗性项目中，合理有效的集体战术是取胜的关键。球星的作用毋庸置疑，像艾弗森、邓肯、乔丹，但这也不表示只单纯地依靠他们就可以为球队带来胜利，在集体对抗性项目中，合理有效的集体战术是取得胜利的关键，所以个人战术必须服从全队的整体配合，所有队员战术行为的目的应当一致，每个队员的个人战术行为必须相互协调，以保证全队战术目的的顺利实现。

战术配合是集体战术行为的核心。战术配合的构成因素有：参与配合的人数；每个人的行动方式；个人行动目的与战术配合目的的关系等。战术配合水平取决于两个方面：第一，队员在战术配合过程中表现的活动方式的协调程度，亦成为操作形式的协调程度。第二，战术意识——心理过程的协调，亦称为"默契"。达到"默契"程度的战术配合行动，表现较大的灵活性和创造性。

集体战术的基本要求为：第一，严密的组织性，即强调个人战术行为必须服从全队的整体配合。每个队员都必须遵守战术纪律。所谓战术纪律，指为争取比赛胜利而制订的要求每个队员都必须按照战术计划行动的强制性规定。战术纪律是战术计划有效执行的保证。在战术计划没有被竞赛过程证明为无效且竞赛指挥者没有发出明确修改指令前，战术纪律要求队员不得无故不执行战术计划。第二，高度的一致性。即所有队员战术行为的目的应当一致。第三，高度的协调性。即每个队员的个人战术行为必须相互协调，以保证全队战术目的的顺利实现。

排球运动是集体竞赛项目，不仅要求每个队员有比较熟练的基本技术和灵活的个人战术，全队还必须运用一定的集体战术，依靠密切的战术配合，才能在比赛中取胜。战术的运用，要从本队实际情况出发，即根据每个队员的身体条件、技术水平、战术意识及本队的配合熟练程度等，制定出最实用的集体战术配合。排球运动除发球外都是由防守转为进攻，技术是防守与进攻质量的保证，技术是基础，要高质量地完成攻、防战术，就必须有高质量的技术做保证。因此，技术的教学与训练，在排球运动中是非常重要的。在技术的保证下，培养队员的攻防意识；使其熟练衔接由防转攻的各环节；加强队员攻、防保护意识；使其熟练掌握由防转攻的各种变化的战术打法。排球战术的教学与训练要遵循排球运动的攻防规律。采用不同的教学训练手段，提高队员的竞技水平，使其能够积极主动地防守、灵活多变地进攻。

5. 重视战术组合

随着竞赛的日趋激烈，靠单一战术制胜的局面已经不常见，这就要求我们的战术要向"复合化"方向发展。从某种意义上讲，复合就是组合，就是将多套战术有机地结合，并在比赛场上极富针对性地使用，是衡量运动员战术水平高低的主要标志。

目前，战术组合可分为程式型组合与创造型组合两种。一是程式型组合：是指在战术行动在空间上、时间上按一定的顺序所构成的组合。各专项教科书所载战术（配合）多指此种，如足球中的阵型战术、篮球中的联防、盯人战术等。另外，根据特定对手而专门制定的战术组合也可归入此类。二是创造型组合：是指根据比赛临场变化情况，创造性地将几套战术组合在一起。它具有很大的随机性。

程式型组合既可以表现于训练之中，又可以表现于比赛之中；而创造型组合则更多地表现于比赛之中。程式型组合能力是创造型组合能力的基础。运动员对程式型组合掌握得越多越熟练，就越能开发创造性组合。创造型组合能力又不能简单地等同于程式型组合能力。程式型组合能力的神经生理机制可用经典动力定型理论解释，而创造型组合能力至今尚未得到权威性的说明。虽然如此，运动员在比赛中的创造性是必须加以着重培养的能力。

6. 加强战术创新研究

战术创新可分为两种，即常用战术创新与特殊战术创新。常用战术创新是指基础创新：一旦创新并被实践认可，就可能给专项战术带来革命性影响，因此创新难度较大。特殊战术创新，是实用性创新，具有很大的针对性，是针对特殊的对手"设计"某种新战术。教练员、运动员应当把更多的精力放在这方面的研究和实践上。创新技法如下。

（1）逆向法。在不改变战术原有的基本结构的前提下，使其向不同方向发展，从而创造另一新的战术的方法。

（2）递进法。在不改变旧的战术的性质的前提下，使其在某方面程度上的递进式的变化，从而创造另一战术的方法。

（3）组合法。保持两个以上旧战术原有的性质，通过组合使之成为另一种战术的方法。

（4）复合法。把一个以上的旧战术复合融会在一起，从而改变了原有的性质，形成一种战术的方法。

（5）移植法。不改变原有的战术，而把它用于其他战术或其他项目的方法。战术练习是在两个层面上进行的，一个层面是围绕自己进攻的战术练习，另一个层面是防御对方进攻的战术练习，两者是不能偏废的。比赛不可能是随心所欲的事情，还要根据对方的实际水平，制订的战术方案，必须是有具体对象的，而不是"放之四海而皆准"。要考虑自己的特长战术，也要了解对方的战术。如果我们平时战术训练能从上述两个方面来开展，攻防转换的能力和应变能力就会强得多。事实证明，一个好的球手，进攻和防守的能力是基本上均衡的，只有这样，才有希望获得好的比赛成绩。

7. 结合平时的比赛，提高综合战术的使用能力

通过战术练习，还应该有目的地在平时的比赛中去检验自己的战术究竟达到一个什么样的水准，即比战术、比使用技术的方法。如果我们能把平时的技术练习与战术练习紧密地结合在一起，那么，技术就会与战术产生联系，形成带有战术特点的技术，这样不必再担心自己的技术能不能在比赛中发挥正常，而更多地会考虑自己能不能够合理地使用技术，打出相应的战术。此时，技术不再是第一要素，取胜的关键在于你的战术是否成功。我们看到记者对许多优秀运动员的临场采访，问他们取胜或失败的原因是什么，他们回答的不是技术层面上的原因，而是在战术上的措施上，就是这个道理。这里并不是贬低技术的作用，特长精绝、功夫精深、技术全面是优秀选手必须的，但比赛中战术的针对性、实施战术的坚定性和使用战术的灵活性，却表现出他们更多的智慧和功底。

— SUMMARY

本章主要阐述运动员的战术能力和训练方法，战术是竞技体育比赛的重要组成部分，良好的战术素养是优秀运动员的基本素质。本章详细叙述战术的概念、分类等方面，同时对训练方法、战术方案的制订及战术训练的基本要求作讲解。通过对本章的学习，可以使大家对运动员战术能力及其训练方法，有一定的了解及认识。在平常的运动训练中可以结合以上的理论知识，制定适合自己的训练和比赛的战术，并在日常实际训练中运用以上所学，以取得优异成绩。

思考题 —
1. 试述竞技战术的构成及分类。
2. 试述程序训练法和模拟训练法、实战法的含义。
3. 论述战术能力的含义，并说明运动员战术能力表现在哪些方面？
4. 制订一份战术方案需要注意哪些事项？

案例分析 —

篮球比赛中战术的重要作用

篮球运动是一项团体同场对抗性的竞技项目，不仅要求运动员有高超的技术水平，还要有绝佳的战术能力和思维。如何贯彻执行教练安排的战术，寻找对方的弱点打击，及时发现弥补自己的漏洞，都需要战术来完成。比如，20 世纪 90 年代的公牛王朝时期，公牛队就是在主教练菲尔·杰克逊以乔丹、皮蓬和罗德曼为主体制定的"三角进攻"战术的帮助下连续取得 NBA 总冠军的头衔。其基本原则如下。

一、持球员必须用切入、传球、投篮等三种威胁来突破防守。
二、攻势必须涵盖整个半场。
三、进攻要有空间（space）原则。
四、攻势应确定球员与球向同一目标（寻求空档或攻篮）迈进。
五、每次投篮，其他球员应有进攻篮板、预防快攻的妥善布阵。
六、每次传导球的准备攻击，都会制造防守方无法兼顾的空档。
七、攻势应针对球员特性来设计。

三角战术的理论，并不是掩护走位（pick & roll，挡拆）而已，空间原则、单打能力、传球观念与技巧、空手走位能力、空手和空手掩护后走位能力与观念等，才是三角的要意。

相关案例分析—

2010 年美国网球公开赛女双半决赛战术的对比分析

　　在网球比赛中，无论是单打还是双打，前 4 拍质量都至关重要（见表 7-1）。想要赢得比赛的重要条件就是前 4 拍得分率要高、失分率较低。从表 7-1 可以看出：郑洁、詹咏然前 4 拍得分率比相持阶段后 5 拍要高出 0.9 个百分点，而失分率前 4 拍得分率比相持阶段后 5 拍要高出 7.7 个百分点。说明郑洁和詹咏然前 4 拍得分能力相对来说没有相持阶段后 5 拍能力强。从比赛录像中也可以看出：虽然以快制胜、主动进攻能力相比以前得到很大提高，但是得分率却不高。詹咏然在底线正反抽击比较稳定，得分却甚少，郑洁的网前中场抢截敏捷准狠，但成功率不高。我国女子双打要想在今后的比赛中取得胜利，就要积极改变过去靠对手的失误而赢得比赛的局面，不能仅停留在中前场的抢网上，在被动防守的情况下融入进攻的理念，积极地寻找机会，使前 4 拍和相持阶段后 5 拍的得分率得到进一步提高，而失分率明显下降。

表 7-1　郑洁／詹咏然和佩特洛娃／胡贝尔前 4 拍和相持阶段（后 5 拍）的得分对比统计表（%）

运动员	前 4 拍	前 4 拍	相持（后 5 拍）	相持（后 5 拍）
	得分	失分	得分	失分
郑洁／詹咏然	21.2	33.1	20.3	25.4
佩特洛娃／胡贝尔	33.1	21.2	25.4	20.3

第八章
运动员心理能力与训练

【学习任务】

　　本章论述运动员心理能力和心理技能概念，以及基本心理技能之间的相互关系，详细总结心理技能训练培养常用的几种行之有效的方法，阐述知识能力训练的基本要求与评价。

【学习目标】

1. 掌握运动员知识能力的概念。
2. 掌握知识能力培养的常用方法。
3. 了解知识能力训练的基本要求和一般要求。

　　随着竞技体育的发展，科学化训练的不断深入，人们越来越多地认识到一名优秀的运动员要想在比赛中取得优异的成绩，仅仅有完美的技、战术能力和良好的身体素质是不够的，人们逐渐把视角转向了心理领域，运动员的心理能力的提高已经凸显在广大体育工作者的面前。而随着近几年有关运动心理学研究的进一步深入，越来越多的专家和学者意识到运动员的心理技能训练和知识能力的培养是运动员心理能力提高的主要方法和手段。

第一节　运动员心理能力概述及其训练

竞技体育比赛中运动员的意外失利频频发生，这不禁引起人们思考，仅仅依靠完美的技、战术能力和良好的身体素质就能取得优异的运动成绩吗？20世纪90年代以来，人们逐渐意识到，运动员的心理能力已经成为运动员取得优异成绩的重要保障。因此，本节论述的心理技能训练常用的几种方法对运动员心理能力的形成和提高有一定的价值和意义。

一、运动员心理能力概述

运动员心理能力即指运动员与训练竞赛有关的个性心理特征，以及依训练竞赛的需要把握和调整心理过程的能力，是运动员竞技能力的重要组成部分。

当前，运动训练关于运动员心理能力研究的热点问题是，运动员心理技能的训练。2011年11月最新出版的《运动心理学前沿》一书中的第四部分，从意象、注意、目标设置等方面注重论述心理技能的重要性。因此，本小节详细阐述心理技能、心理技能训练的概念，运动员心理训练的内容与特点，以及常用的心理训练方法等几个方面，研究运动员在比赛和训练中怎样具备良好的心理技能，提高心理能力。

二、心理技能和心理技能训练的概念

心理技能英文为"mental skills"，也有用"psychological skills"的，两者无本质区别。依据心理学对技能的定义，心理技能定义为：通过练习形成的能够影响心理过程和心理状态的心理操作系统。运动员在学习运动技术和比赛中把运动技术最高水平表现的过程，需要具有动员、调节和控制这些技术并能够有效地控制自己的心理过程及心理状态的技术，通过练习熟练地掌握这些技术并能够有效地去运用，就形成心理技能。心理技能训练是旨在使个体掌握心理技能的有计划、有目的的训练过程。从严格意义上讲，心理技能训练与心理训练有一定的区别，心理技能训练是心理训练的主要部分。心理训练则是一个更上位的概念，包含的范围更广，包括所有旨在促进运动操作表现的心理技术的运用（Morris & Bull，1991），是以致力于运动员心理建设并以此促进稳定高水平发挥为目标的（Seiler，1992），心理训练包括模拟训练、属于临床的心理治疗技术的运用过程和对个体施加有意识影响的训练手段等。

运动员心理能力的本质是运动员的大脑对于其运动行为的把握与控制的能力，包括运动员训练及竞赛行为的动员能力、控制能力、意志能力等。

三、运动员心理能力与体能、技能及战术能力的关系

运动员的心理能力与其体能及技战术能力有着非常密切的关系，它们是相互依存、相互制约、相互促进和相辅相成的。

良好的个性品质和必要的心理技能可以有效地促进运动员进行体能训练和提高技战术水平，同时也是运动员在比赛中正常或者超常发挥的前提和保证。众所周知，多血质黏液质的人比抑制质、胆汁质的人更适合参加运动训练，并常常在比赛中表现出较高水平。

运动员心理过程的特点同样也对其训练及竞赛行为有着巨大的影响。观察力敏锐的选手，善于在比赛中抓住战机；想象力丰富的选手更富于创造性；而能够高度集中注意力的选手则在训练和比赛中表现出坚韧不拔的精神。如1984年奥运会美国跳高运动员斯通斯在每一次试跳前，都要运用想象技能在头脑中演练成功的过杆动作，然后根据想象的动作试跳，使他在比赛中每次都能很好地发挥自己的水平。从另一方面来说，体能和技能、战术能力又是心理能力的载体和物质基础，心理训练必须与体能训练和技战术训练相结合才能取得良好的效果。

俗话说"艺高人胆大，胆大艺更高"，其中也包含着技能与心理之间相互促进的辩证关系。"艺"代表一个人的技能水平，"胆"是指一个人的胆量或胆识，是一种心理品质。高水平的技能有利于形成良好的心理品质，优良的心理品质又会促进技能的进一步提高。如在第12届亚运会上，中国女子体操选手莫惠兰在全能比赛中的平衡木失利，痛失金牌，但她仍然坚信自己平时训练的实力，自信心未受丝毫影响，在单项比赛中大胆发挥，囊括全部四枚金牌（包括平衡木），真是"艺高人胆大"；而李小双在1992年奥运会男子自由体操比赛中，凭着良好的心理素质，敢于将平时训练仅有50%成功把握的后空翻三周用于比赛，并且高质量完成，勇夺金牌，反过来证明"胆大艺更高"。

在现在竞技体育高度发展的今天，由于新技术革命的兴起和社会文明在各个领域的飞速发展，通信技术和信息交流的现代化及国际体育竞赛的频繁交流，使运动员在体能、技术和战术训练方面的差距日益缩小，竞争日趋激烈，决定比赛胜负常常取决于临场发挥的心理稳定性。我国一著名游泳教练员曾指出："在比赛中发挥水平不理想的运动员中，因心理因素准备不足而造成的失败约占70%，而因训练水平、技术准备不足造成的失败仅占20%。由此可见，运动员心理能力的培养和心理准备是当前游泳训练中不可忽视的环节。"现在运动训练、竞赛的实践和科学研究还表明，运动员在消耗巨大身体能量的同时，也要付出巨大的心理能量，运动竞赛不单纯是运动员体能、技能和战术运用的竞争，同时也是心理能力的较量。

运动员心理训练

一、运动员心理训练的内容与特点

运动员超常的心理素质和高超的心理技能并不是先天就有的，他们也是通过经验、更重要的还是像他们获得体能及技、战术能力一样通过系统训练和个人的艰苦努力而形成的。心理训练与体能训练及技、战术训练一样，自身也有极其丰富的内涵。心理训练是以发展运动员的心理能力，为训练和比赛做好心理准备作为其主要目的和任务的。系统的心理训练可以分为两大部分：其一为基础心理训练，亦称一般心理训练，旨在发展运动员参加训练和比赛所必需的基本心理素质，包括培养良好的个性品质，发展专项心理素质，掌握各种心理技能等；其二为针对性的心理训练，亦称专门心理训练，旨在为某个具体比赛做好心理准备，包括赛前心理动员、赛后进行心理调整，以及针对某些心理障碍进行的心理训练等；各自又包括不同的内容和方法。

根据训练和比赛的关系，还可以将心理训练分为比赛期心理训练及日常心理训练（或称训练期心理训练）两大类。通常，赛期心理训练集中于调整运动员的心理过程，而日常心理训练则相对偏重于发展各种心理技能、改善运动员的个性心理特征。

根据特定比赛的需要，所进行的有针对性的心理训练叫作赛期心理训练，包括赛前的心理准备、赛中的心理控制以及赛后的心理调整。一般来说，赛前运动员的体能、技能及战术能力均相对较为稳定，而其心理活动却非常活跃。心理状态的变化常常会对运动员最终参赛的结果产生巨大的影响。因此在比赛之前，激发运动员强烈的比赛动机，控制其适宜的激活水平，增强运动员的参赛信心，建立稳定而又灵活的参赛思维程序及参赛行为程序，对于成功地参加比赛，都是非常重要而有益的。

比赛过程中，比赛环境及其不断的变化，都会给运动员的情绪以强烈的影响。因此，保持良好的稳定情绪则成为运动员充分发挥其体能、技能及战术能力的关键。稳定情绪既直接影响着比赛的结果，也是对运动员心理能力的一种高强度，甚至极限强度的训练。

竞赛结束后的心理调节，同样是心理训练的重要组成部分。对于比赛的成功者，应充分肯定他们在比赛中积极的情绪体验，同时亦应注意消除由于胜利而掩盖了比赛中消极的情绪体验，以及由于不能正确对待胜利而产生的自满、松懈等不良的情绪体验。对于比赛失败者，则需力求消除因失败而带来的消极情绪体验，并应寻找和发扬其在比赛过程中局部的积极的心理体验，以激发其再战求胜的强烈动机。

日常训练过程中的心理训练偏重于改善运动员的个性心理特征。应根据运动员年龄、训练年限以及所处训练阶段的不同，安排不同比例的一般与专项心理训练。基础训练阶段的少年选手，应以改善一般的个性心理特征为主，随着专项训练任务的加重，改善适应于专项训练和竞技需要的个性心理特征的训练安排比重则需逐渐加大。

二、常用的心理训练方法

在体育竞赛中，运动员要想取得良好的运动成绩，仅仅依靠良好的身体素质和技、战术能力是不行的。从哲学角度看：一切事物都是内外因共同作用的结果，内因是事物变化的根据，外因是事物变化的条件，外因通过内因起作用。对于运动员来说，内因是自身所具备的顽强的毅力、必胜的信念等内在动因。通过调查显示：在每年的国内外体育竞赛中，由于心理技能准备不足导致失败的占70%左右。因此，教练员应重视运动员心理技能的训练，分析每个运动员的个性心理特征，采取行之有效的训练方法促进运动员心理技能的形成。

认知控制的方法与手段如下。

（一）注意控制训练

注意是指人的心理活动对一定对象的指向和集中。注意是成功地完成技能动作和体验竞赛乐趣的另一个至关重要的心理技能。

比赛心理定向（mental set in competition）是指运动员赛前和赛中的注意焦点。比赛心理定向或注意指向对于运动员的参赛心理至关重要。心理定向决定运动员的参赛状态。比赛心理定向或注意指向应坚持三个原则。

第一个原则是过程定向，即比赛时将注意的方向定位在比赛过程要素而不是比赛最终结果的认知倾向。这里，比赛过程要素注意指与比赛表现直接关系的且自己可以控制的要素，例如之前的器材维护、饮食调节、休息、练习，以及比赛中的技术、战术、体能分配等。比赛最终结果主要指比赛名次、比赛成绩、与他人相比的差距等。心理定向（mental set）决定运动员的参赛状态。积极的心理定向是将注意放在比赛过程要素上，放在当前任务上，放在自我控制上，放在技、战术上。积极的心理定向会成为运动员努力奋发和平衡心态的动力来源。消极的心理定向则是将注意放在比赛结果上，放在与他人的比较上。消极的心理定向会成为运动员的额外负担，影响技术水平的发挥，进而使比赛最终结果不能达到预期目标，产生不好的结果。

第二个原则是当前定向，即比赛时将注意的方向定位在当前任务而不是过去的结局和将来的结果认识倾向。运动员参赛过程往往是一个分阶段且持续时间较长的过程，前一轮的结果往往会对运动员后一轮的表现产生重要影响。因此，如何在比赛过程中不断进行心理调节，树立正确的心理定式，成为运动员保持优势或反败为胜的重要保证。当前定向的原则要求运动员在不断进行心理调整的过程中，确立和保持从零开始的心理定向，将注意集中在立刻需要加以完成的具体任务上，既不过多纠缠在已发生的事情上（无论是积极事件还是消极事件），也不过多缠绕在将要取得的成绩上。

第三个原则是主位定向，即比赛时将注意指向自己的思维和行为，而不是天气、裁判、比赛规则等难以控制的认识倾向。主位定向的原则要求运动员将注意集中在可以控制的因素上，而可以控制的因素主要是运动员自身的一些因素，例如，自己正在和将要采取的技术、战术手段；体力分配策略；思维和表象的内容，以及与教练员的沟通等。同时，采取一些必要的措施，回避和排除与自己、与比赛过程无关的信息。

在注意控制训练中，教练员应帮助运动员根据以上三个原则，逐渐培养过程定向、当前定向和主位定向的注意指向习惯。语音是思维的工具。人们的思维活动一般都是通过语音进行的。自我暗示训练是利用言语等刺激物对人的心理施加影响，并进而控制思维和行为的过程。

运动心理学的研究表明，自我暗示能够提高动作的稳定性和成功率。通过自我暗示训练达到思维控制，有以下6个步骤：

（1）使运动员理解认识及其表现方式——语音对情感和行为的决定作用。

（2）确定训练比赛中经常出现的消极想法，如"这个动作我是学不会了"。

（3）确定如何认识这种消极想法。

（4）确定如何抵消这种消极想法的积极提示音，如"世上无难事，只怕有心人"。

（5）不断重复相应的对句，如"这下完了——还有机会，拼搏到底"。

（6）通过不断重复和定时检查，举一反三，在生活中养成对待困难的积极态度和良好习惯。

（二）情绪控制的方法与手段

1. 放松训练

放松训练是以暗示语集中注意力，调节呼吸，使肌肉得到充分放松，从而调节中枢神经系统兴奋性的过程。放松练习的主要作用有：第一，降低中枢神经系统的兴奋性；第二，降低由情绪紧张而产生的过多能量消耗，使身心得到适当休息并加速疲劳的消除；第三，为进行其他心理技能训练打下基础。学会肌肉放松是保持身心健康的有效手段。

典型的自生放松训练程序如下：

舒适地坐在一张椅子上，胳膊和手放在椅子的扶手或自己的腿上，双腿和脚取舒适的姿势，脚尖略向外，闭上双眼；或者仰面躺下，头舒服地靠在枕上，两臂微微弯曲，手心向下放在身体两旁，两腿放松、稍分开，脚尖略朝外，闭上双眼。根据以下指导语逐渐进入放松状态：

平静而缓慢地呼吸，我的呼吸很慢、很深。

我感到很安静。

我感到很放松。

我的双脚感到沉重和放松。

我的踝关节感到了沉重和放松；我的膝关节感到了沉重和放松；我的双脚、踝关节、膝关节、臀部全部感到了沉重和放松。

我的腹部、我的身体的中间部分感到了沉重和放松。

我的双手感到了沉重和放松；我的手臂感到沉重和放松；我的双肩感到沉重和放松；我的双手、手臂、双肩全部感到沉重和放松。

我的脖子感到沉重和放松；我的下巴感到沉重和放松；我的额部感到沉重和放松；我的脖子、下巴和额部全部感到沉重和放松。

我整个身体都感到安静、沉重、舒适、放松。

我感到很放松。

我的双臂和双手是沉重和温暖的。

我感到十分安静。

我的全身是放松的，我的双手是温暖的、放松的。

轻松的暖流流进了我的双手，我的双手是温暖的、沉重的。

轻松的暖流流进了我的双臂，我的双臂是温暖的、沉重的。

轻松的暖流流进了我的双腿，我的双腿是温暖的、沉重的。

轻松的暖流流进了我的双脚，我的双脚是温暖的、沉重的。

我的呼吸越来越深，越来越慢。

我的全身感到安宁、舒适和放松。

我的头脑是安静的，我感觉不到周围的一切。

我的思想已专注到身体的内部，我是安闲的。

我的身体深处，我的头脑深处是放松、舒适和平静的。

我是清醒的，但又处于舒适的、安静的、注意内部的状态。

我的头脑安详、平静，我的呼吸更慢更深。

我感到一种内部的平静。

保持一分钟。

放松和沉静现在结束。深吸一口气，慢慢地睁开双眼，我感到生命和力量流通了我的双腿、臀部、腹部、胸部、双臂、双手、颈部、头部。这种力量使我感到轻松和充满活力。我恢复活动。

从以上描述可以看出，自生放松是一种通过暗示语使身体各部位直接放松，最后达到全身放松的方法。自生放松强调的是呼吸调节、温暖感和沉重感。一旦比较熟练地掌握了放松方法，就可在下列情况下使用：

第一，表象练习之前：有助于集中注意力，使表象更为清晰、逼真、稳定。

第二，训练结束后或临睡前：有助于消除疲劳，得到充分休息。

第三，比赛前过于紧张时：有助于降低能量消耗，使唤醒水平处于最佳状态。

2. 表象训练

表象是一种不需外部刺激直接参与，在头脑中对人体的一切感觉（视觉、听觉、触觉、本体感觉等）经验再现或重构的心理过程。从表象产生的主要感觉通道来划分，表象可分视觉表象、动觉表象、听觉表象、味觉表象等。视觉表象是指视觉感受器感知过的客观事物在脑中重现的视觉形象。动觉表象是指动觉感受器感知过的肌肉动作重现在脑中的动作形象。

从表象中自己所处的视角，可以把表象分为内部表象和外部表象。内部表象是指用"眼睛的后部"体验表象情境，感受自我的操作活动。外部表象是指表象时从旁观者角度看到表象的内容，看到自己外观上的变化。

表象训练，又称"视觉化"训练、内心演练、意象演习或想象训练等，是指运动员有意识地在头脑中再现或完善某种运动动作或运动情境，从而提高运动技能、增强心理调控能力的过程。表象训练是体育运动领域最为普遍的一种心理技能训练方法。

通过表象训练能够调节运动员的情绪及生理唤醒水平，运动员在表象自己出色完成技术动作时，能够将其注意力集中到当前的任务上，有利于运动员建立正确的动力定型，加快动作技能的学习，从而增强运动员的自信心，进而出色地完成任务。

身体任何部位的肌肉出现紧张，都会影响表象的清晰性。因此，表象练习一般从放松练习开始。例如，先放松3分钟，再经过"活化"动员，便可开始表象练习。由于表象不如感知觉那样直观，没有实物的支持，很难长时间将注意集中在表象上，因此，表象的时间限制在3分钟之内较好，不宜过长。

教练员可以根据不同的运动专项、不同的练习目的和不同的运动员的不同情况设计相应的表象练习程序，如田径课时让运动员在暗示语的指导下，头脑中反复想象跑步时蹬地、摆腿、送髋等动作的情境，建立以上动作的正确的动力定型；或让运动员想象自己正在一块烧得很热的钢板上跑过，钢板被烧得通红，频率慢了，两脚将被烫坏。想象的动作情境尽量与比赛一致，如想象面对红色的跑道就像是面对被烧红的钢板，对手表现出紧张、害怕，自己却充满信心，奋力冲了过去。进行表象练习时，应注意从以视觉表象为主逐步过渡到以动觉表象为主，必要时可以利用简短的关键词提示。

3. 模拟训练

模拟训练是针对比赛中可能出现的情况或问题进行模拟实战的反复练习的过程，目的是适应各种比赛条件，保证技术、战术在变化的情境中也能得到正常发挥。

模拟训练的核心思想是适应。所谓适应，是指个体为自身的生存和发展。在生理机能或心理结构上产生改变以便与环境保持平衡的过程。例如，不断进行裁判员错判的模拟训练，以降低对错判的过激反应，就是寻求与真实比赛情境保持平衡的过程。

模拟训练的主要作用在于提高运动员对比赛应激情境的适应能力，在头脑中建立起合理的动力定型结构，以便使技术、战术在千变万化的特殊情况下得到正常发挥。如果不进行模拟训练，运动员对于意外的超强度刺激没有做好相应的应答准备，比赛中就可能出现暂时联系的中断和自动化的消失，对这些超强度刺激产生不适应反应而造成比赛失常。

模拟训练可分为实景模拟和语言、图像模拟两类。实景模拟是设置竞赛的情境和条件对运动员进行训练，包括模拟对手可能采用的技战术；赛场上可能出现的意外情况；比赛的天气、场地、观众的行为等。语言图像的模拟是利用语言或图像描述比赛的情境，例如，描述裁判员的误判、对手的行为和自己的行动；通过电影、录像及播放录音等来显示对手的特征和比赛的气氛等，以便使运动员形成对比赛情境的先期适应。

模拟训练所包含的内容很广，应根据比赛的实际情况和运动员本人的特点来确定。下面介绍几种常用的模拟训练方法。

（1）对手特点的模拟。模拟国内外比赛对手的技战术特点，以及他们的比赛风格、气质表现，是许多对抗性运动项目训练的常用方法。可以让队员扮演对手的各种活动，以更深入细致地了解对手的特征，演习各种有效的对策。

（2）不同起点比赛的模拟。不同起点的比赛包括领先、落后和关键球相持三种情况。例如，羽毛球比赛在模拟训练中可以从 14 : 3 开始，强手从 3 分开始，弱手从 14 分开始，以锻炼在落后情况下转败为胜的顽强意志。再如，乒乓球比赛在模拟训练中可从 7 : 8 开始，以锻炼在关键时沉着冷静、处理果断的品质。

（3）裁判员错判、误判的模拟。裁判员的错判、误判是比赛场上最难应付的问题之一。这种模拟可以帮助运动员将注意集中在可以控制的事情上，即下一步的技战术上，而忽略那些自己难以控制的事情，如裁判员行为。

（4）观众影响的模拟。观众的鲜明态度和立场往往通过震耳欲聋的呼喊声和激烈的表情动作表现出来，给运动员以极大的压力和干扰。在这种情况下，即便是最有经验的运动员也有可能分心或过于激动、紧张。如果在模拟比赛中组织一些观众，有意识地给运动员制造一些困难，如鼓倒掌、吹口哨、为对方加油等，有助于减少运动员实际比赛时的应激反应。

（5）意外干扰的模拟。比赛中经常会出现一些意想不到的干扰性事件，给运动员的发挥造成不利影响，例如，去赛场的路上堵车、比赛时全场突然断电、比赛时突然出现大雾大风、比赛中有观众突然跳进泳池等。这些突发情况会打乱节奏，或干扰心态，分散注意力，因此，教练员需要在赛前有意设置意外干扰的情境，帮助运动员学会用平常心应对非平常事。

（三）动机控制方法与手段

1. 目标定向

目标定向指一个人参加某一活动时所依据的成就目标倾向。它不是具体要达到的行为数量标准，而是内心追求的成就取向。成就目标走向是一个重要的动机变量，有任务定向和自我定向两种目标取向。

（1）任务定向目标。这是指以个人表现的提高为关注重点的目标，在完成一项任务的过程中，自我定向目标强调的重点是任务本身，人们对自己表现出的能力的知觉是以自己为参照，不同他人作比较。因此，可以预测，这种任务定向有助于培养和提高人的主观能力感。任务定向占优势的个体在行为过程中，注重于发展自己的能力，注意力主要集中在对任务的把握和理解上，把能力的提高和对任务的掌握程度作为成功的标准，失败被看作寻求解决问题的方法和达到特定目标的有效途径。

（2）自我定向目标。这是指以击败他人为关注重点的目标。在完成一项任务的过程中，自我定向目标强调的重点是超越他人，人们对自己表现出的能力的知觉是以他人为参照，是对"自己是否比别人强"这个问题所作的评估。因此，可以预测，这种自我定向更有可能使人们产生能力不足之感。自我定向占优势的个体在行为过程中，有向他人展示自己才能和智力的愿望，并极力回避那些可能失败或显示自己低能的情境，倾向于以参照群体来评价自己的成功。

由于个体在运动时，并不是单一的目标定向，常常是两种目标定向的混合。所以有学者对目标定向的类型作进一步的划分，根据任务定向和自我定向两个维度，将目标定向分为四种类别：高任务定向/高自我定向、高任务定向/低自我定向、低任务定向/高自我定向、低任务定向/低自我定向。

2. 不同目标定向对参加体育活动的影响

在体育运动中，目标定向可能是影响内部动机的重要因素。杜达和尼克尔斯（Duda & Nicholls，1989）曾作了一项以高中学生为测试对象的研究。采用《体育活动任务定向和自我定向调查表》来确定任务定向、自我定向和满足感、枯燥感、兴趣感之间的相关。调查结果显示，任务定向与从事体育活动时的乐趣感有可靠的正相关，而与枯燥感呈负相关。威勒兰德等人（Vallcrand，1986）的一项实验室研究报告指出，如果让男孩从事一项竞争定向的活动而不是任务定向的活动，那么在以后可自由支配的时间内，他们花在该项任务上的时间就更少。这些研究表明，目标定向和体育运动中的动机过程、成就行为等之间存在着交互影响的关系。

3. 目标设置

目标是指一个人试图在某一特定的时间内达到某一特定的行为标准（季浏、符明秋，1994）。根据伯顿（Burton，1992）的观点，每一个目标包括两个成分：方向和质量。方向是指行为的指向和集中，质量是指期望性活动的标准。

一个人的目标设置风格反映他的人格特征。由于人格特征是长期的和比较稳定的，不会随着情境的变化而发生太大的变化，因此，目标设置风格被称为目标定向（Nicholls，1984）。目标定向可分为任务目标定向和自我目标定向。

当运动员采取任务目标定向时，关心的是如何完成一件能提高个人能力的有意义的任务。完成任务是为了提高能力，个体把努力看成是获得成功的基本要素，并通过努力来学习新技能。他们把成功定义为个人的进步，而不是与他人对比自己有多少优势。对任务的控制或个人技术改善的体验来引起他们的成功感和能力感。尼克尔斯（Nicholls，1984）提出，一个任务目标定向的运动员强调努力，选择挑战性的任务，不畏困难，在成就情境中自信心增强以及能够发挥技术水平，而且这种定向的运动员重视活动的过程。而当一个运动员采取自我目标定向时，他们所关心的是自己在一个具体任务中有怎样的优势，主要兴趣是表现自己的能力，打败别人，取得超过他人的成绩，或者用很少的努力来获得成功。主观上的成功会使他感到自己的能力已是超人一等，同时他也会感到少花力气就会产生成功的感觉。他们的评价标准是社会常模，即只有当他们被其他人评价为同一群体中的成绩突出者时，才会感到成功和满意。当他们被认为不如其他人时，就会体验到失败。因此，当他们预见自己能力不足时，就会感到焦虑，以至于回避任务，或者表现出较低的努力程度，以此作为失败的借口。一个自我任务定向的运动员努力程度降低，对运动缺乏兴趣，对自己的能力表示怀疑。并且当失败反复发生时退出运动生涯，这种定向的运动员重视活动的结果。

在目标设置的研究中，有两种理论对目标设置作用进行了解释。

第一种是洛克等人（Locke & Latham，1990）的机械论。这一理论认为，目标设置对活动成绩的影响主要有四个方面：首先，目标可以引导运动员将注意力集中在当前重要的活动任务上。其次，目标有助于运动员动员能量。再次，目标不仅增加了运动员目前的努力程度，而且有助于其延长这种努力。因为有了目标后，运动员练习的单调感就会消失。最后，通过设置目标，运动员常会主动采取和发展新的方法，以便早日达到目标。

第二种是伯顿（Burton，1992）的认知论。这一理论强调目标与动机、自信心、焦虑有关。即如果当运动员把注意力放在比赛结果上，往往会产生不切实际的期望，而这些期望会使他们失去自信心，减少其付出，增加其焦虑，这样运动成绩会骤然下降。而如果运动员把注意力集中到技术动作上时，他们就会形成比较现实的期望，形成最佳的心理状态，最终会提高运动成绩赢得比赛。

本章小结 — SUMMARY

　　运动员心理过程的特点对其训练季竞赛行为有着巨大的影响。对祖国、对人民强烈的责任感，会推动运动员坚持刻苦训练和顽强拼搏，而一直出色的品质则保证着运动员的竞技能力在比赛中充分地甚至超常地发挥。

　　总之，在竞技运动训练与竞赛中，运动员的体能、技能、战术能力以及运动智能，都只有在其心里能力的参与和不同的状况下，心理能力在运动员竞技能里中的价值也有所不同。

思考题 —
1. 基本的心理技能有哪些类型，他们之间的相互关系？
2. 心理技能训练的常用的方法有哪些？
3. 运动员的心理能力与体能、技能及战术能力是何种关系？

案例分析 —

　　第 23 届奥运会跳高决赛时，当高度升到 2.33 米时，在跳高场地附近的跑道上，正好接力比赛的运动员跑过来，再加上观众的欢呼声，使朱建华只得匆忙决定免跳，最后在下一个高度上失利。有时，比赛对手也有意识地采取某些手段来分散对方的注意力。当然，最主要的分散注意的因素来自自己，各种与当前任务无关的思想活动，甚至关键时刻的一个一闪而过的念头，都会使注意力分散。

相关历史事件 —

人到紧张的时候，只知道用力

　　1982 年 5 月 21 日，英国伦敦，第十二届国际羽毛球（汤姆斯杯）赛男子团体决赛，中国对印尼。林水镜好不容易把比分追成平局，却失去放松自然的竞技状态。在他看来雨过天晴，形势很好，希望快一点杀下我来，恰好背上我刚刚甩下的包袱。有一个很好的球，只要杀下去就可以得分，可他却用尽了全身力气去杀。人到紧张的时候，只知道用力，拼呀，杀呀，忘记了技巧。结果好好的球竟杀到界外。我在几分钟后又以 16：14 领先，只要再拿一分就结束战斗。这小小的一分，关系到中国队的大比分能不能由二变成三，关系到今晚的胜负。

第九章
运动员智能与训练

【学习任务】

本章论述运动员知识能力的概念，以及总结和掌握培养知识能力常用的几种行之有效的方法，阐述知识能力训练的基本要求与评价。

【学习目标】

1.了解运动员知识能力的概念。

2.掌握知识能力培养的常用方法。

3.明确知识能力训练的基本要求和一般要求。

运动训练和比赛中，运动员能完美地完成技术动作，留下一个又一个经典的瞬间，但当训练或比赛结束后，让他们自己去讲解完成的技术动作时，却不知从何说起或者不知该怎样表达。运动员对所从事的专项技术没有足够丰富和精深的理论知识，以至于影响他们对训练的理论和方法的认识和体验，影响他们尽快形成自己的训练风格和稳定的竞技状态。因此，培养运动员的知识能力是有重大意义和前瞻性的。

第一节 运动员知识能力概述

一、运动员知识能力释义

运动员知识能力是运动与训练中所需的特殊能力，这种特殊能力是知识的某些因素和能力的某些因素的有机结合。运动员知识能力是能力中的一种，是指运动员以一般能力为基础，运用包括体育运动理论在内的多学科知识，参加运动训练和运动比赛的能力，是运动员总体竞技能力的重要组成部分。

运动实际操作能力和适应能力、对运动行为的观察力、记忆力和思维力等的有机结合，形成运动方面的特殊能力。从这个意义上讲，运动员知识能力是指运动员运用知识和信息，分析并解决运动训练中各种实际问题的能力。知识能力训练是有目的、有计划地对运动员智能构成的因素训练和培养，并使之有机结合，提高运动员智能水平的过程。

运动员知识能力是其竞技能力的重要组成部分。它是指运动员掌握和运用运动知识提高竞技运动水平的能力。

掌握运动知识是运用运动知识的前提，运用运动知识提高竞技运动水平是掌握运动知识的目的。

可以从以下三个方面来理解运动员知识能力。

首先，从运动知识本身的性质来看，运动知识是在运动中获得理性和感性知识以及从理论中得出的运动知识的综合。一方面，运动知识是从实践中得来的，并在实践的基础上总结，形成理论知识；另一方面，运动知识从多学科的理论中来，并通过理论来指导运动实践。有助于运动员在竞技体育比赛中取得更好的成绩。

其次，从运动知识的获得途径来看，运动知识的获得是多方面的。运动员个人，不可能凭一己之力获得所有的运动训练理论并运用于实践中。运动员知识的获得是多渠道的。例如，从教练员的传授中，从其他学科的知识中，从自己的运动训练和比赛的实践经验总结与反思中，等等。知识获得的多渠道，注定知识内容的广泛性和继承性。

最后，从运动知识运用的方式来看，知识就是力量，但知识本身并不是力量。只有当知识被科学、有效利用时，才能创造价值，形成力量。运动知识的运用是指运动员将已经获得的从运动中得到的理性和感性的知识再运用到实践中，并在竞技体育中取得更优异的成绩。比如，利用从运动生理学中得到的关于人体的重要运动数值，这是从理论中得出的运动知识，并能通过实验与实践的结合，更好地为运动员的训练和比赛服务，取得事半功倍的效果。

二、运动员知识能力的重要作用

现代竞技体育中除了需要运动员具备体能、技能、战术、心理以外，还需要运动员具备知识能力，这是因为竞技能力的发展需要生物、心理、社会、教育等方面的全面提高，而这正是竞技运动对运动员的要求，是运动员总体竞技能力的重要组成部分。现代竞技体育中的训练与比赛，对运动员的要求越来越高，而其中知识能力的高低已经成为影响竞技成绩的重要因素。知识能力的高低，直接作用于比赛，往往使比赛呈现不同的结果。拥有丰富知识能力的运动员在与同等竞技能力的运动员比赛中，通常占有优势。因为知识能力有助于运动员竞技能力的形成与提高。因此，现阶段的竞技运动的比拼已经不仅是在体能、技能、战术、心理方面的较量，更是建立在多维视角下的全方位知识能力的竞争。

（一）有利于运动员对训练的理论和方法更为准确地认识和体验

运动员知识能力对运动员理解和认识问题有重要的意义和作用，良好的运动知识能力不仅能够有助于自身竞技水平的提高，还有助于运动员和同伴之间的沟通和有效地贯彻教练意图和战术思想。在训练中，丰富的知识储备和良好的理解能力有助于运动员尽快掌握运动技术、总结反思、纠正错误动作、形成动力定型等。在比赛中，运动员知识能力的运用就更为重要，其有助于运动员形成稳定的心理状态、提高阅读比赛的能力、有效地贯彻教练员的战术意图、提高应变能力等。

对于拥有良好运动知识能力的运动员来说，他们能够更为准确地认识和体验训练的理论和方法，更好地把握该项运动的规律和特点。具有较高运动知识能力的竞技运动员，对于本专项运动的特点和规律有着较为深刻的把握，对于训练的理论和方法也有更为准确的认识和体验。因此，他们在训练中更能够正确地理解教练员的训练意图，能够以自觉的行为配合教练员高质量地完成预定的训练计划，从而提高运动员总体竞技能力的训练任务更好地完成。这种具有较高运动知识能力的运动员，能够在训练中更好地领悟教练员的意图，能在比赛中更有力地贯彻教练员的战术安排，有更强的阅读比赛的能力。从而能更有效地完成训练任务，达到训练目标。

（二）有利于高水平运动员尽快形成自己的训练风格和稳定的竞技状态

运动员只有掌握丰富的科学文化知识，才能学习、理解和掌握，并在实践中灵活地运用技术动作、战术意识，因其本身就是一门知识。竞技体育发展到今天，已不再是单纯的身体运动，而是具有综合性学科的复杂思维活动的运动过程，是力量与智慧的结合。因此，运动员为适应现代竞技体育的发展，不能只靠对技术动作、战术意识的简单堆砌和机械模仿，而没有一定知识能力，不具备较宽的知识面和丰富的文化知识水平。竞技能力较高的运动员只有拥有丰富的知识储备、形成良好的运动知识能力，才能对训练的理论和方法有更为准确的认识和体验，才能提高阅读比赛的能力，才能提高竞技成绩，才能最科学有效地延长运动寿命。高水平运动员只有具备完善的知识结构，才能加深对专项运动自身规律以及技、战术内涵的理解，保持最佳的竞技状态，使技术和战术水平正常发挥，甚至超水平发挥。

三、运动员知识能力的特点

运动员的知识能力是人的一种本能。本能是有利于生存的能力，是生存的推动力，但这种推动力具有相对的稳定性，而不是固定不变的，具有一定的开放性，在后天的生存中具有组织作用和适应性调整，即为后天习得新的生存经验提供可能，并将后天习得的有利于生存的经验储存起来，成为本能的一部分。运动员的知识能力不是客观的，是以人的意志为转移，受兴趣、爱好等主观因素以及环境的影响，具有超文化的性质，运动员的知识能力带有明显的文化相对性和个体的差异性。

（一）时间性

在人类、人生的不同阶段有着不同的知识能力，同时也有着不同的显现形式。从时间上看，运动员知识能力具有先天性、后天性和同在性。所谓先天性，是指运动员知识能力具有天赋的基础和天然的表现，它是在能力为基础上的后天显现。先天性是运动员知识能力的遗传基础、天赋表现，它需要在后天性的基础上表现出来。所谓后天性，是指随着年龄的增长，运动员经过时间的历练与洗礼形成的知识的增长、经验的积累和情感的丰富，而它通过后天的表现，完全呈现出来。后天性是在生命过程中随着知识的增长、经验的丰富、能力的增强更易显现或显现得更为丰富。共同性，是指运动员的知识能力在先天和后天两种因素的影响下形成的能力特征。共在性是人的智慧的显现，离不开先天和后天两种因素。运动员知识能力的发展是一种随着年龄的增长自然增长的过程，在这个过程中有不同的阶段，其中包括早期的学习期、敏感学习期等。所谓敏感学习期，是指在某个时间段，在相同的时间内，学习效果最好的时间。因此，敏感学习期又是运动员知识能力增长的关键时期。随着年龄的增长，运动员知识能力的发展是一个自然增长的过程，在这个过程中早期的学习和敏感期（某种经验或学习对某种行为获得具有最大效果的关键期）又是运动智能发展的关键。

（二）层次性

运动员作为社会中的一员，其知识能力不仅有其自身的特点，而且无不打着社会、文化、历史和他人影响的烙印，因此，运动员的知识能力是多维度的，更是多层次的。运动员在社会生活中，会随着文化、历史、地域、种族和民族的变化而变化。运动员知识能力是多维度、多层次存在的。它既具有个体自身的力量，同时又打着他人、社会、文化和历史的印记，在地域、民族、性别之中生成着，变化着。运动员知识能力在不同的人身上有不同的表现。同一种运动在不同的人身上也会出现不同的运动知识能力的层次之分。运动员在完成每次训练或者比赛时，其都展示复杂的运动知识能力，这种能力是系统的，高层次的。运动员知识能力是实践能力，人人皆有，但不同的人会有不同的显现。面对同一事件，不同的人会表现出不同的状态。如舞蹈家或运动员的知识能力都是系统化的，是一种较高层次的知识能力，一般人的知识能力是散在的，随时随地都能显现的，是水平不同的知识能力。例如，在跳高界称后多年的伊辛巴耶娃，她一次次刷新撑杆跳高的世界纪录，冲击着一个又一个女性生理的极限，而一个普通小学生跳过他从未超过的高度，虽然都是在挑战自己，挑战自己现有的极限，但这展示了不同运动知识能力的层次。如古巴选手索托·马约尔用先进的虎式技术征服 2.44 米的高度，创造男子跳高世界纪录，而一个小学生用简单的跨越式动作，跳过超过他本人从未跳过的 1.2 米的高度，这是不同层次的不同水平的知识能力的展现。

（三）差异性

运动员运动知识能力的差异性主要来自遗传因素、发育程度、营养配比和成长环境等，和先天的遗传、发育程度、成长环境等有着极大的关系。遗传是一种不可逆、不可改变的生理因素，人们通过对父辈、祖父辈等在长期生物进化和自身改善中形成、积累和巩固的生物学特质的传承，形成一个完整的遗传路径。这种遗传因素并不是从出生就形成成熟的机制，而是在后天的成长过程中，通过生长发育、环境影响、生活习惯等因素的影响，形成一个完整、成熟的生理机制。遗传是一种生物现象。通过遗传把祖辈在长期进化发展中所形成和固定下来的生物学特征（素质）传给下一代，这种与生俱来的遗传素质并没有发育成熟，它在后天适宜的环境条件下，还有一个较长时间的生长、发育过程，才能达到结构上的完善和机能上的成熟。遗传是不可逆的，运动员良好的遗传因素是丰富、合理的运动知识能力形成的前提。同理，生长环境是影响运动员知识能力形成的基础，如果只有良好的先天遗传素质而成长在环境恶劣的境遇中，良好的运作知识能力依然无法形成。此外，遗传因素是前提，环境因素是基础，而运动员的主观意念是源泉，只有在思想上不断给自己加油打气，良好的运动知识能力才能形成。因此，由于影响运动员知识能力的因素很多，造成运动员知识能力存在差异性，不可预测性。良好的遗传素质是运动员知识能力后天发展的前提，任何优越的环境都不可能改变低劣的遗传因素。同样，恶劣的环境也不可能完全泯灭优越的先天条件。良好的生理素质的遗传，只为后天的运动员知识能力的发展提供条件，运动员知识能力的发展变为现实，取决于后天的环境教育和主观努力。个体的身体条件、兴趣爱好、性格特质等影响运动技能的掌握，使个体的运动员知识能力存在着差异性。

（四）专项性

运动员、舞蹈家、雕塑家、机械师、演员等都是运动知识能力较高的人，都是以身体运动能力作为主体的获取和加工信息渠道的人，不同的专项其知识能力也不同。在这些知识能力需求较高的职业中，随着系统的知识、技能的学习，对从事活动的认识逐渐加深，开始对从事的专业产生专门化的选择，在丰富专业知识的同时，不断改进和发展专项技术，从而获得较高的专项水平。知识的增长、经验的丰富、能力的增强使运动员的知识能力得到了进一步的发展。具有专项性的运动员知识能力同时也拥有不同的技术要求和不同的技术风格。

运动知识的获得与运用

运动员在训练和比赛中能出色和接近完美地完成技术动作，甚至有些技术动作已经到了自动化的程度，但如果让运动员把完成的技术动作口述出来，运用相关的运动训练学中的理论来解释的话，他们马上会失去在实际完成动作时的光彩，甚至会哑口无言。这是什么原因呢？根据研究显示，其中一个重要原因是运动员缺乏科学和足够的理论知识。导致他们在多数时间只会做而不会讲，只会用技术动作完成，而不会用语言描述。

因此，要想让运动员变得更加全面，成为一个在技术动作和语言表述中都出色的人才，就要增长其"能文能武"的本事。从日常的训练、学习和生活中重视对两方面的同时加强。

运动员在训练和比赛中的技术动作的完成和对技术动作的解释，最终是在竞技比赛中展示，因此，从一定程度上讲，这个过程也是运用知识的过程。而知识运用的前提是知识的获得，在此，我们将知识的获得与运用一起进行讨论研究。

一、运动知识的获得

（一）来自教练员的传授与指导

1. 教练员的示范

从事一项运动，在最初阶段，很多动作不便通过语言描述传授给他人，所以通过对动作的模仿就成为最开始的运动，而模仿的对象一般为教练员。教练员通过具体、科学的示范，为运动员定下最原始的对该动作的认识与印象。教练员的示范传授与指导更多的是通过具体的事例、细微的动作和多年的经验来完成。

随着科技的进步，现代的影音技术日新月异，运动员可以通过多渠道（如照片、录像、视频等）了解运动的具体动作要领，通过反复练习，形成动作定型。这是对教练员示范另一种形式的探索与实践。这种更加灵活的方式，更有助于运动员尽量地掌握动作和提高技能。

2. 教练员的语言提示

在动作示范的同时，加上语言的讲解、描述和重点强调，能够促进运动员更好地完成技术动作。通过语言的传达，运动员能够更好地知道动作的细节、重点、易出错点等，能在教练员已有的经验与理论知识的基础上，在更短的时间，更加高效地完成技术动作。

另外，教练员通过运用语言对运动员传授技术动作要领的同时，还能向他们传授运动生理学、运动生物化学、运动力学等学科理论知识，并在潜移默化中对运动员形成影响。

运动员在这种学习过程中，不断地将外界已有的知识输入变成自己的。提高自己在技术动作和理论方面的双重能力。在运动员的学习、训练过程中，教练员起着重要的作用，因此教练员能力的高低、知识的多少和传授能力的强弱，直接影响运动员水平的提高与否。

（二）来自运动员自身的运动实践

1. 直接来自实践的运动知识

运动员在训练和比赛时，本身就是一种实践。运动员通过其个人的运动行为，感受身体的感受、变化适应，完成个人的实践。当运动员听从教练员的示范指导和语言引导，将其运用于自身的实践活动，并最终达到提高运动技能和竞技成绩的效果。例如，在学习足球技术时，开始对于不同的来球，运动员尽管也是移动步伐，但是接球动作总是不够自然流畅，显得非常被动。经过不断练习，可以很好地处理各种来球，能够做出各种规范、有效的接球动作，并能够为下一步的踢球或者运球做好充分的准备。

2. 对自身隐性知识的加工

运动员对隐性知识的显性描述，是指隐性知识到显性知识的转化的过程，将其转化为别人容易理解的形式。

以学习足球动作技术为例。运动员获得各种踢球、接球和运球动作的经验，但是还不能用语言清晰地表达做动作的过程。但是，在一次次反复练习的过程中，运动员对自己做出的动作，支撑脚的位置应该有什么样的变换，大腿与小腿的折叠的意识程度逐渐清晰，恍然大悟。这样，在一定条件下，隐性知识会转化为显性知识。

运动员通过比较各种成功踢球、接球和运球动作和各种不成功踢球、接球和运球动作的特点，可以总结出，什么时候踢球、接球或者运球是合适的时机，怎样运用技术动作是合理、科学的。如在踢球时，分为短距离、中距离和长距离，在踢三种不同的距离程度和摆动速度应该是什么标准等。

因此，运动员能从实际训练和比赛中找到击球部位、总结归纳出合理的接球动作和精准的出球技术。对原本看不见的规律做了实际体验形成的自身感受，然后通过对感受的理解，再形成语言文字得以以有形的形式展示出来。

总之，运动员的知识能力是在训练和比赛中，通过无形的经验、感受等形式，经过认识、反思、提炼和升华等步骤，形成理性的、有形的和系统的知识能力。这种能力在训练和比赛中，总能促进运动、提高运动成绩、提高训练效率、减少运动损伤和延长运动寿命。

（三）来自科教工作者的传授

有一批科研人员和教师不断地从事与竞技体育有关的多个学科研究，从运动训练和竞赛实践中认识和把握相关的规律，逐渐形成、丰富和完善运动知识体系。运动员通过对这些经过学习研究而得到的运动知识加以运用，从而有助于完成训练任务，提高训练效果。例如，在刘翔的团队中，就有二十几人，每天为他制订各种方案，这些方案中，有些涉及竞技训练，有的涉及运动生物力学，有的涉及运动生理学、有的涉及运动心理学，等等。各种科研项目在他身边不停转，形成一整套科学完整的运动训练体系，形成完善的运动知识。为提高运动员成绩、减少运动损伤、延长运动员运动寿命提供科学保障，在备战 2012 年伦敦奥运会期间，科研人员对中国男女举重运动员的专项训练、生理生化、营养恢复、控降体重、高原训练等方面监控和研究，建立国家举重队完整系统的训练监控系统，掌握每个重点运动员的个人特点，使训练手段、训练环境、营养补充和控降体重达到科学化、最佳化，训练达到应有的负荷，恢复达到预期的目的，为我国重点选手提高训练水平和比赛发挥提供科研保障。

科研工作者经过长期跟踪研究，为我国优秀跳水运动员的动作科学合理的运用、减少运动损伤、保持动作的稳定性和高质量性起到指导性和检测性的作用，并为运动员的心理调节、心情稳定作了研究和咨询工作，对帮助运动员形成良好心态、在各种情况下"宠辱不惊"作出突出的贡献。

（四）来自社会环境的学习

1. 来自家庭环境的学习

家长是孩子的第一任老师，家长的一言一行能在潜移默化中影响孩子，运动员也不例外，他们是首先在家庭环境中受到影响和实践，之后进入运动队训练和受教育。

2. 来自学校教育的学习

通常所说的理论知识来自学校的系统学习。

学校教育是培养人的德育、智育、体育、美育等的专门机构。它起着传授传统历史文化和传递价值观、引导人生观的作用。学校教育总是在规定的时间内根据学生自身的特点，因材施教，有目的、有计划和科学地对学生施加影响，为学生的知识结构、知识积累和知识能力的形成打下基础。

与一般社会生活环境不同，学校教育是由专职教育者根据受教育者的身心发展特点，有目的、有计划、有系统地影响过程。学校教育使运动员在短时间内掌握较多的知识和技能，为形成社会所要求的观点、信念和道德行为习惯打下基础。

学校的学习使学生各方面能力都得到全面提升。学习语文，不仅教会学生识字阅读，更引导学生学会从表面的文字理解文字中所蕴涵的哲理或者思想，学会合理、恰当表达自己的意思。运动员是要从学校学习中学会如何理解教练员的意图，如何总结自己在训练和比赛中的技术动作，从而提升动作的规范性与合理性。学习数学，不仅要让学生学会计算简单的数字，更要培养学生的独立的逻辑思维能力和多角度思考问题的能力。对于运动员来说，学习数学有助于提高在比赛中思维的灵活性和保持清醒的头脑，为在比赛中有创造性的表现打下基础。常识课的学习更让运动员开阔眼界，认识环境中不同事物之间的外在和内在的联系，为充分认识多学科在竞技体育中的作用打下基础。

在高校体育专业的院系中，开设关于运动训练的多门课程。例如，运动医学、运动生理学、运动生物化学、运动心理学、运动力学等。这些学科为该专业的学生提供强大的理论基础和运动知识素材。而运动员从这些学科中可以学习相关的运动训练的理论知识，寻找规律，通过对课本知识的思考和联系实际训练与比赛，提升对运动技能的理解和掌握，从体、技、战、心、智全方位提升运动员的实力，从而起到取得更佳成绩的作用。

在运动专科学校里，开始设置体育专业课程、竞技体育相关学科的课程，例如，包括与某一运动专项特有的专项知识，也包括某一项群或所有项目都适用的一般基础知识。有运动医学、运动生理学、运动生物化学、运动心理学、运动训练学等各个学科。从知识所反映的层面上，既包括事实描述性的，也包括原理解释性的。如运动中肌肉酸痛的现象，以及运动产生乳酸导致肌肉酸痛的原理。

运动员通过系统认识和分析体能、技能、战术能力、心理能力的训练规律和原理，将其运用到自身竞技能力的提高和发挥上，与创造运动成绩有更直接的关系。

3. 来自社会生活的学习

社会生活是一所大学，每个人都能在这所大学中学到大量的知识，获取经验。而运动员也不可避免地在这所大学中学习和历练。通过与社会的接触，运动员可以根据自己所从事的专业，结合实际生活情况，得到一些多元性、创新性的运动知识。而在与社会的接触中，兴趣是引领运动员学习新知识、体会新经验的重要因素，由于兴趣可以让运动员获得在训练或比赛中不曾有的体验和新的运动技能感受。

运动员在生活环境中，有意无意地会接触到大量信息，从中获得一些经验。其中不乏与运动员个体发展相关的内容，特别是社会环境对运动员心理发展有较大影响。知识的普及、知识载体的多元化，使运动员得以从更多的渠道获得知识，如电视、广播、报刊、网站等各种媒体。

运动员从生活环境中得到的知识不仅和环境本身有关，还与运动员自身的兴趣、学习的积极主动性有关。

二、运动知识的运用

将知识运用于实践当中可以产生巨大的效果。法兰西斯·培根的名言"知识就是力量"明确地体现运用知识的重要作用。

在竞技体育中，训练和比赛是一个学习的过程，从实践到理论，再由理论到实践，再到理论，周而复始。理论指导实践，实践又决定理论的方向和深度。运动员不断地通过理论与实践的过程，提高自己的运动成绩和运动水平。

竞技体育中，周而复始的训练和比赛过程，是一个学习、实践，再学习、再实践的过程。在这个过程中，运动员不断将所获得的经验、知识运用到训练和比赛中去。

（一）总结经验

运动知识不仅来自科研人员的理论，也来自运动员对训练和比赛的总结，而通过对训练和比赛感受的总结再运用于训练和比赛的循环过程，本书就是一个运用运动知识的过程。例如，在足球训练或比赛后，运动员都要写训练笔记或总结，这是对训练或比赛形成的新的感受的总结，而当这种总结再次服务于训练或者比赛时，就形成运动知识的运用，这是运动知识能力的表现。运动员不断总结自己的经验，并将新经验用于其后的训练和比赛，这本身是运用知识的形式之一。比如，很多运动队都有赛后要求运动员进行总结的传统，运动员回视自己过去的经验，分析其积极或消极的作用，并据此设计未来的比赛。

（二）"旁征博引"

将教练员或其他优秀运动员的技术动作和比赛经验消化、吸收，形成自己的运动模式。例如，运动员在训练中，模仿教练的动作和行为特征，并通过大量的练习，使动作能够舒展、合理、流畅，形成动作定型。这种方式是对已经形成的运动知识的直接吸收学习，并通过实践表现出来。但在借鉴学习别人的运动知识的时候，要注意这种方式是否对自己合适，是否能够很恰当地运用于训练和比赛中，以免适得其反。将他人的实践经验运用于自己的训练和比赛过程。比如，运动员将教练员对动作特征、要领的描述用于实际动作当中。在"师徒相传模式"中，运动员把教练员所做的示范和语言提示的动作要领，应用到自己的实际动作当中，并在大量练习后，可以自动地一气呵成地进行操作，从而成为运动员的个人隐性知识。但是，此时运动员还不一定能够像教练那样能清楚地表述动作要领。再如，中国射击队在大赛前根据以往的经验教训，集思广益，列出在比赛中可能会出现的突发事件，并设计应对方式，做好充分的赛前准备工作。

（三）将多学科知识融入运动训练中

运动知识的运用，除了有自己的总结、自身通过观察和实践他人的运动技能，还有极其重要的一种是专业科研人员的研究成果。例如，运动生理学，从科学的角度，运用多种指标，制定运动训练的强度和运动量，对运动员的运动产生的影响作出科学的解释。运动生物力学，可以帮助运动员制定最合理的用力方向和用力大小，找出最节省力气的技术动作。运动心理学，可以帮助运动员调节心理变化，引导其积极投入训练，减轻比赛带来的压力。

诚然，无论是自己亲身感受获得的经验，还是通过他人的帮助而得到的运动知识，都必须在自己的深加工下，才能成为一种能力，而这种能力才是运动员最需要的，是运动员应具备的运动知识能力。不是所有人看见苹果落地，都能想到万有引力，不是所有人看见水煮到沸腾，都能发明蒸汽机。这样的能力需要自己对该专业极大的热爱，还需要深厚的理论知识以及将理论知识转化为自己的并能灵活运用知识的能力。

将专业人员的研究成果运用到运动训练和比赛之中。比如，根据营养学知识，一日三餐食物合理搭配，以保障营养补充；根据乳酸生成和消除的原理，采取积极的放松、按摩、补充碱性食物等，帮助中和机体内的酸，促进身体恢复的措施，保障训练任务的完成；根据人体循环系统的工作原理，认真做好训练前的准备活动环节和训练后的整理恢复环节等，不一而足。

知识的运用，也不是简单的事情，必须经过思考和训练的过程。并不是每个拥有知识的人都自然而然地会合理运用知识。

运动员知识能力训练的基本方法

运动员知识能力的训练是一个教育过程。教育的理念受到个人人生观、世界观和价值观的支配。有什么样的人生观、世界观和价值观，就有什么样的教育理念。知识是客观的，是不以人的意识为转移的客观存在，知识也是动态的，随着社会的发展而不断更新变化的，在这种客观的、动态的知识中，人们应该怎样形成运用它的能力，就显得尤为重要。在知识的学习中，首先要承认知识的客观性，并对客观知识深入学习，其次又要注意知识的动态性，强调在灵活多变的方式下，努力吸收、运用和创新知识。

一、提高运动员专业理论知识水平

在竞技体育中，运动员的专业知识能力是第一位的，只有在本专业的知识掌握的情况下，才有可能学习其他专业的知识，并运用于所从事的专项训练中。也只有多学科的知识相结合，才能促进本专业知识的发展。

（一）结合科学文化基础知识发展一般理论

广博的科学文化基础知识是所有专项知识发展的前提与基础。只有将基础打牢固才有可能发展专项理论知识。广博的科学文化知识需通过多种途径获得，例如，教师讲课，学生自学，教师引导与辅导，学生提问，学生讨论，等等。这些方式获得的知识都是运动员知识形成的基础，且这些方式也是运动员知识能力形成的具体方式。阅读自学、教师讲解辅导、小组讨论、完成作业、专题研究等都是文化知识学习经常采用的形式与方法。当然，随着学习者文化层次高低的不同，在学习的组织形式与采用的方法上会各有侧重。在这些方面，运动员的专业理论知识学习也多采用相同或相似的形式与方法。

1.注意训练规律性知识的学习

基本概念和原理等规律性的知识是人类逻辑思维发展的结晶，掌握并学会运用它不仅有利于学生思维能力的发展，也有利于促进知识技能的迁移。

2.注意运用直观式和启发式教法

通过这些教学手段可以培养运动员的观察力及思维能力。

3.注意理论与实践相结合

在教学实践活动中，教练员应严格要求运动员做好各种练习、实验、实习等，培养运动员运用知识解决实际问题能力。

（二）结合运动训练实践发展专项理论

"实践是检验真理的唯一标准"。在训练中也是如此，运动员只有在训练比赛中运用已知的理论，并通过实践检验，才能更加深入地发展理论，并为运动训练学的理论服务。科学训练理论应该是源于训练实践，高于训练实践，进而有效地指导训练实践。因此，学习理论知识与运动实践一定要有同步且相互影响的效果。所以学习专业理论知识一定要结合训练实践，特别是自己的训练实践。运动员要带着问题训练，用已经掌握的理论去解释训练中的问题，并试着用科学的方法解决问题。运动员在训练中不能闭门造车，只一味地自己训练，自己从训练中总结经验并与理论相结合，而应该开阔视野，多与教练员和优秀的运动员交流，观看顶级比赛录像，从中吸取最前沿的运动技能方式和运动知识。运动员在结合自己的训练实践学习理论知识的同时，还应注意观察和研究自己的同伴、对手、国内外优秀运动员的训练实践，并且对进行其科学比较，从中发现和理解训练成功的规律。

1.注意专项技术分析和战术意识的发展

在运用生物力学知识对专项运动技术分析的过程中，注意培养运动员的观察力和思维力。在利用电影、电视、模型以及教学比赛发展运动员战术意识的同时，注意培养运动员的观察力、思维力和适应能力。

2.注意器械使用、比赛规则与裁判法的学习

通过运动器械知识的学习、使用、校准和保养方法，培养运动员的实际操作能力；通过比赛规则与裁判法的学习，培养运动员的观察力和适应能力。

3.注意训练计划、辅助措施、自我监督等知识的掌握

参与制订训练计划，发展运动员的思维力，学习卫生和理疗等训练辅助措施和自我医务监督知识，发展运动员的实际操作能力。

（三）广泛学习相关学科的科学知识

现在的竞技体育对运动员的要求越来越高，运动员必须具备丰富的、多领域的科学知识。科研工作者从运动生理学、运动生物化学、运动力学、运动心理学等方面为运动员提供科学的指导和制定合理的评价指标体系。运动员不应只是"拿来主义"，而应该从这些学科中学到知识，形成自己的理论体系，以便更好地指导运动训练和比赛。如运动生理学、运动解剖学、运动心理学、体育社会学、体育美学等体育科学学科知识，都对科学地组织运动训练活动和成功地参加运动竞赛有着重要的意义。因此，要求运动员不仅要学习本专项运动的理论知识，还必须学习多种科学学科的有关理论知识。

二、提高运动员运用知识的水平

（一）提高应用理论知识的自觉性

人的主观能动性是决定所从事事情成功的关键，充分地发挥人的主观能动性能对事情的成功起到事半功倍的效果。因此，对于运动员来讲，提高对运动知识的自觉性十分必要。不仅运

动员本身，教练员也要对此高度重视。教练员要引导运动员学会从实践中总结经验，形成理论，又需要引导运动员将自己总结和从他人那里获得的理论知识运用于实践，形成实践产生理论、理论指导实践的模式。运动员也应提高运用知识的自觉性。在训练和比赛中注意总结经验，并对经验深加工。例如，将所得经验与已知多学科知识相结合，使理论更加科学和全面。并将加工后的理论有意识地经常用于指导实践。由理论到实践再到理论周而复始的过程，是一个良性的学习和运用知识的过程。运动员应该有将这种过程形成自动化的决心和行动。

专业理论知识的作用应先在教练员、运动员思想上得到重视，并主动地自觉地在自己的训练实践中应用，这是提高其应用水平的重要前提。应用的具体方法：一是由实践到理论，根据训练实践的需要，去学习、寻找有关的理论知识；二是先理论，后实践。学习、理解、掌握，即用于训练实践。从而提高理论知识运用能力。从运动训练实践的需要出发，学习目的性强、运用针对性强，便于解决实际问题，会取得满意的结果。例如，我国速滑界为了更准确地控制训练负荷强度，移植游泳及中长跑选手的成功经验，学习运用血乳酸指标控制负荷强度的理论知识，测定速度滑冰运动员 127 个常用手段负荷后的血乳酸值，并据此制定一些优秀选手负荷强度的定量指标，有效地提高训练质量。

值得注意的是，知识并不是一成不变的，随着社会的进步与文明的发展，知识也在不断更新与丰富。教练员在指导运动员时，一定要注意知识与时俱进。运动员在学习运动知识的同时，务必实事求是，根据现实情况，完善理论知识，使其真正为实践服务，真正为运动员提高运动成绩服务。

理论并不是一成不变的，在系统的理论学习中发现问题，主动地改进训练，完善理论系统，这是提高理论知识应用水平的重要方法之一。例如，艺术体操教练员从美学理论中学到"不对称图形"的美学价值，进而主动地在体操的编排中，设计若干不对称队形，提高整套编排的表现力。

（二）认真做好专题总结

对运用专业理论知识于训练实践的工作情况应及时地深入专题总结，这是提高应用水平的另一个重要方法。通过科学的总结，可以对理论的认识更加深刻，对于实践的解析更加准确，从而把认识提高到新的层次和新的水平。教练员、运动员都应注意提高自身的科学方法水平，要学好逻辑学、科学方法论，以及体育统计、实验设计、调查访问等具体科学方法，这是科学总结和从事科学研究工作必不可少的。

（三）积极反思

在训练或比赛后，对运动员的竞技状态进行总结、思考。用理性的方式对运动行为作理论上的解释和展望。传统知识关注陈述性知识，从而形成接受性的教学和训练。反思的形式有许多种，其中自我反思和他人帮助反思是最重要的两种形式。对于自我反思，运动员需要形成训练或者比赛后积极思考的意识，思考动作是否合理、是否高效、怎样才能更好，等等。这些思考能够有助于运动员形成一个良性的运动能力发展模式。此外，除了自我反思之外，还有他人帮助的反思。"当局者迷，旁观者清。"运动员的队友和教练员对运动员的运动表现会有一个全面客观的认识，并清楚看到出现的问题，提出宝贵意见，有助于运动员水平的提高。

作为一种自我反思的过程，既有运动员自己经验的反思，也有教练员帮助运动员的反思，使运动员学会用自己的观点和想法来分析自己的经验。在训练过程中，运动员与教练员之间的交流是最好的方式。在训练之后，队友之间也要交流，一起分析自己、队友、对手的情况。

第四节　运动员知识能力训练的基本要求与评价

一、知识能力培养的基本要求

（1）智能训练应列入多年、全年、阶段、周和课的训练计划之中，以保证有目的、有计划地发展运动员的智能水平。

（2）提高运动员对智能训练的重要意义、目的任务、内容方法等的认识，使他们能自觉积极地配合和独立进行智能训练。

（3）智能训练要有科研人员配合。教练员可就智能训练中的具体问题请教运动医师和专业人员，邀请他们共同研究或处理问题，有时请他们给运动员做一些专题报告和实际辅导。

（4）逐步建立智能评定的制度和方法。

二、知识能力的评价内容

从我们对运动员知识能力的界定，可以考虑从以下几个方面对运动员知识能力进行评价。

（1）就静态特征而言，对运动员知识能力的评价的内容包括：与获得运动成绩相关的程序性运动知识、陈述性运动知识、隐性运动知识、显性运动知识、操作性的运动知识、解释性的运动知识，以及相关领域的运动知识。

（2）就动态特征而言，运动员知识能力的评价内容包括：发现运动知识的能力、获取运动知识的能力、理解运动知识的能力、整合运动知识的能力、传递运动知识的能力、应用运动知识的能力。

本章小结 — SUMMARY

　　运动知识不仅来自科研人员的理论，也来自运动员对训练和比赛的总结，而通过对训练和比赛感受的总结再运用于训练和比赛的循环过程，本书就是一个运用运动知识的过程。例如，在足球训练或比赛后，运动员都要写训练笔记或总结，这是对训练或比赛形成的新的感受的总结，而当这种总结再次服务于训练或者比赛时，就形成运动知识的运用，这是运动知识能力的表现。运动员不断总结自己的经验，并将新经验用于其后的训练和比赛，这本身是运用知识的形式之一。比如，很多运动队都有赛后要求运动员比赛总结的传统，运动员回视自己过去的经验，分析其积极或消极的作用，并据此设计未来的比赛。

思考题 — 1.运动员知识的获得有哪些渠道？
　　　　　　2.运动员知识能力培养的常用方法有哪些？

案例分析 —

青少年羽毛球运动员的心理特点及其表现

　　青少年运动员的心理还没有完全成熟，处在这一年龄阶段的运动员，他们的注意力特点是已经有较好的稳定性、目的性和选择性，尤其对独特、新颖、多样的训练方法倍感兴趣，同时他们也容易被一些新鲜事物所吸引。青少年羽毛球运动员的感情很丰富，对比赛很兴奋，易于冲动，常因一分、一局或一场比赛的胜负而大喜大悲，这与他们的神经系统的抑制较为薄弱有关。

　　根据我们在训练和比赛中的观察，教练员在比赛和训练中对心理训练重视不够，往往凭经验和习惯顺其自然，就事论事临时处置，致使青少年运动员大都不能正确认识正常兴奋和过度紧张，缺乏自我抑制和调节的能力，能打好顺风球，一遇到挫折就束手无策。这样对比赛成绩有很大的影响。在平时的教学训练中，表现为训练方法的单调和枯燥，运动员心理上表现为单纯、机械、目标不清楚。只知道简单的训练，而不去考虑训练的效果，机械地完成任务，出现错误也不知是何原因。教练员安排给他们一些简单的羽毛球技术、身体素质、游戏等的训练，开始运动员还有兴趣，但时间长了，由于训练方法的单调和枯燥，运动员们不感兴趣了，导致一些好苗子的浪费。其主要原因是在培养运动员专项运动所需的兴趣、能力、性质、性格等个性心理特征以及发展专项运动员所需想象力、情感和意志品质等的时候，对运动员心理品质的培养往往被忽视。

佟玲的专项智能训练

佟玲经过专项智能训练，近年来逐步成长为一名比较年轻的优秀运动员。她的专项智能也达到较高水平，但也存在一定不足，根据其存在的问题，我们制订了其专项智能发展计划：进一步提高专项认知水平，建立开放性思维习惯，进一步提高其自我分析、诊断和设计能力，进一步提高其训练和比赛中的问题解决能力，提高注意的转移能力、提高逻辑分析思维能力、提高专项感知觉能力、提高反应的灵敏性等。采用的主要是问题模拟与解决，通过逐步进行问题分析提高逻辑思维能力，通过闭眼训练提高专项感知觉能力，通过不同信号交替刺激提高注意的转移能力等。

第十章
运动训练过程调控

【学习任务】

通过本章学习使学生了解运动训练过程的一般模式；全面剖析运动训练过程的各个构成部分。在此基础上探讨实施运动训练过程调控的目的与意义，论述运动训练过程调控的方法及其结构、功能和特点。

【学习目标】

1. 掌握竞技运动训练过程的组织实施。
2. 掌握运动训练计划的制订与实施。
3. 运动训练计划的分类及任务。
4. 掌握运动训练计划的主要内容及检查评定的程序和要点。

世间任何物质的运动，人类社会中任何活动，都发生在一定的时间和空间之中。运动训练活动也是一样。在运动训练活动丰富的外延中，其各个子系统的相互关系，各种水平运动员竞技能力的结构模型，训练负荷的结构与特点反映它的空间特征；运动训练活动的步骤，按特定序列将不同阶段组织联结起来的整个过程，则反映它的时间特征。运动训练过程是运动训练活动在时间维度上的表现，在这一过程中的每时每刻又都充溢着鲜明的空间特征。

运动训练过程及其构成

运动训练活动的主要任务在于提高运动员的竞技能力。运动员竞技能力能否成功转移为预期的比赛目标，主要依赖于运动训练过程的科学化程度。运动训练的过程是一个系统而又极其复杂的结构，这个结构的协调统一性构成预期目标实现的前提。在以运动员竞技能力转移为调控对象的过程中，运动训练过程中的计划、组织、实施、监控每个环节的最优配置与整体的最佳组合就显得尤为重要。认识运动训练过程特有的本质属性，了解运动训练过程构成要素的合理结构，将为我们有效组织实施运动训练活动提供重要的参考依据。

（一）运动训练过程释义

时间是绵延不断、无始无终的。宇宙间一切物质的运动、所有事件的进行都表现着其时间维度上的固有特征。过程是物质运动在时间维度上的特征，是指"事物发展变化所经过的程序"。运动训练过程则是运动训练活动在时间维度上的表现，是运动训练活动进行的步骤和程序。

运动员任何一项有着特定目标的运动训练活动，都在时间维度上表现为一段过程。每一段运动训练过程的时间跨度可大可小，时间有长有短。做一个练习有一个练习的过程，练一堂课有一堂课的过程，一周、一月、一个季度、一个年度的训练活动有一周、一月、一个季度、一个年度的训练过程，优秀运动员从事运动训练活动的整个生涯有全程性的运动训练过程。

运动训练过程是客观存在的现实。人们明确运动训练过程的存在，了解运动训练过程的结构，认识运动训练过程的特征，对于准确把握运动训练活动的客观规律，制订科学的运动训练计划，提高运动训练活动的效益，有着重要的意义。

尽管不同的运动项目各有特色且对训练有着特定的要求，不同时间跨度的运动训练过程也各有自己不同的组织形式和具体内容，完整的运动训练过程总是有着普适的规律，总是按照一定的结构形式组织起来的。

（二）运动训练过程的构成要素

1. 身体训练

身体训练是为提高身体素质，保持或提高专项运动成绩的基础性运动训练。其主要内容包括：提高运动员的速度、力量、耐力、柔韧、灵敏等运动素质。身体训练应具备以下一些特点。

（1）身体训练是任何运动训练的主要手段。

（2）身体训练包括专项训练和辅助性训练，而且两者必须协调统一。

（3）身体训练的过程是一个运动员竞技能力均衡发展的过程，这要求运动训练必须以运动员竞技能力的均衡发展为前提。

（4）运动训练过程的均衡发展要与运动员身体训练的均衡发展相适应。

2. 心理训练

心理训练是培养运动员良好的意志品质、记忆品质及思维品质的运动训练。心理训练的广泛运用是运动训练从"体能型"向"智体型"转变的重要标志之一。心理训练一般在所有的训练过程中都有所体现。

（1）遵循运动训练的心理依据。在运动训练中，运动员除消耗物质能量外，还要消耗心理能量。消耗物质能量是提高运动成绩的基础，它是具体的，而消耗心理能量却是无法具体量化的。在高水平比赛中，心理问题的波动能够直接影响比赛结果的走势，甚至影响运动员的运动生涯。目前，心理训练调控正在被更多的人关注。美国花样滑冰冠军戴维思接受心理训练后说："我相信在训练中精神训练占80%、身体训练占20%。"虽然似乎对心理训练的作用估计过高，但是，目前国内运动心理学界已把心理训练上升到心理教育的高度去认识和实践，并取得可喜的成绩。

（2）稳定的心理素质是运动员长期系统训练的结果。竞技体育的飞速发展必然要求运动员具有超强的自我心理调控能力与之相适应。事实上，运动员稳定的心理素质对其技术的发挥起着至关重要的作用。提高心理素质需要一个过程，同时需要运动员具有坚韧的意志品质，在训练过程中不断地努力与锻炼。运动员一生的机遇是非常有限的，各项比赛的偶然性又很强，一次把握不住很可能就会终生遗憾。这就要求教练员在培养运动员的过程中，针对运动员不同的年龄阶段适合的心理训练，并把心理训练自始至终贯穿到技术训练过程中去。

（3）竞争与刺激性。竞技体育的本质是竞争，竞争又是运动训练的主要特征。运动员在日常的技术训练过程中，有时候会出现竞技能力的失衡，稳定的心理素质可以弥补其在训练中的不足，从而使运动员竞技能力的非衡结构得到补偿。竞技比赛中，由于环境、对手、观众和裁判的存在，无形中就会引起运动员心理方面的波动，如果运动员能够积极主动自我调控，就有助于提高运动员的心理素质。由于对运动员的身体高负荷量和大强度的刺激有利于提高其训练的质量，但也容易引起疲劳。所以，运动员每次比赛以后都要有适当的恢复期。

3. 技术训练

技术训练是为使运动员掌握与提高专项运动技术的一种训练。在运动训练和竞赛中，各个运动项目的某一运动技术，都是通过运动员充分发挥自己的机能能力按照某项目技术所特定的规格、要求，合理准确地表现出来的。运动员充分发挥机体能力并合理有效地完成动作的方法即为运动技术。运动技术是一个总的概念，一个完整的运动技术是由技术基础、技术环节和技术细节这三个子系统构成。运动技术是战术形成和运用的基础，合理的运动技术可以保证身体机能的充分发挥和优异运动成绩的取得。技术训练要求在全年和多年训练中系统地进行，做到全面、实用、准确、熟练，以及结合运动员的个人特点，使之形成独特的技术风格。在某些动作复杂多样、协调性较高的运动项目，如体操、跳水、花样滑冰、球类、撑竿跳高等中占有很大比重，技术训练必须以比赛中的实际使用作为完成标志和检查标准。脱离实际使用而人为地规范的所谓技术标准，最多只是完成技术准备，而不是实现技术水平，就像学会网球双反徒手动作不能说已经掌握双反技术一样。

4.战术训练

战术训练是结合专项比赛的要求,培养运动员单独作战或集体配合的竞技能力的运动训练。通常在运动训练过程中,把运动员根据项目特点、个人训练水平和比赛条件合理地调控竞赛过程的能力理解为战术水平。运动员的战术训练水平是构成其整体竞技能力的不可缺少的因素。战术训练水平同身体、技术和心理智能训练水平有着密切联系。例如,一些战术配合或战术性技术动作(如网球单打中的发球上网等),在不同困难、复杂程度或不同速度条件下,即在不同的竞赛对象和场合的条件下,构成不同的层次。仅仅在低层次条件下完成技、战术动作的形式上的要求,不能认为已经"掌握"这种技、战术。这时,必须精心设计系列的训练手段、步骤和相应的训练方法,并依次推进到目标状态所要求的水平(这也是技术训练同体力训练不能分割的一种表现)。即使达到这一步,也只是完成基础性的工作。赛场上的技、战术行为,要求实施者将单一固化的日常训练模式根据真实的临场状况,有针对性地优化组合,即通过实施者的战术思维能力转化成战术行为的执行能力。因此,高水平的训练,都必须系统科学地包含一切,以便形成战术训练的单一维度向多维度的自由延展,从而在比赛中达到运用自如的良性效果。

(三)运动训练过程的基本结构

一段运动训练过程服务于一个特定目标的实现,但是,由于运动训练活动表现着多样性的特征和多样性的结构,所以,运动训练过程也同样表现着多样性的特征和多样性的结构。有的运动训练过程的结构是完整的、合理的,也有的运动训练过程的结构是不完整或者不够完整的、不科学或者不够科学的。认识和把握完整的、科学组织的运动训练过程结构,无疑是至关重要的。

完整的、科学组织的运动训练过程应该包括以下6个基本环节,即运动员现实状态诊断、训练目标设立、制订训练计划、实施训练计划、进行检查评定、实现训练目标。

对运动员起始状态的诊断是一个完整的运动训练过程的出发点。训练目标的设立则是为运动训练过程确定了一个目标状态,是整个运动训练过程进行的目的,也是检查评定运动训练过程发展状况的标准。根据运动员的现实状态、所确定的训练目标以及训练的条件等因素制订的运动训练计划,是对整个运动训练的进程、对实现状态转移的通路所预先作出的理论设计。通过训练计划的实施,将这一预先作出的理论设计付诸实践,并对之进行检验;通过若干特定指标的测定对训练的效果进行检查评定,并将评定的结果与训练的目标状态进行比较,找出差异,据以对相应的环节进行必要的调整与修正,以使运动训练获得满意的效果,实现预定的训练目标。这就是按照图 10-1 所示的结构模式,对运动训练过程所作的一个概要的描述和解释。

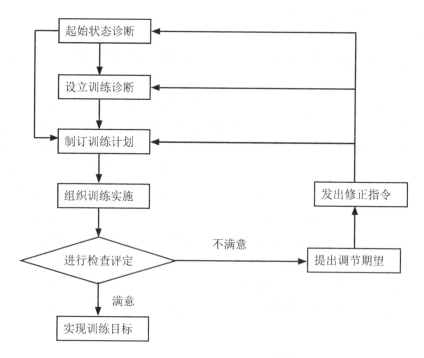

图 10-1　运动训练过程的基本构成

（引自田麦久．论运动训练过程．成都：四川教育出版社，1988）

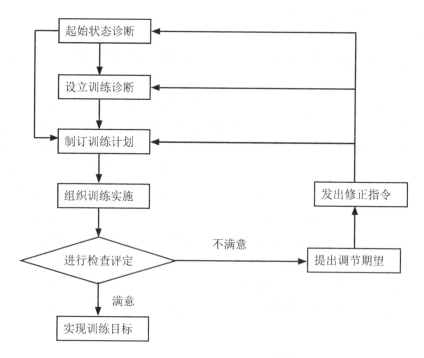

运动训练过程的组织实施

（一）运动员起始状态的诊断

1. 状态诊断在训练中的重要作用

"诊断"这一概念来源于医学，指医生对于就诊者病情或健康状况的分析与判断。诊断的结果是医生开列处方的基本依据。运动训练活动的组织、运动训练负荷的确定与施加，都必须从运动员的实际情况出发，也应该以对运动员起始时的现实状态的诊断结果作为基本依据。

（1）为运动训练过程确立一个客观、准确的出发点。运动员的现实状态，是运动训练过程的出发点。运动员处于一种什么状态，决定其总体竞技能力状况的各个因素的发展水平如何，运动员的发育状况如何，确定这一状态的原因又是什么等一系列问题，都对运动训练过程有着重要的影响。对这些问题的中肯分析和准确判断，是有效组织运动训练过程的基本依据之一。可以说，整个运动训练过程都是以对运动员现实状态的分析和判断为出发点而展开的，只有建立在科学诊断的基础上，才有可能作出准确的预测，才有可能制订恰当的训练指标，才有可能制订出为实现指标所必需而又切实可行的训练计划。如果教练员不对运动员的现实状态作出具体的分析和准确的判断，或在不准确的诊断基础上去组织一个训练过程，就如同一个裁缝不知道穿衣人的体型特点去做衣服，必定做不出合身的服装一样，使训练不可能取得成功。

（2）对训练工作效果及时的检查评价。通过科学的诊断，可以使教练员和运动员及时掌握训练过程的进展情况及运动员竞技能力的变化状况，从而对训练指标的制订、训练周期的划分、阶段任务的确定、训练方法与手段的选择以及训练负荷的安排是否适宜及时作出准确的判断。

训练过程中的状态诊断与检查评定这两个环节，在一定的条件下可以相互转化。一个大的运动训练过程中的每一个阶段的检查评定，正是下一个较小的运动训练过程开始时对运动员起始状态的诊断；而每一个独立的运动训练过程开始时对运动员起始状态的诊断，也都可以看作是一个更大的运动训练过程的阶段性的检查评定。多年训练过程和其中的年度训练过程，阶段训练过程和其中的周训练过程，都处于这样一种关系。由之，运动训练过程中两个重要的环节，即对运动员现实状态的诊断和对运动训练计划实施结果的检查评定，便紧密地联系了起来。

（3）实施有效训练控制的重要前提。通过多学科的综合诊断，可以发现训练过程中不同环节所存在的问题，测定现实状态与目标状态的离差的大小，进而为运动训练过程实施有效的控制提供了可靠的依据。并据此调整训练指标、修订训练计划、加强训练组织，以求实现运动训练过程的最佳化，最终完成实现状态目标的任务。也就是说，没有科学的诊断，对运动训练过程的有效控制是不可能实现的。在每一个完整的运动训练过程特定的时间段落中，运动员都期待从该训练过程起始时的现实状态，发展至该训练过程结束时的目标状态，该训练过程的任务就是实现运动员的起始状态向期望状态的转移，所以对运动员起始状态的准确把握是十分重要的。对运动员起始状态的诊断是一个完整的运动训练过程的出发点。

2. 起始状态诊断的基本内容

一个完整的起始状态诊断，应该包含运动成绩诊断、竞技能力诊断及训练负荷诊断。运动成绩诊断集中地反映着运动员所具备的能力以及训练工作的成效；竞技能力诊断是对运动员表现出来的运动成绩所作出的致阅性解释；训练负荷状态的诊断则显示着训练负荷水平与运动员竞技能力水平以及运动成绩水平之间的关系（见图10-2）。

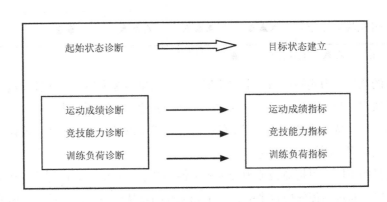

图10-2　训练起始状态与目标状态构成的完整体系

（1）运动成绩诊断。作为对运动员在一个新的训练过程的起始状态中运动成绩的诊断，应该对运动员在上一个训练过程中的参赛结果给出准确的评价。既包括运动员在比赛中所取得的名次，也包括运动员在比赛中所表现出的竞技水平；既包括运动员在上一个训练过程中最好的一次比赛成绩，也包括运动员在多次比赛中所表现的平均水平。在最重要的比赛中，如奥运会上的运动成绩无疑是最重要的，但平均水平则可客观地、全面地评价运动员上一个训练过程的比赛结果。

（2）竞技能力诊断。对不同专项运动员的竞技能力进行诊断时，必须考虑不同专项竞技能力结构的不同特点。不同项群运动员竞技能力的各决定因素的作用各有不同（表10-1），因此，在诊断中要首先抓住起决定作用的主导因素，予以科学的诊断，并作为其竞技能力总体诊断的主要依据。

表 10-1　不同项群运动员竞技能力各决定因素作用的等级判别

项　群		竞技能力构成因素				
	亚类	体能	技能	战术能力	心理能力	知识能力
体能主导类	速度性	▲▲▲	▲▲	▲	▲▲	▲
	快速力量性	▲▲▲	▲▲	▲	▲▲	▲
	耐力性	▲▲▲	▲▲	▲▲	▲▲▲	▲
技能主导类	表现难美性	▲▲▲	▲▲▲	▲	▲▲	▲▲
技心能主导类	表现准确性	▲▲	▲▲▲	▲	▲▲▲	▲▲
技战能主导类	隔网对抗性	▲▲▲	▲▲▲	▲▲▲	▲▲	▲▲▲
	同场对抗性	▲▲▲	▲▲▲	▲▲▲	▲▲▲	▲▲▲
	格斗对抗性	▲▲▲	▲▲▲	▲▲▲	▲▲▲	▲▲▲
	轮换攻防对抗性	▲▲▲	▲▲▲	▲▲▲	▲▲	▲▲

▲▲▲决定性作用　▲▲ 重要作用　▲基础性作用

对运动员的竞技能力实施诊断，常常要把测定的结果与标准值进行比较，这一标准值就是运用科学方法所建立起来的特征模型。为此，必须首先建立不同项目优秀运动员竞技能力的结构模型，包括单因素特征模型、几个因素的组合特征模型以及全面的总体特征模型。这些模型也同样广泛地被应用于制订训练指标。

按获得途径的不同，可把竞技能力分为先天性的和后天性的。如优秀篮球运动员姚明2.26米的身高，主要是通过遗传效应得来的，属于先天性的竞技能力。运动员受环境的影响，引起的生物变异所获的竞技能力是后天性的竞技能力。其中家庭环境、生活条件等方面的影响称为生活效应；通过运动训练活动所产生的生物适应就叫训练效应。

（3）训练负荷诊断。运动员竞技能力的变化主要是在训练负荷的影响下产生的。运动员所取得的运动成绩以及竞技能力的变化，都与其所承受的训练负荷的质与量有着密切的关系。因此，对于运动员在上一个训练过程（或单元）所承受的训练负荷的状态作出一个准确的描述，即是对其竞技能力状态，进而对其运动成绩状态所做出的关键析因。

教练员对运动员上一个训练过程进行总结的重要内容之一，便是训练负荷量度的统计。负荷是由负荷的强度和负荷的量所组成的，分别反映着负荷的质量和数量两方面的特征。而负荷的强度和负荷的量又可分别通过若干指标予以测量。

负荷的量可以通过练习次数（整个练习的次数或某个练习重复的次数），或训练时间、练习距离、重量等特征表现出来。负荷的强度可以通过练习速度、负荷重量、练习密度以及难度表现出来。譬如，所有竞速运动项目都可用位移距离作为负荷量的一个有代表性的指标；体操运动员可用单个动作的数量或成套动作的数量来作为代表负荷量的指标；举重运动员可以用负重总量或负重练习的组数来反映整个负荷量的大小；球类运动往往多用练习时间来衡量负荷量。

负荷强度的指标可以通过速度、难度、负重量或密度来反映，也可用完成一定强度要求的负荷的数量来反映负荷强度的情况。如竞速项目中用专项负荷量的比重，体操等项目中用成套练习占整个练习的比重等指数来看负荷强度的大小。至于一堂课负荷强度的大小，可以看这一堂课中完成高强度练习与整个练习的比例，或者所占时间的比例。每个项目都应根据自己的特点来研究和确定本专项负荷的度量方法。

综上所述，根据实现运动训练活动目标的需要，运动员的现实状态诊断应该包括运动成绩、竞技能力与训练负荷三个方面的内容。运动成绩标志着运动员在上一个运动训练过程所达到的竞技水平；竞技能力反映着运动员所具备的参赛能力，是达到该竞技水平所具备的竞技条件；训练负荷则反映着运动员实际训练的状况，是运动员所具备的竞技能力的训练学基础。

（二）运动员训练目标的设立

如果说运动员起始状态标识着一个完整的训练过程的起点，那么运动员的目标状态则标识着一个完整的训练过程的终点，目标状态与起始状态都是训练阶段的划分、训练内容的确定、训练方法与手段的选择、恢复措施的选用、检查评定的设计等重要内容的基本依据。

1. 训练目标在训练过程中的重要作用

目标的设立是运动训练过程行为链上的一个重要环节。科学设立的、适宜的训练目标对于运动训练活动的组织，对于运动训练过程的进行会产生有效的激励作用、明确的导向作用和具体的标尺作用。

（1）运动训练目标的激励作用。竞技体育挑战着运动员的极限，要求运动员刻苦的训练。运动员在多年艰苦的训练中，需要不断地与生理和心理的疲劳、与伤病斗争，需要有巨大动力的支撑。科学设立的、适宜的训练目标为运动员提出了奋斗的要求，从而产生巨大的动力促使运动员为实现既定的目标而不懈努力，能够激励人们在所从事的事业中，付出更加艰辛的努力，去实现预定的目标。运动员会把日复一日、单调枯燥、艰苦的训练活动，和目标的实现联系在一起。他知道，每一次完成翻转、每一次举起杠铃、每一次瞄准击发、每一次举脚射门都使他向着那个无限向往的目标接近了一步，从而产生出巨大的动力，使他能够克服困难，坚持训练。

从 20 世纪 60 年代起就立志要夺取世界冠军的中国女排，经过几代人坚持不懈的奋斗，终于在 80 年代初，实现了这一夙愿。许许多多运动员为了达到自己的终极目标，都在日复一日、年复一年地进行着艰苦的训练，尽管他们中间只有极少数人可能获得世界冠军称号或在世界纪录史册上写下自己的名字，而绝大多数人不可能取得较高的运动成就，但他们仍然在每一次训练中，尽一切努力提高自己的竞技水平。这里，所设立的训练目标正是这种高度的训练责任感和进取精神的力量源泉之一。

（2）运动训练目标的导向作用。训练目标向训练参与者描绘出了运动训练过程的目标状态，设置了期待的比赛成绩，提出了竞技能力要求，计划了训练负荷的内容、量度，并作出了系统的安排，这就从训练的内容、负荷、方法、安排等不同方面作出了清晰的规划，提出了明确的要求，对于整个运动训练过程中教练员、运动员的行为有着鲜明的导向作用。

（3）运动训练目标的标尺作用。运动成绩目标、竞技能力目标和训练负荷目标构成了一个完整的运动训练目标体系。这个目标体系中包含着一系列具体的指标，以及相应的指标值。其中有定性的指标，也有许多定量的指标。

训练活动的终极目的便是实现预定的目标，所以应该经常把运动训练的效果与训练目标进行比较。若与目标相符，便表明训练计划的制订与实施符合训练任务的基本要求；如果运动员现实状态的动态变化与训练目标的要求不相符合，则需要把检查评定结果与目标状态相比较的情况反馈给训练过程的相应环节，以便及时地对各相应环节的状态进行调节和修正，从而完成对整个训练过程的有效控制。

2. 训练目标的基本内容

（1）运动成绩指标。提高运动成绩是竞技体育活动的首要目的，也是运动训练活动的终极目标。如前所述，运动成绩包括运动员在比赛中所表现出来的竞技水平和比赛名次两个方面。因此，运动成绩指标也可分成竞技水平指标和名次指标两个子目标。

竞技水平指标有鲜明的项群特性。对可测量的体能主导类项群（田径、游泳、举重、自行车、速滑等）及技能主导类表现性项目（射箭、射击、体操、艺术体操、花样滑冰、跳水、技巧、武术套路等）的运动员，可以提出定量的竞技水平指标（如撑竿跳高 5.80 米、男子 100 米自由泳 49 秒 8、男子 56 公斤级挺举 150 公斤、女子双向飞碟 195 中、男子双轮 50 米射箭肋环、单人冰上自由滑的艺术分 5.6 分和完成分 5.7 分等）；而对技战能主导类对抗性项群则可提出若干较为模糊的竞技水平指标，如排球比赛前教练员制定总的竞赛方针时，期望本队能在比赛中发挥自己防守能力强的特长，遏制住对方的一攻，并通过快速多变的反攻得分，为此，要求队员在比赛中后排防守起球率应在 35%～40%，接发球到位率应达到 70% 以上。

比赛名次指标涉及对手在比赛中的竞技水平、比赛条件和裁判的倾向性等因素，而这些因素对教练员来说基本上都属于非可控的因素。有关决策的理论告诉我们，人们只能对受可控因素影响的事物的未来发展进行有效的预测，而对不可控事物是无法准确预测的。虽然教练员可以力求在较大程度上控制自己运动员的训练过程和比赛行为，但却无法控制比赛对手的训练过程，对对手在比赛中的表现也只能施以有限的影响（在对抗性项目中有可能加大这种影响）。因此，在制订比赛名次指标时必须持慎重态度，而且应以一个区间作为比赛的名次目标，任何硬性规定的名次指标往往是难以准确实现的。

（2）竞技能力指标。对运动成绩决定因素的分析表明，运动员竞技能力的发展水平是决定运动成绩的最重要的因素。构成运动员竞技能力的各个因素的水平及它们的组合方式与运动员的竞技水平有着直接的因果关系。因此，在运动训练中可以建立运动员竞技水平决定因素的特征模型。这样，就可以把运动员训练的竞技水平指标分解为分别反映运动员各种能力特征而又彼此紧密联系的一组具体指标，使我们能够更有目的地、更有序地组织运动训练过程，并可在训练过程中的不同阶段对运动员各方面的发展程度作出准确的评价，从而对运动训练过程实施有效的控制。曾多次获得世界冠军称号并多年担任中国男子乒乓球队总教练的李富荣，1983年对优秀乒乓球选手竞技能力的总体特征作了概括而简洁的描述（表 10-2）。

表 10-2 优秀乒乓球运动员竞技能力的基本特征

因素	基本特征	作用级别
形态	身材适中（男 170 厘米左右，女 160 厘米左右），体态匀称	一般条件
机能	身体健康，可承担较大负荷及激烈比赛	基本条件
素质	灵敏性好，速度好，反应快，具有一定的力量和较好的耐力	重要基础
技术	特长突出，技术比较全面，无致命弱点	决定性因素
战术	变化多样，应变能力强	决定性因素
心理	充满信心，意志顽强，有良好的自控能力	重要基础
智能	渴望学习科学知识，理解力强，学习技术动作快，在激烈比赛中能及时作出判断和决策	重要基础

为我国优秀赛艇运动员所建立的竞技能力结构模型，是一个可资仿效的典型范例，对我们培养高水平的赛艇选手有着重要的指导意义（表 10-3）。

表 10-3 优秀赛艇（公开级）运动员竞技能力结构模型

类别	基本特征	内容	指标	标准值	
				男	女
形态	身材高大称 肌肉线条长	长度 重量 宽度	身高／厘米 指距—身高／米 体重／千克 体脂／% 肩宽／厘米	192±1.5 10～12 90±2.6 8.7±0.5 41～46	178.6±1.7 8～10 73.0±3.4 14.0±1.8 41～43
机能	心肺功能好, 激素水平高	心血管系统 内分泌	心理能指数 Vomax 血酮	＜2 6.1±0.6升／ 分 较高	＞4 4.20±0.4升 ／分 较高
素质	良好的以项 耐力为核心 的多种竞速 能力	一般耐力 专项能力 力量耐力	10 000 米单人 2 000 米单人 测功仪功率（瓦）	35～37分 6分45秒～6 分50秒 428±16	40～42分 7分15秒～7 分30秒 300±18
心理	意志顽强 吃苦耐劳	意志品质 个性特征	赛场观察 神经类型	坚韧顽强 稳定型	
协调／ 技术	水感与划桨 效果好, 节 奏感平衡强	基本技术 平衡 水感 划桨稳定性	专家评定 专项测试 专项测试 桨数差	"展、轻、快、柔" 稳定 "匀、漂、刷、柔" ＜2	＜2
战术	控速能力好 应变能力强	速度感 应变能力	控速指数 行为观察	＜1秒 反应灵活	＜秒 熟练掌握
知识	中学以上 文化程度	文化程度专 项知识	学历 考核	中学以上 熟练掌握	中学以上 熟练掌握

（3）训练负荷指标。对应于训练负荷诊断，训练负荷指标也是目标状态体系中一个不可缺少的重要组成部分。负荷指标的实现正是运动员实现其竞技能力指标，进而实现运动成绩指标的基本保证。训练负荷指标反映着教练员和运动员准备用什么样的决心，付出何等的努力去实现所设立的竞技能力与运动成绩指标。从另一个意义上，也可以说是把所设立的运动成绩指标和竞技能力指标进一步分解为各种具体手段的练习负荷中去，落实到一次次的练习之中。

中国游泳队原副总教练周明于 1986 年为女子百米游泳选手庄泳所制订的三年训练计划中就确定了各年的训练负荷指标（表 10-4）。庄泳通过多年训练获得了众所周知的成功，在 1992 年奥运会上夺得了女子 100 米自由泳的金牌。

表 10-4　庄泳 1987—1989 年度训练目标体系

年度			1987	1988	1989
主要比赛			第 6 届全运会	第 25 届奥运会	泛太平洋锦标赛
比赛竞技 水平指标	100 米 200 米		56.50 秒 2 分 02.50 秒	55.50 秒 2 分 00.00 秒	55.00 秒 1 分 58.50 秒
多种 竞速 能力 指标	速度	25 米 50 米	11.60 秒 26.50 秒	11.40 秒 26.00 秒	11.20 秒 1 分 58.50 秒
	快速耐力	50 米 ×10	29.00 秒	28.50 秒	28.00 秒
	耐力	1 500 米 3 000 米	18 分 00.00 秒 36 分 30.00 秒	17 分 45.00 秒 36 分 00.00 秒	17 分 45.0 秒 36 分 00.00 秒
负 荷 指 标	总游量（千米） 计时游量（%） 最大课量（千米） 最大周量（千米） 每日课次 每周课次 年训练日 年赛次		2 400～2 600 60～65 8.0 8.0 1～4 12～14 280～300 50～60	2 400～2 600 70～75 8.5 8.5 1～4 12～16 300～320 60～70	2 800～3 000 70～80 8.5 8.5 1～4 12～14 300～320 60～70
	无氧磷酸原供能游量（千米） 无氧糖原供能游员（千米） 有氧无氧混合供能游量（千米） 无氧闭强度游量（千米） 有氧供能游量（千米）		3.0 1.0 20.0 45.0 70.0	3.8 1.3 25.0 55.0 75.0	4.5 1.5 22.5 45.0 75.0

3. 运动训练目标的适宜度

运动训练目标是人为设定的。每一个运动训练主体在设定训练目标时，都会面临一个人为选择的问题，即目标定得高一些好，还是低一些好。

依所设定的训练目标与运动员实际可能之间的比较，可将运动训练目标分为适宜的训练目标、过高的训练目标、过低的训练目标三种。不同适宜度的训练目标对于训练以及比赛活动会带来不同的影响。

（1）适宜的训练目标。从运动员的实际可能出发，科学地预测运动员在面临的运动训练过程中经过艰苦努力可能提高的程度，所确立的训练目标是适宜的训练目标。适宜的训练目标对运动员有着积极的激励作用。运动员相信在教练员的指导和带领下，经过自己的艰苦努力，有可能实现预定的目标，就会激发出巨大的动力，主动地投入训练。遇到挫折时会克服困难，坚持训练；面对比赛中暂时的失败，也会认真地总结教训，改进缺点，发挥优势，以更饱满的斗志去参加下一次比赛。

（2）过高的训练目标。超出运动员的实际可能，只根据完成某项任务的需要，提出不切实际的期望，所设立的过高的训练目标，常常会使训练工作造成严重的失误。在训练中，运动员为了追求既定的目标，按根本无法实现的目标的要求所制订的训练计划，会超限地动员他的机体投入训练，严重地伤害运动员的身心健康，给运动员、教练员带来心理上、生理上巨大的伤害；在比赛中，过高的参赛目标往往导致制订错误的参赛战术，盲目地参与力不能及的竞逐，例如，5 000 米跑中，前半程紧紧跟随水平明显高于自己的对手，体力被拖垮，连本来有希望拿到的名次也远远没有得到；再如，一支过高估计自身实力优势的足球队，以大胜对方的目标参赛，盲目进攻，疏于防守，结果却被对手快速反攻而击败。

（3）过低的训练目标。训练目标过低，轻松可以完成，运动员则常常会缺乏拼搏的动力，训练中也会降低对自己的要求。当然，在某些特定的情况下，如训练、竞赛的调整期，或为给运动员减轻心理压力，而有意设立低指标，有时也可取得满意的甚至意外的效果。

（三）运动训练计划的制订与实施

1.运动训练计划及其作用

事物的发展具有复杂性和多变性特点，这就要求我们在做任何工作之前，都要对该项工作的实施过程进行组织设计。运动训练计划就是在运动训练过程开始之前对训练活动预先做出的一种理论设计，是建立在状态诊断的基础之上，为实现训练目标而选择的状态转移通路。训练计划把训练目标具体细化为若干个紧密联系的训练任务，可以使得训练活动的全体参加者统一认识和行动，从而可以有效地控制运动训练过程。运动训练计划的制订与实施，是运动训练过程的中心环节，贯穿于训练实践活动的始终。

制订计划应以运动员的起始状态、训练目标、运动训练的普遍规律和专项训练的特殊规律以及训练活动所具有的客观条件等因素为依据，以保证训练计划的科学性与可操作性。

2. 运动训练计划的分类

根据不同的分类标准，可以把运动训练计划分成不同的类别。

（1）按在训练过程中所处的不同阶段分类。按照运动训统计划时间跨度的大小，可将其分为多年训练计划、年度训练计划、大周期训练计划、周训练计划和课训练计划等（表10-5）。

表 10-5　运动训练计划的分类及任务

训练计划类型		时间跨度	基本任务
多年训练计划	全程性	10～20 年	系统培养高水平选手
	区间性	2～6 年	完成阶段性训练任务或准备并参加一轮比赛
年度训练计划	单周期	6～12 个月	准备并参加 1 次或 1 组重要比赛
	双周期	每个周期 4～8 个月	准备并参加 2 次或 3 组重要比赛
	多周期	每个周期 2.5～5 个月	准备并参加 3 次或 3 组以上重要比赛
大周期训练计划	准备期	5～20 周	提高运动员竞技能力
	比赛期	3～20 周	参加比赛创造好成绩
	恢复期	1～4 周	促进心理 / 生理恢复
周训练计划	训练周	4～10 天或 3～20 次课	提高运动员竞技能力
	比赛周		参加比赛创造好成绩
	恢复周		促进心理 / 生理恢复
课训练计划	综合训练课	0.5～4 小时	综合完成多项训练任务
	单一训练课	0.5～4 小时	集中完成一项训练任务

每一个上位的训练计划都是由若干个下位的 (即时间跨度小一级的) 训练计划组合而成的。如多年训练计划由 2 ~ 20 个年度训练计划组成,周训练计划是建 7+3 天的训练计划或由 3 ~ 20 次课的训练计划组成。多年训练计划及年度训练计划,主要用于安排较长时间的系统训练,属于具有全局意义的战略性规划,计划的内容是框架式的,不需要过于详尽,在实施过程中要求相对的稳定。大周期训练计划、周训练计划与课训练计划都是训练实施的具体计划,内容比较详细,在训练中可能会有较多的变化。

（2）按训练对象的人数分类。根据参加训练人数的不同,可分为个人训练计划和队 (组) 训练计划。一般来说,个人项目常以个人训练计划为主。随着运动员竞技能力的提高,训练计划的个人特点也就越来越明显。同时,在此基础上,适当地组织集体训练有助于提高运动员的兴趣和训练的效果。特别是对于儿童、少年和初学者来讲,更应增加集体练习的比重,有时还可以以集体练习为主组织训练活动。集体项目的训练通常按队 (组) 计划组织实施,但需要以个人训练计划作为补充;运动员水平越高,这种补充作用就显得越为重要。

（3）按训练任务和内容分类。运动训练对运动员成绩的影响主要有二,其一是发展运动员的竞技能力,其二是培养运动员在特定比赛中充分表现已获得的竞技能力的能力。为此,在训练中要相应地制订两类训练计划。前一类计划主要着眼于改善人体的形态和各系统的机能,发展运动员的力量、速度、耐力和柔韧等素质,提高技术、战术、心理和知识等各个方面能力的训练计划;后一类则包括各种模拟训练、热身赛训练以及赛前调节的训练计划,核心目标是培养运动员的竞技状态。各类训练计划有着不同的基本任务,在训练的内容、方法和手段、训练负荷的量度与节奏、训练活动的组织与实施等方面均有各自的特点。但是彼此之间又有紧密的联系,构成了一个有机的整体。

3. 运动训练计划的基本内容

不同类型的训练计划各有特定的要求,在内容上也各有侧重,但不同时间跨度的运动训练过程的基本结构是一样的。因此,对不同训练过程的设计 (即不同类型的运动训练计划) 有许多基本的共同点,这些共同点反映在训练计划的基本内容方面,包括 10 项要点 (图 10-3)。即运动员起始状态诊断、确定训练任务及目标、划分训练周期与训练阶段、确定实现目标的基本策略、安排比赛序列、规划训练负荷的变化趋势、选择训练方法和手段、确定各手段负荷要求、制订恢复措施,以及规划检查评定的内容、时间和标准。在各种训练计划中,除了在实施性的周、课计划中不一定安排比赛之外,任何一个训练计划都应该包括这 10 项要点。课训练计划中不包括此项内容。

4. 运动训练计划的组织实施与检查评定

根据 10 项基本内容在运动训练过程中的意义,可以把它们归结为准备性部分、指导性部分、实施性部分和控制性部分四个部分。通常,在制订多年训练计划和年度训练计划时,应特别重视指导性部分;而在制订具体的周、课计划时,则应认真制订实施性部分的内容。

（1）准备性部分。课程计划的准备性部分主要包括对运动员起始状态的诊断和建立训练目标。这两项工作既是运动训练过程中与训练计划的制订并列的两个独立的重要环节,其内容又是训练计划中不可缺少的重要组成部分,为训练计划的制订提供必需的信息和依据。

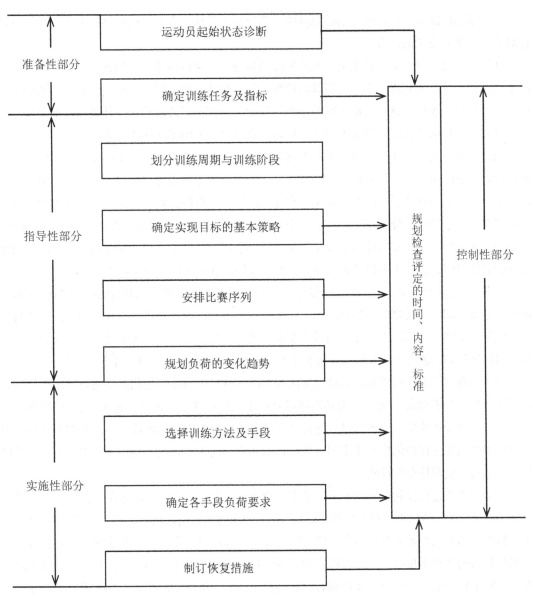

图 10-3　运动训练计划的基本内容及制订计划流程图

　　状态诊断从训练负荷、竞技能力和运动成绩三个方面对运动训练进行评估，由此确立客观、准确的训练起点，及时检查训练工作的效果，为有效控制运动训练提供基本的保证。

　　训练目标同样从训练负荷、竞技能力和运动成绩三个方面为运动训练计划的具体制订提供依据，可以有效地激发运动训练活动主体的责任感和进取精神，实现各项资源的合理配置。

　　在训练实践活动中，教练员在制订多年或年度训练计划时，通常都会考虑对运动员进行起始状态诊断，并提出相应的训练计划。但是，在制订周、课等短期的实施计划时，则往往不会认真而客观地进行诊断，还经常会用具体的训练要求代替训练的目标，从而导致训练的盲目性，使得训练脱离预定的总目标。对此，我们应该给予充分的重视。

（2）指导性部分。在训练计划的总体中，指导性部分属于全局性的整体决策，是与训练目标具有同等重要意义的内容。

训练计划的指导性部分首先包括训练阶段的划分及各阶段训练任务的确定，这一工作勾画出了训练过程的基本轮廓。由于比赛既是检验训练效果的有效途径，又是组织训练活动的重要杠杆，所以第二项内容就是安排比赛的序列。继而，根据不同阶段的训练任务和比赛安排的特点，规划训练负荷动态变化的基本趋势，从而完成了对整个训练活动的整体配置。

训练计划的指导性部分如果考虑得不够周密，将会对训练的效果产生严重的负面影响。例如，阶段划分的错误，会导致运动员最佳竞技状态的出现与重大比赛的时间不一致，但这一失误又是不可能通过训练手段的选择等实施性部分的调整而得以弥补的。因此，各种类型的训练计划都要重视指导性部分的设计，尤其是时间跨度越大的训练过程，指导性部分的意义就越大。

（3）实施性部分。实施性部分涉及训练的具体手段和各种手段负荷量度的大小，用于训练活动的具体组织，需要更多地考虑运动项目的竞技特性和运动员的个人特点。

长期以来，教练员在制订训练计划时，对于训练手段的选择和训练负荷的确定考虑得很多、很细。然而，却常常忽略制订相应的训练恢复措施。现在，越来越多的教练员及随队医生对恢复措施日益重视，他们已不是在运动员承受训练负荷之后业已疲劳时才去考虑恢复问题，而是在制订训练计划时就考虑负荷后应该如何根据负荷的实际情况实施恢复的问题了。

（4）控制性部分。近年来，运动训练的控制问题日益受到教练员们高度的重视。要想对运动训练过程实施有效的控制，首先必须通过有计划的检查评定，通过客观而可靠的训练诊断，及时、准确地全面收集运动训练过程进行情况的有关信息。因此，现代许多优秀的教练员都把计划和组织训练过程中的检查评定列入训练计划之中，这正是现代运动训练重视对运动训练过程的控制这一重要特点的反映。

对运动训练过程控制行为的整个链条中，检查评定起着特别重要的作用。检查评定会得出不同的结果，这一结果正是对于该训练过程设计、组织与实施情况进行分析和评价的重要依据。如果检查的结果与起始的期望吻合，则意味着预定的训练目标很可能得到实现；而如果检查的结果与起始的期望不相吻合，则意味着预定的目标不可能或很难得到实现，此时就要提出调节期望，发出修订指令，并及时反馈到有问题的相应环节。该环节的训练工作改进后，再在适宜的时刻进行检查评定。如此检查、调节、反馈、修订、实施，直至出现满意的检查结果，训练目标得以实现，圆满地组织实施了一个运动训练过程。

SUMMARY

　　运动训练过程的多变性要求人们有效地控制它的进程，以求实现目标的转移；运动训练过程客观规律的可认识性以及现代体育科学的迅速发展，又为人们在一定的程度上和一定的范围内对训练过程实施有效地控制提供现实的可能。

思考题 ─

1. 什么是运动训练过程?
2. 运动训练过程的要素?
3. 试述运动训练过程的基本结构。
4. 试述运动训练计划的主要内容及检查评定的程序和要点。

案例分析 ─

优秀射击运动员的个性特征诊断

　　高水平运动员年度训练过程的调控研究历来为专家和学者所重视。对运动训练过程进行科学调控，是教练员科学训练，取得理想训练效果，提高竞技能力水平的重要前提。不同项目的高水平运动员，由于大赛任务的年度安排，对运动员的训练过程的规划和调整控制也有所不同。而在奥运年度的高水平运动员的运动训练过程（包括期间的比赛）更有其特殊性和重要性，对它的调控系统研究具有理论和实践意义，同时也为我国奥运会的备战策略制订提供依据。

　　奥运备战高水平运动训练调控基本程序：①重点运动员个性化诊断；②阶段性的检测评定，寻找差距；③分析原因，调整目标体系；④调整训练计划；⑤实施新的训练计划（包括新的训练方法、手段、新的负荷等的运用）；⑥再检测评定，对比分析目标寻找差距等（见图10-4）。

　　运动训练的个性化诊断是奥运备战训练过程控制的重要内容之一，是制订和调整训练计划及确定训练目标的重要依据，尤其对运动员起始状态诊断的环节具有重大意义。高水平运动员个性特征的诊断内容主要包括竞技能力特征、个性特征、比赛能力特

征以及自身的优势和弱势等。以下是对射击优秀运动员的个性特
征诊断，如表 10-6、表 10-7 所示。

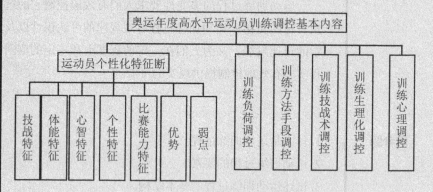

图 10-4 奥运年度高水平运动员训练调控基本内容

表 10-6 张娟娟个性特征诊断

项 目	内 容
技术战术特征	技术虚拟、规范，动作结构合理，稳定性强，用力流畅时间节奏比较好
体能特征	抗持久训练能力强，上臂能力较好，下肢力量稳定，固势较好
心智特征	神经反应灵活、辨别能力、反应速度快，速度感，距离感较好
个性特征	安静、稳定
比赛能力特征	敢打，且稳定性较好，大赛经验丰富
优势	敢打，技术过硬
弱点	上肢力量充足但两背力量不是很均衡，牙齿合不拢，容易打高箭

表 10-7 钱佳灵个性化特征诊断

项 目	内 容
技术战术特征	动作比较合理规范，撒放果断利索，用力流畅，时间节奏好
体能特征	体能较弱，抗恶劣环境不足，气位高
心智特征	心理素质好，遇事冷静，注意力不够集中
比赛能力特征	敢打，但一致性不强，大赛经验不足
个性特征	天真活泼，开朗外向
优势	年轻敢打
弱势	开弓后两肩不对称用力，一致性稍差，气下丹田不够，体力不足，动作反差较大，体现在气高，掌位不准确

2008年北京奥运会射箭项目金牌零的突破，不是偶然的，其中很重要的原因是重点运动员和主要对手的个性特征及其技战术运用，做到知己知彼。训练过程中加强训练的针对性，思路清晰、对策合理，训练计划操作性强，科学性高，从而达到预期的参赛效果。根据以上案例，请结合其他项目分析奥运年度高水平运动员训练调控的基本内容，并通过分析更深层次地挖掘运动训练过程调控的内涵和外延。

相关历史事件 —

鲍尔佐夫百米分段技术模式

苏联功勋教练员彼得罗夫斯基对短距离选手训练调控过程，是运动训练过程实施有效控制的成功范例。他以世界优秀运动员为原型，建立百米10秒成绩的模式，如表10-8、表10-9所示，制订相应的训练计划，如表10-10所示，夺得第20届奥运会100米金牌。

表10-8 鲍尔佐夫 100 米（10±0·1秒）分段技术模式

指标段落	10	20	30	40	50	60	70	80	90	100
速度/米·秒$^{-1}$	7.2	10.2	10.4	10.6	10.9	11.6	11.4	11.6	11.4	10.9
时间/秒	1.8	2.9	3.8	4.7	5.6	6.5	7.4	8.4	9.2	10.0
步频/步·秒$^{-1}$	4.5	4.8	4.7	4.8	4.8	4.9	4.8	4.9	4.8	4.2

表10-9 鲍尔佐夫 100 米（10±0·1秒）主要训练指标模式

起跑反应时（秒）	行进时/米	蹲踞式起跑30/米	蹲踞式起跑60/米	30米行进间跑			立定三级跳远	4×100米变速节奏平均速度/米·秒$^{-1}$
				平均步长/米	步频/步·秒$^{-1}$	速度/米·秒$^{-1}$		
0.38	2.6	3.6~3.7	6.4~6.5	235	5.0~5.1	11.75	990	10.5

表 10-10 鲍尔佐夫（1968 年）竞速能力检查评定结果

指　　　标	模式要求（秒）	1968 年状态（秒）	差数（秒）
30 米行进跑	2.6	2.7	+0.1
30 米蹲踞起跑	3.6	3.7	+0.1
60 米蹲踞起跑	6.5	6.6	+0.1
100 米跑	10	10.2	90.2
200 米跑	20.40	20.8	+0.4

　　可以看出，高水平运动员的技术训练控制更应该完善技术细节，制订科学的技战术方案，并且需要强化个性特征。

第十一章
运动员多年训练计划的制订与实施

【学习任务】

通过本章学习使学生了解运动员多年训练计划的制订与实施；全面剖析多年训练计划的各个构成部分。在此基础上探讨多年训练过程的层次设定与阶段划分以及阶段训练目标的系统设定，掌握全程性与区间性多年训练计划的内容安排。

【学习目标】

1. 了解制订多年训练计划的必要性。
2. 掌握运动员多年训练过程的结构。
3. 掌握全程性多年训练计划的安排与负荷特征。
4. 掌握区间性多年训练计划的制订与实施 。

多年训练计划是对运动员多年训练过程的总体规划。对于运动员两年以上的训练过程的设想和安排，都属于多年的训练计划，其时间跨度有时可长达十几年。制订多年训练计划时，要求教练员一定要有战略眼光，要从总体上、发展上宏观规划运动员的多年训练过程。多年训练计划对于年度、大周期等训练计划具有指导性的意义，但它对未来较长时间的训练活动所做的预测仅仅是框架性的，而不可能做到详尽具体。尽管在组织实施时，由于许多非可控因素的干扰，将不可避免地导致这样那样的变化，但在多年的训练过程中，教练员通常都有时间、有可能通过某些调整及修正措施，将训练过程的基本方向控制在原有的轨道上，使其总体规划保持基本的稳定。

运动员多年训练过程的结构

优秀运动员的培养工作是一项长期的系统工程。通过科学设计、组织有序的竞技运动训练活动，能够实现运动员竞技能力状态的定向转移。为了保证运动员竞技能力的持续发展，多年训练的全过程应是连续进行的，中间没有明确的时间节点。与此同时，运动员竞技能力发展的全过程又具有阶段性的特点。在运动训练过程中，紧密相连的各个训练阶段所要实现的最终目标是一致的，但由于阶段性的训练目标和训练任务不同，所选择的训练内容、训练负荷、训练方法等总是有着不同程度的差异。因此，为了实现运动训练的发展目标，组织者必须对多年训练过程进行系统规划，既重视各个阶段训练的特点，又要保证训练过程中各个阶段的训练之间的衔接，从而最大限度地保持运动员竞技能力发展的持续性。而在制订多年训练计划时，必须正确认识运动训练过程的基本组织结构，正确认识运动训练过程的组织特性，进而对运动员的竞技发展过程进行科学的阶段划分与目标设定。

一、多年训练过程的阶段划分

运动员从开始参加运动训练到停止竞技训练活动的完整过程，是一个目标统一、联系紧密的完整组织体系，在发展过程中也具有不同时期的组织特点。从时间跨度的角度来讲，持续两年以上的训练即称之为多年训练。而运动员的多年训练又可以分为两个层次，也就是全程性的多年训练和区间性的多年训练。全程性多年训练过程是指运动员从开始参加竞技训练、经过系统的训练培养达到个人的竞技高峰、直到最终退役的整个历程；而区间性多年训练过程则是指全程性多年训练过程中具有特定任务的、阶段性的多年训练过程，一般持续 2 ~ 6 年的时间（表 11-1）。

表 11-1　多年训练过程的两个层次及基本任务

	层　次	时间跨度（年）	基本任务
1	全程性多年训练	10 ～ 20	系统培养高水平运动员
2	区间性多年训练	2 ～ 6	完成阶段性训练任务或准备并参加一轮大赛

由于运动训练过程具有连续性与阶段性的特点，对于长达十几年的训练过程进行合理的阶段划分，是一项非常重要的工作。多年来，运动训练工作者从一般训练、项群训练和专项训练

三个层面对运动员多年训练过程进行了分析，作出的训练阶段划分虽然有所差别，但是对于运动训练过程阶段性特点的认识是基本一致的，都体现了"早期启蒙—打好基础—全面提高—实现最佳—保持水平—终止生涯"的基本组织构架。田麦久总结前人研究成果，在充分考虑不同项目竞技特点的基础上，系统地提出了以最佳竞技阶段为核心的、运动训练全过程的四阶段组织模式（表11-2）。

表 11-2　全程多年训练过程的阶段划分

	训练阶段	主要任务	年限（年）
1	基础训练阶段	发展多种运动能力	3～5
2	专项提高阶段	提高专项竞技能力	4～6
3	最佳竞技阶段	创造最佳优异成绩	4～8
4	高水平保持阶段	保持专项竞技水平	2～5

运动员的全程性多年训练过程通常包括基础训练阶段、专项提高阶段、最佳竞技阶段以及高水平保持阶段。各个阶段有着不同的训练目标和训练任务，进而对训练内容和运动负荷安排有着不同的要求。显而易见，对于以创造优异运动成绩为目标的运动训练活动来讲，最佳竞技阶段是整个训练过程中最重要的核心阶段。运动员在这个阶段中所表现出来的竞技水平，是对运动员多年训练成果的集中反映；基础训练阶段和专项提高阶段的训练安排和组织要求，都服从于最佳竞技阶段的训练任务，要为最佳竞技阶段的训练奠定能力基础；而高水平保持阶段则可视为运动员最佳竞技阶段的尽可能长的延续。

江永华（2008）对短距离自行车运动员的竞技生涯进行研究发现，该项目女子运动员各阶段的持续年限有明显的专项特点。其中，运动员的年限竞技阶段最长，一般能够保持4～7年，平均年限接近5年；而高水平保持阶段是最佳竞技阶段之外延续最长的区间（3～6年），比一般项目运动员的平均年限（2～5年）维持得更长，说明该项目运动员能够在更长的时期里保持比较高的竞技水平。

表 11-3　女子短距离自行车全程性多年训练各阶段年限（n=18）

阶段	年限区间（年）	平均年限（年）
基础训练阶段	2～5	3.67
专项提高阶段	2～5	3.53
最佳竞技阶段	4～7	4.97
高水平保持阶段	3～6	3.81

二、阶段训练目标的系统设定

运动员竞技发展全过程的终极目标是创造优异的运动成绩，全部训练活动都是围绕着运动员竞技能力的持续发展展开的。全程性多年训练过程的几个阶段围绕着这个核心目标分别承担着一定的训练任务，从基础训练阶段的全面发展、打好基础，到专项提高阶段的提高专项竞技能力，进而在最佳竞技阶段对竞技能力进行整合、达到最佳状态并获得优异的比赛成绩，乃至最后在高水平保持阶段延长竞技寿命直到最后退役（表11-4）。

表 11-4 全程性多年训练过程的规划

训练阶段	主要任务	年限	训练的重点内容及顺序		负荷特点
			体能主导项目	技能主导项目	
基础训练阶段	发展一般运动能力	3～5	1. 协调能力，基本运动能力 2. 多项基本技术 3. 一般心理品质 4. 基本运动素质		循序渐进 留有余地
专项提高阶段	提高专项竞技能力	4～6	1. 专项运动素质 2. 专项技战术 3. 专项心理品质 4. 训练理论知识	1. 专项技战术 2. 专项心理品质 3. 训练理论知识	逐年增加 逼近极限
最佳竞技阶段	创造专项优异成绩	4～8			在高水平区间起伏
竞技保持阶段	努力保持竞技状态水平	2～5	1. 心理稳定性 2. 专项技战术 3. 专项运动素质 4. 训练理论知识	1. 心理稳定性 2. 专项运动素质 3. 专项技战术 4. 训练理论知识	保持强度 明显减量

在运动员的多年训练过程中，相邻的两个训练阶段总是密不可分的，前一阶段是后一阶段的发展基础，后一阶段则是前一阶段的发展延续。在系统设定的训练目标和任务体系的指引下，各个训练阶段通过训练内容、方法以及负荷安排等方面的有序安排实现彼此的协调，使得各个区间的多年训练过程共同构成了一个有效提高运动员竞技能力，获得并保持竞争优势的系统发展过程，实现各个训练阶段之间的统一与紧密衔接。

我国从 1984 年开始，陆续编制了游泳、田径、体操、举重、排球、乒乓球和羽毛球等项目的教学训练大纲，对各年龄组运动员的阶段任务、训练内容、负荷安排、考核方法及评价标准等进行了纲目性的说明，在实践应用中收到了良好的效果。在此基础上，结合竞技体育可持续发展的客观需要，2009 年又编写了奥运项目的青少年教学训练大纲。结合各个专项的竞技特点以及我国青少年的生长发育特点，比较系统地规划了基础训练阶段运动员的训练过程。如《青少年男子体操教学训练大纲》将 7～12 岁的基础训练划分为 7～8 岁、9～10 岁、11～12 岁三个阶段，强调了专项基础动作的教学方法与组织步骤，设定了各个阶段的训练周数、训练次数、训练时数等，突出强调了各个年龄阶段训练安排的连贯性与整体性（表11-5），为保证青少年运动员竞技能力的持续发展创造了有利条件。

表 11-5 青少年男子体操运动员的基础训练安排

内容阶段	7～8 岁	9～10 岁	11～12 岁
训练时间（年）	2	2	2
全年训练总周数（周）	40	43	45
平均每周训练次数（次）	6	7	7
每周训练总时数（小时）	15	18	18～20
每个训练组理想运动员人数	6～8	6	4～6
每个训练组配备教练员人数	1	1	1

在短距离场地自行车项目的比赛中，运动员的骑行速度无疑是决定运动成绩的关键因素。因此，在训练中提高运动员的专项速度能力，是提高专项运动成绩的关键，也是各个阶段主要的训练任务之一。

研究显示，我国女子运动员在转向速度训练过程中，主要采用小传动比骑行摩托车牵引等一系列"借助外界条件减小阻力"为主的训练手段，全面提高骑行速度。各个阶段的主要训练手段有所差别，但是又具有共同的特点，体现出了连续性的特征，与各个阶段的训练目标和训练任务的整体设定紧密联系（表 11-6）。

表 11-6 中国高水平短距离自行车运动员专项速度的训练手段及其特征

阶 段	专项速度训练手段	特 性
基础训练阶段	公路：快频率冲下坡、小转动比骑行 场地：125～250 米、150～200 米加速、场地俯冲、100～200 米、125～500 米、小传动比俯冲、小传动比骑行、摩托车牵引 200 米、250 米	借助外力减小阻力为主，提高蹬踏频率
专项提高阶段	公路：快频率冲下坡 200 米、下坡小传动比（39×17）骑行 200 米，俯冲 100 米、166 米，小传动比骑行 场地：高频率骑行、小传动比骑行、骑车俯冲 100 米、125 米、166 米、200 米、250 米加速，摩托车牵引 200 米、250 米骑行；比赛时的传动比骑行；加速 60 米、100 米	借助外力减小阻力为主，提高蹬踏频率；增加传动比，提高使用较大传动比的能力
最佳竞技阶段	公路：摩托车高速牵引，小传动比骑行，冲下坡 场地：男女 100～500 米对抗，场地多人配合 125～250 米俯冲，高速对抗 250～500 米，尾随男队员；摩托车牵引 200 米、100～500 米、125375 米骑行；单人俯冲 60 米、100 米、200 米、小传动比骑行、俯冲 60 米、100 米，比赛时的传动比骑行	多人配合、男队员对抗，增加难度、制造比赛环境，发展比赛所需要的骑行速度，更接近比赛的要求
高水平保持阶段	场地：摩托车牵引 250～500 米，加速 100 米、200 米、300 米，男女 100 米、200 米、500 米冲刺，短距离俯冲（100 米、200 米、250 米），250 米比赛，尾随男队员 200 米功率车，加阻 30 秒、40 秒、60 秒的间歇训练	通过场地、功率车等多样化的训练手段，保持专项手段

全程性多年训练计划的制订与实施

一、制订多年训练计划的必要性

现在竞技运动水平不断提高，国际大赛的竞争也是日益激烈，对运动员提出了越来越高的要求。要培养顶级的优秀运动员，科学的多级选材与系统的多年训练是必经之路，而对运动员训练过程的科学控制则是根本保障。为此，需要对多年训练过程进行系统的规划与设计，科学制订多年训练计划，保证运动员的竞技能力得到持续的发展。

（一）运动员竞技能力发展长期性的要求

培养优秀运动员是一个长期而持续的过程，陈兵、田麦久等（1992）调查发现，我国不同类型项目奥运选手的培养期在 7.6 ~ 11.2 年（表 11-7）。而构成运动员竞技能力的各个方面，无论是体能和技术，还是战术能力和心理能力都需要经过长时间的专门训练才能得到明显的改善和提高。

表 11-7　我国第 23、24 届奥运会参赛选手训练成才年限

项　群		人数		参加业余训练		达各阶段界点训练年限／年					
				年龄／岁		入省市队		入国家队		参赛奥运会	
		男	女	男	女	男	女	男	女	男	女
体能主导类	速度性	25	17	11.5	11.3	4.0	3.6	6.9	7.1	10.2	9.6
	力量性	27	13	14.1	13.0	2.8	2.9	5.8	7.5	9.8	10.1
	耐力性	25	23	15.9	14.1	1.8	2.1	5.9	4.9	8.2	7.6
技能主导类表现难美性		15	28	8.7	7.9	2.9	2.7	8.3	6.9	12.8	10.2
技心能主导类表现准确性		20	16	15.7	15.1	1.9	1.8	5.3	4.6	8.6	7.8
技战能主导类	隔网对抗性	19	24	12.2	11.9	3.0	3.1	7.6	7.1	11.3	11.2
	同场对抗性	48	40	13.1	12.8	3.4	2.8	8.7	7.1	12.3	10.2
	格斗对抗性	29	8	15.4	14.4	2.3	2.6	5.4	5.1	7.9	9.2

运动员的体能水平，以人体各个系统的形态和机能为基础，表现于力量、速度、耐力、柔制等各项运动素质，通过一个个细胞成分的改变和代谢能力的提高来实现发展，需要一个长期

的过程。对这个训练过程需要系统地作出规划。在训练内容、方法、负荷安排等方面保持必要的连续性，才能保证体能水平的持续提高。

各个项目运动员发展技术能力的训练任务都是长期而艰巨的。体操、蹦床、跳水、花样游泳、花样滑冰等项目的比赛中，运动员要完成各种类型的高难度技术动作。这就要求他们必须拥有高超的运动技巧，能够高质量地完成各种基本动作，并进一步发展和创造新的高难度技术动作。而只有通过千万次的重复练习，才能使技术动作达到自动化程度，在比赛中出色地完成动作，夺取优异的运动成绩。各种个人和集体球类项目，以及击剑和摔跤等格斗对抗性项目的运动员，要提高自己的技能，则需要在多年的训练过程中，熟练掌握各种基本技术动作，苦练扎实的基本功。只有这样，才能在比赛中瞬息万变的情况下，针对对手所采取的技、战术，灵活机动地做出反应，自动化地"编制"并创造性地发挥技能，出其不意地击败对手，夺取比赛的胜利。

随着竞技水平的提高，现代体育比赛的竞争日趋激烈，而艰苦的训练和激烈紧张的比赛更需要运动员具有良好的心理品质，已经成为现代竞技体育比赛中优秀运动员取胜的关键要素。而优秀运动员所具备的高度发展的心理自控能力、自我激励能力和集中注意力的能力等，都需要在合理规划的多年训练过程中才能有效地得到发展。

土耳其举重"神童"苏莱曼·马诺尔古曾经连续三次获得奥运会的冠军，可谓"少年成名"。但是，他获得奥运会冠军的时候，已经接受了11年的专门训练，占旭刚、唐灵生、穆特鲁等世界举重冠军的竞技运动生涯，也体现出了具有专项特点的长期训练特征（表11-8）。

表11-8　男子举重世界冠军及奥运冠军的阶段性训练年限

姓　名	获得世界冠军年龄	训练年限	获得奥运冠军年龄	训练年限
唐灵生（中国）	24	10	25	11
占旭刚（中国）	19	9	22	12
迪马斯（希腊）	21	11	21	11
弗拉德（意大利）	21	11	21	11
穆特鲁（土耳其）	20	11	23	14
苏莱曼·马诺尔古（土耳其）	15	5	21	11

所以说，运动员在比赛中取胜的关键是各种能力的综合表现，竞技能力各方面训练的合理结构与系统的联系，不同阶段训练重点的安排，都需要科学的多年训练计划的指导。

（二）运动员竞技能力发展阶段性的要求

在多年训练过程中，运动员机体的生长发育具有典型的时间性和序列性特征，构成运动员竞技能力的体能、技术、心理、知识等要素都有特定的适宜发展年龄阶段。另外，各个要素之间的内部结构也具有明显的层次性，也就决定了竞技能力的发展必然具有时间上的序列性。由此，竞技能力状态转移所具有的阶段性特征，也决定了运动员竞技能力状态转移的完整过程，必然是由若干个彼此相关联的不同阶段组成的；各个阶段有着各自特定的核心训练任务、关键训练内容、训练负荷要求等，并在总体上实现协调发展，以保证训练过程的整体连续性。

以竞技体操为例，运动员要想在世界大赛中取得优异成绩，必须掌握高难度的成套技术动作，具备高水平的体能水平，并且具有稳定的心理素质。而在长达十几二十年的多年训练过程中，如何系统地安排各项能力要素的有序发展，如何促进运动员力量、速度、耐力等多项体能要素的提高，如何处理好基本技术学习与高难度技术创新的关系，如何控制训练负荷量与强度的发展趋势，这些组织训练的关键要点，都需要通过制订科学的多年训练计划来予以实现。韩军生（2006）概括的体操运动员多年训练过程的发展特征即为一例（表 11-9）。

表 11-9　体操运动员多年训练各阶段的训练特征

训练阶段	主要训练任务	负荷特点
启蒙训练阶段	1. 培养体操意识和兴趣，养成良好的训练习惯 2. 发展协调、灵敏、柔韧等运动素质，培养时空感知能力 3. 进行体操基本动作、基本技术和基本姿态的训练	严格控制
基础训练阶段	1. 系统进行基本技术训练，熟悉掌握先进的"基础难度动作" 2. 培养女子优美形态、节奏感和表现力，强化美的意识 3. 增加一般身体素质训练，培养竞技体操专门化感知觉	严格控制 循序渐进 留有余地
专项提高阶段	1. 进行专项化身体素质训练，着重提高专项竞技能力 2. 单个动作训练向联合及成套动作训练过渡 3. 培养技术创新能力，发展较高难度动作及潮流难度动作 4. 参加相应级别的比赛，积累比赛经验	逐年增加 区别对待
最佳竞技阶段	1. 根据技术发展趋势，高标准完成成套动作，进行技术创新 2. 注重身心恢复，加强运动伤病预防与体能恢复 3. 培养坚强意志品质，提高心理稳定性与自我调控能力 4. 加强战术意识训练，提高实战能力及连续比赛能力 5. 女子运动员注意体重控制与形体保持	波浪型负荷 保持明显节奏 增加负荷强度
高水平保持阶段	1. 注重技术细节雕刻，加强成套动作的节奏与美感 2. 解决身体和技术训练的主要矛盾，提高综合竞技能力 3. 结合体操规则变化，调整心态，继续参赛	明显减量 保持强度 节奏变化明显

二、全程性多年训练过程的年龄特征

运动员生理、心理技能发育的自然规律，以及在训练负荷影响下生物适应状态发展变化的规律，决定了优秀运动员的多年训练过程具有明显的年龄特征。运动员开始参加训练的年龄、进入专项训练的年龄、保持最佳竞技水平的年龄以及竞技能力开始下降的年龄，都有特定的专项规律。在最适宜的年龄阶段，使运动员处于最佳竞技水平，创造出优异的运动成绩是运动训练的最终目标，也是决定整个运动训练过程年龄特征的主要依据。

我国著名篮球运动员姚明和王治郅的多年训练阶段划分，是教练员基于运动员机体能力发展的时间性特征所做的总体设计，是对于运动员多年训练过程的系统规划（表11-10）。

表11-10　姚明和王治郅多年训练阶段划分表

训练阶段	姚明		王治郅	
	年度	年龄（岁）	年度	年龄（岁）
早期基础训练阶段	1988—1993	8～13	1985—1991	8～14
专项基础训练阶段	1994—1996	14～16	1992—1993	15～16
专项提高阶段	1997—2000	17～20	1994—1996	19～19
最佳竞技阶段	2001—	21	1997—	20

多年来由于项目特点以及运动训练理论与实践水平的不断提高，在部分运动项目中出现了优秀运动员年轻化和运动寿命延长化的趋向。其中，像竞技体操、蹦床、跳水等以表现复杂高难的技术以及高度美感为主要特点的表现难美性项目，突出表现了优秀运动员年轻化的趋向。而像射击、射箭等对运动员心理有更高要求的项目，以及田径、皮划艇等更加强调体能的项目，运动员一般在相对更大的年龄达到顶级水平。

在北京奥运会上获得男女体操团体冠军的中国队中，6名男子运动员从5岁开始参加训练，经过大约13年的系统训练，在18岁的时候首次成为世界冠军；而6名女子运动员在5岁左右开始训练，经过将近11年的系统训练，在16岁时首次成为世界冠军（表11-11）。

表11-11　北京奥运会中国体操队运动员训练年限特征

运动员		训练起始年龄（岁）	首次成为世界冠军	
			年龄（岁）	训练年限（年）
男队	李小鹏	5	16	11
	肖钦	5	18	13
	杨威	5	19	14
	黄旭	5	18	13
	陈一冰	5	22	17
	邹凯	5	18	13

续表

运动员		训练起始年龄（岁）	首次成为世界冠军	
			年龄（岁）	训练年限（年）
女队	程菲	5	17	12
	何可欣	5	16	11
	汪钰源	4	16	12
	杨伊琳	5	16	11
	邓琳琳	6	16	10
	李珊珊	4	16	12

1998—2003 年女子举重各个级别的世界冠军平均年龄为 23 岁，比 1994—1997 年世界冠军的平均年龄（21.3 岁）增加了 1.7 岁，说明随着世界女子举重运动的快速发展，项目普及程度越来越高，比赛中竞争日益激烈，运动员获得世界冠军需要具备的竞技能力也随之提高，训练时间加长，体现出年龄变化的特征（表 11-12）。

表 11-12　1998—2003 年世界女子举重锦标赛各级别冠军年龄（岁）

级别	1998 年	1999 年	2000 年	2001 年	2002 年	2003 年	平均年龄
48 公斤	22	26	28	16	17	18	21.2±4.6
53 公斤	24	24	23	26	24	22	23.8±1.2
58 公斤	22	20	23	19	22	29	22.5±3.2
63 公斤	27	28	23	22	21	22	23.8±2.7
69 公斤	20	24	21	29	23	18	22.5±3.5
75 公斤	30	20	35	18	24	24	25.2±5.8
+75 公斤	19	21	21	26	21	24	22.0±2.3
平均	23.4±3.6	23.3±2.9	24.8±4.7	22.3±4.5	21.7±2.2	22.4±3.5	23.0±1.0

三、全程性多年训练计划的内容安排

在多年训练过程中，主要训练根据训练阶段的不同而表现出不同的特点。其中，基础训练阶段主要发展运动员的多种运动能力，训练内容首先是协调能力和基本技术；专项提高阶段和最佳竞技阶段，首先要发展决定专项竞技能力的首要因素，体能主导类项目主要是专项运动素质，技能主导类项目主要是专项技能；技战能主导类项目主要是专项技能与战术能力；技心能主导类项目则主要是专项技能与心理品质。在高水平保持阶段，则需要把运动员心里稳定性的保持和提高放在训练的首位，延长运动员竞技寿命。与此同时，运动员竞技能力的要素在各个训练阶段中的作用和比重也是不同的。

以技能主导类表现难美性项群为例，运动员的基本动作训练贯穿于多年训练的始终，但是在基础训练阶段和专项提高阶段的训练中所占的比重有多大的差别（表11-13）。因此，在运动员从基础训练阶段转入专项提高阶段的时候，一定要保证基本功训练的渐进设计，力求实现两个阶段训练的紧密连接。由此帮助运动员打下扎实的基本功，使他们顺畅地转入下一个训练阶段，为后期的竞技发展提供重要的动力源泉。

表 11-13　表现难美性项群基本动作在技术训练中的比重

	基础阶段	提高阶段
x（%）	69.19	34.07
S	13.23	12.62
Cv （s/x）	0.19	0.37

自行车这一项周期性运动，技能水平的运动员至关重要，但是运动员的骑行技术对体能的保持与发挥同样具有非常重要的意义。在短距离自行车运动员的技术体系中，起动、站立式骑行是自行车运动员的基本专项技术，也是每个阶段专项技术训练的必要内容。而在全程性多年训练过程的各个阶段训练中，专项技术训练内容的侧重点各有不同（表11-14）。

表 11-14　我国高水平女子短距离自行车运动员专项技术训练内容的阶段性安排

阶段	专项技术训练内容
基础训练阶段	起动技术、踏蹬技术、站立式骑行技术、途中控车技术、尾随技术
专项提高阶段	起动技术、站立式骑行技术、超车技术、弯道技术、弯道防守技术、弯道进攻技术、慢骑技术
最佳竞技阶段	起动技术、站立式俯冲、超车技术、弯道防守技术、弯道进攻技术
高水平保持阶段	起动技术、站立式俯冲、超车技术、弯道防守技术、弯道进攻技术

四、全程性多年训练计划的负荷安排

在不同的训练阶段，为了实现阶段性的训练目标，需要在训练计划中有针对性地安排适宜的训练负荷。其中，在基础训练阶段考虑到青少年运动员竞技发展的长期性以及身体能力的局限性，要避免施加过大的训练负荷，需要根据项目特点进行循序渐进的安排，而在专项提高阶段和最佳竞技阶段，参加高水平赛事的竞技要求运动员接受更大负荷的训练，而此时运动员的身体已具备了负载更高水平训练负荷的能力。因此，在这两个阶段的训练中，训练负荷应逐渐增加；也正是在这个过程中，运动员的机体受到更高水平的训练刺激，竞技能力逐渐达到更高水平。而到了高水平保持阶段，训练负荷更需要结合运动员的实际状况来设计，训练的强度可以保持很高的水平，但是总体的负荷量就要适当地减少了。

在对运动员的多年训练进行规划时，对周训练次数的安排也体现着区间性的阶段特征。由基础训练阶段到专项提高阶段，周训练的次数是增加的；而由最佳竞技阶段转入高水平保持阶段，周训练的课次则逐渐减少。举重运动员的多年训练安排就体现了这个趋势，无论是训练天数还是训练时数都有渐进性的变化（表 11-15）。

表 11-15　举重运动员多年训练参数对比表

训练阶段	基础训练阶段	专项提高阶段	最佳竞技阶段	高水平保持阶段
全年训练天数	224	260	280	300
月训练天数	20	24	26	26
全年训练次数	224	370	420	450
全年训练总时数	224～336	555～740	840～1050	900～1125

在各个训练阶段中，比赛活动都是运动员竞技发展历程的重要组成部分。组织者需要组合各个阶段运动员的发展特点，合理设定比赛的水平和次数，使得训练和比赛成为有机的统一体。根据《我国篮球教学训练大纲》的要求，我国篮球运动员各个年龄阶段正式比赛的场次有一个框架式的设定（表 11-16），也体现了循序渐进的特点。

表 11-16　篮球各年龄阶段比赛场次统计表

年龄（岁）	7～8	9～12	13～17	18～19	20～25
组别	启蒙组	儿童组	少年组	青年组	成年组
比赛（场／年）	游戏性比赛	20～30	30～40	40～50	60～80

区间性多年训练计划的制订与实施

多年训练全过程中每一个特定的时间区域，都构成一个区间。区间性多年训练计划，是指对两年以上特定比赛周期（奥运会、亚运会、全运会等）训练过程的安排。例如，针对四年一届的奥运会和全运会，各个运动队都会安排一个为期四年的训练规划，以便全面备战这种大型比赛，而这四年的训练安排也就构成了一个完整的区间性多年训练计划。

早期运动选材的预测结果由于技术设备等方面的限制，存在着很大的不确定性，再加上运动员在其整个成长阶段，运动成绩还受到各个方面因素的影响。因此，对一个运动员的多年训练全过程一般只是一个简单的框架，而对全程性多年训练中不同训练阶段所制订的区间性训练计划，则应较为深入和具体。这里分为基础训练阶段、专项提高阶段和最佳竞技阶段、竞技保持阶段三个部分介绍。

1. 基础训练阶段的训练计划

运动员的基础训练总任务是发展一般运动能力。这一阶段的首要任务是发展协调能力及基本运动技能。这一阶段在发展协调能力的训练内容配置中，应注意不同年龄的适宜训练内容；在发展各种运动素质的训练内容配置上，随年龄由小至大，应按照柔韧—有氧耐力及反应速度—最大速度及速度力量—最大力量、无氧耐力及力量耐力的顺序予以安排。

基础阶段的负荷安排，应遵循循序渐进的原则。对儿童少年而言，应采用适宜的负荷并逐步增加，使有机体产生新的生物适应，从而有效地提高竞技能力。许多世界优秀运动员的运动实践证明，儿童少年在基础训练阶段的负荷不是越大越好，经常性的大强度过度负荷，会导致他们的运动生涯提早结束。

2. 专项提高和最佳竞技阶段的训练计划

一般运动员在接受 3 ~ 5 年基础训练之后，便进入专项提高阶段，致力于专项能力的提高。一般经过系统的 4 ~ 6 年的专项训练，运动员在各方面都逐渐成熟，竞技能力接近或达到高峰，进入最佳竞技阶段。

专项提高阶段与最佳竞技阶段并没有绝对的分界线，它们各有明显的负荷特点，彼此间又紧密的联系。这两个阶段的训练，运动员通常以准备参加一次或一组重大国内、国际比赛为单位来规划和组织实施。对体能主导类项群而言，发展专项运动素质的同时，要不断完善专项运动技术；对技能主导类项群来说，发展技战术的同时，要增强运动素质及其训练理论的学习。在专项提高阶段，主要参加青年比赛、全国运动会；而在最佳竞技阶段，则主要参加全国运动会和国际比赛。

运动员进入专项提高阶段后，训练负荷呈波浪式递增走势；当运动员进入最佳竞技阶段之后，由于多年承受高强度的负荷和高水平激烈的竞赛，加之伤病积累的影响，使其难以继续承受大负荷的训练，因此，这一阶段训练负荷的安排应细致。

图11-1是德国游泳运动员列文在专项提高阶段中训练负荷的动态变化模型，从中可以看出：每年度的训练负荷有明显的起伏且呈递增的趋势，训练负荷保持逐年递增态势且控制在适度的范围内。

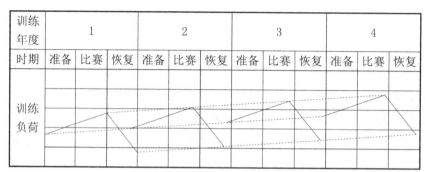

图 11-1　Lewin 4 年训练过程中运动负荷的变化趋势

3. 竞技保持阶段的训练计划

运动员经过长时间的训练，在世界大赛中取得好的运动成绩，随着年龄的成长，在自己的最佳竞技年龄过去之后，体能逐渐下降。长时间紧张训练，使得运动员在创造优异成绩之后，对继续参加比赛的激情下降，加上年轻对手的出现，比赛成绩的不理想，伤痛的折磨，以及社会上某些因素的影响，会使有些运动员产生退役的念头。但是，此时运动员的竞技水平还是很高的，再经过合理的恢复训练，是可以继续参加比赛获得荣誉的。大量的实例是很好的证明：男子跳水世界冠军李孔政（中国），女子 800 米世界纪录创造者克拉托赫维洛娃（捷克），1986年连创 5 000 米、10 000 米世界纪录的 30 岁的挪威女长跑家克里斯蒂安森，中国女排的优秀队长曹慧英等。

现代竞技体育的发展中，各国专业人士越来越重视处于竞技保持阶段的运动员的训练与安排。对待这一阶段的运动员，首先要继续鼓励他们参加训练、比赛，稳定他们的心理。根据专项要求，安排训练，对于伤病要及时治疗并安排恢复，以求延缓运动员竞技能力的消退。同时加强理论学习，丰富理论知识，做好实践与理论的结合。

在竞技保持阶段，运动员训练的负荷通常低于专项提高阶段和最佳竞技阶段，运动员更多的是按照自我感觉掌握并控制训练的过程。

运动员区间性多年训练计划的制订，必须服从于全程性多年训练计划的总体要求，同时要注意各个阶段之间的有机衔接。

本章小结 — SUMMARY

多年训练计划是现代运动训练计划体系的重要组成部分。设计周密组织良好的多年训练计划为运动员合理地使用多种训练方法和手段，协调有序地发展多种竞技能力，提供重要的保障。

思考题 — 1. 如何理解多年训练过程的两个层次和四个阶段？
2. 全程性多年训练计划中各个阶段的内容和负荷安排有什么特征？
3. 如何制订与实施区间性多年训练计划？

案例分析 —

江苏省跳高运动员陈程多年训练计划的分析

运动训练理论对训练计划的界定：对训练理论的安排与设计，是教练员指导运动员训练的依据。其既规定了运动员的训练过程，又是对以往训练的评价。江苏省田径队跳高运动员陈程第十二届全国运动会大周期多年训练计划的制订是以其上一周期训练为基础，以提高运动成绩为目的而制订的，其目标明确。对每一年训练内容的安排上，能够从运动员自身特点出发。在竞技能力的各项指标上，都有所提及。

然而，训练计划在制订上缺乏灵活的应变性。在年赛季，陈程由于运动不当，导致右脚脚踝骨折，使得全年训练计划受到影响，可是，在接下来的训练计划中却没有及时进行修改和变更，仅仅只是微微地进行调整。致使训练计划脱离现实，不能够正确地指导训练，影响了训练成绩的提高。

在训练计划的安排上，细节把握不足，仅仅确定了大方向，特别是赛前训练计划针对性不强，任务的安排不够具体，不够细化。对于实现目标的对策不明确，缺乏针对性。对于训练的基本内容与强度上，在训练计划上并没有提到多少，使得训练计划在内容方面还存在严重的不足。

我国优秀运动员陶宇佳多年训练安排

陶宇佳是从 2006 年在国内田径比赛中渐渐崭露头角，随后的几年一直到现在，陶宇佳频繁在重大比赛中取得好成绩并一跃成为国内女子短跑的领军人物，因此本文主要研究陶宇佳 2006-2010 年这五年期间的训练计划，按照运动训练理论划分，2006 年、2007 年、2008 年、2009 年这四年是陶宇佳多年训练中的专项提高训练阶段，而 2010 年是陶宇佳多年训练中的高级专项训练阶段。在多年训练过程中，周伟老师按其训练的目的逐年改变训练任务、内容和全年训练负荷安排的侧重点。运动员只有经过科学系统的训练，才有可能使自己在技术、身体素质等方面达到较高水平并获得优异的运动成绩。陶宇佳在 2006—2010 年训练期间都是非常重视身体素质训练的。因为身体素质训练是短跑运动员训练的主要内容之一，它为技术训练奠定了基础，好的身体素质才能保证体能的充分发挥。

2006—2009 年是陶宇佳多年训练的专项提高训练阶段，在经历了基础训练阶段、初级专项训练阶段后开始确定了陶宇佳的个人主项即 100 米跑。在发展全面身体素质的同时，发展和提高专项素质训练，加强短跑技术的训练，结合陶宇佳自身特点，特别是在伸髋和积极落地两项关键技术上有了明显进步，加强对陶宇佳训练与恢复过程的监督，而且在 2006—2009 年这几年陶宇佳参加比赛次数较多，特别是像 2008 年奥运会、2009 年全国运动会等这种大型比赛较多，所以在训练安排中必须处理好训练、比赛和休息的关系。

2010—2014 年是陶宇佳多年训练中的高级专项训练阶段，但到本文研究之际是 2010 年，所以在此阶段本文只研究 2010 年的训练计划。此阶段的主要任务，针对陶宇佳的特点完善 100 米技术，提高训练质量和水平，提高陶宇佳的心理稳定性，完成重大国际比赛任务，如 2010 年的广州亚运会，也要根据不同的比赛任务，安排采用不同的心理训练内容和手段，赛后及大负荷训练后要积极运用现代化的恢复手段。

第十二章
年度训练计划

【学习任务】

通过本章的学习，使学生掌握运动员年度参赛安排，包括比赛次数、比赛的分类及安排；掌握年度训练计划的类型；年度单周期、年度双周期、年度多周期训练计划的安排特点；掌握训练大周期时间的确定和大周期训练计划要点；了解年度训练计划的规范化用表。

【学习目标】

1. 掌握运动员年度参赛安排及年度训练计划的类型。

2. 掌握不同类型年度训练计划的安排特点。

3. 掌握如何确定训练大周期的时间。

4. 了解年度训练计划的规范化用表。

现代竞技体育竞赛带有明显的年度周期性特点，训练活动通常也以年为基本单位，称之为年度训练周期。制订年度训练计划，是从事系统训练活动的教练员和运动员不可缺少的一项重要工作。年度训练周期以其是否包含有重大比赛（如奥运会和世锦赛等）而区分为平常年度和重大比赛年度，也可依其年度主要任务而区分为恢复训练年度、基础训练年度、提高训练年度等。

运动员年度参赛安排及年度训练计划的类型

一、运动员年度参赛安排

运动员训练的直接目的是成功地参加比赛，预定比赛的性质、时间、地点都对运动员的训练提出特定的要求，运动员训练的内容、负荷、方法和安排都应服务于参赛目标的实现。因此，年度比赛系列的安排对于运动训练活动的组织有着重要的指导性意义。在年度训练计划中必须高度重视比赛系列的安排。

（一）比赛次数

年度训练过程中比赛次数依项目的不同和运动员水平的不同而异。在基础训练阶段，运动员比赛的次数较少，但比赛项目的范围较广，而在专项提高阶段和最佳竞技阶段，比赛次数较多而且项目渐趋集中。

不同项目比赛的负荷之间有着很大的差异。美国著名田径运动员刘易斯在 1992 年第 25 届奥运会上，以一次跳跃就获得了跳远金牌，费时不过十几秒钟，而马拉松运动员要不停地跑两个小时以上，足球运动员为夺取奥运会金牌仅在决赛阶段就要参加 7 场 90 分钟的角逐，更不要说预赛阶段的时间了。因此，比赛时间较短、运动员生理、心理负荷消耗相对不大的运动项目，如跳远、跳高、铅球、标枪等在一年中比赛次数可以多一些，而生理、心理负荷消耗都很大的项目的比赛次数，则应保持在一定限度内，如十项全能、马拉松等。

近年来，人们日益增长的文化需求，对观赏高水平竞技比赛的要求明显增加，有力地促进了竞技体育的发展和竞技水平的提高。但同时，我们也应注意，比赛次数的增加，带来现代运动训练和竞赛强度的明显提高，而运动员机体却不能承受过量的比赛。在全力以赴的比赛后，运动员必须调整休息，使他们在精力高度集中、机体潜力被充分动员之后，在生理上和心理上得到必要的恢复。因此，比赛次数绝不是越多越好，而应根据每名运动员的具体情况，确定适宜的数量。对于一些综合性的运动项目，首先是田径和游泳，运动员不仅要参加主项的比赛，而且应适当安排副项的比赛。这样做，不仅对少年运动员，而且对优秀运动员都是必要的。

（二）比赛的分类及安排

按主要目的可将比赛分为竞技性比赛、训练性比赛、检查性比赛和适应性比赛四种基本类型（表 12-1）。

表 12-1　比赛的分类及其训练特征

类　别	主要任务	安　排
竞技性比赛	创造理想的成绩，实现训练目标	每个大周期 1～2 次主要比赛
训练性比赛	在比赛条件下，培养和发展运动员专项所需要的某种能力和综合能力	多用于准备时期后期及比赛时期前期
检查性比赛	检查技术掌握的熟悉程度与稳定性水平、专项素质发展情况、阵容安排的适宜度、战术设计的价值和配合的熟悉程度	多用于重大比赛前
适应性比赛	提高运动员对重要比赛的场地、气候、对手、观众及裁判等各方面条件的适应能力	多用于重大比赛前

1. 竞技性比赛

这是全年训练最重要的比赛活动，一般全年以 2～4 次为宜。在一个训练的大周期内，安排主要比赛最多两次，时间亦以相对集中为好，以便于合理设计训练计划，使运动员在预定的一段时间内处于理想的竞技状态，能连续参加一系列比赛，创造优异成绩。

2. 训练性比赛

有经验的教练员常常将某些比赛作为一种基本手段进行实战训练，以便在比赛条件下培养运动员专项所需的综合能力或提高训练强度，这些比赛通常称为训练性比赛。训练性比赛在准备时期就可适当安排。随着训练阶段的推移，训练强度逐步提高，训练性比赛的次数可以增加。比赛前期有些比赛也具有训练比赛的性质。

3. 检查性比赛

为了检查熟练程度和稳定水平，艺术体操选手在掌握了全套动作之后进行检查性测验；为了检查特定运动素质的发展情况，可安排 1 500 米跑运动员在冬训第一阶段后参加 10 公里越野跑比赛，检查一般耐力的发展情况；为了检查阵容安排的适宜度，可安排集体球队在进行调整、组织新的阵容之后，在一些特定的比赛中，对阵容组成的各种方案进行评定和比较，以选择确定最佳主力阵容，并对各种情况下的后备阵容进行演练，检查战术设计的应用价值和战术配合的熟练程度。

4. 适应性比赛

为了能使运动员对重大比赛作好准备，常在主要的比赛之前安排一系列适应性比赛，亦称热身赛。通过这些比赛，提高运动员对未来参赛的场地、气候、对手、观众及裁判等各方面条件的适应能力。例如，在 1986 年第 23 届世界杯足球赛之前，联邦德国队为了适应比赛地点——墨西哥的高原地理条件，提前去墨西哥进行适应性训练和适应性比赛；巴西队组队后，为了摸清主要对手欧洲诸强的特点，特地远征欧洲，进行适应性比赛；意大利队为了适应分在同一组的韩国队的打法，特地邀请与韩国队打法相似的中国队赴意大利访问比赛等。适应性比赛安排的时间不应与主要比赛相隔过远，而且应连续进行，以求获得理想的适应效果。

二、年度训练计划的结构类型及安排特点

（一）年度训练计划的类型

在年度训练过程中，大周期是构成年度训练周期的基本单元。训练大周期是以参加重要比赛获得满意成绩为目标，以运动员竞技状态发展过程的阶段性特征为主要依据而确定和划分的。运动员的竞技状态在一个训练大周期内经历着发展与提高、良好状态保持以及下降调节三个阶段，是运动员体能、技能、心理、战术能力与知识能力等多方面竞技子能力的有机组合。

运动员竞技状态发展过程具有时相性的特点，竞技状态的提高、保持和下降的规律性是安排训练大周期的基础。与运动员竞技状态的提高、保持和下降三个阶段相对应，分别组织准备时期（或称训练期）、比赛时期（或称竞赛期）和恢复时期（或称过渡期）的训练，并把这一循环称之为一个训练的大周期（表12-2）。

表 12-2　竞技状态的阶段性发展与大周期划分

竞技状态发展过程	生物学基础	训练任务	训练时期
提高	适应性机制：机体对外界刺激的适应性现象	提高竞技能力，促进竞技状态的发展与提高	准备时期
保持	动员性机制：心理／生理能力被释放动员　各系统高度协调	发展稳定的竞技状态，参赛创造好成绩	比赛时期
下降	保护性机制：机体自动停止积极的应激反应	积极恢复，消除心理与生理疲劳	恢复时期

年度训练过程所包含的大周期数量的多少，是反映年度训练过程结构特征的主要内容。通常有单周期（包括单周期双高峰）、双周期和多周期等不同类型。不同的结构类型有着不同的总体规划、不同的比赛系列和不同的训练安排，分别适用于不同的运动专项。

（二）不同类型年度训练计划的安排特点

1. 单周期训练计划

全年训练按一个完整的大周期组织实施，称为单周期安排。随着人们训练活动的效率不断提高，在现代高水平竞技体育活动中，单周期安排已经越来越少采用。采用全年单周期安排的运动项目不多，主要适用于具有以下特点的运动项目。

（1）需要长达 4 ~ 6 个月的时间才能做好充分准备或取得显著训练效应的项目。如马拉松跑、十项全能和现代五项等。

（2）受气候条件的限制，每年只能在集中的几个月份内参加比赛的项目。如越野滑雪、跳台滑雪及速度滑冰等室外冬季项目。

在年度单周期训练计划中，全年只有一个比赛阶段，运动员只为一次或一组重大比赛做好准备，只实现一次竞技状态高峰。

2. 双周期训练计划

全年训练按两个完整的大周期组织实施，称为双周期安排，它包含两个准备时期、两个比赛时期和两个过渡时期。在现代竞技训练中，双周期安排仍是一种常用的年度安排模式。许多项目的运动员可用两三个月的时间做准备，使总体竞技能力或竞技能力的某一个方面（某一特定的素质，或技术或战术）发生明显的改变；并在一个半月至两个月的时间内，参加一系列的比赛，把所获得的竞技能力集中到专项需要的方向上去，逐步从心理、生理、技能、体能等方面培养最佳的竞技状态，在适宜的主客观条件下，把已具有的竞技能力充分地表现出来；再加上半个月至一个月的恢复时期，总共约 5 ~ 7 个月的时间完成一个大周期的训练过程。因此，一年便可安排两个训练大周期。

体能主导类的速度力量性项群及耐力性项群中的大多数项目（首先是中等时间的，即运动时间在 8 分钟以下的耐力项目），以及许多技能主导类项群的单人项目的优秀运动员都采用双周期安排。

3. 多周期训练计划

按三个以上大周期组织全年训练的过程，称为多周期训练安排。实施多周期安排的基本条件是，运动员能在 3 ~ 4 个月的时间内，有效地提高竞技能力，并在比赛中充分地表现出来，把提高的竞技能力转化为运动成绩。这要求有更为科学的训练方法，更为有效的恢复手段以及更为理想的比赛条件，否则就会如同农作物的培植，在条件不足的情况下片面追求多季种植，使总产量反而低于单季或双季种植一样，得不到理想的总体效应。

（三）年度训练计划周期类型的选择

在年度训练过程中，不同训练水平、不同项目的运动员应根据实际情况选择适宜的年度训练计划周期类型。

1. 不同训练水平的运动员年度训练计划周期类型的选择

（1）对于初学者和青少年运动员而言，选择年度单周期的训练计划模式是较为适宜的。因为，年度单周期模式中，较长的准备期能够允许教练员和运动员有足够的时间集中精力对运动员的技能和体能进行训练，从而为其成长打下坚实的体能和技能基础。

（2）对于处于竞技提高阶段的运动员而言，可以适当选择双周期作为年度训练计划模式，但是，在实际安排过程中，应尽量使第一个准备期有足够长的持续时间，使运动员能够有充足的时间进行专项基础训练。

（3）对于处于最佳竞技阶段和高水平保持阶段的运动员来说，可选择年度三周期和多周期的训练计划模式。因为，他们已经具备了坚实的专项基础能力和丰富的比赛经验，这些足以使他们在全年训练和比赛中，多次表现出良好的竞技状态。

2. 不同项群的运动员年度训练计划周期类型的选择

（1）技能主导类表现难美性项群、技心能主导类表现准确性项群、技战能主导类格斗对抗性项群、技战能主导类个人隔网对抗性项群运动员年度训练安排中可采用双周期或多周期模式。

（2）技战能主导类集体对抗性项群年度训练安排多以单周期模式为主体，同时可根据不同的参赛任务及组队需要，相应安排附加的微缩大周期或中周期。

（3）体能主导类各项群年度训练安排中，依不同的参赛目的，可采用单或双周期模式，亦可采用多周期模式。采用单或双周期模式的训练安排，通常有助于运动员在年度最主要的比赛中创造理想的运动成绩；采用多周期模式的训练安排，通常有助于运动员在多次比赛中有良好的竞技表现。

第二节 大周期训练计划的基本构成

一、训练大周期时间的确定

训练大周期是以成功地参加 1 ~ 2 次重大比赛为目标而设计的。其时间的确定通常采用体现目标控制思想的"倒数时"充填式方法，以主要比赛日期为标定点，向回程方向依次确定主要比赛阶段和比赛时期，以及完整的训练大周期。这里，我们以总计 14 ~ 32 周的常规大周期为例，简述规定训练大周期日程的工作步骤。

1. 确定主要比赛日期

这是由竞赛日程予以确定的。重大国际比赛如奥运会常常在比赛前一年就确定了竞赛日程，以便于运动员有计划地组织训练过程。

2. 确定主要比赛阶段

围绕着主要比赛日确定主要比赛阶段。在常规大周期中，主要比赛阶段持续 4 ~ 6 周，在主要比赛日后约一周结束。将主要比赛日安排在主要比赛阶段的结尾是不正确的，这是因为训练控制稍有不慎，极易出现参加主要比赛时，运动员的最佳竞技状态已然过去的现象。

3. 确定比赛时期

在主要比赛阶段前面加上一个历时 4 ~ 6 周的热身比赛阶段，两个阶段合起来就组成比赛时期，总时间为 8 ~ 12 周，其间要注意安排必要的热身赛。

4. 确定整个训练大周期

在比赛时期前面加上 6 ~ 12 周的准备时期，后面加 2 ~ 4 周的恢复时期，即构成一个总时间为 14 ~ 32 周、3.5 ~ 7.5 个月的训练大周期。

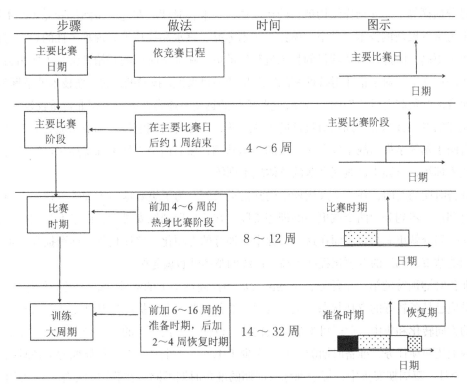

图 12-1　确定训练大周期日程的"倒数时"充填式工作程序

二、大周期训练计划要点

不论是单周期、双周期还是多周期的年度训练计划，每个周期都包括准备期、比赛期和恢复期。

（一）准备期的训练计划

准备期训练的基本任务是提高运动员的竞技能力，培养和促进竞技状态的形成。在跨度较长的准备期，训练计划的安排可分成各小阶段。第一个小阶段身体训练比重较大，以提高身体机能和运动素质水平为重点，技术训练着重于基本技术和改进技术上的缺点；第二、三个小阶段应逐渐加强专项素质和专项技术训练，战术训练的比例也明显增大。准备期训练的时间不应少于 1.5 ～ 2 个月，在双周期安排中的准备期可长达 5 ～ 6 个周，在双周期安排中，每个大训练周期的准备期有所不同。例如，我国通常在第一个周期即冬春大周期的准备期较长，可达 4 ～ 5 个月；第二个大周期，即夏秋大周期的准备期通常只有 1 个月左右。

在技能方面，单一动作结构的运动员，应力求改进技术动作，特别是重要的技术环节，如跳高运动员改变助跑距离、射箭运动员缩短放箭时间等。同时，也有充分的时间允许运动员打破旧的动力定型，去改进某些技术细节，如中长跑选手纠正八字脚、跨栏运动员过栏架时控制臂不过分横摆等。多元动作结构项目的运动员，在准备时期应在进一步熟练和完善基本技术的基础上力求发展新的技术，其中，体操、艺术体操、跳水和技巧等表现难美性的项目对技术创新的要求更高。因此，这些项目的教练员和运动员，在准备时期的开始常常把主要精力放在技术动作的创新上。对于格斗对抗性和隔网对抗性项目来说，技术的改进、新技术的掌握和熟练，都对比赛的胜负起着重要作用。因此，这些项目的运动员通常在准备时期非常重视发展新技术，如乒乓球的发球技术等。同场对抗性的集体球队，在准备时期的技能和战术能力的训练中，首先要着眼于熟练掌握新战术配合所需的技术基础，然后由个人技术训练逐步过渡到两三人的配合战术训练，再逐步过渡到全队的整体战术训练。

准备时期的时间，在一个大周期中通常是最长的。为了更好地组织训练过程，人们一般把准备时期进一步划分为两个或更多的训练阶段。在单周期训练安排中，由于准备期长达五六个月，这一划分就更有必要。而在这个过程中，训练的专项化、整体化程度逐渐提高，越接近准备时期的结束，训练的专项化程度越高，训练的整体性也就越强。

准备时期训练的第二个任务，是逐渐发展和提高运动员的竞技状态。至准备时期结束时，运动员应已具备较好的竞技状态，主要表现在准备时期前期所提高的基础竞技能力开始向专项需要的方向转化和集中。此时可参加少量比赛，以促进竞技状态的进一步发展。一般来说，为了实现上述两项任务，准备时期的时间不应少于 1.5 ～ 2 个月。全年单周期的准备时期可长达 5 ～ 6 个月。双周期安排中，每个训练大周期的准备时期不同。在我国通常第一个大周期，即冬春大周期的准备期较长，可达 4 ～ 5 个月，第二个大周期，即夏秋大周期的准备期常常只有一个半月左右。

过长的准备周期，会加大运动员的心理负荷。经过长时间单调、枯燥的训练而见不到训练的成效，会减低运动员训练的兴趣；运动员在训练中所获得的基础竞技能力又不能及时转化为专项竞技能力，影响获得更高的"训练效益"。但如果准备时期的时间过短，训练负荷给予运动员有机体的刺激不足以引起有效的变化，进入比赛时期后，即使能在适宜的比赛条件下充分表现出已经具有的竞技能力，也只是保持原有的水平而已。

准备期训练的各种练习数量多，范围较广，强度较低。相对而言，与专项越接近的练习，其强度控制得越不要太高，与专项差异较大和不甚相关的身体训练强度可稍高，因为这类练习神经能量消耗较低，容易恢复。

（二）比赛期的训练计划

比赛期的训练任务是发展运动员的专项竞技能力，做好参加比赛的充分准备，并在比赛中最大限度地发挥自己的水平，创造优异的运动成绩。该时期训练计划的安排应围绕专项比赛的要求，具体应考虑：第一，安排负荷的节奏，使运动员的体能变化在比赛时处于超量恢复阶段；第二，技战术的掌握要达到熟练和自动化；第三，通过适当的热身赛和其他适应性比赛，激发运动员强烈的竞赛欲望；第四，采取各种措施激励运动员不断进取。

1.训练任务和时间

比赛时期的训练任务包括发展运动员的专项竞技能力和使运动员在比赛中充分表现已有的竞技能力水平两个方面。在准备时期训练的基础上，进入比赛时期后运动员应努力发展专项的竞技能力。各项目的运动员此时此刻都应把对自己竞技能力影响最大、表现最集中的方面置于训练的首位，把最主要的精力用于发展这些能力上去。如中长跑运动员的专项耐力、手球队的集体战术配合、乒乓球运动员在实战中发挥技术特长的能力、体操运动员完整套路练习的一次成功率等。比赛时期训练的第二个任务，也是最重要的任务，就是做好充分准备，参加比赛，最大限度地发挥自己的已有水平，创造优异的运动成绩，达到全年预定的训练目标。

为了保证训练任务的完成，比赛时期的时间一般也不应短于一个半月。运动员要在准备时期训练的基础上进一步发展专项竞技能力，特别是要在比赛中创造优异的成绩，则必须经历一定数量的比赛，才有可能抓住主客观条件都处于适宜状态的机遇，充分发挥自己的竞技水平。而主客观条件的状态受着许许多多可控的、半可控的和不可控因素的影响，因此，即使运动员的训练状况十分理想，希望在一次比赛中就提高成绩或打破纪录，成功的概率一般也是不高的。

当然，为了准备重大比赛，特别是奥运会、世界锦标赛和世界杯这三大比赛，运动员比赛的成败有着重要的社会意义和深远的影响，因此，教练员和运动员都全力以赴，尽最大的努力取得比赛的成功。从计划的安排上要注意做到以下几点：

（1）安排好负荷的节奏，使运动员的体能变化在比赛时处于超量恢复阶段。

（2）技术、战术的掌握达到高度的熟练和自动化，但又不因过多的专项技战术练习导致中枢神经系统对专项技术动作的超限抑制和重复泛化。

（3）通过适当的热身赛和其他适应性比赛，激发运动员强烈的竞赛欲望，而又不因过多的比赛引起运动员的厌烦，甚至对比赛的恐惧。

（4）采服各种措施(包括训练的、社会的、宣传的等)激励运动员的进取心。

比赛期的运动负荷量小于准备期，而运动负荷强度却明显提高。身体训练中的专项身体训练占主要地位，技术训练中加强完整技术的练习，战术训练的针对性更强，应注重配合性训练。

2.训练方法、手段和负荷特点

为了与准备时期训练方法的特点相联系，比赛时期训练发展体能主要采用重复法，发展技能主要采用完整法，并较多地采用比赛法，以便综合地发展与竞赛密切相关的体能、技能、战术能力、知识能力和心理能力。当然，与此同时，仍要根据需要适当地运用间歇训练法及分解训练法。在比赛时期，运动员在连续参加了大量比赛的情况下，要特别注意组织好赛间训练。体能主导类运动项目赛间训练的主要任务，在于对运动员的竞技状态进行积极的调节，使运动员从上一组比赛或上一次比赛的疲劳状态下恢复过来，重新聚集力量，以理想的体能状态投入新的比赛。同时，对上一次或上一组比赛中所发现的问题进行分析，利用短暂的赛间间歇，力求在某些短时间内能有效改善有问题的方面，获得新的训练效应。

比赛时期负荷强度大而负荷的量较小。负荷的变化主要表现在以下方面。

（1）对于可客观测量的体能主导类项群(田径、游泳、举重、速滑等)，训练的速度、高度、远度、负重量增加，而重复次数、训练的时间则明显减少。

（2）将多种动作组成固定的套路去参加比赛，并力求获得较高评分的技能主导类表现性项群（体操、武术套路、跳水、花样游泳、艺术体操、技巧、蹦床等）的训练中，成套练习的比例增加，而单个动作的练习数量则大大减少。

（3）以对手身体为攻击目标的一对一格斗性项群实战练习的比例增加，而无对手的个人练习的比例减少。

（4）在个人能力的基础上依靠密切配合而表现出的集团竞技能力决定胜负的集体球类项目（篮球、排球、足球、冰球、曲棍球、手球）训练中，两三人的配合训练、全队配合训练和实战训练的比重增加，个人技术的练习的比重减少。

（5）心理稳定性对比赛有重要影响的技能主导类表现准备性项群（射击、射箭等）训练中，实射的比例增加，对运动员造成巨大心理负荷的训练和比赛增多，而各种空枪预习、白靶射击则大大减少。

（三）恢复期的训练计划

恢复期的主要训练任务是积极消除疲劳，促进身心恢复；总结上一阶段的训练经验与教训，并制订下一阶段的训练计划。

1. 训练任务和时间

运动员在几个月的紧张训练和比赛中，无论是心理上还是生理上都长期处于高度动员状态，而这种状态是不可能无休止地持续下去的。有机体的保护性机制会提出进行休整调节的强烈要求。训练大周期的恢复时期或称过渡时期，就是为满足这一要求而组织实施的训练阶段。

恢复手段可分为自然恢复和积极恢复两类。恢复时期所要求的不是单纯的休息或睡眠式的自然恢复，而是保持一定训练活动的积极恢复。通过负荷内容、量度、组织形式及训练环境的改变，达到从心理上和生理上消除疲劳的目的。

恢复时期的另一项重要任务是认真总结全年训练的经验与教训，并制订下一年度的训练计划。恢复时期的时间与训练大周期的长短有着密切的联系。单周期训练安排中的恢复期应持续1～1.5个月，双周期训练安排中每个周期的恢复期应持续2～3周。

2. 训练方法、手段和负荷特点

为了达到恢复的目的，在恢复时期宜多采用游戏法、变换法进行训练。这些练习能大大提高运动员的兴趣，运动员在新的环境以新的组织形式完成新的内容和练习，中枢神经系统会得到良好的调节，同时，又能保持一定的体能水平。恢复时期训练负荷的突出特点是要降低练习强度，可以根据运动员的具体情况保持一定的训练量。为此，在训练中多采用持续训练法，如慢速越野跑、较长时间的球类运动等。

该时期训练负荷的总量主要根据活动性休息，应保持一般训练水平及恢复的要求，负荷强度呈下降趋势。

三、常规大周期和微缩大周期

在多周期的训练安排中，大多数情况下，第二、第三个大周期更多的是准备参加比赛的一

种专门的安排，田麦久 (1994) 将其命名为微缩大周期。常规大周期与微缩大周期是两种不同的训练大周期。前者通常需要不短于 14 周的时间，要求运动员分别提高不同的竞技能力，进而综合起来，表现为高度的专项竞技能力；而后者则主要安排于准备参加重大比赛的 2 ~ 3 个月的训练之中，在较短的时间内，运动员集中于恢复或提高综合的竞技表现能力 (表 12-3)。中国游泳队历时 10 周大周期安排即表现了这一点 (表 12-4)。微缩大周期包含了构成一个训练大周期的基本要素，但各个阶段的训练都不够充分，在时间不足但又具备相应条件的时候，通过一个微缩大周期的训练，运动员可以在原有基础上做好参赛准备，在重要比赛中发挥自己的竞技水平。应该指出的是，此类参赛个别时候也可能会略有提高，但难以使运动员在这么短的时间内使体能明显地提高或技术上取得重要的实质性的改进。训练安排中，若只采用常规大周期，常常与比赛不断增多的现实产生尖锐的矛盾；而若只采用微缩大周期，又会阻碍运动员的竞技能力得到实质性的提高。因此，正确的做法是将两种大周期有机地结合起来，根据重要比赛的时间，安排好常规大周期与微缩大周期的合理组合。这里提供了 4 种常规大周期和微缩大周期合理结合在一起的组合方案，供教练员制订训练计划时选用 (表 12-5)。

表 12-3　两种训练大周期结构与特点的比较

	常规大周期	微缩大周期
周数	14 ~ 32	8 ~ 12
训练比赛任务	逐一提高各类竞技能力 提高综合的竞技能力 比赛中充分表现竞技能力	重点提高个别竞技能力 恢复 / 提高综合竞技能力 参赛表现竞技能力
训练内容	一般 — 专项	一般 — 专项
专项化程度	较高 — 高	
负荷量	大 — 中 — 小	中 — 小
负荷强度	中 — 小 — 大	中 — 大

表 12-4　中国游泳队 10 周大周期的训练安排

阶　段	周　数	主要训练内容
一	2	以全面身体训练和力量训练为主 水上：技术、速度及有氧训练为主
二	2	以有氧代谢能力训练为主 一定比重的混合代谢训练 保持力量训练
三	3 （高原训练）	以无氧训练为主 一定比重的混合代谢训练与有氧训练 保持力量训练
四	3	减量参加比赛 保持少量力量训练

表 12-5　两种大周期的多种组合方案

方案	常规大周期		微缩大周期		总周数
	N	周数	N	周数	
A　（1+2）	1	16 ～ 24	2	12, 12	40 ～ 48
B　（1+3）	1	16 ～ 20	3	10, 10, 10	46 ～ 50
C　（2+1）	2	16 ～ 20, 16 ～ 20	1	10	44 ～ 50
D　（2+2）	2	16，16	2	10, 10	52

第三节　年度训练计划的规范化用表

一、规范化用表的用途

训练计划的制订尽管因项而异、因人而异、因时而异，但任何一份训练计划都必须包括应有的基本内容。训练计划的规范化有助于教练员遵循运动训练活动的一般规律，系统地思考训练工作，有序地设计训练进程。

训练计划可用文字叙述，亦可用图表表述。用文字叙述利于自由地充分地表达教练员对训练工作的认识和设想，便于体现和反映教练员独有的风格；用图表表述则简洁明晰，便于纵向和横向比较。为便于广大教练员应用，我们特设计《年度训练计划要点规范化用表》。其中包括：

（1）上一年度比赛成绩及本年度参赛指标。

（2）上一年度竞技能力状态诊断及本年度竞技能力指标。

（3）实现参赛目标的可行性分析。

（4）实现参赛指标需解决的主要问题及拟采取的措施。

（5）上一年度训练负荷量度的基本统计及本年度负荷量度指标。

（6）年度训练的周期、阶段划分及各项计划内容要点。

（7）周训练计划的基本模式。

（8）年度训练过程中的检查评定安排。

二、年度训练计划的规范化用表示例

年度训练计划以高水平竞技选手 2010 年年度计划为例，如表 12-6 所示。

表 12-6　2010 年度训练计划基本情况

项　目		教练员		制表时间	
运动员名称		性别	民族	出生年月	
代表省市	始训年月		入队年月	运动等级	

（1）2009 年比赛成绩及 2010 年参赛指标（如表 12-7、12-8 所示）。

表 12-7　2009 年比赛成绩

序　号	时　间	比赛名称	比赛名次	竞技水平★★
1				
2				
3				
4				
5				
6				
7				

注：★依不同项目可分别填写重量、远度、高度、时间、得分或教练员的等级评价规范。

表 12-8　2010 年参赛指标

序　号	时　间	比赛名称	比赛名次	竞技水平★★
1				
2				
3				
4				
5				
6				
7				

注：★依不同项目可分别填写重量、远度、高度、时间、得分或教练员的等级评价。

（2）2009 年竞技能力状态诊断及 2010 年竞技能力指标（如表 12-9 所示）。

表 12-9　竞技能力状态诊断及竞技能力指标

类别	测试内容及项目		2009 年	2010 年	
			全年最高	3—6 月	9—10 月
形态	身高（cm）				
	体重（kg）				
机能	安静心率（次 /min）				
	血色素（常值区间 X 克）				
	最大乳酸值（mmol）				
	个体乳酸阀（mmol）				
素质	一般素质				
	专项素质				
技术	合理性				
	稳定性				
战术	自我发挥				
	对抗能力				
心理	参赛情绪	动员能力			
		控制能力			
	竞技意志	自觉性			
		玩强性			

注：表中空栏内教练员根据专项特点选定测试项目填写。

（3）实现参赛目标的可行性分析（如表 12-10 所示）。

表 12-10　实现参赛目标的可行性分析

分析项目		分析内容
运动员竞技潜力	发育潜力	
	训练潜力	
主要对手状态分析	2009 年状况	
	2010 年发展预测	
比赛结果预测及必要条件	竞技水平	
	比赛名次	

（4）实现参赛指标需解决的主要问题及拟采取的措施（如表 12-11 所示）。

表 12-11　实现参赛指标需解决的主要问题及拟采取的措施

序　号	需要解决的主要问题	拟采取的主要措施
1		
2		
3		
4		
5		
6		
7		
8		
9		

（5）2009年训练负荷量度的基本统计及 2010 年负荷量度指标（如表 12-12 所示）。

表 12-12　2009 年训练负荷量度的基本统计及 2010 年负荷量度指标

统计内容		2009 年		2010 年	
		全年	周平均	全年	周平均
总体统计	1. 训练年度总日数				
	2. 训练年度总周数				
	3. 训练日数				
	4. 训练课次				
	5. 训练时数				
	6. 比赛次数				
	7. 比赛场次（赛次）				
★ 主要负荷内容	1				
	2				
	3				
	4				
	5				
	6				
	7				
	8				
	9				
	10				
	11				

★由教练员选择有代表性的统计内容填入栏内。

（6）周训练计划的基本模式（如表 12-13 所示）。

①准备时期训练周（以大负荷课为准），空格内填写训练内容、要求、负荷量度。

表 12-13　周训练计划的基本模式

	早／上午	下午／晚
星期一		
星期二		
星期三		
星期四		
星期五		
星期六		
星期七		

②比赛时期训练周（见表 12-13）。

③重要比赛周（见表 12-13）。

本章小结 — SUMMARY

　　年度训练计划的制订应在充分了解运动员训练历史及现状的基础上进行，即应根据运动员此前特别是上一年度的运动成绩、竞技能力、水平发展状况和运动负荷安排情况制订。年度训练计划制订的科学、合理与否，直接反映着教练员及其团队的运动训练理论水平及实际执教经验。年度训练计划制订之后，不是一成不变的。在整个年度训练过程中，年度训练计划还应根据运动员对训练的不同实际反应及时进行合理的调整。

思考题 —

1.试述竞技状态的提高、保持与下降三个阶段相对应的生物学基础及主要训练任务。

2.年度训练中怎样进行周期安排？

3.常规大周期与微缩大周期的主要区别在哪里？在制订年度训练计划时，如何科学组合两种不同的大周期？

4.试述依不同比赛所作的比赛分类及各自的训练学特征。

案例分析 —

江苏省田径队跳高运动员陈程年度主要采用的训练手段

1.一般身体训练

　　一般身体训练分为两个部分，分别为速度训练与力量训练。速度训练主要以中短跑为主，如计时、走边栏、跨边栏等。主要表现为强度较大，次数较少。力量训练主要增强身体素质，配合组合器械进行训练，主要以深蹲、半蹲、抓举、高翻、腹背肌等全身各大小肌群的训练手段为主。要求以快速力量为主，主要发展爆发力。

2.专项身体训练

　　专项身体训练主要进行与跳高技术密切相关的身体训练。主要为各种跳跃练习、负重摆腿、负重起跳摸高等练习。

3.专项技术训练

　　专项技术训练也就是过杆技术训练，由助跑练习、起跳练习、中短程助跑过杆、全程助跑过杆组成。

4.理论知识训练

理论知识主要穿插在专项技术训练中，在专项训练中指出不足并给予理论上的指导，并且课下多对一些跳高训练、跳高比赛的录像进行分析，以提高对跳高理论的理解。

相关历史事件 —

山西省高水平短跑、跨栏运动员年度训练计划的制订

年度训练计划是指引一整年运动训练的计划，是根据运动员上一年度的训练情况、本年度的比赛任务，将全年应承担的负荷量和负荷强度合理地安排到各个训练阶段里，促进竞技状态的形成与发展。

2009年是全运会年，为此，教练员对年度训练周期的划分主要依据年参赛安排表和运动员竞技状态形成与发展的周期性变化规律，将山西省高水平短跑、跨栏运动员的年度训练划分为三个大周期表。如表12-14所示。

表12-14　山西省高水平短跑、跨栏运动员年度参赛安排

比赛名称	比赛时间	比赛地点	参赛队员
全国室内田径锦标赛（2）	2月18日—19日	上海	于××、赵××刘××、陈××
全国田径大奖赛系列赛	4月10日—12日	广东肇庆	于××、赵××刘××、陈××
全运会预选赛暨全国田径锦标赛（男）	5月15日—17日	广西玉林	于××、赵××刘××、陈××
全国田径大奖赛系列赛（2）	6月12日—14日	浙江嘉兴	于××、赵××刘××、陈××
全国田径冠军赛暨大奖赛总决赛	9月5日—7日	河南郑州	于××、赵××刘××、陈××
第十一届全国运动会田径比赛	10月21日—26日	山东济南	于××、赵××刘××、陈××

（注：依据省田径运动管理中心短跨组教练训练资料整理）

从表12-14可以看出，山西省高水平短跑、跨栏项目年度训练周期划分的特点是根据本年度比赛积分的要求及年度重要比赛和全运会赛事任务，将2009年度训练划分为三个大周期。

第一大周期2008年11月中旬到2009年2月中旬，共14周，其中准备期13周，竞赛期1周。主要任务是增强各项身体素质、发展速度、改进技术、提高前半程能力。

此阶段以储备负荷量为主，将发展专项需要的各项身体素质作为主要训练任务及内容，主要通过大量的专项素质训练手段来提高专项需要的各种能力。从全年训练过程来看，第一大周期是山西省高水平短跑、跨栏运动员全年训练的基础大周期，是年度比赛结束休整后开始冬训的适应训练阶段。冬训阶段是训练过程中的"储备"阶段，其阶段性训练目的是为室内比赛做准备，最终任务是通过专项与非专项训练，使运动员初步形成竞技状态，解决前一阶段训练和比赛中存在的问题，使机体从一个"平衡"达到另一个新的"平衡"，为年度的比赛做准备。

第二大周期是2009年2月下旬到2009年月6中旬，共18周，其中准备期6周，竞赛期10周，恢复期2周。主要任务是加强速度训练，完善技术，加强后程能力。此阶段比赛较为频繁，主要是两站全国大奖赛系列赛和全国田径锦标赛，其中全国田径锦标赛是年度重要比赛。

从全年训练来看，第二大周期是专项化训练阶段。这一阶段竞赛期持续时间较长，说明运动员将参加系列比赛。比赛期间，在运动员连续参加比赛的情况下，安排组织好赛间训练与恢复是这一阶段的关键。体能主导类运动项目赛间训练的主要任务，在于对运动员的竞技状态进行积极的调节，使运动员从上一次比赛的疲劳状态下恢复过来，重新聚集力量，以理想的状态投入新的比赛。同时，对上一次的比赛中发现的问题进行分析，利用赛间间隔，力求利用较短的时间有效改善竞技状态，获得新的训练效应。

第三大周期是2009年6月下旬到2009年11月中旬，共20周，其中准备期14周，竞赛期4周，恢复期2周。主要训练任务是全面提高专项素质，配合全程节奏，强化训练能力向比赛能力的转化。主要比赛任务是在全运会上短跑、跨栏项目力争取得最好的运动成绩。

从年度训练过程来看，第三大周期是全年训练的重要阶段，运动员将参加四年一度的重大比赛。准备期较长，可充分调整竞技状态，弥补前一段的不足，并通过大赛前的热身赛检验训练效果。此阶段的主要比赛任务是通过合理的训练安排，促进运动员最佳竞技状态的形成，使其力争在全运会比赛中取得好成绩。

第十三章
周训练计划的制订与实施

【学习任务】

通过本章的学习，使学生掌握基本训练周、赛前训练周、比赛周、恢复周的主要任务以及训练内容的结构特点、训练负荷特点；并且了解为什么在不同的训练周进行过程中，要进行交替训练负荷的原因及重要性。

【学习目标】

1. 掌握训练周的不同类型及主要任务；

2. 了解各训练周内容的结构特点；

3. 了解进行交替负荷训练的重要性。

约在公元300年,欧洲一些国家的教会和政府开始明确规定,每7天之中安排1天为休息日,称为星期日。和人类社会的各种活动一样,作为一个基本的时间单位,"星期"也在运动训练中较广泛使用。从生物适应的角度讲,人通过长期的自然选择,逐渐形成了与环境适应的生理和心理状态,即人类机体以7天为一个单位形成了自身运动的节奏。例如,作为有机体内许多生化过程重要调节器的肾上腺皮质激素的分泌水平,在7天的节奏中就含着精确的周期性的变化(引自弗阿多斯金,等. 生命的节奏 [M]. 延烽,译 .1980)。

周训练是组织训练活动极为重要的基本单位。运动训练周期安排学说中的"小周期"也基本上持续一周时间。但是,为了在不同情况下更好地准备和参加比赛,有时在赛前训练和两次比赛之间的训练中,会对小周期训练的时间跨度作出必要的调整,时间可在 4 ~ 10 天,或表示为 7+3 天。

在训练实践中,人们根据自己训练的需要组织小周期训练过程,并从不同的角度出发将训练的小周期分为不同的类型。鲍艾尔斯·费尔特和施勒特划分为准备小周期、基础负荷小周期、提高成绩小周期和积极性休息小周期;安东诺夫和陀罗赛耶夫划分成基础小周期和调整小周期;马特级也夫划分成基础小周期和补充小周期,然后进一步把前者分为训练小周期和竞赛小周期,把后者分为竞赛准备小周期和恢复小周期 (图 13-1)。

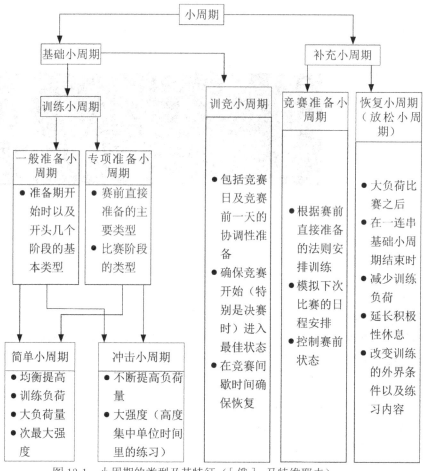

图 13-1　小周期的类型及其特征(〔俄〕. 马特维耶夫)

参照上述小周期的各种分类体系，根据训练任务及内容的不同，可把周的训练分为基本训练周、赛前训练周、比赛周、赛间训练周以及恢复周 5 种基本类型（表 13-1）。为适应不同任务而制订的各种相应的周训练计划，也表现出明显不同的负荷变化特点。

表 13-1　不同训练周型及主要任务

周　型	主要训练任务
基本训练周	通过特定的程序和反复练习使运动员掌握和熟练专项技战术，以及通过负荷的改变引起新的生物适应现象，提高运动员的多种竞技能力
赛前训练周	使运动员的机体适应比赛的要求和条件，把各种竞技能力集中到专项竞技中去
比赛周	为运动员在各方面培养理想的竞技状态做直接的准备和最后的调整，并参加比赛，力求实现预期的目标
赛间训练周	消除比赛后生理、心理上的疲劳，促进机体的恢复，进行针对性的技战术训练，完成后续的比赛任务
恢复周	消除运动员生理和心理的疲劳，促进超量恢复的出现，激发强烈的训练动机，准备投入新的训练

注：（依据体育院校通用教材. 运动训练学［M］. 北京：人民体育出版社，2000，补充编制）

第一节　基本训练周的计划与组织

基本训练周的任务，是通过特定的程序和反复练习使运动员掌握和熟练专项技战术，以及通过负荷的改变引起新的生物适应现象，以获得多种竞技能力的提高。体能主导类项目基本训练周又分为加量周和加强度周。技能主导类项目基本训练周又分为基本技术训练周和完整技战术训练周。在需要给运动员机体以强烈刺激时，还可组织实施不同特点的强化训练周。

在全年训练中，基本训练周被采用得最多。在准备时期，基本训练周是最主要的周型。

一、基本训练周训练内容的结构特点

决定周训练计划内容结构的主要依据，是实现训练目标的需要和不同负荷后机体的反应及恢复状况。前者决定着应该把哪些内容列入训练计划之中，后者则决定着这些内容应该怎样组合在一起。

从能量恢复的角度讲，在一次负荷后的超量恢复阶段再次施予负荷，可以获得最为理想的训练效果。有关研究表明，在一次特定的负荷之后，运动员需经过 48 ~ 72 小时体能才能得到有效恢复。但是，在优秀运动员的训练实践中，并没有人在一次大负荷训练之后去完全休息两三天再进行下一次训练，而是每天坚持训练。大多数优秀运动员常常每日训练两次，并取得了出色的训练成果。这主要应归功于周训练过程中不同内容及不同负荷的交替安排。

（一）周训练计划中不同内容交替安排的理论基础

各种训练内容对机体不同生理系统和心理过程提出的要求不同，因此，在接受了某一内容的负荷之后，机体不同的生理系统及心理过程的反应是不同的，其所需要的恢复时间也不相同（普拉托诺夫，1984；贝尔格，米诺夫，1984）。也就是说，在一次训练后，人体有些系统会产生深度的疲劳，而另一些系统则只产生中度的或轻度的疲劳。各个系统的恢复过程也呈现出异时性的特征。因此，我们有必要，也有可能在一周中的不同训练日交替安排不同的训练内容。

人体运动时依赖无氧磷酸原供能、无氧糖酵解供能和有氧供能三个系统分别提供完成肌肉工作所需要的能量，负荷下肌肉收缩时人体三个供能系统的参与是非同步的。瑞典的奥马·戴森 (1982) 在马加里亚研究的基础上制订肌肉收缩时三个能量释放系统的水力学模型时谈道："在大多数情况下，只有一个或两个系统同时发生作用。""至于要以哪一个系统供给的能量为主来还原 ATP，则取决于练习的强度及其持续时间。"研究表明，不同的训练内容要求不同的供能系统参与运动，在各种运动中，三个供能系统参与工作的水平也是不同的。例如，耐力性练习以有氧供能为主，据苏联科罗跑夫等 (1983) 测定，在 10 000 米跑中有氧供能达 97.6%；而速度性练习却恰恰相反，在 100 米跑中无氧代谢供能占 95.8%；速度耐力性的练习则对无氧糖酵解供能的依赖性较大。在 200 米和 400 米跑中分别占 60.1% 和 54.8%（表 13-2）。再如，20世纪 80 年代我国男子甲级队篮球运动员在 40 分钟比赛中，运动强度的变化基本上可用 (1.9 秒高强度工作 +18.1 秒中低强度工作)×120 这一数学模型予以表述，与此相应的则主要是以高能磷酸盐代谢及有氧代谢为其主要供能方式 (周探，1984)。

表 13-2　不同距离跑中三种供能形式的比例

距 离（米）	总耗能量	有氧供能		无乳酸无氧供能		糖酵解无氧供能	
	卡 / 公斤	卡 / 公斤	%	卡 / 公斤	%	卡 / 公斤	%
100	256.6	9.5	3.7	91.6	35.2	155.5	60.6
200	258.3	30.5	8.5	112.5	31.4	215.3	60.1
400	591.3	113.0	19.1	154.2	26.1	324.1	54.8

距离 (米)	总耗能量	有氧供能		无乳酸无氧供能		糖酵解无氧供能	
	卡 / 公斤	卡 / 公斤	%	卡 / 公斤	%	卡 / 公斤	%
800	833.9	364.5	43.7	152.0	18.2	317.4	38.1
1 000	1 404.3	1 029.5	73.3	155.0	15.1	215.8	11.6
3 000	2 979.6	2 693.0	90.3	160.1	5.0	126.5	4.7
5 000	4 455.3	4 186.0	93.9	147.2	3.3	122.1	2.8
10 000	8 434.9	8 228.5	97.6	142.0	1.7	64.4	0.7

　　任何一种负荷，不论是什么性质的，不论其主要供能特点如何，对运动员机体的影响都是全面的。耐力训练对运动员的无氧代谢能力会造成一定的影响，典型的速度训练对运动员的有氧代谢能力同样也会产生一定的影响。

　　普拉托诺夫的研究《现代运动训练》，1980)表明(图13-2)，运动员在从事不同性质的训练中，三个供能系统都不同程度地参与工作，并出现不同程度的疲劳。运动员在完成速度性负荷时，机体的磷酸盐供能系统消耗最大，恢复最慢，无氧能力(无氧乳酸供能系统)次之，有氧能力(有氧供能系统)消耗最少，恢复也最快。而在完成死氧负荷时，无氧糖酵解供能系统消耗最大，恢复最慢；同样的，在完成有氧负荷时，则有氧供能系统的消耗最大，恢复最慢(表13-3)。显然，运动员与三种供能系统相对应的运动能力，在负荷后恢复的过程是非同步的。与负荷的主要性质相应的运动能力恢复得最慢，需要 2 ～ 3 天时间才能获得充分恢复；但其他运动能力，则可以在短得多的时间内获得充分的恢复。这就使得我们可以在一次负荷的次日，接着安排另一种性质的负荷。而 2 ～ 3 天之后，当运动员与前一次主要负荷相应的运动能力处于良好恢复状态时，则可以再次安排同一性质的负荷。可在负荷之后 6 ～ 12 小时安排有氧负荷，或在 24 小时之后安排无氧糖酵解供能负荷。

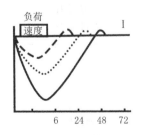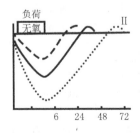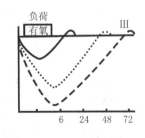

图 13-2　不同代谢特点的大负荷课后，三个供能系统的恢复时间
…… 无氧能力 —速度能力 ----有氧能力

表 13-3　不同代谢特点的大负荷训练后各种能力超量恢复所需时间（小时）

负荷的主要性质	无氧磷酸原供能能力	无氧糖酵解供能能力	有氧供能能力
无氧磷酸原供能负荷	48	24	6 ～ 12
无氧糖酵解供能负荷	24	48 ～ 72	6 ～ 12
有氧供能负荷	6	24 ～ 48	72

不同的训练内容，对人体各生理系统的要求也不同，如技术训练要求中枢神经系统与骨骼肌肉系统的工作高度协调，耐力训练则给予呼吸与心血管系统高度的负荷。

不同的训练内容对肌群的要求不同。如跑、跳等主要由下肢伸肌群完成，卧推、引体向上等主要由上肢肌群完成。跑跳时，伸腿肌群以远侧支撑完成收缩工作，骑自行车时则是以近侧支撑完成收缩工作。

不同的训练内容对运动员施予不同的心理负荷。如技术训练时要求运动员全神贯注、高度集中，而郊外的轻松越野跑或球类运动则可使运动员精神放松。

不同目的的训练对运动员机能状况的要求不同，以发展素质、技术及战术等不同竞技能力为目的的训练，对运动员机体状态的要求就不同。例如，运动员只有在神经系统处于适度兴奋状态、肌肉感觉良好的情况下，才能有效地学会和掌握精细、准确的运动技巧。运动员必须体力充沛，才能有效地发展最大力量和最大速度等运动素质。而对于发展耐力素质及培养运动员顽强拼搏精神和在疲劳情况下仍能较好地发挥技术水平的能力，则在运动员略感疲劳的情况下仍然可以取得理想的训练效果。篮球运动要求运动员具有较高的体能储备，以确保运动员能够在整场比赛中有效完成技术动作。因此，训练投篮技术时往往安排在训练课的后半段，且要求每天都进行投篮练习。我们在周训练计划中合理安排不同训练内容之间的顺序时，必须考虑这些特点。表 13-4 列举了与不同机能状态相适应的训练任务。

表 13-4　与不同机能状态相适应的训练任务

发展竞技能力类型	充分恢复后	机能状态局部疲劳时	非常疲劳时
素质	最大速度 最大力量 快速力量	速度耐力 一般耐力 力量耐力	一般耐力 力量耐力
协调 技术 战术	协调能力 精细技巧 战术配合	辅助技术 战术配合	— — —
心理品质	判断反应	自控能力	顽强拼搏的意志品质

因此，在周训练计划中交替安排不同的训练内容，既能够使运动员所需要的各种竞技能力得到全面综合的发展，又可避免负荷过于集中而导致过度训练。

（二）周训练计划中训练内容交替安排的项群特点

不同项群的训练内容有着各自鲜明的特点，同样也反映在周训练计划中不同内容的交替安排上。

体能主导类项群运动项目训练内容的交替，主要体现在各种素质和技术训练的安排中。我国女子铁饼运动员马雪君基本训练周的训练计划中，将专项技术训练分别安排在周二、周四、周六三天；力量训练安排在周一、周二、周三三天，可以很明显地看到体能主导类竞速项目训练中不同内容交替安排的特点（表13-5）。

表13-5　女子铁饼运动员马雪君基本训练周主要训练内容的交替安排（2010年3月1—7日）

月　　日	周	上午 9：30—11：10	下午 15：00—17：10
3 月 1 日	一	30 米行进间跑；跳栏架	抓举；卧推；扩胸；单臂仰卧扩胸；杠铃杆侧摆
3 月 2 日	二	投铁球：原地，撤步；旋转，投铁棒	原地投饼，旋转投饼；投铁棒；后抛铅球
3 月 3 日	三	30 米行进间跑，各种反应跑；立定跳远，三级跳远	卧拉；卧推；前后分腿半蹲 + 跳蹬；扩胸 + 单扩
3 月 4 日	四	休息	铁饼原地投，旋转投；投铁球，投铁棒；后抛铅球
3 月 5 日	五	脊柱操，腹背肌，垫上各种练习；30 米行进跑；立定跳；二级跳；三级跳；各种抛球	卧拉；卧推；前后分腿半蹲 + 跳蹬；扩胸 + 单扩持杠铃杆侧体转
3 月 6 日	六	原地抛球；撤步投，旋转，投 2 公斤饼，投杠铃棒	原地投饼，旋转；投快棒；后抛铅球；抓举
3 月 7 日	日	休息	

注：依马雪君提供资料编制

在技能主导类表现性项群运动员的训练中，技术训练占有突出的地位，几乎每天都要安排技术训练。这时要注意根据不同项目的特点，安排身体素质训练，在技术训练内容的安排上应根据项目的特点适当地交替安排。奥运会男子跳水冠军火亮2010年1月在周训练计划的安排中，考虑到项目的特点，选择性地安排了不同的陆上技术训练内容，同时考虑到身体素质发展的需要安排了4次专项力量素质训练 (表13-6)。

在此需要引起注意的是，由多个单项组成的竞技体操的安排应考虑到各个项目的合理搭配。如，应考虑以悬垂为主的项目和以支撑为主的项目的交替。通常一个训练日的训练内容，都是由两个支撑项目、一个悬垂项目和一个下肢项目组成。这样安排可使每个项目在一周内都保证3次以上的训练，而又避免了局部负荷过密过重的现象。田径及其他全能项目运动员的训练安排，也有类似的特点。

表 13-6　北京奥运会男子 10 米双人跳台跳水冠军火亮周训练安排 (2010 年 1 月)

时　间	训练内容
2010 年 1 月 18 日 下午	技术：弹网；陆台；三米板；三米台；五米台；七米台；十米台
2010 年 1 月 19 日 上、下午	三米板；三米台；五米台；七米台；十米台 身体素质：悬垂举腿；推倒立；控腿
2010 年 1 月 20 日 下午	技术：弹网；陆台；一米板；二米板；二米台；五米台；七米台；十米台
2010 年 1 月 21 日 下午	技术：陆台；三米板；三米台；五米台；七米台；十米台
2010 年 1 月 22 日 上、下午	技术：弹网；陆台；陆板；一米板；三米台；五米台；七米台；十米台 身体素质：悬垂举腿；推倒立；控腿
2010 年 1 月 23 日 上、下午	技术：弹网；陆台；三米板；三米台；五米台；七米台；十米台 身体素质：悬垂举腿；推倒立
2010 年 1 月 24 日 上、下午	技术：弹网；陆台；陆板；三米台；五米台；七米台；十米台 身体素质：负重静力背肌前后各 3 组；单腿站平衡球；悬垂举腿

注：依张挺教练提供的材料编制

在技战能主导类对抗性项群的训练安排中，对运动员的体能、技能、战术能力都给予高度的重视。在一周的训练之中，几乎每天都安排体能与技、战术训练，但每次训练的内容却在不断地变化，从而使运动员在心理上和生理上都能在持续不断的紧张训练中，得到必要的调节和恢复。中国国家女子水球队(2011年世界锦标赛亚军)的训练计划，给我们提供了可资借鉴的实例。在一周的训练中，天天有不同的技术、战术训练内容，以及两次发展体能的循环练习，三次游泳能力训练。同时，每天还坚持传球、射门等基本技术的训练(表13-7)。

表13-7　中国国家女子水球队基本训练周内容
(2009年12月8日—2010年1月14日)

时　间	上　午	下　午	负　荷
周一	1)1.5小时的力量训练 2) 2 400～3 600米的游泳训练 强度：70%～90% 3) 传球、射门基本技术训练	1) 负重支撑踩水训练 2) 游动、对抗射门训练 3) 战术长训练 4)6—5重点战术练习	量大， 强度中大
周二	1)20分钟拉伸 2)1 000米左右游泳热身 3) 专项循环练习 (7项练习) 强度：100% 4) 传球、射门基本技术训练	1) 速度练习 2) 传球、射门训练 3) 战术练习 4) 守门员专项训练	量大， 强度大
周三	1)1.5小时的力量训练 2)2 枷～3 枷米的游泳训练 强度：70%～90% 3) 传球、射门基本技术训练	1)20分钟拉长游 2)20分钟传球 3)20分钟射门	量中大， 强度中大
周四	1)20分钟拉伸 2)1 000米左右游泳热身 3) 专项循环练习 (7项练习) 强度：100% 4) 传球、射门基本技术训练	1) 速度练习 2) 传球、射门训练 3) 战术训练 4) 守门员专项训练	量大 强度中大
周五	1) 1.5小时的力量训练 2) 2 400～3 600米的游泳训练 强度：70%～90% 3) 传球、射门基本技术训练	1) 负重支撑踩水训练 2) 游动、对抗射门训练 3) 战术训练 4) 6—5重点战术练习	量大， 强度大
周六	1)20分钟拉伸 2)1 000米左右游泳热身 3) 重球支撑踩水练习 4) 传球、射门练习	比赛或者 1)20分钟拉长游 2)20分钟传球 3)20分钟射门	量中大， 强度中大
周日	休息		

二、基本训练周负荷的结构特点

（一）基本训练周的课次安排

不同年龄运动员周训练课次有所区别。儿童在基础训练阶段初期，每周训练3～4次即可。随着运动员年龄的增长及竞技水平的提高，特别是运动员承受负荷能力的提高，周训练次数与课训练时间都有所增加。

课次的增加，起初是从增加训练的日数开始的，由每周两三个训练日增加到六七个，每天1次训练。以后再将一周中某训练日的训练次数增为2次，使周训练课次达到8～10次，最后基本上做到每日两次训练，即每周训练12～14次。个别运动员，如耐力跑运动员，在特定阶段也可以每日训练3次，周的总训练次数可达18～20次。每次训练课的时间一般为2～3小时。如果每天练1次，可适当增加训练时间。

每日安排两次课时，通常以一次为基本课，另一次为补充课。基本课一般安排提高主导竞技能力，或以体能、技战术训练为主，而补充课则可安排比较广泛的训练内容。基本课的训练内容，负荷一般为大或中，补充课的负荷相对较小。以北京奥运会男子举重冠军张湘祥1999年夏训为例（表13-8），由于举重项目属固定动作发挥最大力量的运动项目，所以，训练主要是围绕如何提高运动员的专项技术水平开展的，为此，教练员为张湘祥安排了周一、周二、周四上午为专项的训练，其他时间安排了专项素质训练，总体安排围绕专项技术展开。期间分别安排了休息、篮球等恢复课。

表13-8　第29届奥运会男子62公斤级举重冠军张湘祥夏训基本训练周计划
（1999年7月19—25日）

	上　午	下　午
周一	1. 抓举＋膝上抓举； 2. 垫铃抓举； 3. 垫铃宽拉	1. 颈后宽借力推＋支撑；2. 后蹲；3. 山羊、腹肌、坐推、单臂拉；4. 篮球活动
周二	1. 架上挺； 2. 前蹲； 3. 前半蹲	1. 垫铃下翻；2. 垫铃窄拉； 3. 推壶铃、提肘拉、三头肌；4. 篮球活动
周三	休息	1. 高抓＋膝上高抓；2. 高翻＋半挺；3. 宽挺蹲； 4. 山羊、腹肌、单臂拉、三头肌、跑步
周四	1. 后蹲；2. 半蹲；3. 架上挺	篮球活动
周五	休息	1. 悬垂抓举；2. 垫铃抓举；3. 宽拉； 4. 颈后宽挺蹲；5. 跑步
周六	1. 垫铃下翻；2. 垫铃窄拉； 3. 架上挺	1. 挺举；2. 窄硬拉；3. 前蹲； 4. 山羊、腹肌、提肘拉、单臂拉、三头肌
周日	休息	

注：依谢勇教练提供材料编制

在一周的训练中，应该怎样安排各训练课次的负荷呢？对于青少年运动员来讲，在一周训练中，安排 2～3 次高强度课，既可实施必要的训练刺激，同时也有利于运动员的生长发育。但对于高水平运动员来讲，基本周每天都应安排大强度训练内容，以促进运动员形态、机能产生良性的生物适应，并不断提高技战术水平，当然要考虑训练的内容要交替、训练刺激的身体器官系统要变换，进而保证运动员机能状态的更好恢复。在现代训练中，提高训练强度是负荷的核心，实践中，常采用分解练习，提高单个动作的强度，以提高运动员神经、肌肉系统的刺激深度。

基本周训练负荷的节奏安排与运动项目的比赛特点以及负荷后身体恢复的状态有关。由于项目的特点不同，所以训练节奏安排也有所区别。对于一天多轮次比赛项目(如跆拳道、击剑、田径等)的运动员，要着力培养在上一次大强度负荷后末完全恢复情况下，再次承受大强度负荷的能力。因此，在训练中，一般不采用连续安排大强度训练日的专项训练方式。

中国跆拳道队在 2008 年奥运会前的基本周训练中，采用的是周三、周五安排两个大强度课 (图 13-3)，周一、周四、周日安排较小负荷或休息。而中国女子重剑队则在周一、周三和周六安排了非连续的大强度专项训练，同时在周二、周四、周五安排中等负荷训练，周日安排了休息 (图 13-4)。

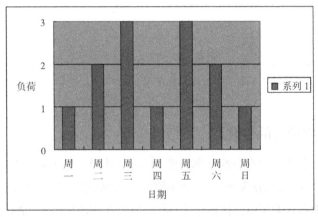

图 13-3　中国跆拳道队备战 2008 年奥运会基本周负荷安排节奏
(2007 年 6 月—2008 年 6 月基本周采用的主要负荷安排方式)

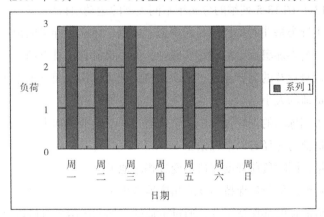

图 13-4　中国女子重剑队基本周负荷安排节奏
(2006 年 7 月 31 日—8 月 5 日)

对于短道速滑、游泳等运动员要参加多日多项比赛的运动项目，周训练计划中负荷量少的训练日不需过多，需要运动员具有连续承受高强度训练的能力。如，中国女子短道速滑队备战2010年冬季奥运会基本周的训练中就采用了周二、周三与周五、周六连续两个高强度训练日的安排方式（图13-5）。

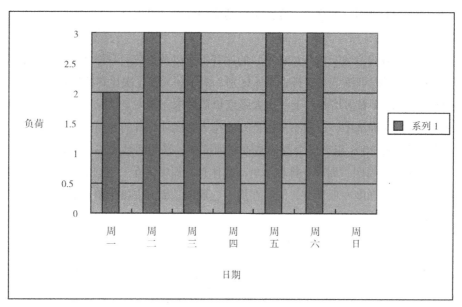

图13-5　2009年中国短道速滑队备战2010年奥运会基本周训练节奏
（2009年11月30日—12月6日）

（二）基本训练周负荷的变化

由于大多数训练负荷后的充分恢复都需要24～72小时，即1～3天的时间。所以，在训练实践中，常常把一周的训练分为两半。上半周的训练结束之后，在一周的中间（即周三或周四）减少负荷或进行其他形式的积极性休息作为调整。在下半周的训练中，从负荷的内容及程度上，常常与上半周的某些方面是相似的。这样一种结构，可以叫作周训练计划的两段结构。

在图13-3、图13-4、图13-5列举的分属于不同类型的运动项目周训练计划结构负荷曲线中，包括了属于技战能主导类格斗对抗性项目跆拳道、击剑，体能主导类的短道速滑。这些项目的我国优秀运动员在准备参加奥运会的训练实践中，大多都制订了具有两段结构特征的周训练计划，有些项目根据自身竞赛的需要制订了一次调整的训练结构，而且根据各个项目的特点，采用了不同指标反映负荷的大小。

在连续多个基本训练周的训练过程中，常常通过运动负荷的加大、更深刻的变化，产生新的生物适应。加大负荷的途径有以下三条：

——增加负荷量，同时负荷强度保持不变或相应地下降；

——提高负荷强度，负荷量保持不变或相应地减少；

——负荷量和负荷强度都保持不变，通过负荷的累加效应给予机体以更深的刺激。

赛前训练周的计划与组织

一、赛前训练周训练的主要任务

赛前训练是指运动员在参加重大比赛前为创造优异运动成绩所做的专门性训练。通常将赛前训练看成赛前的一个中周期(4~6周)的训练。并通过赛前训练周的安排力求使运动员的机体适应比赛的要求和条件，把长期训练过程中所获得的各个方面的竞技能力，集中到专项竞技所需要的方向上去。

要实现运动员渴望参加比赛的状态就要做到自动化完成动作。为此，赛前训练应设置有限的目标，即训练中要解决的问题要明确、集中，不要太分散、太随意，运动员对自己的训练任务要清晰、熟练；要反复练习、形成牢固的条件反射，以利于顺利地完成训练、比赛任务。

随机应变是指运动员能够根据比赛中出现的问题作出正确的决策。因此，运动员赛前训练应对比赛中可能发生的情况有充分的估计，并能预先制订多种预案以应对可能发生的各种问题。

应引起注意的是，赛前训练周主要用于比赛前的专门训练准备。比赛前的准备期不应专门准备。

二、比赛节奏的适应

比赛的赛制很少是一次性的，而大都是采用系列赛制，这种系列赛制因项目的不同其节奏也有所差异。有的项目同一运动员一天之内要参加几次比赛。有的项目每隔三四天比赛一次，比赛期长达2~3个星期。事先准备和适应比赛节奏的方法是在赛前多次重复未来正式比赛的节奏进行训练。

三、赛前训练内容

赛前训练阶段的竞赛是一种重要的准备手段，虽然因各个项目运动成绩的结构不同其重要性有所区别。总的来讲，这一阶段的竞赛是完成训练任务的必不可少的手段，但其性质应是检查性和练习性比赛，主要用于检验影响运动成绩的因素的水平，巩固技战术能力，提高综合竞赛能力以及适应未来的竞赛节奏。具体来讲，体能训练以保持已获得的体能水平为目的。技术训练的分解练习比例减少，完整练习的比例增大。应以稳定性、成功率为基本要求。一般不再学习新动作或改变运动员已形成和巩固了的技术定型。战术训练应以如何发挥自己的优势为核心。个人项目应以完成个人战术为主，常规战术训练比例应减小；集体项目应以小组战术、全队战术的比例为主，而个人战术比例适当减小。赛前战术训练应针对比赛中的主要对手采用实战方式进行。

对技能主导类的项目来说，由于训练强度的变化不如体能主导类那么明显，因此训练课次的变化也不很明显。但对于体能主导类项目来说，赛前训练周的训练课次，一般略少于基本训练周。如，意大利著名教练雷纳·托卡努瓦为肯尼亚马拉松选手制订的赛前训练计划（大负荷周），7天有5天每ggJI练两次，一周有12次训练课（表13-9）。根据训练课的练习内容、负荷安排及训练时间可以看出，周一、周二、周五、周日上午都是基本课，周一、周五下午为补充课，周三、周四、周六上下午均为补充课。

表 13-9　肯尼亚马拉松选手赛前训练周（大负荷周）计划

	上　午	下　午
周一	1 小时轻松跑 +10×100 米上坡冲刺跑（最大速度）	1 小时轻松跑
周二	1 小时 30 分中速渐进速度跑约 26 公里（3 分 20 ～ 30 秒 / 公里）（专门强度组合）	
周三	45 分钟轻松活动	45 分钟轻松活动
周四	1 小时轻松跑	1 小时轻松跑
周五	30 分钟准备活动 20 公里变速跑，1 公里快速跑（3 分 15 ～ 20 秒 / 公里），1 公里中速（3 分 15 ～ 20 秒 / 公里）变换速度（专门变速耐力）	1 小时轻松变速跑，每 3 分钟每公里变速 30 ～ 45 秒
周六	1 小时轻松跑	1 小时轻松跑
周日	1 小时 ～ 1 小时 15 分渐进速度跑（3 分 10 ～ 40 秒 / 公里 ）	

四、训练课负荷的控制

赛前训练周应多安排比赛性负荷（参加热身赛，增加训练中的比赛性因素或比赛性、对抗性训练内容）。由于比赛主要是比"强度"，因而越临近比赛越要突出强度，选择强度类的训练内容、方法和手段，如模拟训练法、变换训练法和比赛法等训练方法。

大赛前训练课采用大负荷高强度强化训练，负荷以大负荷强度、中等负荷量为主；训练课的负荷量与负荷强度的变化虽有高低起伏，但负荷量的总体水平应始终保持在较高水平上，以给予运动员机体强化应激训练的刺激，打破机体原有的平衡状态。通过对运动员的情绪表现、体力变化、动作成功率、饮食、睡眠及言语的观察等经验，判断运动员承受负荷的极限能力和水平，酌情对负荷作出调整。

这一阶段应该避免参加追求好成绩的比赛。因为追求成绩的比赛会破坏运动员对主要比赛高潮的心理调适和动员，以及干扰这一阶段训练的计划性。通常，各种训练手段负荷达到最大值的时间为：一般训练手段赛前4—6周，专项训练手段赛前3、4周，训练强度赛前1、2周。在赛前2—3周时负荷达到最大值。就是说，通过这一方式，采用不同手段进行2—4周的大负荷训练有助于运动员在预定的比赛中取得理想的运动成绩。

在大负荷强化训练之后，必须紧接着给予运动员充分的综合性的恢复，以求得最佳的恢复效果，为形成最佳竞技状态打下良好的基础。赛前训练必须突出负荷与恢复的节奏性，要有明显的影响性，要敢于上强度，也要敢于调整，这是机体恢复和培养最佳竞技状态的必要条件，也是取代传统的变动调整的有效方式。

第三节　比赛周训练的计划与组织

一、比赛周训练的主要任务

比赛周的任务是为运动员在各方面培养最佳竞技状态做直接的准备和最后的调整，并参加比赛，力求创造优异成绩。

比赛周一般是以比赛日为最后一天，倒数一个星期予以计算的。有些项目一次比赛只进行一两天，如田径、游泳、举重等；也有些项目的比赛会延续三四天，甚至两三周。比赛时间的长短，对比赛前一周的训练当然有着很大的影响，但训练的基本任务都是作好最后的调整，并成功地参加比赛。

在比赛期有时运动员参加一些训练性比赛，完全不要求专门准备，只是在正常的训练过程中安排比赛而已。这种情况下的训练，可不作为比赛周的训练看待。具有检查作用的比赛，特别是力求完成训练目标的比赛，要求运动员全力以赴做好准备，则需要按比赛周训练的特点予以专门的安排。

二、比赛周训练内容和负荷结构的特点

（一）超量恢复的集合安排

由于不同内容、不同负荷的训练后达到超量恢复所需的时间不同，又为了比赛中表现出高度的竞技水平而要求运动员竞技能力水平处于最佳状态，所以，就必须通过科学的设计，使各方面负荷后的超量恢复阶段都在同一时段内出现。这对于顺利地参加比赛，创造优异的成绩是非常重要的。

例如，根据不同训练负荷后完全恢复所需的时间不同，应把无氧代谢训练、速度训练、力量训练、高强度专项训练等，安排在赛前 3 ~ 5 天的训练中，而把恢复性的有氧代谢训练、中低强度的一般性训练安排在赛前 1 ~ 3 天进行。使运动员多种竞技能力的变化曲线的最高点交汇于比赛日。无论从生理上还是心理上都处于最佳的竞技状态，使其通过艰苦训练所获得的竞技能力，能得到充分的发挥和体现。图 13-6 提出了一个比赛周超量恢复集合安排的一般模式。

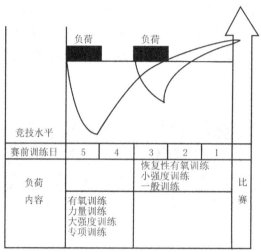

图 13-6　比赛周超量恢复集合安排模式

中国女子重剑队，在赛前集训中仍然每周训练 14 次，除了早晨训练之外，有 4 天是上、下午训练 (表 13-l0)，训练的内容以实战能力的提高为主，体能训练以恢复与保持充沛体力为目的，负荷较小并配有氧能力的练习。

表 13-10　2008 年奥运会女子重剑铜牌获得者李娜比赛周训练计划
（2006 年 4 月 17—24 日）

周 / 月 日	早	上　午	下　午
周一 4 月 17 日	升国旗	1. 个别课； 2. 电动剑实战； 3. 与来访队员自由实战或条件实战	游戏、力量；30 分钟有氧跑，放松牵拉韧带
周二 4 月 18 日	早操 6：30—7：00	1. 个别课； 2. 电动剑实战； 3. 与来访队员自由实战	羽毛球
周三 4 月 19 日		教学比赛循环单放	休息
周四 4 月 20 日	早操 6：30—7：00	团体赛	球类、力量；5 公里越野跑
周五 4 月 21 日		个别课	球类；40 分钟有氧跑，放松牵拉
周六 4 月 22 日		个别课	5 公里越野跑；放松牵拉

周 / 月日	早	上　午	下　午
周日 4 月 23 日		休息	出发赴沈阳
周一 4 月 24 日		全国冠军赛	

注：依中国击剑队提供材料编制

　　中国射击队在 2008 年北京奥运会比赛前制订了为期 8 天的比赛周训练计划，该计划分两个阶段，即赛前第八、第七、第六、第五天增加训练强度，强化 10 环的动作记忆，体会增难度单姿要求训练；第四、第三、第二天，适应比赛场地和比赛环境，适应场地时均按照参赛程序的要求进行适应性比赛，保证运动员以最适宜的心态参加比赛。中国射击运动员在北京奥运会上取得了历史上最好的比赛成绩 (表 13-11)。

表 13-11　中国射击队比赛周训练计划
（2008 年 8 月 1—8 日）

日　　期	要　　求	实施内容、过程	注意事项
8 月 1—4 日	针对性体会，提高执行力，强化 10 环动作记忆	侧重项训练：体会增难度单姿要求训练	
8 月 5—7 日	清楚要做的，按准备完成赛前训练	准备会，个别交流，报到，赛前训练	训练按比赛程序进行
8 月 8 日		比赛	

注：依中国射击队提供材料编制。

（二）连续比赛周安排的特点

　　在对抗性球类项目的重大比赛中，运动员常常要连续参加多场比赛，这就要求教练员根据比赛日程的安排制订相应的比赛周训练计划。在 1986 年羽毛球尤伯杯比赛中，蝉联女子世界团体冠军的中国队主力队员之一郑昱鲤的训练计划，提供了一个良好的范例 (表 13-12)。其安排的基本特点是，每逢晚上有比赛时，便在上午安排适应性的成对训练比赛，而在两场比赛中的间休日，则安排以恢复为主而又有利于保持良好体能的小负荷身体训练。在这场尤伯杯决赛中，郑昱鲤出色地完成了预定的目标，对瑞典及日本的两场比赛中的第三单打赛都取得了胜利，为中国女队卫冕作出了自己的贡献。

（三）比赛前的准备活动

准备活动的目的是使运动员从心理、生理上做好比赛的准备，有效减少伤病，确保比赛中发挥自己的训练水平。每次准备活动的时间最少应为 30~50 分钟，使心率控制在 120~140 次/分，准备活动应在比赛前 15 分钟开始减量，在赛前 5~10 分钟做一两节轻微的伸展体操。

表 13-12　女子羽毛球优秀运动员郑星鲤连续比赛的周训练计划
（1986 年 4 月 22 日—28 日第 11 届尤伯杯决赛）

星　期	上　午	下　午	晚　上
一	10:00—12:00 ①准备活动 ②一场单打 30 分钟 ③轻技术 ④整理活动 15 分钟	4:00—5:00 ①准备活动 10 分钟 ②20 米 ×4×10 ③轻跑 2 000 米 ④整理活动 15 分钟	
二	①准备活动 ②一场单打 20 分钟 ③整理活动	准备会	与丹麦队比赛 （未出场）
三	小结会	4:00—5:00 ①准备活动 10 分钟 ②步伐 1 分钟 ×10，小力量训练 ③轻跑 2 000 米 ④整理活动 15 分钟	
四	10:00—12:00 ①准备活动 ②一场单打 20 分钟 ③吊球 15 分钟 ④整理活动 15 分钟	准备会	对瑞典队比赛 （11:1、11:1 胜亨宁）
五	小结会	4:00—5:00 ①准备活动 10 分钟 ②跳绳（双摇）1 分钟 ×5 ③步伐 1 分钟 ×10，小力量训练 ④整理活动 15 分钟	
六	10:00—12:00 ①准备活动 ②一场单打 20 分钟 ③自选 15 分钟 ④整理活动 15 分钟	准备会	对日本队比赛 （11:1、5:11、 11:1 胜日本米仓良子）
日	小结会	4:00—5:00 ①准备活动 10 分钟 ②小力量训练 ③20 米 ×4×10 ④轻跑 2 000 米	

注：依中国羽毛球队邱玉芳，1986。

综上所述，比赛周负荷的安排，全部要围绕着使机体在比赛日处于最佳状态来进行。负荷的组合方式也是多种多样的，需依运动项目特点、运动员个人特点及赛前的状态而定。一般来说，总的负荷水平不高。在比赛日之前，通常需降低训练强度或保持一定的训练强度。负荷量在大多数情况下亦应减少或保持，只在某些特定的条件下，如间断训练后在恢复训练的过程中或参加比赛时，才可适当地加量。

第四节 赛间训练周的计划与组织

一、赛间训练周训练的主要任务

赛间训练周主要是为比赛与比赛之间 3 ~ 10 天时间间隔而做专门准备的训练。赛间训练周的任务是消除前一次比赛后生理、心理上的疲劳，促进机体的恢复，进行有针对性的技战术训练，迎接下一次比赛任务。也就是说，赛间训练周的训练是为了确保运动员参加完一次比赛后，在短时间里尽快恢复体能，进行有针对性的技战术训练，为下次比赛做好准备。

二、赛间训练周训练内容和负荷结构的特点

赛间训练周应根据比赛的特点安排训练内容、确定训练负荷。通常两次比赛间隔短于 3 天时，训练的内容应避免单调，负荷小、练习次数少，尤其是力量训练和供能系统训练强度与量都要小。而对间隔大于 3 天的训练应采用 3 天为一个小周期的安排模式组织训练，内容上第一天应安排积极性恢复的练习 (如慢跑或球类运动等)、对下次比赛对手进行录像分析或其他业务学习；第二天安排中等负荷，练习次数 10 次左右，每种练习不超过 2 组的全身力量训练内容；第三天进行有针对性的技战术训练。

赛季期间一般不对动作技术进行改造，以免破坏动作的自动化。如果间隔超过 6 天可以在比赛后的第 4 天安排一次高强度、中等量的力量课。另外，应将本体感受器和柔韧性训练贯穿在这个训练过程之中，这样可以最大限度地降低运动员受伤的可能性。

在此需要引起注意的是，对于像篮球、足球等赛季漫长、比赛场次多的运动项目，一定要对运动员机能水平与健康水平进行监控，同时密切关注运动员的动机状况，为训练内容的选择提供依据。

赛间训练周负荷变化的基本特点是根据赛间时间的长短而确定负荷强度中等或大，负荷量小或中等。集体项目中非主力队员或年轻选手，应将比赛作为训练的一部分来看待，以确保这部分运动员训练的系统性与竞技能力的进一步提高。要注意避免负荷的强度和负荷量的同步增加。在大多数情况下，负荷强度与负荷量的同步增加，会导致运动器官局部的过度负荷，造成运动创伤的出现，或者导致运动员机体整体性的过度疲劳。在训练实践中，常常发生在赛间训练中由于负荷强度与负荷量过大而造成运动员过度训练的事例。

比赛活动对运动员身体的刺激较深，而赛间训练强度的提高容易造成疲劳进一步加深，就更需要注意安排好训练负荷的节奏。恢复性的小负荷课次，从基本训练周的1/4增加至1/2。同时，要注意加强恢复措施，以保证运动员能更好地完成赛前训练任务。

第五节 恢复周训练的计划与组织

一、恢复周训练的主要任务

恢复周的任务是通过降低训练负荷以及采取各种恢复措施，消除运动员生理上和心理上的疲劳，以求尽快地实现能量物质的再生，促进超量恢复的出现。

恢复周的安排也应根据专项运动及负荷的特点、运动员个人特点和训练的具体情况而定。在连续较长时间的大负荷训练之后，或大量激烈、紧张的比赛之后，应安排恢复周，以便于比较集中、比较充分地使运动员在心理上和生理上都得到恢复。

二、恢复周训练内容及负荷结构的特点

在许多项目中，较为普遍地采用两个大负荷训练周之后，安排一个恢复周这样的负荷节奏形式。曾训练出福克斯、坎波、菲尔克等多名女子标枪世界纪录创造者的前民主德国著名标枪教练员卡尔·海尔曼，所设计的全年训练过程中周训练负荷节奏，形象地显示了这种"练二调一"式的安排（图 13-7）。

为了实现恢复周训练的主要目标，要求其训练内容广泛而灵活。应多选择以下内容：

—— 一般性的身体练习，如非专项的球类活动、游戏，各种非竞技性的健康健身体操等；

—— 带有游戏性的练习等。

恢复周的负荷安排多采用降低负荷强度、减少负荷量的方式。恢复周通常大大降低负荷强

度、负荷量，或者适当保持一定的水平。如果比赛周负荷量很小，也可以在恢复周中适当地增加负荷量。

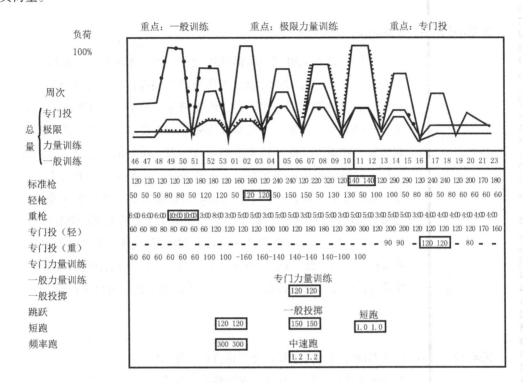

图 13-7　德意志民主共和国优秀女子标枪选手"练二调一"周节奏

本章小结 — SUMMARY

　　训练周是人们组织训练活动极为重要的基本单位，在训练实践中，根据自己训练的需要组织小周期训练过程，通常将其分为基本训练周、赛前训练周、比赛周、恢复周等。在不同的周期中，有着各自不同的主要任务。在基本训练周中，主要是通过负荷的改变引起新的生物适应，提高运动员的竞技能力；在赛前训练周中，主要是使运动员的机体适应比赛的要求和条件，把各种竞技能力集中到专项竞技中去；在比赛周中，为运动员在各方面培养理想的竞技状态做直接的准备和最后的调整，并参加比赛，力求实现预期的目标；在恢复周，消除运动员生理上和心理上的疲劳，促使超量恢复的出现，准备投入新的训练。此外，在不同的训练周中，要根据训练周的类型，结合不同的运动项目各自的特点，安排训练负荷，进行交替训练。

思考题 —
1.基本训练周的任务及符合安排特点是什么？
2.赛前训练周的任务及符合安排特点是什么？
3.比赛训练周的任务及符合安排特点是什么？
4.赛间训练周的任务及符合安排特点是什么？

案例分析 —

王海滨比赛周训练计划

　　比赛周是以准备和参加比赛为主要任务的训练周型。比赛周的任务是为运动员各方面培养最佳竞技状态做直接的准备和最后的调整，并参加比赛，力求创造优异的成绩。比赛周一般是以比赛日为最后一天，倒计一个星期予以计算的（表13-13）。

表 13-13　王海滨比赛周训练计划

27届奥运会比赛周训练计划		14届亚运会比赛周训练计划		28届奥运会比赛周训练计划	
日期	训练内容	日期	训练内容	日期	训练内容
9/16	准备器材，出发	9/26	准备器材，出发	8/14	下午 4:00—6:00 个别课（特长技术）自由实战3场慢跑5 000米
9/17	下午 5:00—7:00 慢跑热身5 ~ 10分钟 个别课（特长技术）自由实战2场	9/27	上午 10:00—12:00 慢跑热身5~10分钟 个别课（特长技术）自由实战2场	8/15	休息
9/18	上午 9:00—11:00 个别课（特长技术）自由实战2场	9/28	上午 10:00-11:00 个别课（特长技术）	8/16	个人赛
9/19	个人赛	9/29	个人赛	8/17	中午 11:00—12:30 个别课（简单技术）慢跑3 000米
9/20	中午 11:00—12:30 个别课（简单技术）自由实战2场	9/30	休息	8/18	中午 11:00—12:30 慢跑5~10分钟 力量（腰腹、深蹲 2组）
9/21	中午 3:00—5:00 个别课（特长技术）自由实战2场	10/01	上午 10:00—11:00 个别课（简单技术）自由实战1场	8/19	下午 2:00—3:30 自由实战4场
9/22	团体赛	10/02	团体赛	8/20	团体赛

从上面比赛周训练计划（见表13-13）中可以看出，比赛周一般要完成两次比赛。第一次比赛的次日，一般安排小负荷的身体活动和简单技术的训练。如比赛日强度大，场次多，则安排休息。比赛周的训练安排以技能训练为主，主要练习内容为特长技术，两次比赛间的技能训练，一般安排简单技术的个别课，比赛周自由实战训练场次一般控制在 2～4 场。体能训练以慢跑练习为主，达到机体适应气候、环境、热身或放松的目的。训练负荷方面，训练时间少，训练量小，但注意保持一定的训练强度。比赛周的训练技能体能的准备除外，训练过程中非常注意心理的准备和调节，如：有意识地采用反复多次的特长技术练习、实战中选择实力较弱的对象，教练员大量使用肯定的指导语等，帮助运动员建立自信心，树立必胜的信念，形成良好的心理状态。

相关历史事件 —

中国举重队的周训练计划

对举重运动员来说，专项力量素质是决定成绩的重要因素。以中国举重队教练杨汉雄所安排的训练内容为例（见表13-14）：一次训练课主要内容，大运动量2~3项，小运动量1~2项，全周二次抓举、二次挺举、三次深蹲，共采用 9 个训练项目。负荷安排星期一、二、五、六为大负荷，星期三为中负荷、星期四为小负荷。在集中抓好专项身体素质训练的同时，适当安排一些补助的身体训练内容，例如小肌群训练以及球类活动，这对保持专项能力有积极作用。

表13-14　中国举重队 1995 年的周训练计划

星期	上午	下午	负荷安排
一	休息	抓举、宽拉、后蹲	大
二	高抓、高翻	挺举、窄拉	大
三	高抓、高翻	架上挺、深蹲	中
四	休息	篮球	小
五	休息	抓举、宽拉、深蹲	大
六	高抓、高翻	挺举、窄拉	大

第十四章
训练课计划

【学习任务】

　　训练课是运动训练活动最基本的组织形式，通过本章节的学习，了解和掌握训练课的任务及不同类型，在基本训练课、赛前训练课、比赛课和恢复课上的内容及要求，对训练课的基本结构、训练课计划实施性部分的制订等内容要熟悉掌握。

【学习目标】

1. 能知道训练课的不同类型及要求；

2. 学会安排训练课的内容；

3. 理解训练课的设计原则与方法。

课训练计划是现代竞技运动训练过程中实施的具体计划，各项运动训练计划的基本内容及要求最后将落实到课训练计划中完成。因此，课训练计划实施的质量将与训练总目标能否实现紧密关联。本章主要介绍训练课的种类和特点，训练课的基本内容，训练课的设计原则与方法等知识。

训练课的不同类型及要求

根据训练课的主要任务和内容，可以把训练课分为不同的类型。

一、训练课的种类和特点

（一）身体训练课

身体训练课是运动训练的基础，贯穿在运动训练的全过程。这类课主要安排身体素质训练的内容。其主要特点是通过多种多样的训练手段和方法，发展运动员的一般和专项运动素质，提高和保持体能水平。在大多数情况下，这类课的负荷较大。身体训练在大周期中的准备期第一阶段安排得较多。

运动员的体能训练一般分为：一般身体训练、专项身体训练、专项能力训练。

1. 一般身体训练

一般身体训练，是指在运动员的训练过程中，运用多种多样的非专项的身体训练手段，以增进运动员健康，提高人体各组织、器官、系统的机能水平，促使运动员身体素质全面发展，为专项身体训练打好基础。

一般身体训练的目的，是全面协调、发展人体各肌肉群的力量素质，并按照不同运动专项特点的需要，在运动员的训练过程中，有计划、有目的、按比例发展不同代谢、供能的各种身体素质，以改善运动员有机体的协调能力、运动速度，为形成合理的专项运动技术创造有利条件。同时，促使运动员整体素质、力量、速度、耐力、协调、柔韧各身体素质全面发展，以逐步达到专项身体训练目标和专项成绩目标所需要的神经肌肉的协调能力，承受大负荷训练的机能能力，为专项运动能力的逐步提高打下坚实的基础。

2. 专项身体训练

专项身体训练就是在运动员的训练过程中，采用与专项有紧密联系又密切相关的专门的身体练习，改善与专项运动成绩直接相关的专项运动需要的素质，以保证掌握合理的专项技术、战术及其在比赛中有效地运用。

一般身体训练是专项身体训练的基础。专项身体训练又是专项运动能力改善和提高的基础。随着专项运动成绩的不断提高，对一般身体训练所提供的基础及专项身体训练水平的要求也就越高，以适应专项运动成绩逐步提高的要求。

训练研究证明，专项身体训练，有利于一般身体训练水平的发展。两者是相辅相成的、相互促进的关系。但是，在强调专项身体训练的同时，决不能忽视一般身体训练。20世纪80年代时，世界上不少优秀运动员，只重视专项身体训练，破坏了人体整体素质协调能力的发展，导致运动成绩下降，运动创伤反复出现，甚至中断了运动生命，其实例是不少的。所以，我们必须把一般身体训练和专项身体训练视为一个整体，只是在多年训练中，各种身体训练比重的不同，在年度训练中不同的训练时期，不同的训练阶段，训练比重的区别，训练数量和训练强度的区别。但是任何训练手段都是人体多因素综合参与运动的过程。

3. 专项能力训练

专项能力训练是指人体参与运动的各个因素的运动机能水平、身体素质水平、运动技术与战术水平、智能控制水平、比赛心理状态和比赛环境适应等多因素综合的整体运动能力。

专项能力的改善和提高，是运动员多年系统训练的最终目的。在运动员的训练过程中，人体各组织、器官、系统运动机能能力的改善；身体素质的改善；运动技术、战术的改善；比赛心理素质的改善；意志气质的改善；适应能力的改善等都必须严格地服从于专项运动特征和比赛特点的需要。由于影响人体形成专项能力的各个运动因素，既有自身改善和提高的规律，又有整体不同运动因素、不同的贡献比例、不同的综合方法及各自的规律。所以，不同运动专项特征和个人特点，就决定了不同专项能力的训练方法。训练实践证明，专项能力越高，项目特征和个人特点对运动成绩的影响越大、越突出。这就要求训练方法和手段在多年系统训练中不断地改革、完善，才能逐步最大限度地挖掘人体运动的极限潜力，创造最佳的运动成绩。

（二）技、战术训练课

技、战术训练课是学习、掌握和熟练专项运动技、战术，及时纠正技、战术错误，提高技、战术质量，加强集体项目的协调配合，提高集团竞技能力。这类课中主要进行各类技术与战术的训练，以及各种为专项技、战术训练服务的辅助性练习。其主要特点是目的明确、内容训练手段与方法较为集中。

实践中首先要让运动员建立技、战术概念，其目的是通过讲解、分析以及示范，使运动员掌握技、战术配合的定义与要求，初步了解技、战术的基本特点和构成体系以及技、战术的目的与作用，初步确立个人、局部乃至整体的攻守完整的技、战术概貌，如足球项目个人在不同位置的不同职责和技术动作运用要求，局部配合的种类、队形、方法及其变化规律，全队阵型以及全队整体技、战术的原理和构成等。然后讲解技、战术练习方法，组织运动员实践练习。技、战术教学中可经常适时结合画图、战术板或者录像等直观教具的演示，提高运动员的观察能力，使运动员能更快地接受和理解各类技战术的方法和要求。

（三）综合训练课

运动训练过程中这类课亦占有一定的比重。在这类课中，根据运动员发展多种竞技能力的需要，运用包含素质、技术、战术及心理等紧密结合实战需要的综合性训练方法与手段进行训练。

综合训练课是全面提高身体素质发展的较好形式。众所周知，全面身体素质是指运动员的速度、力量、耐力、爆发力、灵敏性、协调性、柔韧性、灵活性及意志品质和技、战术意识等素质。要培养一名优秀运动员，作为基层教练员选好苗子以后，首先要考虑的就是科学地运用训练规律，打牢该运动员的全面的身体素质基础。综合训练就是把这些素质基础搭配进行，编排成组交替练习，这样既提高了身体某个部位的薄弱环节，又消除了运动训练枯燥的感觉，运动员也不会感到太累，同时也使运动员各项素质达到平衡协调发展的目的。

（四）测验、检查和比赛课

这类课的任务是对运动员的训练效果进行检查或直接参加比赛。课的内容、测试的手段则根据计划中的要求予以安排。课的负荷量可能较小，但一般来说负荷强度较大或者很大。在某些时候，这种负荷对运动员身体的刺激相当强烈。

这类课是体育训练过程中的一个重要环节，也是检验训练质量与训练效果的一个手段。这类课上得好，能有效提高学生的测验成绩，鼓舞、激励运动员学习的积极性，促进他们认真学习，刻苦锻炼，不断提高自身的各项身体素质。相反，如果测验、检查和比赛课马马虎虎，随意测一下，评一评，就会影响运动员对训练课的兴趣，挫伤运动员追求优异运动成绩的热情，有损教练员自身的形象与威信。测验、检查和比赛课是学校体育教学评价的主阵地，特别是对运动员体育成绩的评价。因此，对测验、检查和比赛课，教练员要高度重视，认真准备，严密组织，给运动员创造良好的课堂气氛，使运动员在测验时能发挥出自己最好的体育成绩，得到与自身素质相适应的体育水平。

二、不同任务训练课的要求

（一）身体训练课的要求

身体训练课的主要任务是发展各种运动素质，提高运动员体能。需要通过多种多样的训练手段和方法，不断发展运动员的身体素质，提高和保持其体能水平。训练过程中，要注意安排好不同素质训练的先后顺序及训练的负荷。

（二）技、战术训练课的要求

技、战术训练课的基本任务是学习、掌握和熟练专项运动技术和战术，提高技、战术质量，及时纠正技、战术错误，两人及集体项目运动员要加强协调配合，提高集团竞技能力。要注意安排好技、战术训练程序，选择有效的技、战术训练手段。

（三）综合训练课的要求

综合训练课的任务是全面地或综合地发展运动员所需要的专项竞技能力。安排时特别要注意不同训练内容的合理组合。通常在一次训练课中，先进行技、战术训练，后安排运动素质的训练。还要注意负荷的合理分配，以便运动员能依次完成全部训练内容，达到预期的训练目的。

（四）测验、检查和比赛课的要求

训练过程中的测验、检查和比赛是检查训练成果的手段。要注意按训练计划的要求安排相应的测试项目及测试方式，以便准确、客观地反映运动员的训练状态。

第二节 训练课的基本内容及要求

训练课是所有运动员训练过程的主要组织形式。它的效果，在很大程度上取决于训练课的组织安排是否正确。因为正确的组织安排可以保障训练课达到必要的密度，保障各种练习活动适宜充分，保障各种训练内容相互间产生积极的效果。因此有必要进一步探讨训练课结构——准备部分、基本部分、结束部分等基本内容和练习顺序。

一、准备部分

准备活动是运动前进行的各种身体练习。它是训练不可缺少的重要环节。它的主要作用是人为地通过肌肉的活动，来提高中枢神经系统的兴奋性及肌肉的兴奋性，提高肌肉的强度，使肌肉的粘滞性降低，减少肌肉活动的内部阻力，增大肌肉的力量和弹性，促进关节囊分泌更多的滑液，减少摩擦力，加大灵活性，提高运动幅度，使机体在运动时能迅速地进入工作状态，尽快地达到最大活动能力；并可以防止肌肉、关节、韧带在运动时出现损伤。可以克服内脏器官系统的生理惰性，带动植物性神经系统大大提高兴奋性和灵活性，使心、肺活动能力加强，以适应运动时肌肉工作的需要，避免或减轻气喘、心慌、出冷汗、腹痛、动作变形等不良现象。同时可以调整赛前状态，克服过度紧张，以至于肌肉发生颤抖、动作不协调等现象。

准备活动由专门挑选的成套身体练习组成。做准备活动时，只能逐步增加负荷。对运动员的要求，是用准备活动提高有机体的工作能力，以适应基本部分的主要练习，同时要注意为课的基本部分保留体力。

准备活动的负荷，随训练水平的提高而增加，准备活动的各项练习，对一般身体训练也很有益处。准备活动看起来应当是一个整体，但实际上，应当分为两个部分，即一般性准备活动和专门性准备活动。

（一）一般性准备活动

一般性准备活动主要是通过加强植物性机能来提高有机体的一般工作能力（暖身），使机体为完成主要的训练活动做好准备。一般是用慢跑或轻松的加速跑。在这个过程中可以穿插做些徒手操。练习到微微出汗就是恰到好处的暖身。一般性准备活动的时间要考虑气候和运动员的水平。天气暖和，时间可短一些，训练水平高的运动员，特别是一般耐力水平高的运动员，准备活动跑的时间就可长一些。

跑步之后，可根据专项的特点选择一些专门的肌群徒手操练习和改善关节灵活性的练习，包括逐步加大关节动作幅度的练习和使要积极参加主要的活动的有关肌肉能得到充分伸展的练习。徒手操练习一般应先做活动臂和肩带的练习，之后是活动躯干和髋部的练习，最后是活动下肢的练习。但应注意，要把小肌群的练习安排在前，大肌群的练习安排在后。一般性准备活动也可以用打篮球或踢足球等方式来代替，尤其是在准备期。但在事先最好做一些简化的准备活动。

（二）专门性准备活动

专门性准备活动采用专项身体训练的练习活动。这一部分活动的目的，在于建立运动员运动器官中枢环节和外围环节（这些环节对运动员在训练课基本部分的活动效果起决定性作用）的最佳状态，在于加强对基本部分的活动效果起保障作用的植物性机能。为专门性准备活动选择的练习完全取决于将在训练课或比赛基本部分完成的运动方式。如田径项目投掷、跳跃和跨栏运动员可重复做一些单个的技术动作和专门的练习，之后进行跳和投的练习；田径径赛运动员可以反复练习起始动作，或以训练课和比赛中所要求的相似的甚至相同的节奏和强度，反复进行冲刺性练习。这种准备活动方式，可以帮助他们在训练课或比赛时度过临界期的难度；有助于第二次呼吸的出现和长距离运动开始阶段出现的胸闷、气短等不适现象，并使其更快地获得轻松感。准备活动的时间，练习的选择，各种练习的比例，活动的形式等要根据运动员的个人能力，课题的基本部分内容的特点、外部的环境条件而定。通常，训练课的各部分工作量比例与课的性质不存在相互联系，因而准备部分的工作量可安排为课总量的 15% ~ 20%。

▎▎二、基本部分

训练课的各种主要任务都要在训练课的基本部分完成。所安排的训练内容根据运动员的训练水平、年龄性别、所处的训练时期、专项特点和小周期的任务而定。所选练习手段、内容可以多样，训练课中不同的训练内容应按一定顺序来安排。一般的顺序是：学习技术和提高技术的练习；发展速度的练习；发展力量的练习；提高耐力的练习。这样做的理由是：技术学习、提高速度能力的工作要求较强烈的消耗和精细的神经肌肉协调以及高度集中的注意力。也就是说，只有当神经细胞尚未出现疲劳，工作能力稳定时完成这类练习最有利。而当由此过渡到各类耐力练习时，有机体各种机能系统已充分调动起来，它们将在补偿性疲劳和明显疲劳的条件下完成练习，这就为耐力的发展创造了良好的先决条件。具体地说，就是把提高技术、速度、速度力量、力量的训练放在前面，而把速度耐力、一般耐力放在后面。上述的练习顺序必要时也可以改变。例如，要求提高技术而用力很大的练习，可以靠后安排一些；要求在速度上达到最大效果的，可以直接放在准备活动之后做；为了提高速度练习的兴奋性，从一开始就可以做中等强度的力量练习等。基本部分的工作量约为课总量的40%～60%。

三、结束部分

在基本部分，绝大多数运动员的机能状态都发挥了最高水平。因此，最好采取逐步降低强度的做法。这样做有助于缓解肌肉纤维痉挛，使肌肉中的血液流畅，以利于氧气的补充，同时排出二氧化碳和消除代谢产物，消除疲劳，使运动员恢复到训练课前的生理状态水平。整理活动最好采用匀速慢跑，然后转入走步。最后还要做放松性练习和深呼吸练习。如果在基本部分进行了力量练习的运动员，应安排一些轻松的伸展性练习。这种练习可以人为地帮助肌肉恢复到休息时的状态，并使各种代谢和机能处于最适应的水平。在结束部分的最后几分钟里，教练员应对本次课完成的情况、存在的问题等进行总结。尽管不必每次训练课都进行总结，但在认识上应当把它作为训练课的一个有机组成部分。总结，对于解决训练中技术、生理以及心理等各方面的问题都有很大的帮助。基本部分的工作量约为课总量的15%～20%。

教练员为运动员制订出的每一次训练课基本部分的训练任务和内容，应与小周期、中周期训练计划，以及运动员的水平等密切结合，这样方能收到好的练习效果。由于运动员个体之间存在差异，年龄跨度较大，各年龄组运动员及运动员之间机能活动变化的总时间不一。因而，如果有条件，对不同运动员应采用时间不同的训练课，然后分别划分课的三个部分，这样更科学、更合理。

第三节　训练课的设计原则与方法

一、训练课方案设计的科学性

所谓科学性，就是符合事物内在的本质规律。辩证唯物主义认为：自然规律是客观存在的，是不以人的意志为转移的。人是自然界的产物，而且是自然界特殊的生物，人作为生物的一个种类，他有着很多共性，比如能说会跳等，但同时他又有很多个性，比如人的外形、性格等。所以，要优化训练的设计，就是以人为本，就是既根据人的共性，又要根据人的个体差异性来设计训练方案。

（一）确定训练课的主要目标

运动训练的首要任务是必须确定训练目标，教练员为了运动员能够顺利地完成这个目标，应该着手构建训练课计划，根据运动员的特性，合理设计每节课的训练目标。计划中需要确定出完成的主要目标，这样可以使运动员避免盲目地训练。

（二）确定运动员的优弱点

教练员在制订课训练计划时，除了肯定运动员某方面的优点，也应该考虑其弱点的所在。比如，有的运动员力量非常好，但是技术却不行；或者是技术很好，但柔韧性欠缺等。确定运动员的优点及其弱点会使教练员的训练计划调整得更为有针对性。举个例子来说，一个天生柔韧性就不太好的运动员，教练员应该安排他多进行体操方面的训练；而如果一个运动员天生力量就很棒，但缺乏身体控制能力，教练员就应该安排他多进行一些技巧方面的训练。这种对症下药的方法也能使教练员调整其余课时段的训练计划，以便使运动员在休息阶段后继续针对他们的弱点进行克服性训练。通过这种训练运动员会逐渐减少弱点，这样，也就相应地取得了进步。

（三）确定一种最佳竞技状态的训练方法

训练课计划必须将比赛日程和参赛项目的特征加以认真考虑，创造设计出合理的训练模式并付诸实践。例如：循环训练方法是指根据训练的具体任务，将练习手段设置为若干个练习站、点，运动员按照既定顺序和路线，依次完成每站练习任务的训练方法。循环训练模式在多数课时都是非常有利的。首先，训练模式中的某些积极的变化有助于激发运动员的训练热情、积累负荷"痕迹"、交替刺激不同体位。一种训练模式不能延续得太长以避免运动员产生疲倦情绪。其次，大多数运动项目都是为了满足某种需要或者寻求一种力量、速度、灵敏性、柔韧性和耐力的最佳平衡，而循环训练能使教练员在训练过程中考虑到每一个重要因素，使运动员的各方面素质都得到尽可能的发展。

（四）确定一种检验运动员的最佳方法

训练目标被确定后，教练员就应该更多地关注如何在训练计划中安排运动员的训练这一问题。与此同时，确定一种能检验运动员在这种训练计划下是否正在取得进步的最佳方法也是非常重要的。如果训练目标没有被认真地确定时，像运动员自身各方面的弱点的改善情况就很难被检验出来。不过，对比运动员训练前后的情况，将其拍摄下来，教练员就可以根据这种现代化的手段得到运动员训练定性的反馈信息，从而就可以检验和评估运动员的进步与退步。正确的训练计划是建立在现代科学的训练理论基础上的，因此，在实施训练计划中，应当无条件地去执行，并在整个训练计划中，分阶段地加以检验和评估，以对训练计划中的不足部分加以修正和调控。

二、训练课方案设计的有序性

有序性为设计提供方向，提供依据。没有顺序性，就不能称之为设计，更不可能进行设计的优化。有序性简单地说，就是训练设计得好不好，重要的一条就是按照这种设计去训练，看其有没有效果，有效果才能达到训练的目的，否则只能是南辕北辙。唯物辩证法认为：实践是检验真理的唯一标准。对于训练课的设计，同样需要实践来检验。

（一）有序的训练课要有开放性

系统论的创始人贝塔郎菲曾说过：任何一个生命有机体，本质上都是一个开放的系统，它处在一个不断地吸收与排泄的过程中，在不断的构成和破坏中保持自己，只要他活着，就不会处于热力学平衡状态。正如运动员系统不断与专业运动训练系统保持物质、能量与信息的交流一样，专业运动训练系统也无可避免地要与其母系统——体育系统、自然系统和社会系统进行着各种交流以维持结构及功能的稳定和完整，离开了这一点，训练就很难继续下去。所以在孤立系统中，系统无法通过自组织走向有序。而开放系统可以与外界环境进行物质、能量和信息交换，不断地从外界获得并积累自由能，使系统从原来混乱无序的状态，转变为一种在时间、空间和功能上有序的结构。专业运动训练系统的各相关要素是动态变化的，运动员的训练效果和竞技能力发展表现出相应的动态特征。运动员的竞技能力不同阶段的发展过程是无序的、非线性的，表现为系统内各相关要素间通过非线性机制相互"协同和竞争"，促使专业运动训练系统朝有序方向发展。竞技能力的发展趋势是线性的、有序的，是外界刺激作用于人体，使人体有序状态得到调整和发展的结果，表现为竞技能力受"系统合力"的影响而呈现的有序运行趋势。

（二）有序的训练课要有自由性

训练课是有计划、有目标、有组织的培养运动员竞技能力的活动，是队员和教练借助于项目、场地、器材等中介进行人与人之间交流的场所。而由于人的开放性和主动性，运动训练应该是充满不确定和向多元方向发展的过程。

然而，在传统确定性训练模式影响下的专业运动训练，基本上都是以所谓的"三从一大"作为训练系统推进的根本基石，以"满堂灌"和"填鸭式"的训练模式对运动员进行训练，以教练员的言行和思维为中心，从而忽略了训练中最为宝贵的运动员本人的活性因素，导致运动员不敢越雷池半步，不敢有任何"非分之想"，一切训练都在既定模式下死气沉沉地进行，毫无乐趣和新鲜感。

正如霍兰对自适应复杂系统研究中所指出的："在一个永远变化的复杂自适应系统中讨论均衡是没有意义的，复杂自适应系统的本质就在于其进化过程中突现的永恒的新奇性。"敢于想象和打破常规的创造性思维是促进运动员成长的重要因素，在训练中教练员要有意地引导运动员去发现不同运动项目和技能间的相似性，启发队员去概括总结，注意提高他们的学习策略和训练方法。采用启发式和引导式训练，重视发挥运动员自身已有的训练知识和技能的迁移。这就要求教练员要引入丰富多变的训练方法，鼓励运动员自由地思考和发展，以促使运动员真正享受运动训练的快乐和精彩。

因此，训练管理者必须认识到，一定要赋予训练更大的自由度和想象力，更多地依赖和调动运动员自身的内在因素而非管理者的外在力量，才是专业运动训练系统充满吸引力和乐趣、向更有序发展的根本原因。

三、训练课方案设计的多样性

"优秀的教师用一千种方法教一个学生，平庸的老师用一种方法教一千个学生"。因此，训练方案的多样性有利于激励运动员，一种训练方法不可能持续很长时间，以防运动员产生厌倦。另外，大部分运动项目对力量、速度、灵敏、柔韧和耐力都需要某种程度的平衡，使教练员在身体训练中不要侧重于某一个点。

（一）训练内容的多样性

在训练课中，教学内容是一个相当重要的问题。在构建和选择训练内容时，我们不但要遵循教学内容选择的六条一般标准，即科学性、基础性、发展性、可接受性、时代性和多功能性，还需要不断提高训练内容的丰富性与多样性。例如训练内容的多样性有：原有内容训练与创新内容训练、多种内容训练与单一内容训练、复杂内容训练与简单内容训练等。

（二）训练方式的多样性

训练方式是指训练过程中采用的方法和样式。训练方式的设计对于实现训练目标起着至关重要的作用，它之所以重要，是因为它在如何根据学生心理特点、完成训练内容、达到训练目标之间起着一种中介、联结的作用。丰富训练方式，能有效提高运动员的训练积极性。例如训练方式的多样性有：有器材训练与无器材训练方式、自主训练与鞭策训练方式、课堂训练与游戏训练方式等。

（三）训练评价的多样性

对于训练课的训练评价，与其他的学科课的评价有相似之处，主要看：目的是否明确、内容是否科学、重点是否突出、方法是否恰当、组织是否灵活、运动员积极性是否高涨、是否注重实效等。训练评价根据训练目标不同会有不同的评价方式，例如训练评价的多样性有：训练目的的高低、训练效果的好坏、训练重点的侧重方面等。

四、训练课方案设计的创新性

创新来源于最前沿的实践。方法和手段是构建训练方案的主体。它在训练方案中不容忽视。我国学者陈小蓉在体育创新理论中对运动训练方法创新问题进行了比较系统的研究。她认为运动方法的创新是体育创新活动中最活跃的领域，是创新者根据不同的训练目的、任务和内容，采取异于传统训练方法的形式和手段，提高运动训练质量和水平的创新过程。下面介绍一些运动训练过程中的创新方法，以便教练员运用到训练课之中。

（一）递进创新法

递进创新是指在不改变原技、战术原理特性的基础上，对其内部与形式逐级加难，并导出新技、战术的方法。如体操"团身后空翻 3 周下"就是在"团身后空翻 2 周下"的技术基础上再递进一周而成的。

（二）组合创新法

组合创新是根据创新目的，将一定数量的成熟技、战术或其部分结构进行符合技、战术原理的组合，并获得具有新的整体功能的创新方法。如排球"错位背飞扣球"就是由"晃后错位"与"背飞扣球"组合而成的。

（三）列举创新法

列举创新是通过对现有技、战术原理、结构、优缺点等属性因素作——列举展开，便于创新者从多角度进行全面思考，从而形成多种构思方案的创新方法。如排球"单脚起跳扣快球"就是通过列举扣球技术各动作环节的所有"快"的因素，最后发现单脚起跳比双脚起跳平均快0.2秒而形成的。

（四）移植创新法

移植创新是指将某一运动项目的技、战术或其他领域的原理、方法部分地或全部地引入到本运动项目中，并通过一定的改造而获得新技、战术的方法。如篮球中的"快板跳投"就是将排球快球进攻的由两个队员在空中进行传扣固定配合技术移植至篮球项目，成为两个队员在空中传投固定配合的新技术。

（五）非常规动作利用创新法

非常规动作利用创新是指对运动实践中所暴露出的不符合现有技、战术动作规范要求，但在客观上又存在一定创新效应的缺陷动作和应急动作并进行利用，从而导出新技、战术的方法。如乒乓球"弧圈球技术"就是日本选手在情绪急躁的情况下，使用非规范动作突然向上猛拉，从而使之产生了意外的强烈上旋，总结后形成新技术的。

（六）联想创新法

联想创新是指根据一定的创新意向，通过由此及彼的思维方式，对不同的技、战术对象之间进行联系想象，从而达到开拓思路并实现技、战术创新的方法。如跳水的"压水花技术"就是由"脚压水花"而联想到"手压水花"的可能性。

（七）逆向创新法

逆向创新是指从现有技、战术的组成原理、功能特性、结构形态等方面的相反方向引出问题，展开思路的创新方法。如排球的"逆飞扣球"改前飞向右侧空中移位的打法，变为向左侧空中位移的"空中飘动扣球技术"。

本章小结 — SUMMARY

　　训练课计划是现代竞技运动训练过程中实施的具体计划，各项运动训练计划的基本内容及要求最后将落实到训练课计划中完成。本章主要介绍训练课的种类和特点，训练课的基本内容，训练原则与方法等知识。训练课的种类和特点决定了训练课的设计原则与方法，在平时训练课的安排上，着重按照训练课的基本内容的要求来安排，在训练过程中不断发现新的方法与技巧，增强训练效果，提高训练成绩。

思考题 —

1. 试述训练课的不同类型及要求。
2. 一堂训练课有哪些基本内容，如何制订？
3. 训练课的设计原则与方法有哪些？

案例分析 —

国家艺术体操队集体组 2011 年冬训芭蕾课的训练安排

1. 芭蕾课训练任务

　　"开、绷、直、立"是芭蕾的四大典型要素。以芭蕾的基本动作作为训练内容可以使身体部位发展均衡，姿态优美挺拔，同时在音乐的伴奏下，让美得到直观又含蓄的展现。可见通过芭蕾训练可以达到艺术体操训练想要达到的效果。

　　国家艺术体操队专门聘请北京舞蹈学院的专业芭蕾舞老师为运动员的芭蕾课进行指导，目的是希望将更多的芭蕾舞元素和专业芭蕾训练手段融合进艺术体操的训练中。通过和艺术体操队芭蕾舞老师交流得知，芭蕾训练要求从身体的中段发力，"内在发力，内紧外松"是芭蕾训练的精髓。艺术体操运动员完成动作时，无论是上肢、下肢和躯干的动作，都要求从胸、腹的中线开始发力，传递到各部位来完成，符合芭蕾的技术特点。另外，艺术体操和芭蕾一样，要求运动员或演员体态轻盈、挺拔向上，动作舒展，要用身体动作、情绪感动裁判和观众。艺术体操运动员成套中有些基本舞姿、转体和跳跃的身体动作源于芭蕾的技术，因此，艺术体操运动员需要借助芭蕾的训练手段,将源于芭蕾的技术结合艺术体操的专项特点进行训练,让运动员的身体动作不仅符合艺术体操的专项要求而且达到舞蹈的效果,增强艺术体操成套动作的艺术性。

艺术体操集体项目的运动员在成套动作中既要完成基本技术动作和身体难度,同时又要与同伴、器械保证精确、完美,甚至高难度的配合,所以比赛中运动员无暇顾及成套动作中的身体姿态,这就要求运动员的身体姿态的控制要在日常训练中定型。艺术体操项目评分规则对于运动员的身体动作和艺术表现力都有严格的标准,如身体动作使用的多样性,身体多余动作,动作幅度等。同时,在与芭蕾老师的交流过程中,舞蹈老师曾说:"艺术体操项目要求运动员要在音乐的伴奏下,尽情地抒发感情、尽情地运动、尽情地舞蹈,要用器械的使用以及变换多样的身体动作表现音乐的主题风格,感染裁判和观众,给裁判和观众以美的视觉享受。正是通过芭蕾舞的训练可以让运动员运用芭蕾舞的柔、美来改善生硬的技术动作,让运动员找到舞蹈的感觉,在徒手中养成练好的动作习惯,保证成套动作中运动员在没有负担展现难度的同时表现艺术体操项目的艺术魅力。"

因此,冬训期间芭蕾舞训练的主要任务有:培养运动员优美的身体姿态,提高运动员肌肉的控制能力;培养运动员在成套动作中的舞蹈感觉,改变机械化的僵硬,提高运动员动作完成质量及表现力。

2. 芭蕾课训练的时间安排

根据国家艺术体操队备战 2016 年奥运会的集体组 2011 年冬训的训练计划得知,冬训时间为 2011 年 12 月 12 日—2012 年 3 月 8 日共计 13 周,2012 年 1 月 23 日—2012 年 1 月 29 日为春节放假周,没有安排芭蕾舞的训练课。芭蕾课的训练时间为每周四节课(周一、周三、周五、周六的上午),每节芭蕾舞课为 90 分钟。芭蕾课具体训练时间见表 14-1。

表 14-1 备战 2016 年奥运会的集体组 2011 年冬训芭蕾课训练的时间安排

星　期	周　一	周　三	周　五	周　六
时　间	8:30—11:30	8:30—11:30	10:00—11:30	10:00—11:30

训练课计划在实施过程中的变更

我国优秀十项全能运动员、亚洲纪录保持者翁康强于 1984 年 7 月 2 日至 7 日赴 23 届奥运会参赛前的一周训练中，由于右腿腘窝有伤痛反应，教练员梁彦学在 4 次训练课中果断地放弃了专项技术的训练内容。对此，梁彦学教练记述道："确保奥运会上能以健康的身体、熟练的技术、充沛的体力参加比赛，不计较一次训练课的得失，以保证整个训练计划的实现。"由于教练员选用了合理的变更对策，使运动员的赛前训练获得了成功。在 23 届奥运会上，翁康强以 7662 分的成绩打破了由自己保持的全国纪录，顺利地完成了这次比赛的任务。又如，在"自然环境变化"的情况下，教练员的主要的变更期望是"争取实现原定目标"，主要的变更方法是"变更训练的任务和手段"。

八一青年足球队在 1984 年夏季的三周训练中，有两次碰到下雨、场地泥泞的情况，教练员刘国江根据训练条件的可能，将室外训练移入室内。在 7 月 2 日的训练中将原计划的位置技术和攻防转换战术练习改为分组赛；在 7 月 3 日的训练中，将 4×4 攻防转换战术练习和分组赛改为技术训练和力量训练。通过这样改换训练的任务和手段，使训练活动适应了已经发生变化的自然环境，达到了争取实现"原定目标"的变更期望。再如，在"技术状况好"的时候，教练员的主要变更期望是"抓住突破时机"，为实现这一变更期望的主要方法是"增加训练内容"。

由此得出：

1. 课训练计划在实施过程中的必要变更是运动训练中普遍存在的客观现象。

2. 根据训练实际的变化适时地变更原定的训练计划有助于实现运动员的状态转移，达到预定的训练目标。训练计划的变更是教练员掌握训练过程的合理的工作方法。

3. 训练课计划在实施过程中的主要变更原因是"体力不好"和"运动创伤"；主要的变更期望是"争取实现原定目标"和"保持负荷适宜度"；主要的变更方法是"降低运动负荷"。

参考文献

[1] 吴贻刚.近30年我国运动训练理论研究述论[J].上海: 上海体育学, 2008.

[2] 曹景伟, 席翼, 袁守龙, 等.中国运动训练学研究的回顾与展望[J].天津: 天津体育学院学报, 2003, 18（2）: 43-50.

[3] 张霖.对构建现代运动训练方法理论体系的研究[J].福建: 体育科学研究, 2007, 11（1）: 61-63.

[4] 刘大椿.体育技术哲学导论[M].北京: 中国人民大学出版社, 2000.

[5] 朱永国.对运动训练学未来发展的展望[J].沈阳: 沈阳体育学院学报, 2014, 33(2).

[6] 刘爱杰, 李少丹.我国运动训练方法创新的思考[M].CHINA SRORTS COACHES.

[7] 田麦久.运动训练学[M].北京: 高等教育出版社, 2006.

[8] 田麦久.运动训练学[M].北京:人民体育出版社, 2000.

[9] 何庆忠.马拉松训练方法的演变及其运动练方法体系的构建[J].北京体育大学学报, 2010: 33.

[10] 田麦久, 等.运动训练科学化探索[M]. 北京: 人民体育出版社, 1988.

[11] 张文霞.中学运动员柔韧素质训练实验研究[J]. 学术探讨周刊, 2012（11）: 67-187.

[12] 姜智乐.浅析发展灵敏素质及其训练[J]. 中国科技博览, 2010: 194.

[13] 田麦久, 武福全, 等 .运动训练科学化探索 [M].北京: 人民体育出版社, 1998.

[14] 胡亦海.竞技运动训练理论与方法[M]. 武汉: 湖北人民出版社, 2005.

[15] 李志勇.运动训练学 [M].济南: 山东大学出版社, 2001: 20.

[16] 杨青.关于运动技术及其训练 [J].体育世界, 2009（33）: 210.

[17] 马冬梅.运动训练学基础 [M].北京: 体育大学出版社, 2005.

[18] 李宗浩.运动训练学 [M].北京: 高等教育出版社, 2002: 212.

[19] 田麦久.运动训练学 [M].北京: 高等教育出版社, 2010.

[20] 曝刘翔退赛因人种差异, 各项指标不敌黑人[EB/OL]. http: //ndsports.oeeee.com/html/201308/15/116477.html. 2013-08-25.

[21] 丘钟惠, 等.对我国乒乓球运动项目制胜规律的探讨[J].乒乓世界, 1989（3）: 12.

[22] 罗发友, 刘友金 .技术创新形成与演化的行为生态学研究[J].科学研究, 2004: 19.

[23] 刘建和.论运动技术的序列发展与分群演进[J].北京体育大学, 2006（20）: 20-219.

[24] 周西宽, 唐思宗, 等. 运动学[M]. 成都: 四川教育出版社, 1990: 137.

[25] 汪敏.中外艺术体操创新动作发展现状及对策[J]. 北京体育大学学报, 2004: 1706.

[26] 刘建和.论运动技术的序列发展与分群演进[J]. 北京体育大学, 2006.

[27] 中国体育科学学会,香港体育学院.体育科学词典[M].北京:高等教育出版社,2002.

[28] 梅里特改进起跑技术重返巅峰[EB/OL]. http://news.longhoo.net/ty/zh/content/2012-09/09/content_9961316.htm. 2012-09-0.

[29] http://www.pep.com.cn/tiyu/xszx123/tyss123/201009/t20100915_897645.htm.

[30] 张振东,肖涛,等.运动训练学[M].杭州:浙江大学出版社,2014.

[31] 茅鹏.运动训练新思路[M].北京:人民体育出版社,1994.

[32] 袁作生,等.现代田径运动科学训练法[M].北京:人民体育出版社,1996.

[33] 张力为,任未多.体育运动心理学研究进展[M].北京:高等教育出版社,2000.

[34] 胡桂英.运动心理学[M].杭州:浙江大学出版社,2008.

[35] 孙少强,孙延林.运动心理学[M].天津:南开大学出版社,2006.

[36] 田麦久,刘建和.运动训练学[M].北京:人民体育出版社,2000.

[37] 许世云,郭红莲.试论运动智能[J].当代体育科技,2012(11):78.

[38] 李宗浩.运动训练学[M].北京:人民体育出版社,2002.

[39] 李行健.现代汉语规范辞典[M].北京:语文出版社,2004:501.

[40] 万军.论运动训练过程的定义与构成[J].青岛教育学院学报,2000,13(2).

[41] 马冬梅.运动训练学基础[M].北京:北京体育大学出版社,2005.

[42] 李宗浩.论竞技运动训练过程的一般模式[J].北京体育学院学报,1989.

[43] 过家兴.运动训练学[M].北京:北京体育大学出版社,1986.

[44] 杨素冠.优秀举重运动员全程性多年训练的阶段性特征[D].北京体育大学,2004.

[45] 莫迎锐.我国青少年三级跳远运动员多年训练结构研究[D].北京体育大学,2013.

[46] 陈程.对江苏省跳高运动员陈程多年训练计划的分析[D].南京师范大学,2014.

[47] 张娇.山西省高水平短跑、跨栏运动员年度训练负荷特征的研究[D].山西大学,2010.

[48] 全国体育院校教材委员会审定.运动训练学[M].北京:人民体育出版社,2000.